JN182704

サッカー守備戦術の教科書

超ゾーンディフェンス論

松田 浩
鈴木 康浩

KANZEN

装丁　ゴトウアキヒロ（フライングダッチマン）

ZONE DEFENSE

サッカー守備戦術の教科書

超ゾーンディフェンス論

KANZEN

ディフェンスはクリエイティブだ!!

守備は味方の位置で決まる——。

私は、このゾーンディフェンスの基本的な考え方を日本サッカーにもっと広めたい気持ちがあります。

これまでの日本サッカーの常識でいえば有り得ない発想かもしれません。

しかし、欧州で堅守と鋭いカウンターを兼ね備えるチームは必ずこの考え方を持っています。

私自身、かつて広島や神戸で指導を受けたスチュワート・バクスターに説明を受けたときは半信半疑でした。それでも、実際に忠実にプレーをしてみると面白いように堅守が構築できたのです。それからは、私の守備の考え方のバイブルになりました。

相手の攻撃に左右されるのではなく、自分たちで相手をコントロールする主導権を持った守備。

この感覚がわかると守備が楽しくなる。守備がいかにクリエイティブな作業なのかがわかると思います。また、身体能力や体格差を覆い隠してくれる守備でもあり、日本人に合った守備の考え方と言っていいでしょう。

もっと多くの日本の方々に知ってもらい、広く共有することができれば、日本サッカーはもっと強くなれる。

私はそう信じています。

松田 浩

はじめに

ゾーンディフェンスを一からやり直せば、日本サッカーはもっと強くなれる

考えるまでもなく当然のことではないだろうか。

誰もが小学校では算数を、足し算、引き算、掛け算、割り算というように順を踏んで習っていく。そして応用問題を解くときには、それらを総合的に駆使して回答を導き出そうする。もし回答を導き出せないのであれば、基礎基本に戻ってやり直す。

これと同じことを日本サッカーもやればいいのである。

サッカーにおいて、たとえばマンツーマンディフェンスが引き算に該当するとすれば、ゾーンディフェンスは割り算に該当するのではないだろうか。足し算や掛け算とともに必修となる基本中の基本である。

ところが、日本サッカーはこの割り算に当たるゾーンディフェンスをしっかりと学ばずにここまできてしまった感がある。

「マークを受け渡すことがゾーンディフェンス、といった誤った認識があるような気がしている」

かつて松田浩がそう指摘していたのも頷ける。まるで手にした教科書には中途半端な割り算の計算方法しか記載されていなかったのではないかと疑いたくなる状況が現場には蔓延している。いや、自分は割り算だってちゃんと習得していると思い込んでいるサッカー関係者は少なくないのかもしれないが、果たして、その割り算は本当に正しい計算ができるのかどうかを一度真剣に疑って見るべきだろう。

確かに、疑念を抱かずとも不自由なくやって来られてしまった事実があるのかもしれない。日本サッカーはこれまで、アジアレベルの相手であれば割り算など駆使せずとも、足し算や引き算、掛け算だけで相手を攻略することができていた。

しかし、ワールドカップに5大会連続で出場するなど、世界の舞台に顔を出すのが当たり前となったいまは事情が違ってきている。割り算も含めた総合力が問われる世界の舞台で、日本サッカーは不十分な習得のまま来てしまった割り算で墓穴を掘り、周知のとおり大量失点による惨敗を繰り返してきた。２０１３年のコンフェデレーションズカップ然り、２０１４年のブラジルワールドカップ然り、である。

ならば基礎基本に立ち返ればいいのだ。真の意味での割り算をやり直して、再び応用問題に挑戦するために土台を作り直せばいいのだ。

日本サッカーは、Ｊリーグが誕生してわずか二十年ほどで世界に伍する攻撃のタレントを輩出するに至った足跡がある。それだけの成功経験があるのだから、今度は、組織的に守る守備手法であるゾーンディフェンスを十年ほどのスパンで日本サッカーに浸透させることも十分に可能だろうと個人的には考える。もちろん、今すぐ日本サッカーに携わる多くの関係者が現実を直視し、課題に真摯に取り組み始めたならば、という条件は付くが。残念ながら、現状の日本サッカーは、そのような方向へと進むスピードが鈍いと言わざるを得ない。足し算や掛け算に該当する攻撃面の武器ばかりを試行錯誤しながら、ひたすら応用問題を解こうとしては壁にぶちあたり、いつまでも同じ場所を右往左往しているような気がしてならない。

バルセロナが隆盛を極めた影響もあっただろう。数年前、日本サッカーがバルサ一色に染まり、ポゼッションなるマジックワードに踊らされてしまった時間はひどくもったいなかった。あの時期に守備の話を持ち出そうものならば、「面白くない」「選手をロボット扱いするな」、挙句の果てには「守備ブロックなんて糞くらえだ」と公然と言い放ったプロ監督がいたときには悲しくなった。

だが、打倒バルセロナの潮流が一定の成果を収め、バイエルン・ミュンヘンを筆頭にした、ドイツ勢に代表される強度を伴う組織的な守備が世界を席巻している今、そして、世界のサッカーが、攻撃だけではない、守備だけではない、そんな時代の流れに柔軟に対応している今、当時ポゼッションを合言葉のように唱えていた人たちにも思うところがきっとあるはずである。

この間、己の信念を貫いていたのが松田浩である。松田は広島時代に出会ったスチュワート・バクスターのサッカーに薫陶を受け、その後、研修として北欧に渡ったときにボールを中心としたゾーンディフェンスの素晴らしさに開眼したと話している。4‐4‐2のゾーンディフェンスをベースとした、堅守速攻のキレ味鋭いスタイル。松田はJリーグの舞台で自身の哲学に磨きをかけ、一定の戦果と、そのスタイルに惚れこむ少なくないファンを獲得してきた。

今、松田が駆使した4‐4‐2のゾーンディフェンスは「もはや古い」と見る向きが日本のサッカー界にあるようだが、それは完全に誤った見方だというほかない。「古い」のではなく「普遍的」なのである。守備における基本中の基本であり、スタンダード。この文章の言葉で言い換えれば「割り算」である。割り算を「古い」と形容する人間は果たしているのだろうか。当たり前に押さえるべき基本中の基本と考えるのが自然ではないだろうか。

本書は、日本サッカーにある誤った認識に対して、そして、日に日に高まっている、正しい守備手法を習得したいという欲求に対して、思いの丈を存分にぶつけようと試みたものである。

ここには「ゾーンディフェンスとは何か」という問いに対する答え、イロハのすべてが惜しみなく書き込まれている。松田が、プロ指導者としての12年間で培ったノウハウの集大成と言い換えてもいい。本書を手にとる読者の、まさに守備戦術の教科書となれば幸いだ。

鈴木康浩

サッカー守備戦術の教科書 超ゾーンディフェンス論 ―目次

第三章 ゾーンディフェンスとは何か

［第1章］

欧州の守備の最前線

4-4-2ゾーンディフェンスは守備の型

松田浩といえば、日本サッカー界では言わずと知れたゾーンディフェンスの使い手である。堅い守備組織と、鋭いカウンターを併せ持つチームを作り上げ、2005年にはアビスパ福岡、2006年にはヴィッセル神戸をJ1へ昇格させている。

松田は今、指導の現場を離れ、日本サッカー協会の技術委員、指導者養成インストラクターとして指導者資格の取得を目指す指導者たちの養成に携わる。2014年のブラジルワールドカップでは、日本サッカー協会のゲーム分析班の一人としてブラジルに派遣された。プロ監督として12年間、現場で指揮をとり続けた貴重なキャリア、そして緻密な分析力と理論構築力は関係各所で高く評価される。未だに現場復帰を望む声も根強くある。

他方、かつて松田がJリーグの舞台で繰り広げた4-4-2のゾーンディフェンスはもはや古いとの声がある。日本のサッカー関係者だ。しかし、それは大きな間違いだ。4-4-2のゾーンディフェンスは、いわば、組織的な守備を構築するために欠かせない守備のイロハに当たるものであり、今風にいえば守備の型である。それを少なくない日本のサッカー関係者がほとんど理解していない現実がある。

だからこそ、本書を作る意味があった。本書は、松田の代名詞ともなった4-4-2のゾーンディフェンスの考え方や理論を余すことなく伝えるためのものであり、このオーソドックスな守備の手法を押さえることで日本サッカーがさらにレベルアップできるという確信がある。

無論、世界のサッカーは、オーソドックスの型から常に発展系を追求し、進化を模索している。守備の考え方もあらゆる試行錯誤が日々なされており、ときにはトレンドが世界を席巻する。バルセロナが見せた、前線でボールを奪われた瞬間から始まる素早いプレッシング――これもまたトレンドとして世界中を席巻しているように。

しかし、その最先端の源流には、当たり前のように踏まえられている基本概念があることを押さえておかねばならない。日本サッカーがもしトレンドばかりに影響を受けているようであれば今後大した進歩は望めない。基本を押さえず、応用だけを模倣してレベルアップしようというのは虫が良すぎるからだ。

第一章のテーマはその点について言及してお届けしたい。つまり、欧州サッカーの最前線で展開されている守備と、そのなかに散りばめられている守備の基本概念を読み解くことである。本書の目的は、ゾーンディフェンスとは一体何であるのか――その一点を余すことなく伝えることに尽きるのだが、まずは、松田による〝欧州サッカー最前線の守備分析〟という切り口から本書を書き進めていくことをご承知おき頂きたい。

戦術的な柔軟性に富んだユヴェントスの4－3－1－2

本書の制作は佳境に差し掛かっていた。そのラストピースとして、編集部がセレクトしたいくつかの試合映像を松田宛に送付したのは2015年の夏前のことだ。

数枚のブルーレイの試合映像には、2014－15シーズンのユヴェントス、アトレチコ・マドリード、エンポリ、チェルシーなど守備に特徴のあるチームの映像が収録されていた。試合映像を送付してから数週間後、松田がどう分析したのか楽しみにしながら、一週間ほど滞在しているという群馬県前橋市の宿舎を訪ねた。松田はJクラブユース選手権の分析担当として前橋に滞在しているところだった。

再会の挨拶もほどほどに、送付した映像の感想を求めると松田はこんな話から語り始めた。

「僕は昨年ブラジルワールドカップの分析班として派遣されて、すでに結果報告もしたのですが、結局、日本には戦術的な柔軟性が足りないのではないか、という結論に至っているんです。これはもう自戒の念を込めてなのですけれど、敵が何かを仕掛けてきたときの対応力だったり、自分たちで柔軟に戦術を変えたりする力が日本には乏しいところがある。ワールドカップではオランダがスペイン相手に5バックを志向して勝利したように、平気で様々な戦術を駆使するし、選手たちも対応することができる。結局サッカーの力学というのは、強いチームを倒すために戦術がある、というように働くものなので、どんな戦術が良くて、どんな戦術が悪いという話ではないんです。そういう観点から送っていただいたブルーレイの映像を改めて見させてもらったのですが、戦術的な柔軟性に富んだユヴェントスの4－3－3が面白いなと感じましたね」

松田には2014－15シーズンの欧州チャンピオンズリーグでレアル・マドリードやバルセロナと対戦するユヴェントスの映像を送っていた。いわば、欧州最前線の守備の動向を探るための映像集である。

「ユヴェントスは、試合中に4－3－3（4－3－1－2）、（4－3－3というと一般的には4－1－2－3の完全な3トップをいうことが多いので、ユヴェントスの2トップ＋トップ下がイメージしにくいので付記する）が4―4―2になったり、5バックになったりするんです。相手にクリスティアーノ・ロナウドやメッシがいると、そのサイドのケアのために最終ラインが5枚になったりもするし、臨機応変に戦っている印象があります。ユヴェントスの4―3―3（4―3―1―2）のトップ下には（アルトゥーロ）ビダルがいるのですが、この選手が自分たちのトップの選手を追い越して相手のディフェンスラインにプレスをかけにいったり、逆に、ボランチの位置まで落ちてきたり、ときには最終ラインに入ったりもする。もう縦横無尽のプレーぶりで何者なんだという驚きがあります。本来、4―3―3（4―3―1―2）の弱点というのは中盤の両サイドであり、アンカーの選手の両脇のスペースなのですが（図1）、対戦相手がシステムの弱点を突くべくそのスペースにボールを入れようとすると、ビダルが落ちてきてスペースを埋めてしまうので空いていなかったりする」

4―3―3（4―3―1―2）を駆使するユヴェントスのアンカーはアンドレア・ピルロである。ピルロの守備能力の低さは周囲から度々指摘されるところだが、その弱点とされるピルロの両脇のスペースをビダルの圧倒的な上下動で埋めているのだ。

ボールの位置、次に味方の位置で決まる守備位置

ユヴェントスが4―3―3（4―3―1―2）のアンカーにピルロ、そしてトップ下にビダルを配置する理由は大きく二つと見ることができる。

図1　4－3－3のシステム上の弱点

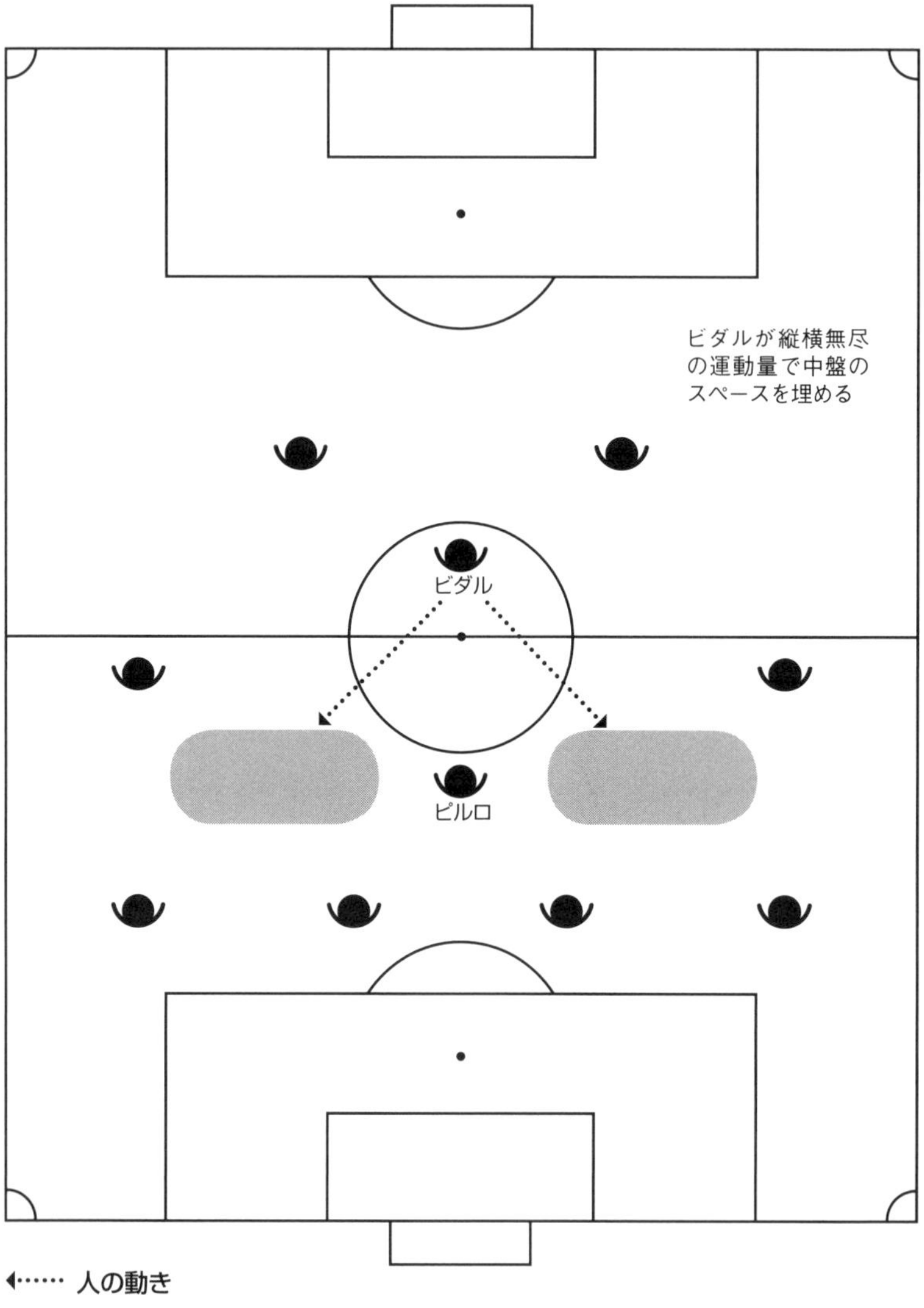

4－3－3（ユヴェントスの場合は4－3－1－2）は中盤が3枚のため、サイドに寄ったときの逆サイドのスペースや、アンカーの両脇のスペースがシステム上の弱点となるが、ユヴェントスはトップ下のビダルが縦横無尽の運動量で落ちてきてスペースをカバーする。

「一つは、ビルドアップ。やはりピルロが中心となってビルドアップするので相手はなかなかボールを奪えないんです」

映像を進めると、確かにレアルの選手たちが一人、二人とボールを奪いにかかるがなかなか奪えない状況が続いている。

「ユヴェントスのビルドアップは決まったやり方ではなく、相手の状況を見ながら空いたところ、空いたところを的確に繋いでいくというもの。相手はバラバラに奪いに行ってもまず取れないですね。これは日本で浦和レッズやサンフレッチェ広島がやるGKを含めたビルドアップの手法とほぼ同じで、ピルロを中心に相手を前へおびき出しておいて、その空いた裏のスペースを次々に突いていく、という巧みなビルドアップ。ピルロの持ち味がすごく出ている」

もう一つの理由が、ビダルをトップ下に置いた、いわば3トップの配置、それによるアグレッシブな前線からの守備にある。

「前線からトップ下のビダルと2トップの選手たちがバラバラと相手ディフェンスラインのボールホルダーにプレッシングに行って、そこで奪えずに全体が間延びしてしまうシーンもあるので正直なんとも言えないところもありますが、ただ、ときにはビダルのチェイシングで全体の守備のスイッチが入って、前の2トップも一緒に追って相手のミスを誘発してショートカウンターに繋げるシーンもあります。4－3－3（4－3－1－2）によって3選手を前線に置いている良さが出ている。ビダルはボランチではなく、最初からトップ下の位置にいるので、前線で思い切りよくボールを奪い切るだけのファーストディフェンダーとしての役割を果たすことができている」

たとえば、次のようなシーンだ。ビダルが真っ先にボールにプレッシングに行く。

「すると後ろの選手も同時についていっているんです。ビダルがボールホルダーにアプローチに行ったときが守備のスイッチとなって、もう後ろにいるサイドバックの（パトリス）エブラがすぐそこまで来ている（図2）。アンカーのピルロも周りの選手たちの守備ポジションに連動してボールに寄って来ていて、相手にプレッシャーをかけて不正確なパスを出させておいてボールを絡め取るという守備ができている。つまり、チームとして意図したディフェンスが4－3－3（4－3－1－2）の仕組みのなかでできている。ビダルが個人で守備のスイッチを入れて勢いよく奪いにいくのは、個人の判断だったり個人戦術だったりの範疇なのかもしれませんが、その判断を後ろの選手たちが共有して、全体が連動した守備ができている。つまり、ボールの位置、味方の位置で守備のポジションがどんどん決まっていって、相手を自由にさせていないんです」

ボールの位置、次に味方の位置を見ながらそれぞれの守備のポジションが決まる――これが欧州では当たり前に共有される守備の考え方であり、スタンダードに用いられるゾーンディフェンスの守備の肝である。そして本書がもっとも伝えたい、だからこそ何度も頻出するキーフレーズである。

複数人が連動して守備をするゾーンディフェンスの大原則は、ボールの位置、次に味方の位置を見ながら守備のポジションを決めることにある。

逆に、ボールの位置、次に相手の位置を見ながら守備のポジションを決めるのがマンツーマンディフェンスと言って差し支えはない。そして、日本サッカーには、このゾーンディフェンスとマンツーマンディフェ

図2 ビダルのプレッシングに連動するユヴェントスの守備

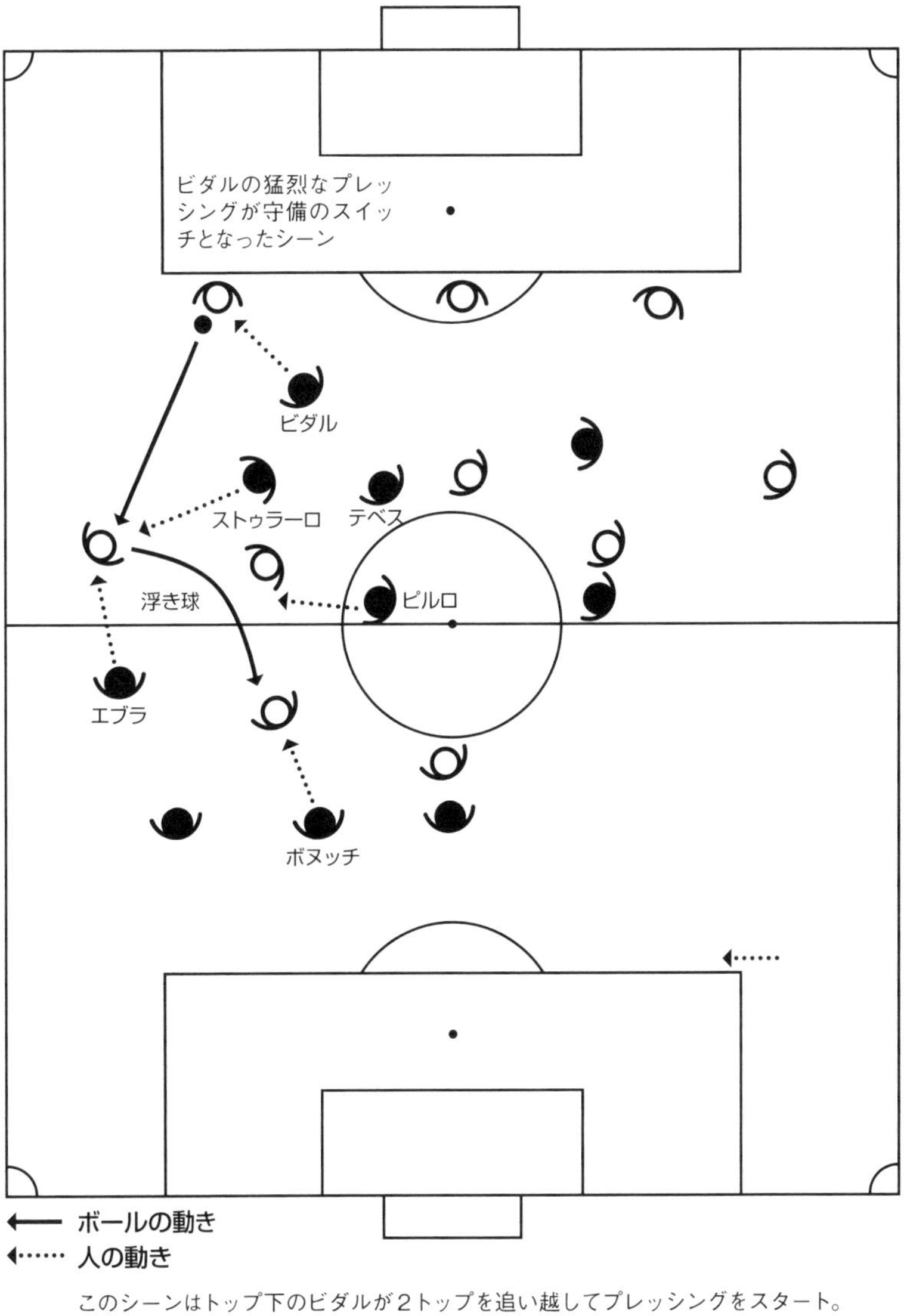

このシーンはトップ下のビダルが２トップを追い越してプレッシングをスタート。それが守備のスイッチとなり、後方にいるＳＢエブラやピルロが味方の位置に連動しながら守備ができている。結局、最後は浮き球となった局面でＣＢボヌッチが相手 FWからボールを回収した。

ンスの考え方の区別が未だにはっきりと整理できていない現状がある。この整理を早急に進めずして日本サッカーのこれ以上の進化が果たしてどれだけ望めるものなのだろうか。

このシーンでユヴェントスの選手たちは、ゾーンディフェンスの大原則を実行して連動した守備からボールを奪い取った。そのキーマンとなったのはビダルである。

「すごいスタミナだし、パワーの持ち主だし、ビダルありきの4－3－3（4－3－1－2）という印象もあります。ビダルを最大限に生かしている。一方、アンカーのピルロも決してアンカーの位置に留まっているだけでなく、このシーンのように周囲と連動して少し前へポジションを移動するような守備なら苦にならないと思うんです。バルセロナの（アンドレス）イニエスタやシャビも相手を待ち構えて一人で防がないといけない守備は苦手にしていますが、相手のボールホルダーに対して、周囲と連動して守備のポジションをとることで相手を困らせる、ボールホルダーが苦し紛れに出したパスを味方に取らせるような頭を使った守備は得意だと思います」

ビダル、そして、ピルロの特徴を存分に生かしたユヴェントスの4－3－3（4－3－1－2）であるが、良さがある一方で、バランスの悪さを露呈する場面もある。それが次のシーンだ。

「相手がカウンター気味の攻撃からサイドでボールを持ったときに、ユヴェントスのサイドハーフが最終ラインに吸収されて、5枚になっています。5－3－2と言っていい。このときにトップ下のビダルが戻り切れなかったり、ポジションが曖昧だったりするので、中盤に非常に嫌なスペースが空いてしまうんです（図3）。だから味方のセンターバックがそのスペースもケアしなければならないので前へ出てこなければいけなくなる。このシーンではサイドバックとセンターバックがボールホルダーに釣り出される形になってしまっているので、そのセンターバックが空けた、よりゴールに近い危険なスペースを誰かが埋めなければいけませんが、できていません」

相手が保持するボールがあり、次に味方の位置に連動して守備ポジションが決まるのだから、釣り出された味方のセンターバックに連動して、一番近い選手が、そのセンターバックが空けたスペースにずれながら埋めるのがゾーンディフェンスの鉄則である。

「まず一番に防がないといけないのはゴールなんです。だから、通常であればボランチの選手がそのスペースをケアして戻って埋めればいいんです。つまり、ピルロが一番近いのだから埋めればいい、けれど行こうとしないんです。結局、このシーンではレアルのハメス・ロドリゲスにそのスペースを使われて失点を喫してしまっています。この時のピルロの行動を見ると、あたかもトップ下のビダルが頑張って戻ってきて、そのスペースを埋めることが大前提であるかのような守備に見えますが、質の低い相手にはそれで問題がなく対応できていても、レアルのような質の高い相手には太刀打ちできないということだと思います」

4-3-3の弱点が露呈したバルセロナ戦

ビダルのプレスバックが間に合わないという課題は2014-15のチャンピオンズリーグ決勝、バルセロナに奪われた先制点のシーンでも確認することができる。

図3 4－3－3 (4－3－1－2) のバランスの悪さを露呈した場面

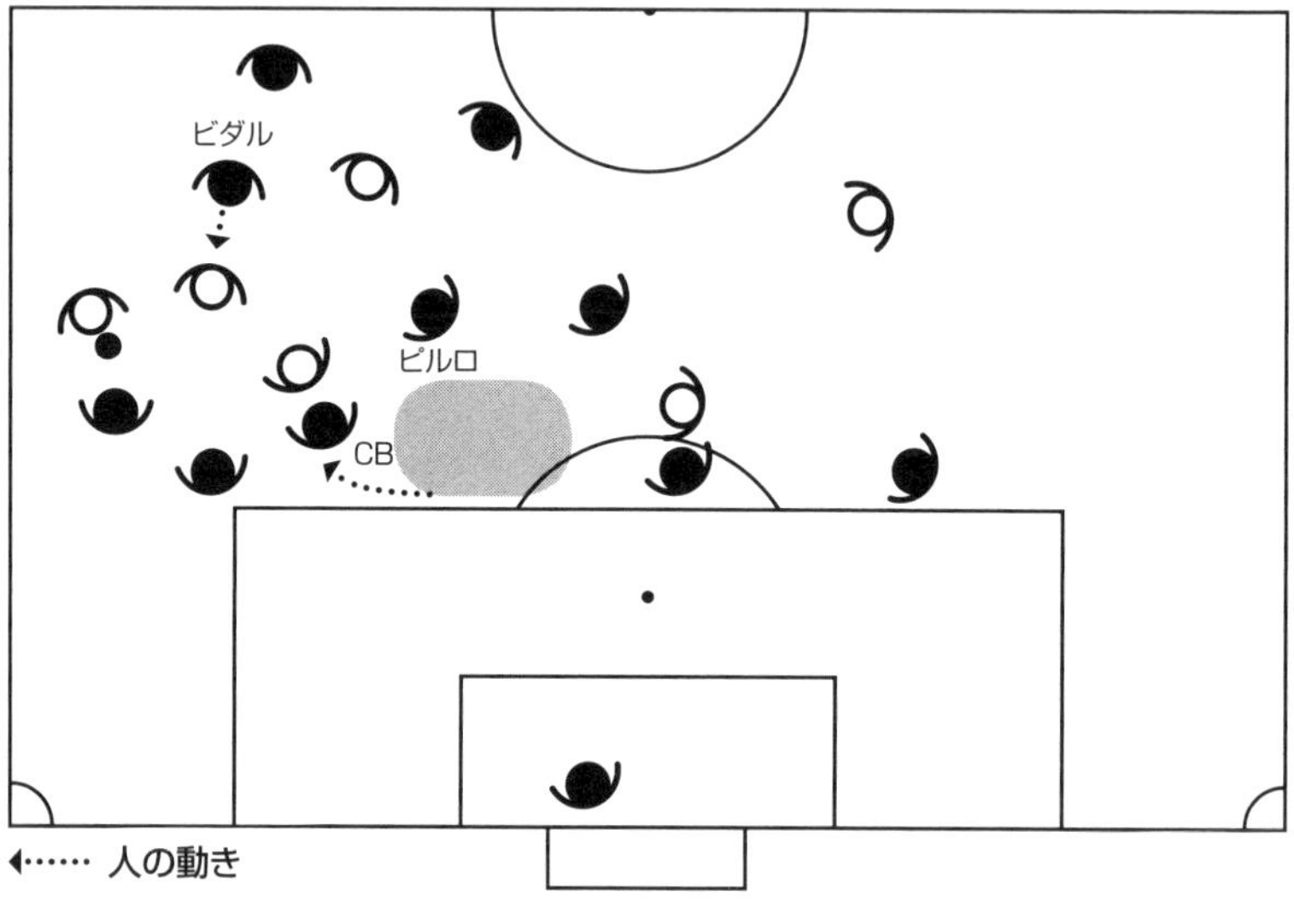

サイドハーフが最終ラインに吸収されて5枚になり、5－3－2のような形に。さらにトップ下のビダルが戻り切れていないので、サイドバックやセンターバックが前へ釣り出される形になった。結果として危険な自陣ゴール前に嫌なスペースが空いてしまい、誰も埋められていない。

右サイドでボールを持つメッシに対して、ユヴェントスは4－3－3（4－3－1－2）の形から結局はビダルがトップ下から戻ってきて対応をする。

「結局、4－3－3（4－3－1－2）の場合、横幅68メートルをそもそも中盤の3人が横方向にスライドしながらカバーするのは難しいということなんです。3人ではバイタルエリアの嫌なスペースへのパスコースを完全に閉じるのが難しいし、それでも中央を閉じようと中に絞って対応すれば逆にサイドのスペースがかなり空いてしまう。4－3－3（4－3－1－2）の中盤を3枚で構成する弱点とはそういうことだと思います。そして、この試合ではその3枚の間にパスを通されてバイタルエリアの嫌なスペースでネイマールにボールを受けられ、前を向かれてしまうシーンも結構あります。だからユヴェントスは度々ビダルが下がって中盤を4枚にして4－4－2に可変して対応するわけですが、やはり、ビダルがトップ下から戻ってくるまでに少し対応が遅れてしまうシーンもあったりする。で、この最初の失点シーンは、ビダルがトップ下から下がったり、また元の位置に戻ったりして流動的に動くなかで、メッシにサイドで時間とスペースを与えてしまい、逆サイドに質の高いサイドチェンジのパスを蹴られて結果として中央からセンターバックが引っ張り出されています（図4－①）。本来、一番に守らなければいけないのはゴールなので、このセンターバックが空けてしまったスペースは、もう一人のセンターバックが横ずれして埋めるか、あるいは、そのセンターバックが相手のストライカーを絞ってきたサイドバックに受け渡して空中戦などで競らせるのを嫌い、ゴール前に留まりたいのであれば、この空いたスペースを埋めるべきはボランチの役割でディフェンスラインにスライドすべきです。ユヴェントスであればピルロがスライドして対応すべきですが、ピルロはまったく足を止め

図4 メッシにサイドチェンジされて中央からセンターバックが引っ張り出された場面

①

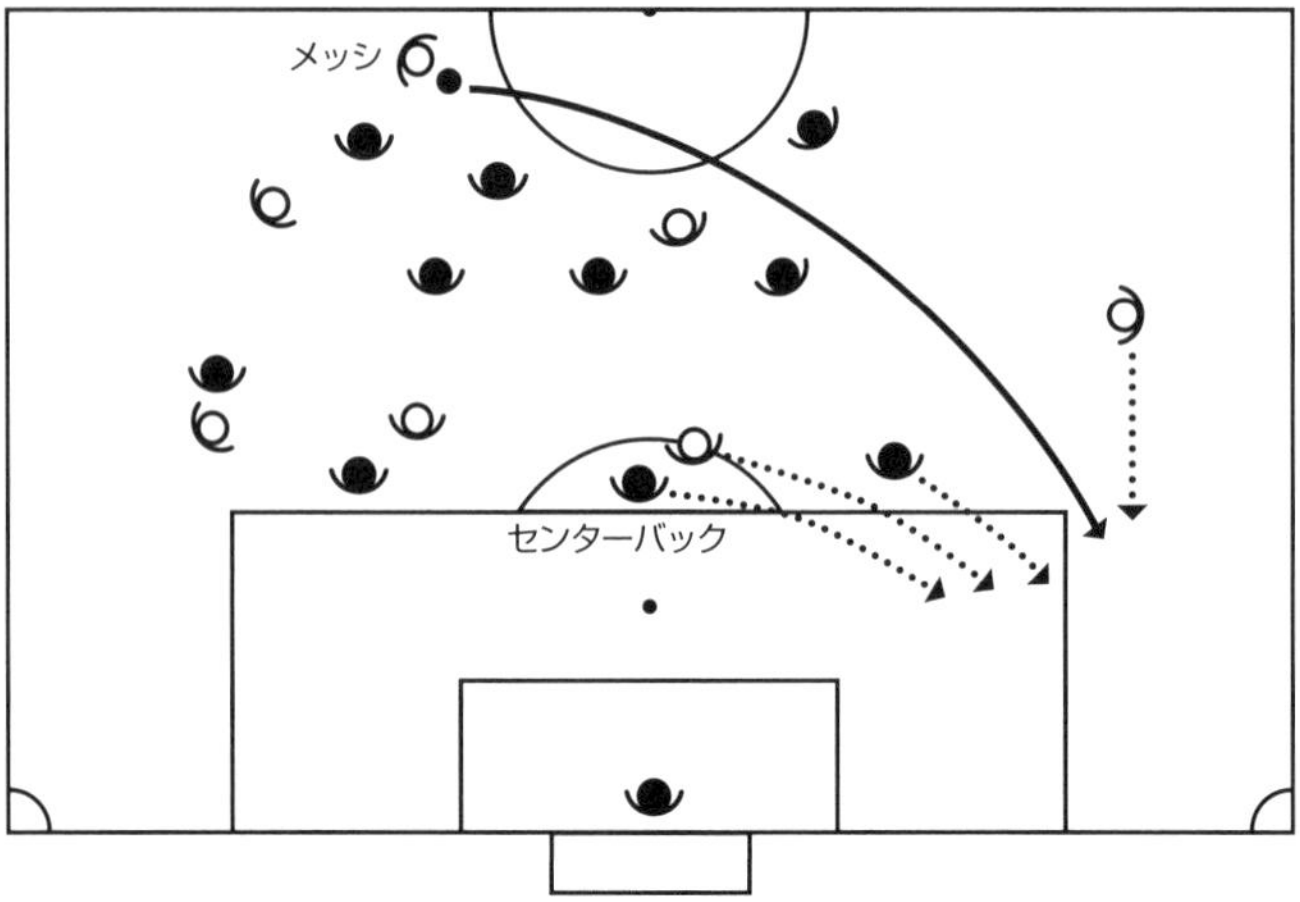

中盤の守備の人数が３枚から４枚に可変するなかで、サイドでメッシに時間とスペースを与えてしまった結果、質の高いサイドチェンジを許してしまい、中央のセンターバックが引っ張り出されてしまったシーン。一番に守らなければいけないゴール前に嫌なスペースが生まれてしまい、ユヴェントスの守備はさらに後手を踏んだ。

②

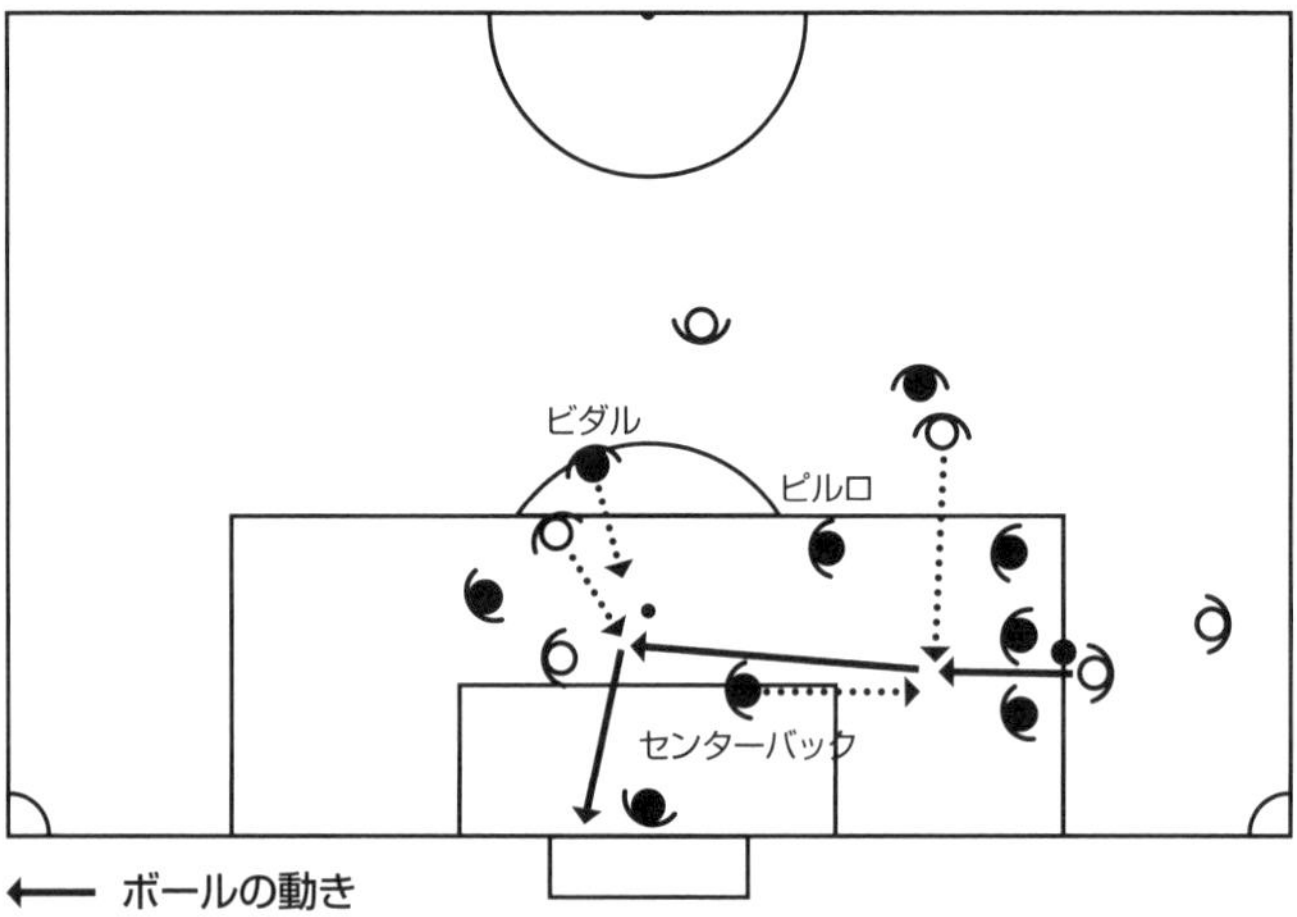

← ボールの動き
←…… 人の動き

センターバックが中央から引っ張り出されているのだから、その空いたスペースを埋めるのは本来ボランチのピルロの役割だが足を止めてしまっている。トップ下からビダルが戻ってくるが間に合わなかった。

ていますよね？（図4－②）。中央には嫌なスペースができてしまい、ビダルがトップ下の位置から慌ててポジションを下げて戻ってくるのですが、まあ、距離が遠いのでこのシーンは間に合わないですよ。バルセロナは完全にこのユヴェントスの弱点をわかっていて、確実にそこを突いたというシーンでした」

ユヴェントスにとってピルロの両脇のスペースだったり、守備意識の低さだったりがチームに潜在する弱点であることは散々指摘されているところだが、ただし、ユヴェントスにはそれも織り込み済みだということ。4－3－3から4－4－2へ、あるいは、5－3－2へと可変する柔軟性、ピルロのビルドアップ能力、そして前へのアグレッシブさという長所と引き換えに、明らかな弱点も内包するスタイルを自ら選んでいる節がある。

「結局、ピルロを中心としたビルドアップやビダルのパワーを生かした前からのプレッシングといった4－3－3（4－3－1－2）の良さを生かしつつ、危ないシーンはビダルの頑張りで何とか対処するのが意図的であり、スキーム戦術として機能しているのがユヴェントス。一方で、送ってもらったブルーレイのなかにチェルシーの映像もありましたが、チェルシーはボランチに（ネマニャ）マティッチという大型で守備能力の高い選手を配置しているんです。システムは4－4－2の2ボランチではありますが、マティッチの相方はいわばピルロタイプのセスク・ファブレガス。だからチェルシーもマティッチが前へ釣り出されたとき、中盤の底の守備がファブレガスだけになるので危ういと指摘されています。ただ、やはりチェルシーは相手に押し込まれて全体がリトリートしたときの守備が非常に堅い。ボランチにマティッチがいるし、センターバックには（ジョン）テリーらがいて単純なクロスなどは弾き返せばいいというスタンスで堅く守れている。それでプレミアリーグも獲っています。（ジョゼ）モウリーニョのチーム作りは変わらないし、堅い信念がありますね。まあ、ややリトリートの色が強いので退屈な印象もありますが（苦笑）。

そのチェルシーに比べると、ユヴェントスはパワフルで攻撃的なビダルという選手をトップ下に、守備に難があるピルロをアンカーに配置して、システム上の危うさも十分にわかっていながら、前へのアグレッシブさをしっかり出す意図も感じられて、サッカーの進化系を狙っているのかなという印象も受けます。そして、この試合中に目まぐるしく変わる可変型の戦い方は、いつどのタイミングでどうする、という監督の指示で流動的に動いているわけではないのもわかります。つまり、選手たちが守備をするときの肝を押さえていないとできないのです」

その肝とは何か――。それが、ゾーンディフェンスの守備の手法を押さえているということだ。

「選手たちのポジションが入り乱れて、戦術的な柔軟性を臨機応変に発揮しているのですが、ボールを中心に、味方の位置に連動しながらそれぞれが守備のポジションを決める、という守備の概念は押さえている節がある。その臨機応変さを発揮する彼らのベースに共通してあるものは、オーソドックスな4－4－2のゾーンディフェンスのはずです。その基本原理がわかっていないと、試合中にシステムを応用的に可変しながらプレーするのは難しいのではないかと思います」

いまや4－3－3、5－3－2、5－4－1などと様々なシステムが用いられるのが当たり前となったモダンサッカーであるが、一方で、サッカーにおいてもっともオーソドックスなシステムは4－4－2であり、古今東西変わらない真実である。サッカーのコートサイズが大幅にでも変わらないかぎり、その戦い方がアグレッシブかどうかはさておき、それがもっとも攻守において効率性やバランスに長けたシステムになるのは言うまでもないからだ。そのうえで、ボール、次に味方の位置で守備のポジションが決まるゾーンディフェンスの基本概念を押さえていれば、可変的なシステムの応用も十分に可能――それが松田の欧州サッカー最前線の守備分析から導く結論である。

4-4-2から4-5-1へ可変的に戦うアトレチコ・マドリード

4-4-2によるボールを中心にしたゾーンディフェンスを忠実に実行することで一定の成果を収めたチームがある。リーガで飛躍するアトレチコ・マドリードだ。指揮官は、チョロことディエゴ・シメオネである。

昨今、バルセロナブームが過ぎ去った日本サッカー界に、アトレチコの堅守ベースのチーム作りを参照する指導者が増えている。2015シーズンのJ2リーグを堅守で席巻したチームにツエーゲン金沢があるが、指揮官の森下仁之はシメオネ監督率いるアトレチコを参照したと公言する。

松田のアトレチコ評はこうだ。

「アトレチコの戦いぶりは、4-4-2のゾーンディフェンスをかなり忠実に実行していて非常にわかりやすいし、自分のチームに取り込みやすいところはあると思います」

2014-15シーズンのチャンピオンズリーグでのレアル・マドリード戦の守備分析を紹介したい。

映像には、ゾーンディフェンスの原則どおり、ボールを中心に、味方の位置に連動しながら横ずれを繰り返しつつ、次々にボールにアプローチにいくアトレチコの選手たちが映し出されている。ボクシングでいえば、ヒット&アウェーだ。ボールホルダーに対して素早くパンチを見舞い、素早く自分の守備ポジションに戻って元どおり、というアクションの繰り返し。

「そのなかで、4-4-2のフォワードの（マリオ）マンジュキッチが、中盤のスペースに下がって埋めているんですよ。すごい運動量だなと思うんだけど彼は献身的ですよね」

松田と見ている映像が図5のシーンだ。相手のレアルがディフェンスラインでボールを動かしてビルドアップを模索しているとき、アトレチコのフォワードであるマンジュキッチは状況に応じて中盤のライン間に潜り込んでスペースを埋めている。

「4-4-2から、マンジュキッチが戻ることで4-5-1みたいな形になるんです。これはまさにロシアW杯アジア二次予選初戦の日本対シンガポールのシンガポールです。シンガポールはもう少し全体のラインが低かったけれど、中盤の人数を厚くして日本のボール回しに対応していた。アトレチコは2トップの位置からマンジュキッチが戻ることで中盤が横並びの5枚になり、レアルが縦に入れるパスのコースを狭くして消すわけです。そしてボールが横方向に動いたときには、一番近い選手がしっかりボールにアプローチに行って、また素早く自分のポジションに戻る、というアクションを繰り返している。つまり、中盤の5人でチャレンジ&カバーを繰り返すんです。この4-5-1は、ボールを持たれてしまうレアルのような格上相手

図5 マンジュキッチが中盤のライン間のスペースに潜り込む場面

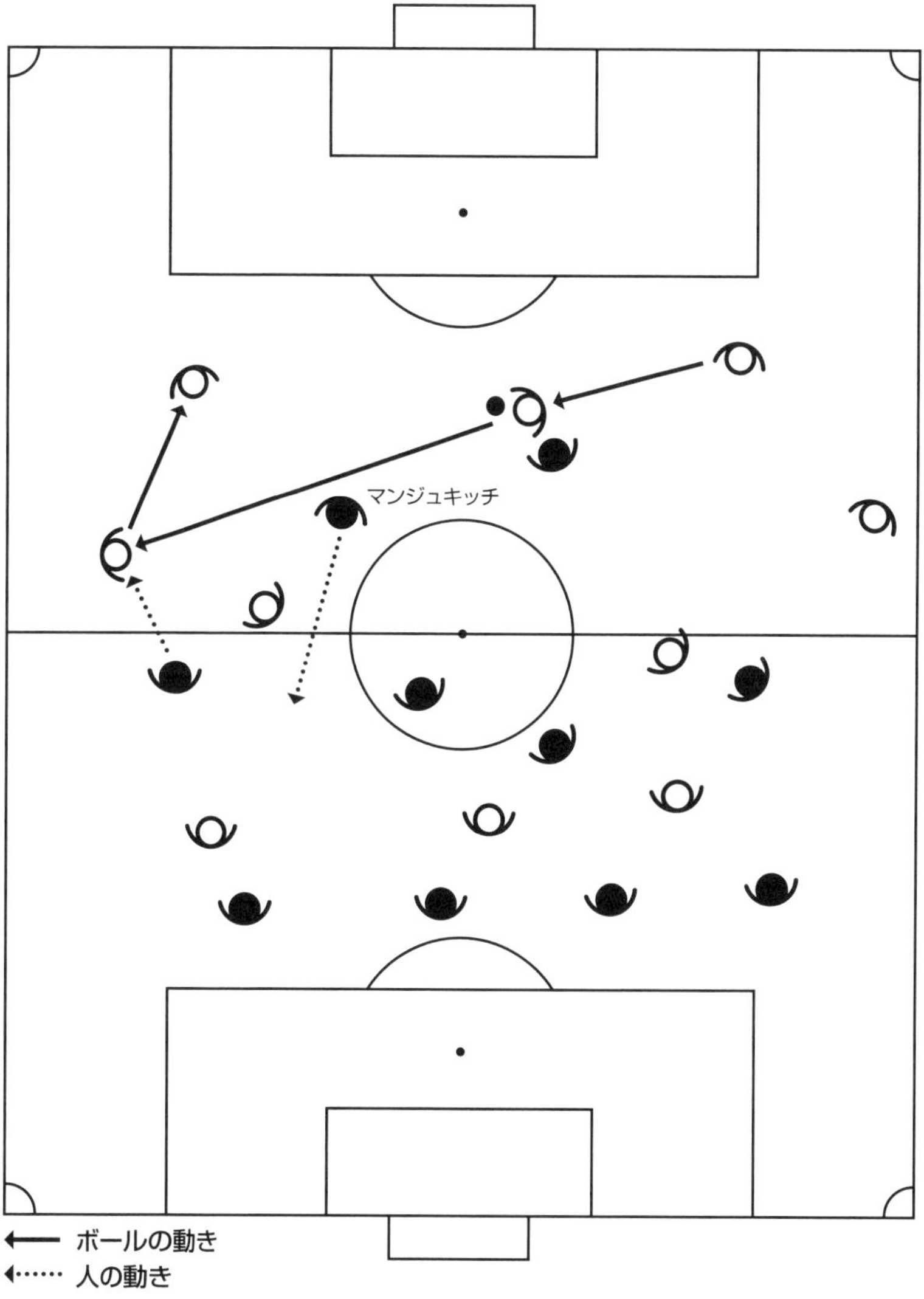

相手のレアルのビルドアップの状況を見ながら、4－4－2の2トップの一角のマンジュキッチが中盤のライン間に潜り込み、4－5－1のような配置を形成する。これで中盤は横並びの5枚になり、レアルが縦に入れるパスのコースは狭くなる。

には面白いやり方だなと思いますね」

マンジュキッチの、前から後ろへ、後ろから前へ、というポジション取りが絶妙である。最初は4－4－2のフォワードの位置にいて、前へのプレッシングも匂わせながら、もう一人のフォワードの（アントワース）グリズマンのプレッシングが剥がされてボールをサイドへ展開された瞬間にスっと中盤のラインに入って5枚を形成する。

4－5－1はボールを奪った瞬間に中盤の両サイドが攻撃へ飛び出していける

4－4－2か、4－5－1か。それらを可変的に使い分けながらも、アトレチコの守備は常にゾーンディフェンスの基本に忠実である。

「逆サイドの選手の絞り方などはゾーンディフェンスの典型といえます。10番のアルダ・トゥランという選手ですが、味方の位置に連動して、自身の同サイドにいる相手選手のマークは離してしまって中へと絞り込んでいる（図6）。そしてクリスティアーノ・ロナウドがライン間の嫌な位置でボールを受けたとき、その背中からアプローチし、外側へのパスコースを切りながら中へ、味方がいるほうへプレーさせながらロナウドを押し戻している。この10番のプレーぶりこそ、中のボールは中へ、外のボールは外へ、そういうゾーンディフェンスの基本原則に忠実と言えるんです」

映像を進めると、アトレチコは時間の経過とともに、4－4－2と4－5－1の流動的な戦い方をやめて、

図6 ゾーンディフェンスの典型といえる逆サイドの選手の絞り

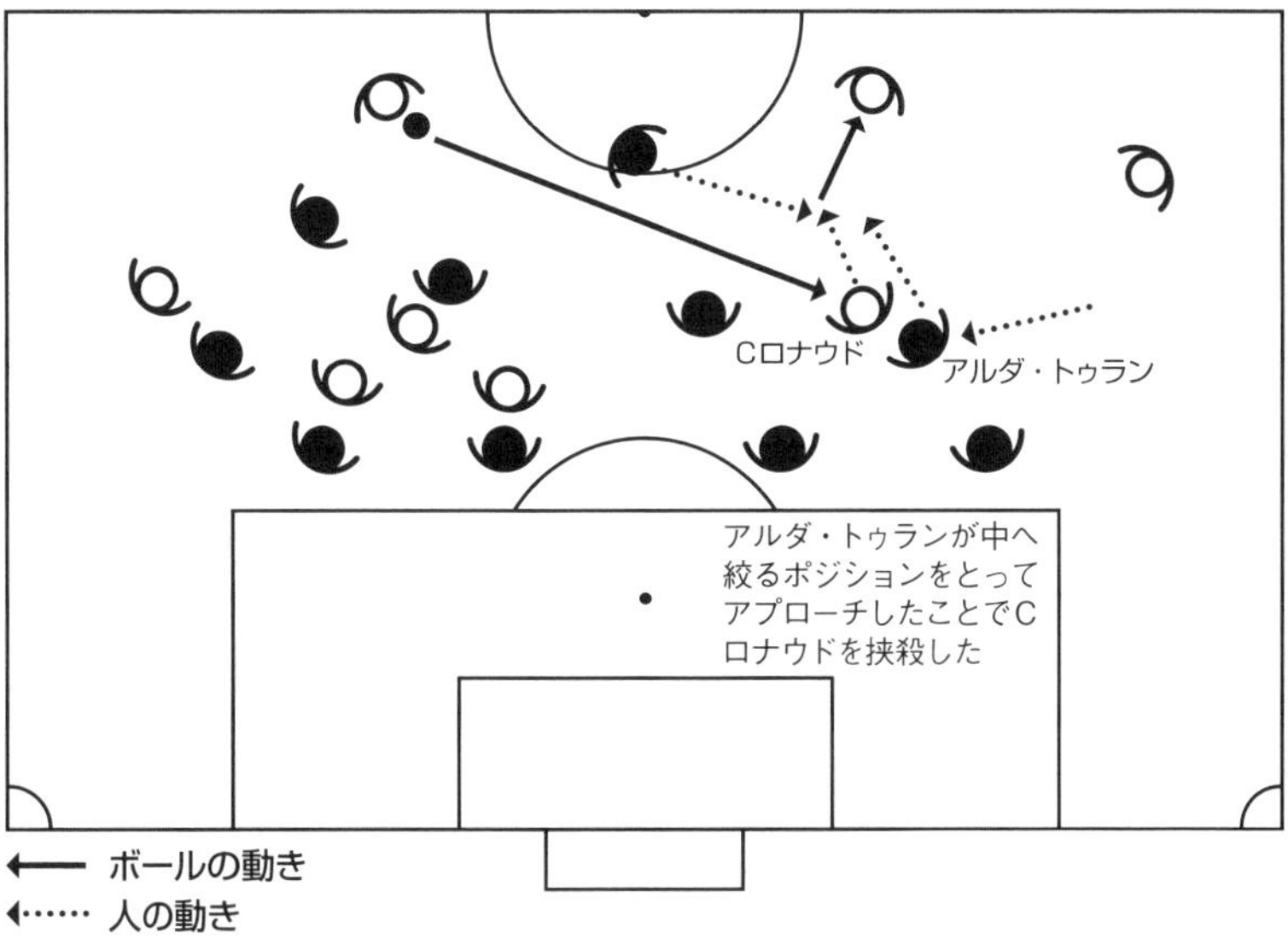
Cロナウド
アルダ・トゥラン
アルダ・トゥランが中へ絞るポジションをとってアプローチしたことでCロナウドを挟殺した
ボールの動き
人の動き

ボールとは逆サイドの選手が、外側の相手選手のマークは離してしまい、味方の位置に連動しながら中へ絞り込んでいる。そしてCロナウドに対して外側へのパスコースを完全に切りながらプレッシャーをかけ、味方がいる中央へプレーさせて追い込んでいる。

4－5－1に固定した。マンジュキッチが1トップに残り、2トップの一角だったグリズマンが中盤の5枚のサイドの位置に入った。

「おそらく、マンジュキッチがキーマンとなる4－5－1への可変的な戦い方では、レアルにその可変するわずかな時間の隙を突かれて、4枚で構成する中盤のライン間を縦パスで突破されてしまうシーンがあったからでしょう。中盤が4枚では対応し切れないと感じて、シメオネが中盤を5枚にする指示を出したのだと思います。横幅68メートルを5枚で対応すれば、さすがのレアルもなかなかその間を通すのは難しくなりますから」

4－5－1でゾーンディフェンスを駆使する際のメリットを松田はこう見る。

「中盤の5枚を形成する両サイドの選手、このアトレチコのサイドの一人は、さきほどまでトップの位置にいたグリズマンですが、かなり攻撃的な選手です。このときの中盤は横並びの5枚になりますが、当然4枚のときよりも一人当たりの横ずれする距離も少なくなりますし、ボールへのアプローチは中央の3枚が出たり入ったりのチャレンジ&カバーを繰り返す形が多くなるので、グリズマンのような攻撃的なサイドの選手は、自分のポジションをとってさえいればいい、という比較的楽な守備の対応になるんです。一方、日本のチームの場合は、たとえば、5－4－1（3－4－3）を採用している広島や浦和、松本などは守備時に5バックになるので、両ウィングの選手が攻撃参加のために前へ出ていくのが本当にきついと思うんです。後ろを5枚で固めたい意図があるからそうなるのですが、自ずと前へ出ていく距離が長くなってしまう。ところが、このアトレチコが採用する4－5－1は、ボールを奪った瞬間に中盤の両サイドの選手が攻撃へ飛び出していけるのでゴールへの距離が近いんです。

それと、もう一つ4－5－1のメリットがあります。いくら中盤の5枚の守備が厚いといっても、たとえば、それでもサイドを突破されてしまうこともあります。そして最終ラインの中央からセンターバックがサイドへ釣り出されるシーンもあるわけです。そのとき、この4－5－1のシステムであれば、中盤からボランチが一人最終ラインに下がることでセンターバックが開けた穴をすぐに埋めることができて、かつ、それでも中盤が4枚で構成できる強みがあるので、後ろに重たく守備的にならず、かつ前へのアグレッシブさも残せるというメリットがあるのです。非常に理に適った効率的な戦術だと思いますね」

アトレチコの戦いぶりは、前述したユヴェントスのビダルやピルロのような、特徴的な能力を持った選手に頼ったり生かしたり、といった戦い方では決してない。指揮官シメオネの統率の下、全員が均等に、攻撃も守備も担っている印象が強くある。

「逆に言えば、マンジュキッチは『お前は守備はやらなくてもいい』と言われてもおかしくないほどの攻撃力を持った選手であるにもかかわらず、かなり献身的に守備をこなしている。やはり相当忠実に、チームとしてボールを中心としたゾーンディフェンスをやっているんだなという印象があります」

欧州サッカーの最前線で、守備の基本概念に沿った戦いぶりで躍進するアトレチコ・マドリードは、本書が伝えたい守備を高いレベルで実践する代表的なチームだ。ぜひ参照されたい。

バルサが見せた前線からのプレッシングもゾーンディフェンスとリンクする

ここに紹介したユヴェントスやアトレチコ・マドリードには、いずれもチームの矜持として、少しでも前へのアグレッシブさを押し出そうとする考え方で通底している。

そのルーツはどこにあるのか。思考を巡らせると、バルセロナが実践して世界のトレンドとなった〝ボールを奪われた瞬間から始まる素早い前線からのプレッシング〟に行き着く。Jリーグでも当たり前となった守備の考え方であるが、松田はこの〝ボールを奪われた瞬間から始まる素早い前線からのプレッシング〟についても、〝ボールの位置、次に味方の位置で守備位置が決まる〟ゾーンディフェンスの考え方と「密接にリンクする」と見る。

第一章の最後は、このトレンドとなった守備について触れて締めくくってみたい。

「ボールを奪われた瞬間、そこに人がたくさんいるのだから、まだ攻撃の途中という感覚を持ちつつ、そこでディレイしたり、リトリートしたりして下がって守備をするのではなく、一気にプレスをかけてしまうという戦術です。もはや現代サッカーでは攻守の分け目がなく、セットになっていることを象徴する守備の考え方ですが、選手たちがボールを奪われた瞬間に前線からプレッシングするとき、そこで連動したプレッシングをする判断の拠りどころとなるのは、すべて相手ボールホルダーの状況によって決まるということです」

これは3対3の状況を想定するとわかりやすい。

「相手のボールホルダーに対して一人の守備者が対峙しているとき、ボールホルダーがそのプレスを嫌って、たとえば、背中を向けたとします。このとき、もう一人の味方の守備者が、相手から前へボールが出てこないのだから自分のマークなど離してしまい、相手のボールホルダーに対して2対1の数的優位の状況を作り出すために飛び出してしまっていいんです（図7）。これはボールを中心に、味方の位置に連動して守備ポジションを決めるゾーンディフェンスの典型といえるもので、相手ボールホルダーが考える時間やスペースがないと判断できるときに、守備者が一気に人数をかけて、一個のボールに対して数的優位をつくり出してボールを奪い切ってしまうというもの。これは相手の位置によって守備位置が左右されてしまうマンツーマンディフェンスではなかなか出てこない発想だと思います」

『ゲーゲンプレス』なるアグレッシブな前線からの守備を駆使した2013年頃のドルトムントの戦い方も同じ系譜にあると見ていいだろう。

「当時のドルトムントのいわゆる『ゲーゲンプレス』は、カウンターアタックの対義語ともいえる、攻撃から守備へ移る局面のカウンターディフェンス、または、アゲインストプレスといった言葉で表現されているようで、攻撃の続き、攻撃戦術の一部という見方もあるようです。それはともかく、自分たちがボールを奪われた瞬間に、相手ボールホルダーの状況を判断基準にして、味方の位置に連動しながら次々にプレッシングにいく守備をしていました。そしてドルトムントの場合はプレッシングの判断がよりアグレッシブ。自陣で相手がボールを保持しているときでさえも、奪えると判断した瞬間に絶対に同サイドから逃がさない、という感じで猛烈にプレッシングをかけていく。センターバックのラインコントロールもかなりリスクを負い

図7 3対3でのゾーンディフェンスの考え方

ボールホルダーが背中を向けたら……

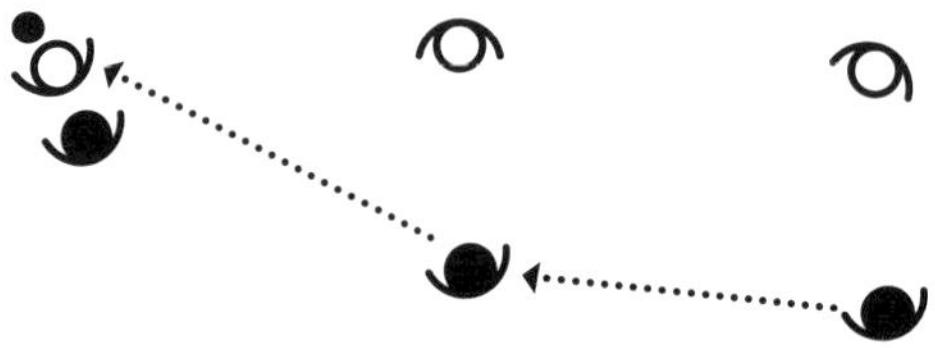

味方のＤＦは飛び出してしまって数的優位を作る

←…… 人の動き

相手のボールホルダーが背中を向けて、前へパスが出てこないと判断できた瞬間、味方の守備者は自分のマークは離してしまい、ボールホルダーに対して2対1の数的優位を作り出すために飛び出していい。これはマンツーマンディフェンスではなかなか出てこない発想だ。

ながらアグレッシブにプレッシングを連動しているようにも感じました。だから、ときにはプレッシングをした背後のスペースを突かれてしまうケースもあったんです」

バイエルンが見せた『ゲーゲンプレス』封じ

たとえば、2014－15シーズンのチャンピオンズリーグ決勝、ドイツ勢同士の戦いとなったドルトムント対バイエルンミュンヘンのワンシーン。

「ドルトムントのセンターバックはかなりアグレッシブにラインコントロールをしていて、たとえば、ボールホルダーがバイエルンの（フランク）リベリーだったとき、リベリーがドリブル中に背中を向けた瞬間、前へパスは出てこないのだからと一気に寄せて、みんなで奪い取ってしまおうとするアグレッシブさがあるんです（図8）。もしプレッシングをした背後にボールを出されても、最終ラインは逆サイドのサイドバックもセンターバックに合わせるためにそれよりも下げない位置を保っているから、もしラインの背後に取り残された相手選手（A）にボールが出たとしてもオフサイド。バイエルンの（アリエン）ロッベンが逆サイドに張っていても引っ張られずに、アグレッシブなラインコントロールをしながら、絶対にボールを同サイドから逃がさない、というイメージをかなり強く持って全員がプレーしているんです。こういうときのセンターバックの瞬時の判断も全部正解なのですごいなあと思うし、監督としてはこういう質のあるセンターバックがいるといいなというのはあります。

図8 ドルトムントの『ゲーゲンプレス』の一例

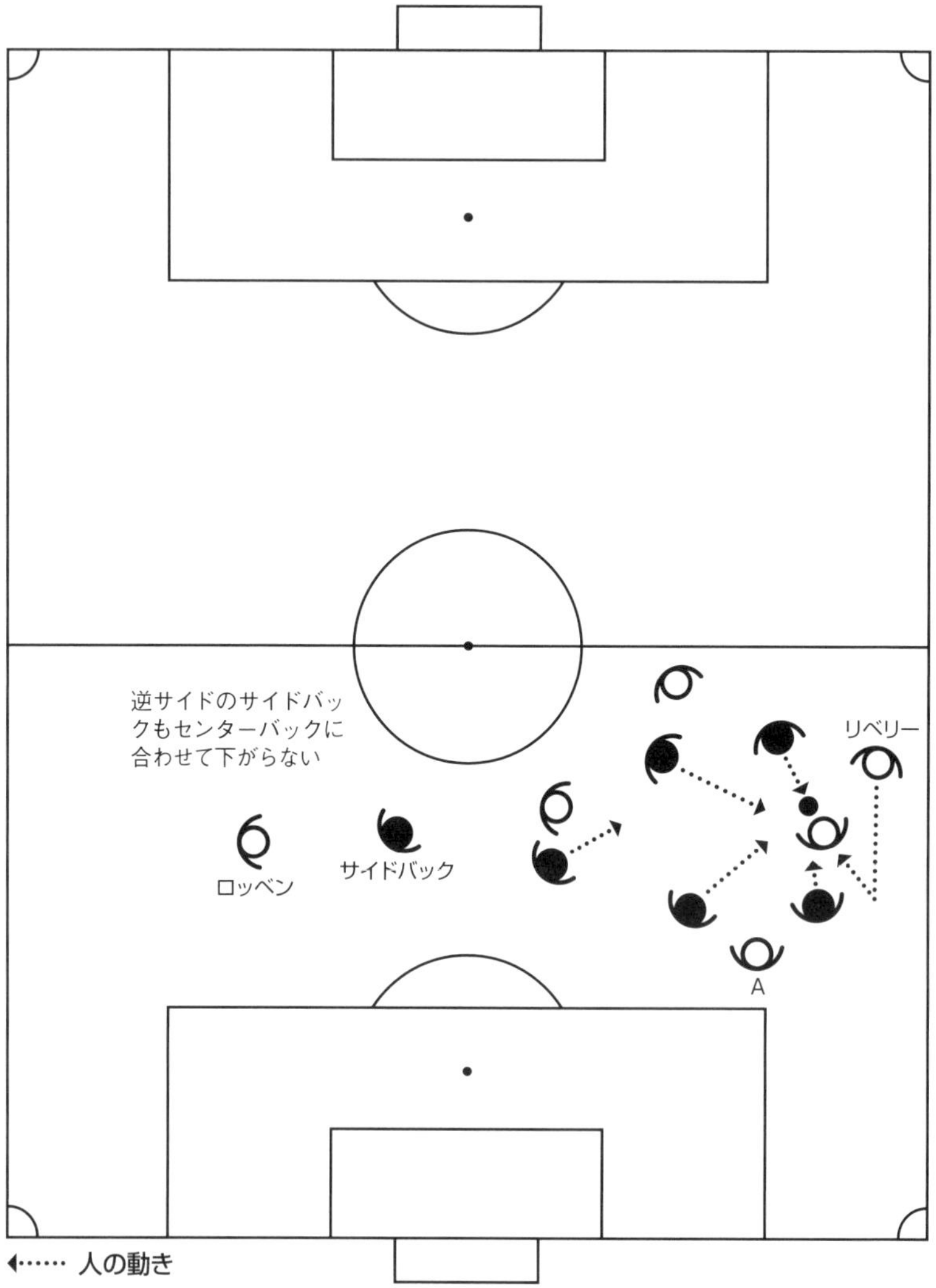

自陣でプレッシングをかける際、逆サイドのサイドバックもセンターバックのラインの高さに合わせる。ボールを中心にしたアグレッシブなプレッシングの連続で、相手を絶対に同サイドから逃がさない、というイメージの守備だ。

ただ、この試合では2回ほどバイエルンが意図したのか、意図していないのか、闇雲にボールを蹴ったようなパスが、左サイドから右サイドのロッベンに対角線に通ったシーンがあったんです（図9）。昔のルールであればライン背後に取り残された相手選手（A）がオフサイドとなったのですが、現状のルールではオフサイドにならないのでラインを突破されてしまったわけです」

このシーンは、ドルトムントのGK（ローマン）バイデンフェラーが最終ラインの背後のスペースをケアする守備能力の高さを見せつけ、ロッベンとの1対1のピンチを好セーブで凌いでいる。この決勝が、バイエルンのGK（マヌエル）ノイヤーとともにGKの両雄対決という色合いが濃かったのも、両チームのアグレッシブなラインコントロールと、その背後のスペースをいかにGKがケアできるかが一つの焦点になっていたからだ。そして、背後のスペースをよりうまく使うことができていたのは、〝闇雲にパスを蹴ったようにも見える〟バイエルンだった。

「バイエルンが意図したパスじゃなかったとしても、ドルトムントがアグレッシブにボールを奪いにきた瞬間には、パスコースを探すまでもなくラインの背後や逆サイドに蹴れ、という対策を持っていたとすれば、偶然でもプレスの囲い込みを交わされてしまう可能性があったわけです」

当時のドルトムントのアグレッシブな守備は、その隣り合わせとなるリスクを織り込みながらも一定の成果を収めていた。その後この試合で対策を持っていたと思われるバイエルンに突破されたようなシーンが増えたからなのか、そのアグレッシブさとリスクのバランスをうまく取る方向に進んではいるが、当時のドルトムントがユルゲン・クロップ監督に率いられ、『ゲーゲンプレス』という言葉とともに世界中から称賛さ

図9 バイエルンがドルトムントの『ゲーゲンプレス』を突破した場面

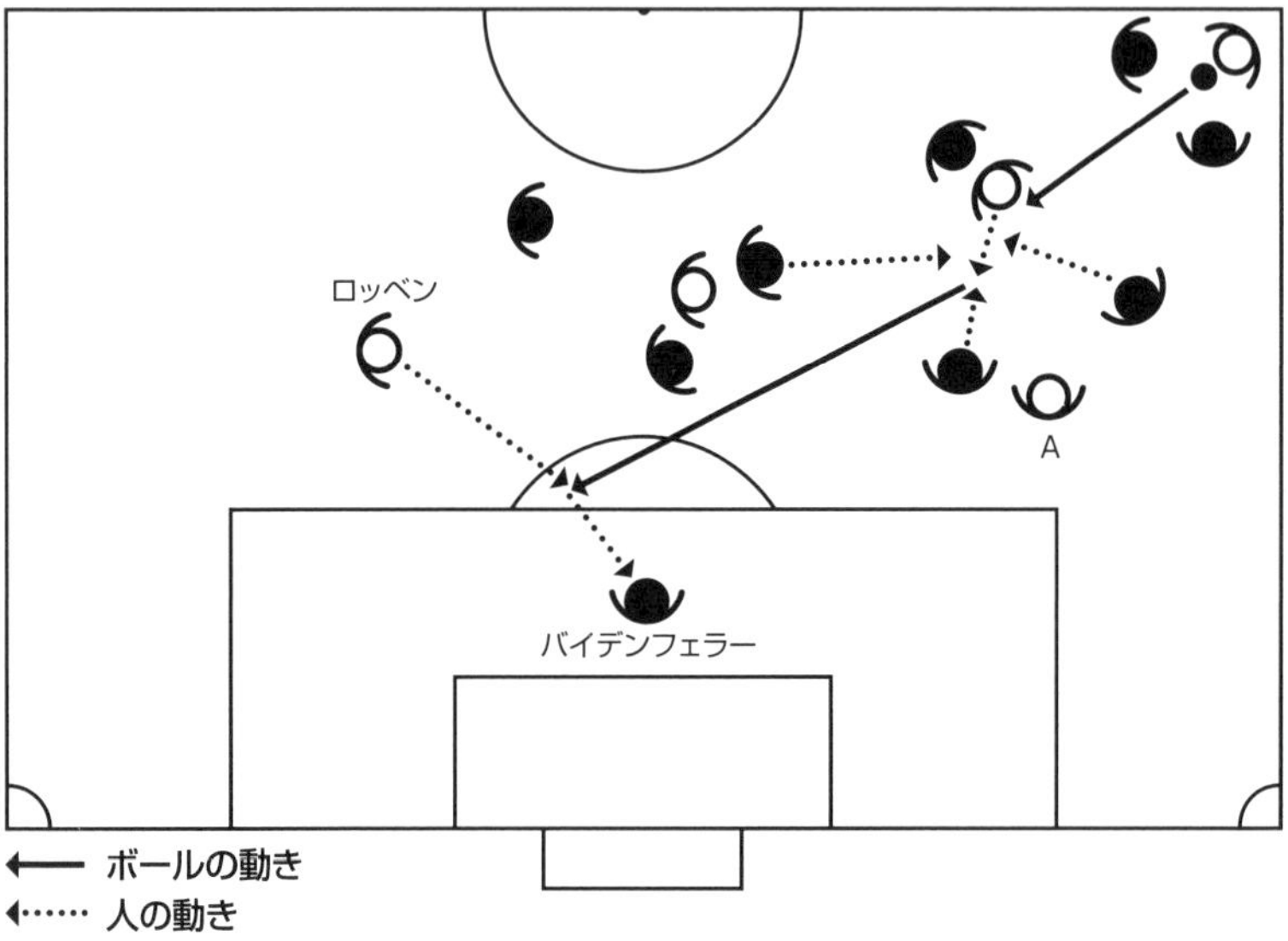

バイエルンはドルトムントのプレッシングを受けた瞬間、逆サイドのスペースめがけてまるで闇雲に蹴ったかのようにパスを送り、そこに待ち構えるロッベンに通してビッグチャンスを作った。チームが『ゲーゲンプレス』対策としてあらかじめ持っていたとすれば十分可能となるプレーだ。

れる魅力あるサッカーを展開していたのは事実である。

そして、この『ゲーゲンプレス』の守備手法の基本ロジックは、ボールホルダーの状況を見ながら、ベストだと判断できるタイミングで周りの守備者たちも自分のマークなど手離してしまい、一個のボールを中心に味方に連動しながら一気果敢にプレッシングをかけていくというもの。その考え方のベースに流れているのは、ゾーンディフェンスの基本概念なのである。

［第2章］

ゾーンディフェンスの衝撃

ゾーンディフェンスは相手がどう動こうが関係ない

かつて松田浩にゾーンディフェンスについてインタビューをした後、読者プレゼント用のサインとメッセージをお願いしたことがあった。松田はそのときの取材内容を一言で表せる何か良い言葉はないかとしばらく思案したあとにこう言った。

「『ディフェンスはクリエイティブだ』というのはどうでしょう?」

取材に同席した一同が納得する回答だった。

ディフェンスはクリエイティブ——。

日本サッカー界の文脈において、ディフェンスは労力を要するもの、忍耐を必要とするもの、という考え方が一般的にあるように思うが、松田はその固定観念を一言で看破してみせたわけだ。

「僕が現役の頃、(スチュワート)バクスターのもとでゾーンディフェンスで守備をしたときに、『なんて楽しい守備なんだ』と思えたんです。それが、僕がずっとゾーンディフェンスを推奨してきた一番の要因です。真の意味でのゾーンディフェンスを自分自身で体感するまでは、とにかく相手選手のマークについていかなければならないマンツーマンディフェンスが主流で、僕はそれが嫌でしょうがなかった。なんで自分が武田修宏のようなすばしっこい選手についていかなきゃいけないんだ、とずっと思いながらプレーしていたんです。

それだといつも受け身の守備になるでしょう？　守備者は相手が動いたところに一緒についていかなければいけない。すると相手のフォワードにディフェンスラインの高低を操作されてしまうんです。あるいは、相手の意図的なポジショニングによって守備側のポジションが決められ、一番大事なゴール前を空けてしまうことにもなりかねない。するとチームメイトとの距離感が保てず、ボールホルダーに対して常に数的優位な形でチャレンジ&カバーを繰り返すこともできなくなる。つまりこれは、縦横にコンパクトな陣形が維持できないということであり、プレスバックなどによる囲い込んでのボール奪取も不可能になってしまうんです。

ところが、ゾーンディフェンスならばそうはならない。相手がどう動こうと関係ないからです。自分たちの守備のポジションは、まずボールがあって、それに伴った味方の位置に連動して決まる。だから自分のマークが自由に動き回っていても、ボールホルダーにしっかりプレッシャーがかかっていて、ボールが前方へ供給される可能性がなければ、ディフェンスラインの背後を狙う相手フォワードも『はい、行ってらっしゃい』という感じでマークを離してしまっていいんです。その後ボールホルダーへのプレッシャーが外れ、そこにボールが出たとしてもオフサイドだから問題ない。その理解が全員にあってチームが機能すると、自分たちが主導権を握ってディフェンスラインを決めることができるんです。僕も最初はバクスターにその守備の方法を言われたときは、『そんなわけないでしょう？』と思ったんですよ。ところが実際にプレーしているうちに、本当に、味方の守備位置を見ながら自分の守備位置が決まる感覚が持てた。相手の動きは一切関係ない。今まで敵の位置で守備者の位置が決まっていたものが、味方の位置によって守備者の位置が決まってしまった。地動説と天動説ではないけれど、従来の発想とは180度異なる考え方なのだから、従来の発想を転換して受け入れないと実践でプレーするのは難しいと感じたんです。そして自分が守備をやるのならば、この守備の方法論のほうが楽しいと思えた。サッカーはよく攻撃の場面で、クリエイティブなプレーをする、と評される選手がいるじゃないですか？　でも、僕は攻撃の場面だけしかクリエイティブなプレーが出せないとは思わない。守備においてもクリエイティブさやインテリジェンスは絶対に必要で、それが表現できる選手こそ価値がある、存在意義があると思うんです」

水族館のイワシの群れがワッと動く動きが理想

このゾーンディフェンスは日本人の特性や性格に合っている――。それもまた松田が常々繰り返して言及してきたことである。

「個の弱さをゾーンディフェンスによってカバーできるということです。もしも守備の方法論がマンツーマンだけならば、アフリカ勢やドイツ人、イングランド人、アジアでいえば韓国人に日本人は個人で勝つことが難しくなってしまう。身体能力や体力面がその局面の勝敗をわける大きなウェイトを占めてしまうからです。だから日本人選手たちは、攻撃でいえば、個で打開し切れない局面をパスワークを駆使して崩すことに活路を見出してきたわけです。ならば、守備においても組織で守ることが重要になる。その守備の連動性や規律性が日本人に向いているのではないかと僕は思うんです。マスゲームなどというものはブラジル人は苦手でしょうけれど、日本人は勤勉で、しかも機動力もあるからやろうとすればいくらでもできる。しっかりやれば相当上手だと思うんです。

それと、これはバクスターが話していたことですが、現代の日本人にそのまま当てはまるかどうかは別として、『日本人には腹切りの文化がある』と言うんです。ミスをしたときに腹を切ってお詫びをする。そういう個人で背負ってしまう精神が日本人には根付いていると。だから、個人の責任、という重荷から解放されるために、みんなで寄ってたかって集団的に連動して守れるという感覚が前提にあれば、個々がリラックスしてプレーできるはずで、守備時においてもクリエイティブな発想も出てくる、それがまさにゾーンディフェンスの考え方の根底にあるものだと言うんです」

寄ってたかって集団的に連動して守る。一つのボールに対して密集して群がってボールを絡めとってしまう。それが松田が思い描くゾーンディフェンスのイメージである。

「水族館でイワシの群れがワッといっせいに動くでしょう？　あの動きが理想なんですよ。その中心にあるのがボールです」

クライメイト・アラウンド・ザ・ボール

ゾーンディフェンスを語る上でキーとなる言葉がある。

クライメイト・アラウンド・ザ・ボール――。かつて松田が北欧にサッカーの研修に出向いたとき、現地のノルウェー人コーチが使っていた言葉である。

松田はこの言葉を「ボール周辺の雲行き」と訳した。わかりやすくいえば、ボール周辺の状況がどうなっているのか？　ボールホルダーは次にどんなプレーをしようとしているのか、または、どんなプレーが可能なのか？　あるいは、ボールホルダーは一体誰で、そこからどんなボールが供給される可能性があるのか？などということである。

守備者全員が「ボール周辺の雲行き」に注意を払っていれば、それぞれの守備者は自分がどこにポジションをとればいいのか、次に何を予測して動くべきか、それらがわかるというものである。

たとえば、ディフェンスラインは一つのボールさえ見ていれば自ずとラインが整うと松田はいう。実際には首を振ったり、周りの味方の位置を確認したり、という作業は当然入るのだが、ボールだけを見て揃ってしまうのが究極の理想なのだ。

「ボール周辺の雲行き」を選手たちが的確に察知しながら、強固なゾーンディフェンスを構築した好例がある。２０１０－１１シーズンのチャンピオンズリーグでバルセロナと対戦したコペンハーゲンが織り成したそれだ。

この書籍を作るのに際して松田に「読者がもっとも参考になる試合などの映像はありますか？」と伝えたとき「選手たちに参考にしてもらうために見せてきた映像素材」として用意してくれたものだ。

その映像を辿りながら実践で展開されるプレーを追ってみたい。

バルセロナの最終ラインのセンターバックが逆サイドから展開されてきたボールをそのまま左サイドバッ

クに預けた。それが図10のシーンだ。このときのコペンハーゲンの右ワイドミッドフィルダーの選手に注目してほしい。

「この場面で選手Ⓐは、相手の縦へのパスコースを切っているんです。Aは、相手のボールが移動している間に首を振って、自分の守備位置と、後方の状況を確認している。そして相手の選手①に対して、自分の後方に構える味方の右サイドバックの距離が少し遠いと感じたら、その間のスペースでボールを受けられるのを避けるためにパスコース上に立って中へやらせようとしている。だから身体の向きが内側を向いているでしょう？」

確かに、映像ではコペンハーゲンのワイドミッドフィルダーに該当する選手Ⓐが、身体を内側へ向けて、ボールをインサイドへ、自分たちのボランチがいる方向へと導こうとしている。マンツーマンの守備法の常識から考えれば、身体の向きはまるで真逆だ。マンツーマンでは、ライン際の攻防では相手をタッチラインに追い込むのが常識とされているからである。

「イワシの群れを構成する一人ひとりの選手たちにとって重要なのは、クライメイト・アラウンド・ザ・ボール、つまり、ボール周辺の雲行きを確認しながら、自分が守備ブロック全体のどこにいるのか把握していること。そのために首を振って周りをよく見ることが必要になる。この場面でこの選手Ⓐは首を振って後ろを見て自分の立ち位置を確認した。その首振りによって相手①の位置というよりも、味方の右サイドバックの位置を見て、相手①の選手との距離感を確認、そしてこのポジションに立って縦へのパスコースを防いだわけです」

図 10　パスコース上に立ってボールを中へやらせようとする場面（身体の向きは内向き）

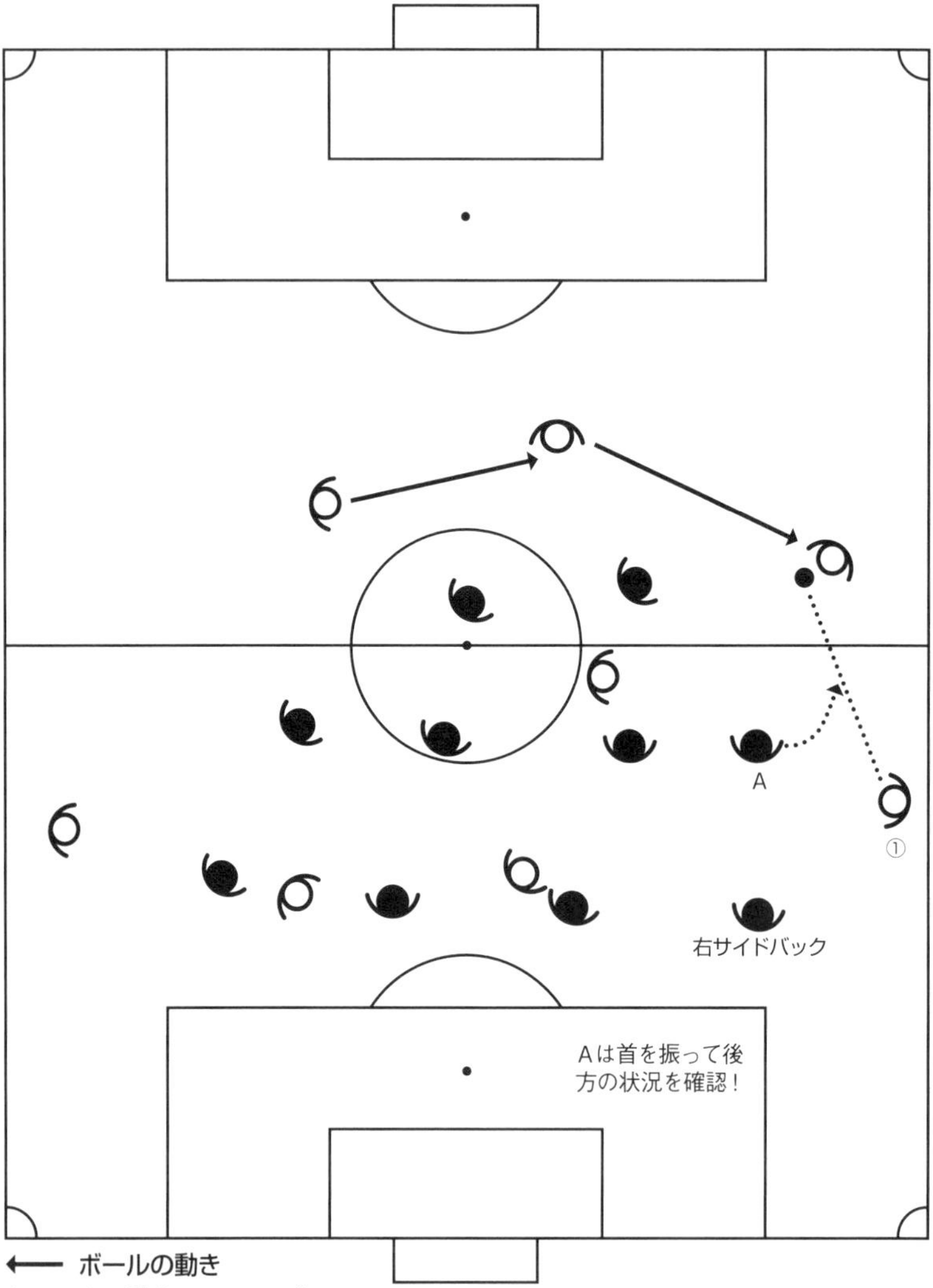

コペンハーゲンの右ワイドミッドフィルダー（A）は、後方の味方の右ＳＢとの距離を確認し、相手にその間のスペースでパスを受けられないようにパスコース上に立ち、ボールホルダーに中方向へプレーさせようとしている。そうするために身体の向きが内側を向いている。

こうして右ワイドミッドフィルダーの選手（A）は相手のボールホルダーの縦へのパスコースを完全に切った。こうなると相手が無理に前方向へパスを通そうとすれば浮き球のパスしかなくなる。

「浮き球のパスとなればどうしてもパスのスピードが落ちるから、守備をしているAとすればその瞬間に素早くプレスバック、ボールが移動している間にポジションを移動させて、味方の右サイドバックと挟み込むようにサンドウィッチする。そして再びボールを中心に守備ポジションを作ればいいいんです」

実際のシーンは、バルセロナの左サイドバックが縦へのパスを諦め、インサイドの②にパス。②はダイレクトで①へと繋いだ（図11）。このシーン、Aはパスが繋がれているうちに素早くプレスバックして対応した。するとバルセロナの選手①がそのプレスバックを嫌って、再び元のボールホルダーへとパスを返したのだ。

「このシーンでAは、①にバックパスをさせたことで、再びボールを自分よりも前に置くことができた。Aとすれば、第二線（中盤）のラインを突破されないことがゾーンディフェンスで守るときの目的にあるので、この回の守備は成功したということになります」

選手全員が常に一個のボールに関わりながらボールホルダーに圧力をかける

このシーンをさらに進めたのが図12だ。このときのコペンハーゲンのBに注目してほしい。

「まずBの守備位置がかなりインサイドに絞っていることがわかると思います。やはりボールを中心に、味方の位置に連動しながら守備体系を組むことがゾーンディフェンスなので、隣にいる味方選手との間にスペ

図11 バルセロナの左サイドバックが縦へのパスを諦めた場面

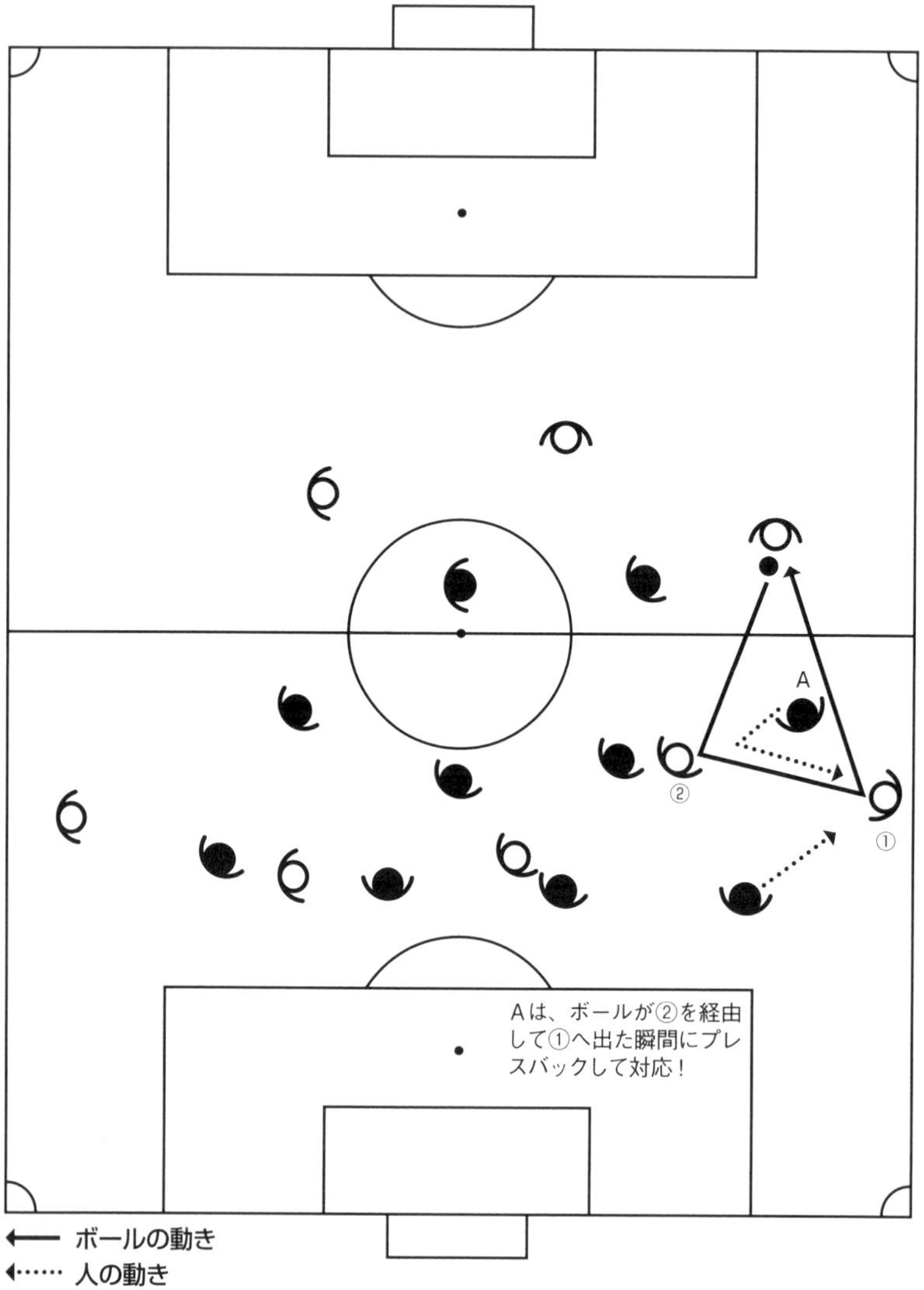
A
②
①
Aは、ボールが②を経由して①へ出た瞬間にプレスバックして対応！
ボールの動き
人の動き

このシーンでAは結果としてバルセロナに第二戦(中盤)のラインを突破されなかった。この回のゾーンディフェンスの守備は成功したといえる。

図12 ゾーンディフェンスで守るときの基本的な逆サイドの絞り

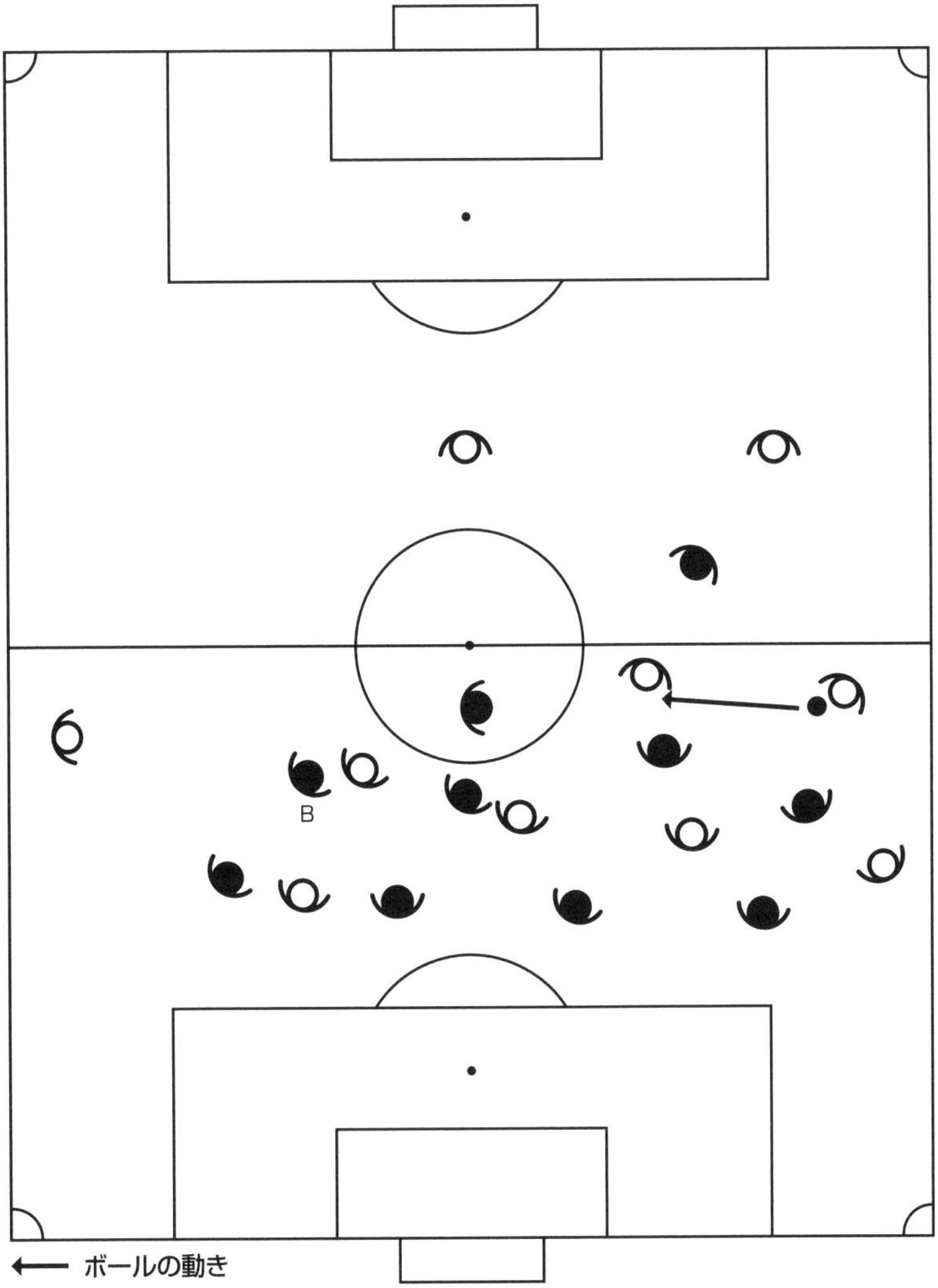

これが通常のゾーンディフェンスで守る際の逆サイドの選手の絞り。これがマンツーマンディフェンスであれば、逆サイドの相手のサイドバックを見るためにもっとタッチラインに近い位置にポジションをとるはず。

ースを空けずにポジションをとっていくんです。だから、この場面ではBのポジションが的確な守備位置になる。これがもしマンツーマンディフェンスをベースにした守り方であれば、逆サイドの相手のサイドバックを視野に入れるために、もっとタッチラインに近い位置にポジションをとっていると思います」

映像は次の瞬間、バルセロナのボールホルダーが右サイドの方向を向き、サイドチェンジのボールを送ろうとする仕草を見せた。バルセロナの選手からすれば、逆サイドには広大なスペースがあり、そのエリアを狙おうとするのは当然の判断である。

「ただ、このシーンではBがそのボールホルダーのアクションに反応し、つまり、『ボール周辺の雲行き』を察知して、素早くバルセロナの選手③へのパスを牽制するようにスタートを切るアクションを見せています（図13）。そして、そのアクションによってボールホルダーがサイドチェンジをするのをやめた。Bが一歩でも、二歩でも、そういったアクションを起こすことでボールホルダーに圧力をかけることができた。つまり、Bがボールホルダーとの駆け引きに勝ったということです」

ゾーンディフェンスでは、それぞれの守備者がボールホルダーに対して駆け引きを繰り返し、常に一個のボールに関わりながら圧力をかけることができる。つまりこれは、ボールホルダーからすれば、まるで守備者11人全員を相手にしているような錯覚に陥ることさえあるということである。

「相手のボールホルダーに『パスの出しどころがないな』と思わせたら守備側の勝ち。そうすると相手のボールホルダーはグラウンダーでのパスコースを見つけられずに苦しくなって、ボールを下げるような消極的な選択肢しかなくなる。また、そこでバックパスを受けた選手にしても、相手からさらなるプレッシングを

図13 ボール周辺の雲行きを察知して逆サイドへのパスを牽制する場面

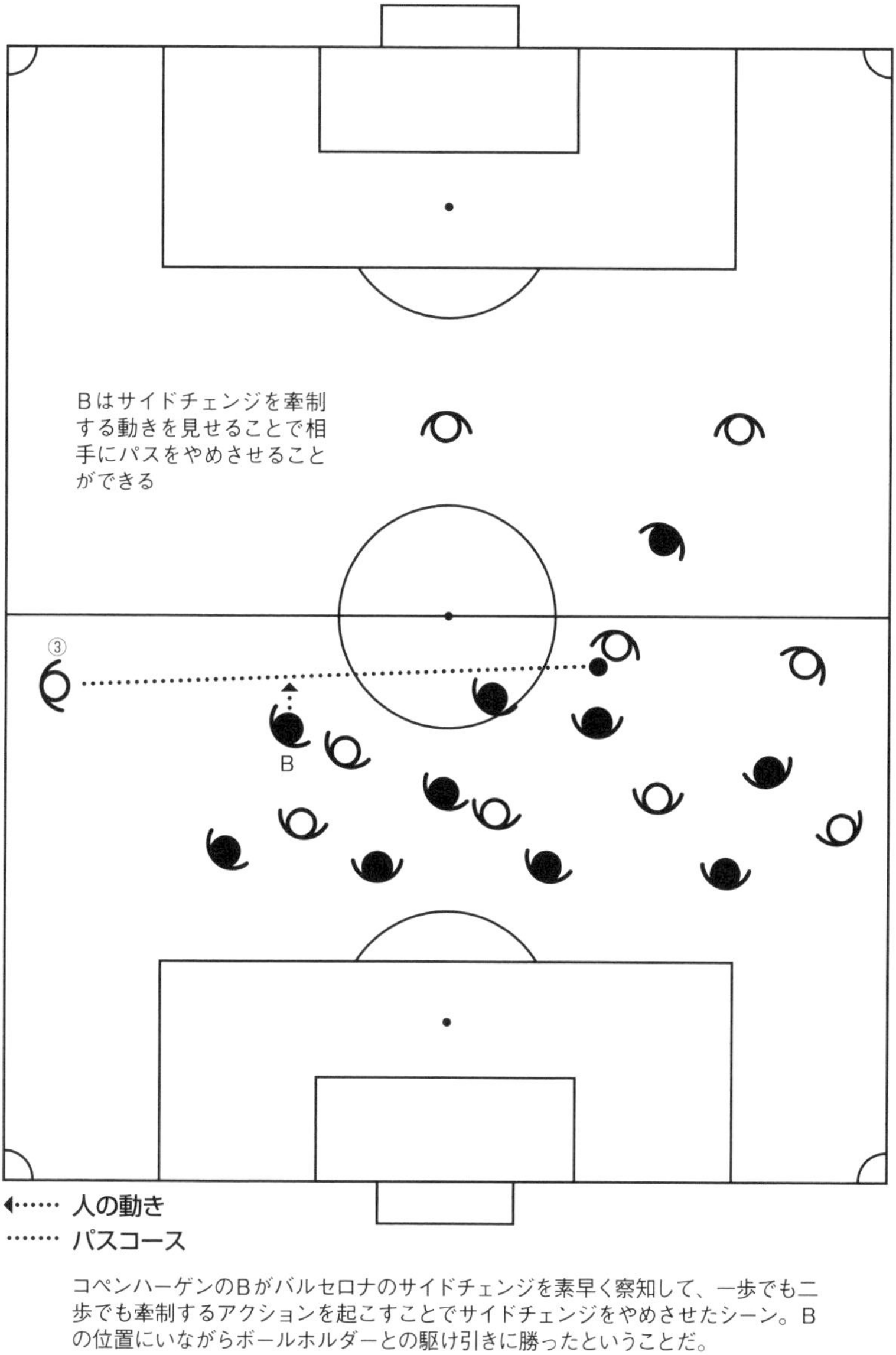
Bはサイドチェンジを牽制
する動きを見せることで相
手にパスをやめさせること
ができる
③
B
人の動き
パスコース

コペンハーゲンのBがバルセロナのサイドチェンジを素早く察知して、一歩でも二歩でも牽制するアクションを起こすことでサイドチェンジをやめさせたシーン。Bの位置にいながらボールホルダーとの駆け引きに勝ったということだ。

受けて苦しまぎれに対角線上にロングボールを蹴るしかプレーの選択肢がなくなるんです。となれば、今度はその対角線上にいる逆サイドの守備の選手が、ボールホルダーがロングボールを蹴ろうとするアクション、つまり、『ボール周辺の雲行き』を察知して、ロングボールに対して素早くスタートを切れば、そこで難なくボールを回収できるというわけです」

ちなみに、このシーンではバルセロナのボールホルダーがパスの出しどころを見つけられず、かといって、後ろにボールを下げることもなく、そのまま密集している中央のエリアへドリブルで侵入した。ここでもコペンハーゲンのゾーンディフェンスとしての威力が発揮される。

「このときのコペンハーゲンの選手たちをよく見てください。中央にドリブルで侵入したバルセロナの選手がコペンハーゲンの第二線（中盤）の選手（C）を交わそうとするも中途半端になり、たまらずボールを身体で守るように背中を向けてキープしようとします（図14－①）。この瞬間、その〝ボール周辺の雲行き〟を見て、ボランチの選手（D）も自分のマークなど離してしまって、ボールに対して2対1という数的優位を作るために飛び出している（図14－②）」

確かに、映像ではDが自分のマークなど離してしまい、ここぞとばかりに味方と一緒になってバルセロナのボールホルダーに襲い掛かり、ボールを奪取することに成功した。

「いかに選手たちが『ボール周辺の雲行き』を感じられるか、それが重要だということです。なぜなら、このシーンでのボランチの選手（D）は、ボール周辺の雲行きから〝前方へボールは出てこない〟と判断できるからこそ前へ飛び出すことができるのです。つまり、相手のボールホルダーが背中を向けた瞬間に〝ここ

図14 ボール周辺の雲行きを判断し、ボールに2対1の数的優位を作る場面

①

ボールホルダーに対してCが対応。相手が背中を向けたら……

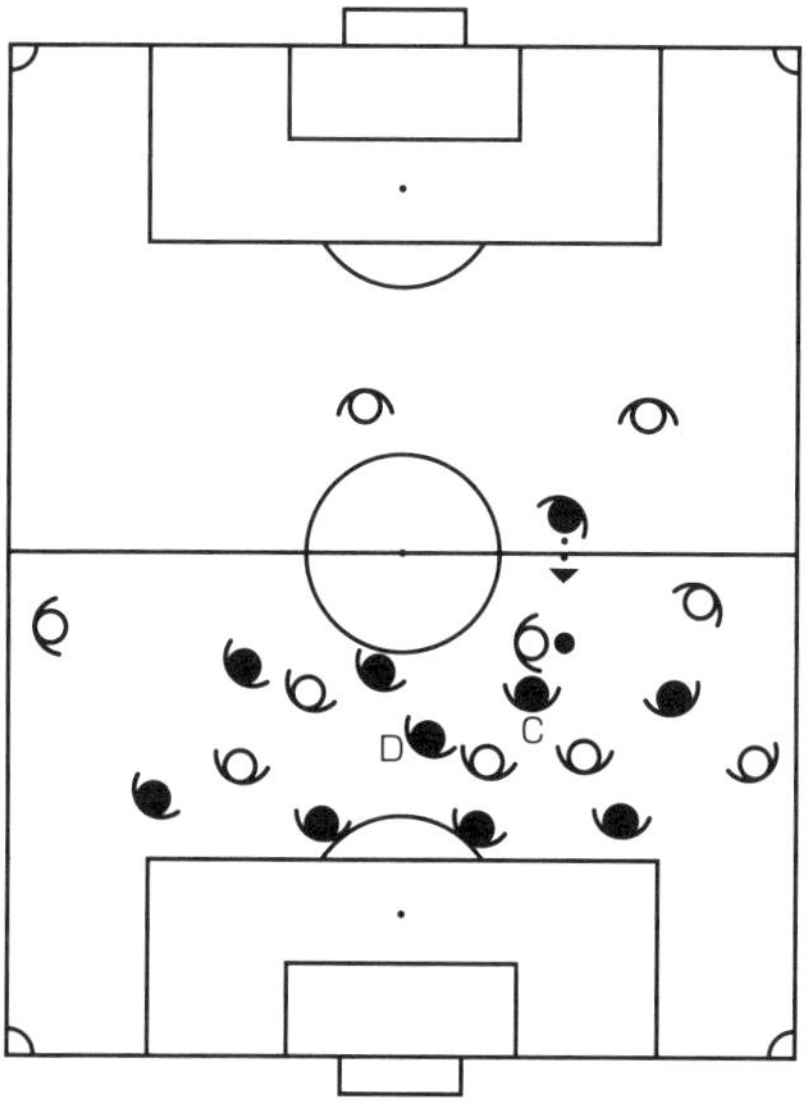

バルセロナの選手のドリブル突破が中途半端になり、相手が背中を向けた瞬間、コペンハーゲンのボランチは自分のマークは離してしまい、ボールに対して2対1の数的優位を瞬時に作ってボールを奪いにいく。ボール周辺の雲行きでプレーを判断するゾーンディフェンスだからこそ可能となるシーンだ。

②

Dはボールホルダーが背中を向けた瞬間、自分のマークは捨てて一気にボールを奪いにいく

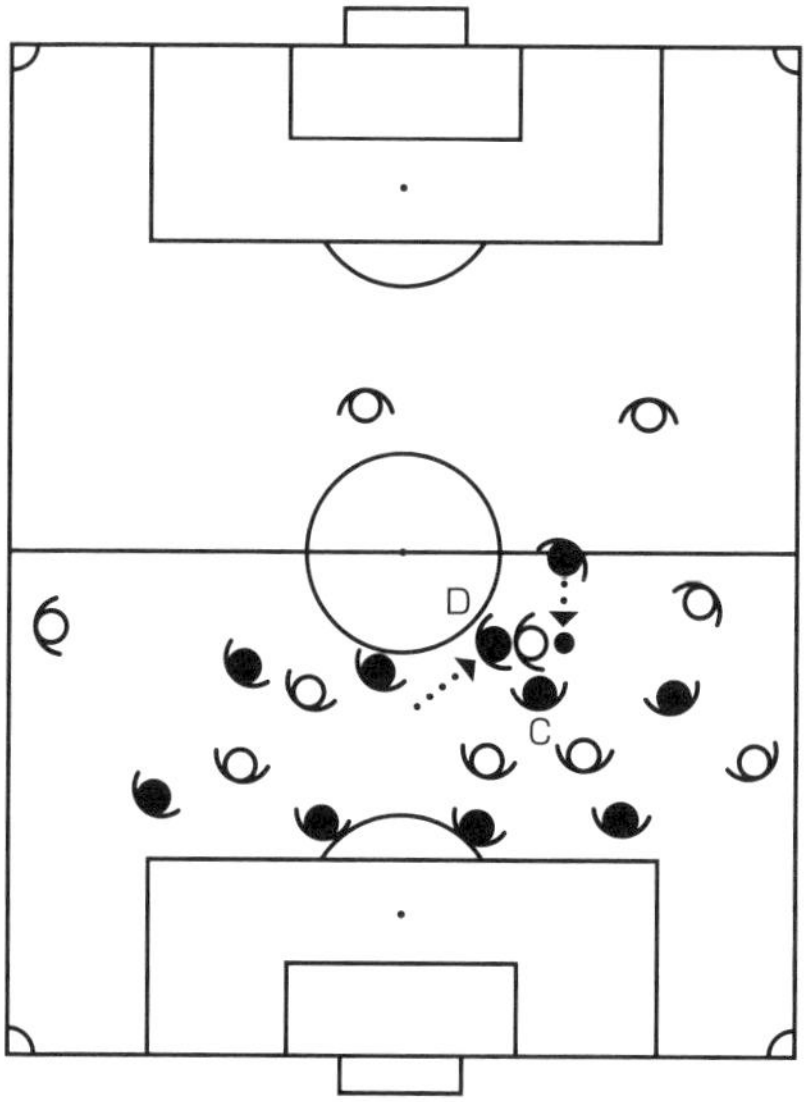

◀…… 人の動き

で絶対に奪える！〟と察知して仲間とともにプレッシャーをかけてボールを奪う、という判断が可能になったということ」

つまり、ゾーンディフェンスの狙いとは、マンツーマンをベースにしたサッカーがいかに相手に対して数的優位の状況を作れるかを狙いにするのに対し、〝たった一個のボールにいかに数的優位を作れるか〟ということにあるのだ。

「そのためには全体ができるだけコンパクトになっていないと不可能だから、前線と中盤、そして最終ライン、この3ライン全体の幅はせいぜい25メートルほど、この映像を見るかぎりではもっとコンパクトに20メートルほどになっているかもしれません。そのコンパクトにした網のなかに相手のボールを引っかけて絡めとるという感覚がチーム全体としてあるわけです。さらにいえば、守備ブロック全体がリトリートしているわけではなく、高い位置を保ったままだから、ここでうまくボールを奪取できれば、すぐさま高い位置からのカウンター攻撃に移行できる」

実際、このシーンでは、コペンハーゲンの選手たちがボールホルダーに数的優位を作ってボールを奪い切り、守備陣形がまったく整っていないバルセロナに対して、バルセロナの慌てたようなプレッシングをかいくぐって、3本、4本とダイレクトのパスをスムーズに繋げて逆サイドへ展開、タイミングを見計らってオーバーラップした左サイドバックがフィニッシュまで漕ぎつけている。鋭利な刃のようなカウンターが成功したのだ。守るための守備ではなく、攻撃から逆算した守備が威力を発揮したのである。

ボールに迂闊に飛び込まない＝ボクシング・ムーブメント

「ほら、すぐにコペンハーゲンの守備体系が整うでしょう？　すごく綺麗ですよね」

映像では、ときにバルセロナの選手たちが見事なダイレクトのパスを織り交ぜてコペンハーゲンのライン間を突破しようと試みるシーンも何度かあった。

だが、その度にコペンハーゲンの選手たちは、ボールが移動すれば、まさに〝イワシの群れ〟のごとくスムーズに移動し、冷静に、まったく慌てずに、最終ライン、中盤、前線の3ラインを整えて守備ブロックを築き直している。まるで、一度は波打った水面の波紋が、一瞬で何事もなかったかのように綺麗で穏やかな水面に戻るようなイメージ。機能美とでも表現できそうな統制ぶり。ピッチ上に芸術作品を見る思いだった。

「コペンハーゲンの選手たちは常にいずれかのサイドに相手を誘い込んでボールを奪おうとしているので、そのときはコンパクトになるがゆえに逆サイドのスペースは空けているわけです。だから、そのスペースをバルセロナにロングボールで使われることもあるのですが、でも慌てていない。ボールが移動すれば、またそのボールを中心にしてすぐに守備ブロックを築いていくんです。まったく慌てる様子がないのは、それぞれの選手たちが一個のボールを中心に動いているから。マンツーマンをベースにした守り方のように、敵の動きによって何ら自分たちが左右されない。守備の拠りどころは自分たちのポジショニングだから、バタバタした印象を受けないわけです」

そして、コペンハーゲンの選手たちが慌てていない理由としてもう一つ明らかに言えるのは、それぞれの選手たちがボールホルダーに対して〝迂闊に飛び込んでいない〟ということである。ファーストディフェンダーとなる選手が、闇雲に相手を追い回して、やがて後半にはガス欠を起こしてしまう、そんなシーンが一切ないのだ。

日本のサッカーシーンで、たとえば、フォワードの選手が相手のディフェンスラインからボールを奪おうと一人で闇雲にプレッシングを敢行し、あっさりと相手に交わされて、ぽっかりとフォワードと中盤との間に広大なスペースを空けてしまう、といったシーンが散見される。このとき、果敢にプレッシングにいって相手に剥がされてしまったフォワードの選手に、〝自分が埋めるべき守備のスペースを空けてしまった〟という感覚はあるのだろうか。大事なのは、この〝スペース感覚〟なのだと松田はいう。

たとえば、という感じでこんなシーンを挙げる。図15−①は、バルセロナの選手がディフェンスラインでボールを持っているシーンである。

「このとき、バルセロナのボランチ⃝1がボールを受けに下がったとき、コペンハーゲンの選手Ⓐがマークに行っていますよね。自分よりも前の状況を見て、ボールを受けに下がった選手にボールが入ると嫌だなという感覚があるからマークに行っている。もしもマークに行かなければ、そこでターンをされて前を向かれてしまうのが嫌だからでしょう。自分がマークに行けば、この選手がボールを受けても前へボールを出させることを防ぐことができるので」

このシーンの数秒後が図15−②だ。結局、バルセロナのボールホルダーは受けに下がってきたボランチ⃝1

図15 相手のビルドアップ時のボランチへのパスの牽制

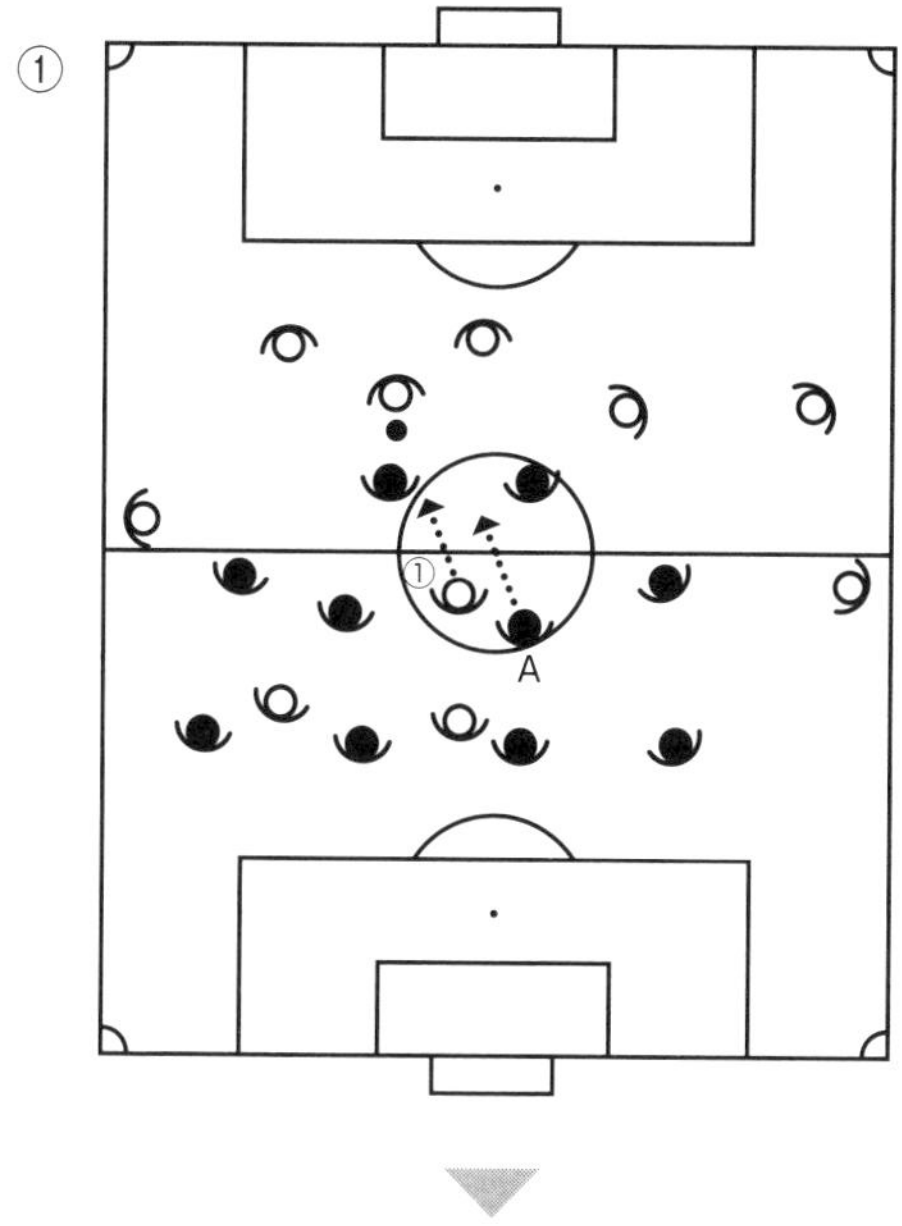

相手のビルドアップの際、ボールを受けさせたくないボランチに対してアプローチをして牽制し、ボールホルダーにパスを出すのを諦めさせたシーン。この数秒後が図16のシーンだ。

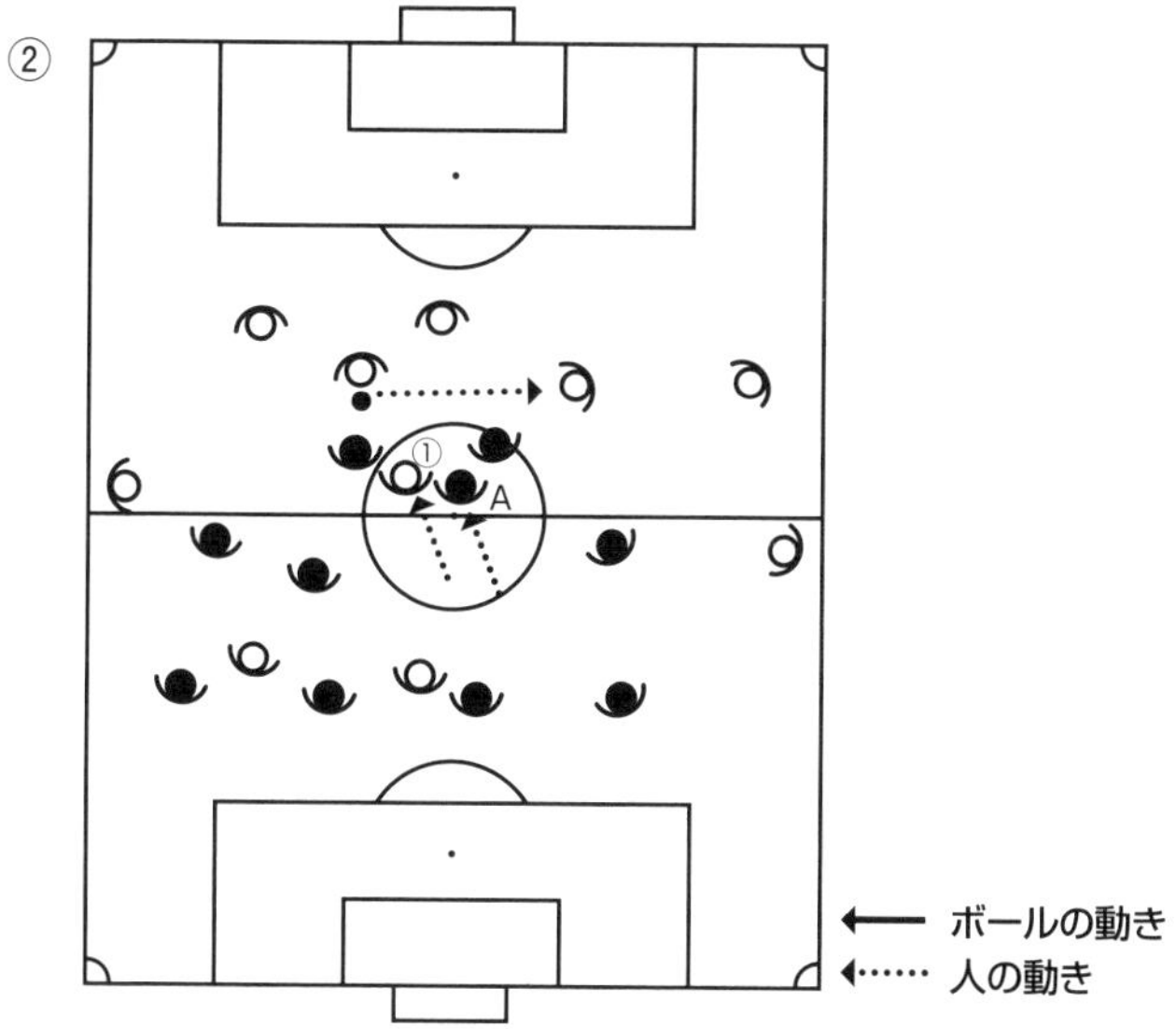

にボールを出さなかった。コペンハーゲンの選手(A)がバルセロナのボランチ①にマークに行ったことで縦へのパスを諦めたのだ。そしてボールは左サイドへと展開される。

「この瞬間にコペンハーゲンのこの選手(A)はすぐに戻るんですよ」

その数秒後のコペンハーゲンの選手の配置が図16である。選手(A)が一度は自分の空けたスペースにすぐに戻り、守備ブロックにできた穴を埋めて修復している。このスペース感覚があることが重要なのだ。

「これはバクスターが使っていた言葉ですが、〝ボクシング・ムーブメント〟、つまり、ボクシングでもパンチを打ったときに、打ちっ放しだとガードの隙を突かれてパンチを撃ち込まれてしまうから、すぐにパンチした拳を自分の顔の前へ戻してガードを作る作業が必要になる。このシーンでコペンハーゲンの選手(A)は自分が空けたスペースがわかっているから、そのままでは嫌だからすぐに戻る。その感覚を守備の局面で選手たちそれぞれが持っていることが重要なんです」

この感覚は欧州のサッカーシーンではトップレベルの選手たちであれば当たり前のように持っている感覚だと松田はいう。

バイエルンが巧みに体現した守備時のローテーション

このシーンに絡み、松田が参考の映像として見せてくれたのが、2013-14シーズンのチャンピオンズリーグ準決勝ファーストレグ、4対0でバイエルン・ミュンヘンがバルセロナを粉砕した衝撃の試合であ

図16 プレッシングの後に守備ブロックに空けた穴を埋めるスペース感覚

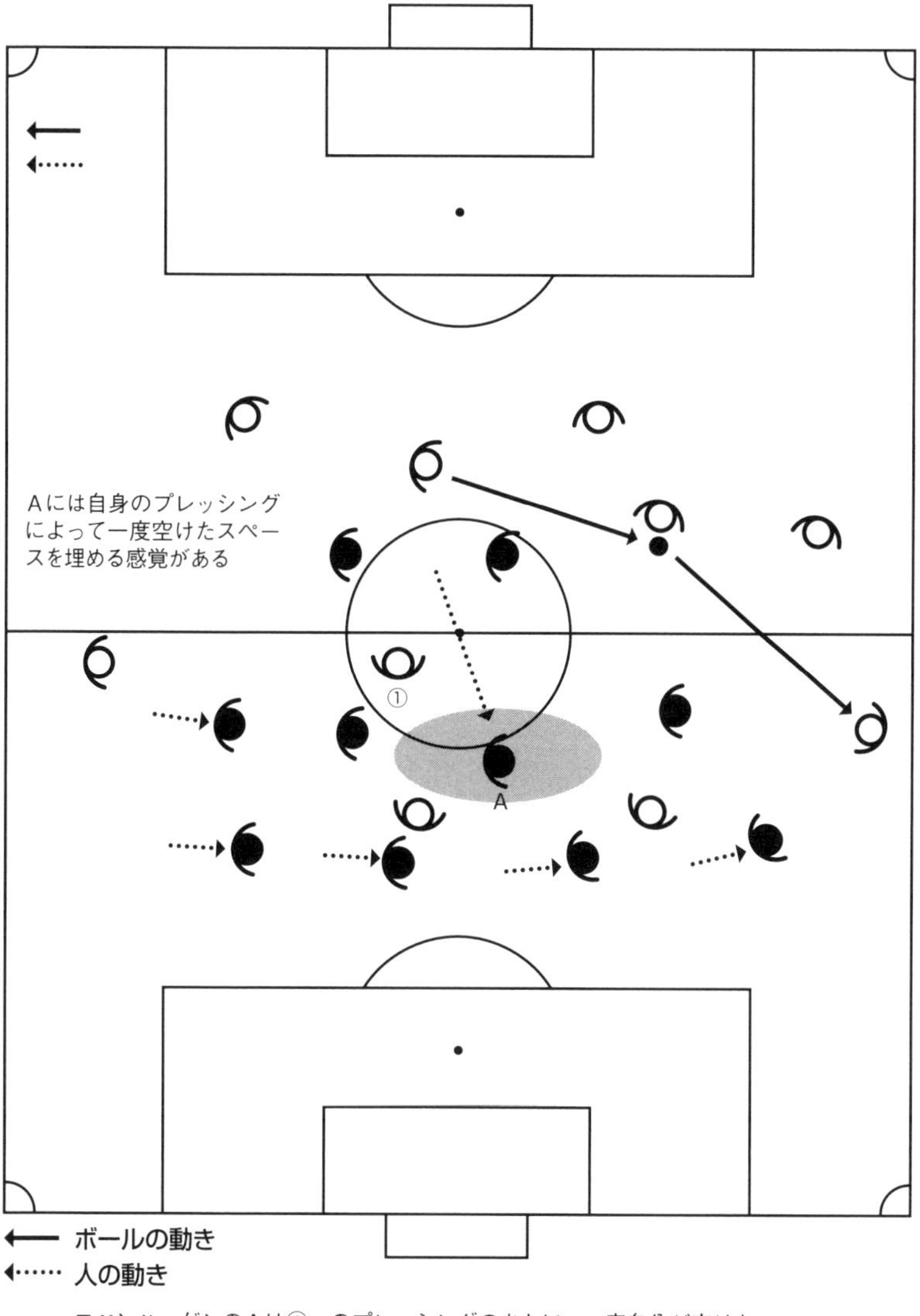

コペンハーゲンのAは①へのプレッシングのあとに、一度自分が空けたスペースにすぐに戻って穴を埋めている。たとえば、ボクシングのパンチのジャブは出したあとにすぐ引っ込めてガードの姿勢をとるのが基本中の基本。サッカーでも同様である。

る。この試合のバイエルンの守備がゾーンディフェンスの基本を押さえつつ、最先端ともいえる守備を実践していて非常に参考になるという。

映像はバルセロナがディフェンスラインでボールを繋ぐシーンが続いている。そのボールホルダーに対して、バイエルンの1トップの（マリオ）ゴメスや、2シャドーの（トーマス）ミュラーや（バスティアン）シュバインシュタイガーが前線まで顔を出してボールを奪いに行くふりをして行かない、といった牽制を繰り返しながら様子を見ているシーンである（図17）。

「バイエルンはセンターサークルの頂点を基準にして、守備時にはゴメスとミュラー、あるいは、ゴメスとシュバインシュタイガーが2トップの横並びになって守備ブロックの頂点を作っているというイメージ。このラインが僕は至ってノーマルな守備ブロックの位置だと思っているのですが、バイエルンもこのラインをプレッシングのスタートラインと決めているのか、相手のボールホルダーに対して深追いをして交わされるようなことは絶対にしないですよね。どこかでプレッシングができるタイミングを図りつつ、視野外の視野で後方を確認しながら自分がいるべき守備のポジションを各々がとっている」

〝視野外の視野〟とは首を振って確認できる視野のことである。確かに映像では、シュバインシュタイガーらが視野外の視野でしきりに後方を確認し、周りの味方たちにスペースを指差しながら声をかけて、守備の役割分担を明確にしようとするアクションが覗える。

「このスペースを見ておけよ、という感じで後ろの選手に教えていますよね。そして後ろの選手との距離感を、首を振って確認しながら、適正なポジションをとりつつ、けれど相手のボールホルダーを深追いしない、

図17 バイエルンの前線の選手たちの"奪いに行くふりをして行かない"牽制

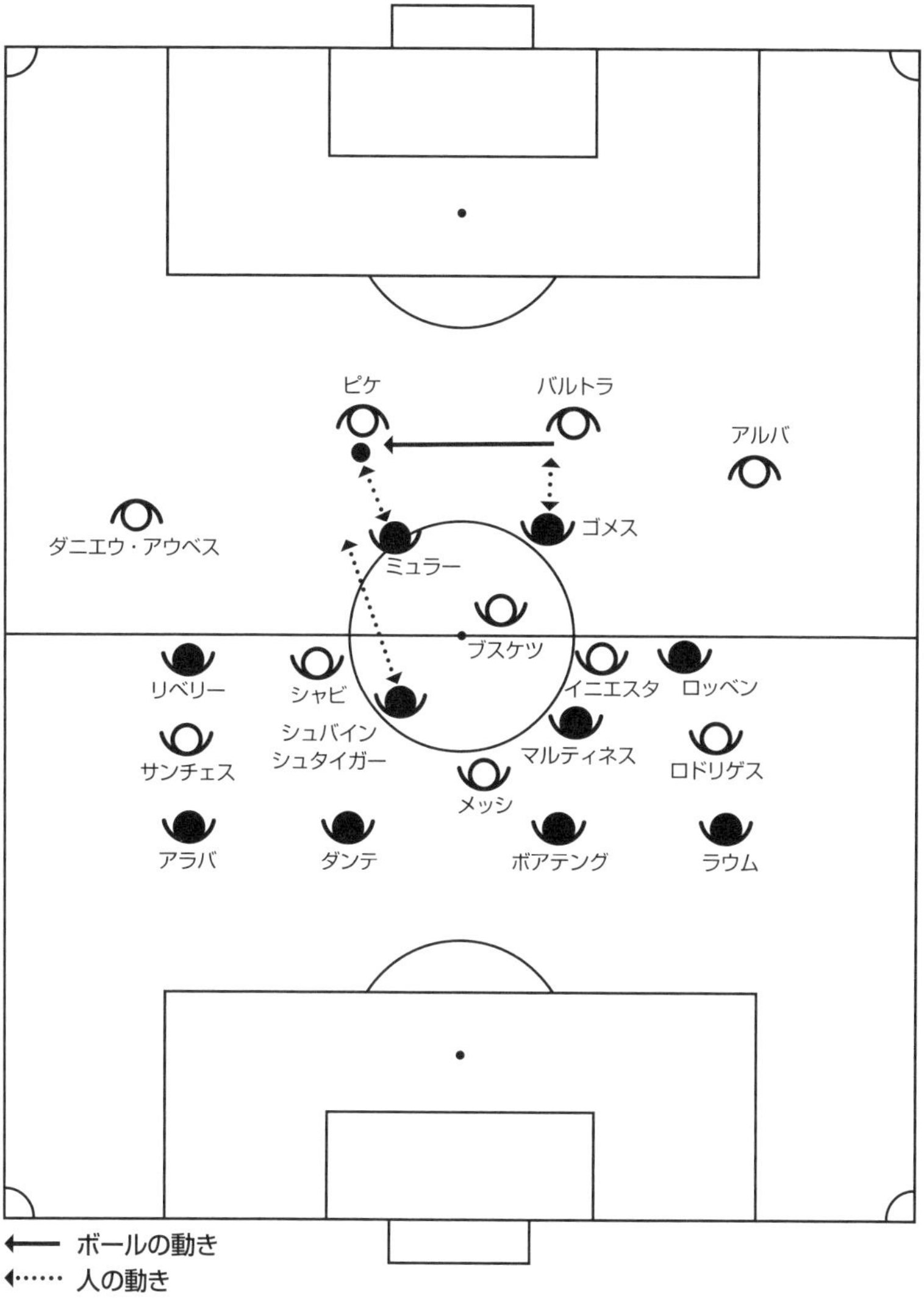

バルセロナのビルドアップに対して、バイエルンの前線の選手たちがしきりに"奪いにいくふり"を見せて牽制するシーン。彼らはボールホルダーを深追いして交わされるような失態は犯さない。視野外の視野で後方を確認しながら守備のスペース管理も怠っていない。

というスタンスで守備ブロックをキープできている」

つまりそれは、お互いの位置を相互に確認しながら、バルセロナに使われてしまいそうな不必要なスペースや隙を与えないように守備ポジションのバランスを保っているということである。

そうしてバルセロナからボールの出しどころを奪い、たとえば、密集したエリアへの強引な縦パスを誘い込んで自分たちの守備の網に絡めてとったり、バルセロナに逃げるようなロングボールを前へ蹴らせてハイボールで競り勝ったり、という守備のイメージをチームとして共有できているのだ。

そしてボールを奪ったら、今度はバイエルンのストロングポイントである両サイドのリベリーやロッベンが果敢に仕掛ける。

そんな攻防が続いているときに、映像を見ながら松田がこう指摘する。

「リベリーやロッベンが攻撃に参加したあと、ボールを奪われた直後には、彼らが駆け上がった背後のスペースに戻らなければいけないのですが、このとき、2シャドーのうちのミュラーがその空けたスペースに戻るようにしている（図18）。あるいは、ボランチの（ハビ）マルティネスがサイドへスライドしてスペースを埋め、そのマルティネスが元々いたボランチのスペースにミュラーやシュバインシュタイガーが戻って埋めている（図19）。僕はこの作業をローテーションと呼んでいるのですが、空いてしまったスペースを誰かが埋める、という意識が非常に高いと感じるんです。この試合のバイエルンは4－2－3－1の布陣で、守備時には両サイドのスペースを埋めるように4－4のブロックを築く形をとっている。その4－4のスペース全体が必ず埋まるように、バイエルンの選手たちは局面が守備に切り替わった瞬間、もっとも近い選手がすかさず空

図18 バイエルンの選手たちのローテーションの守備①

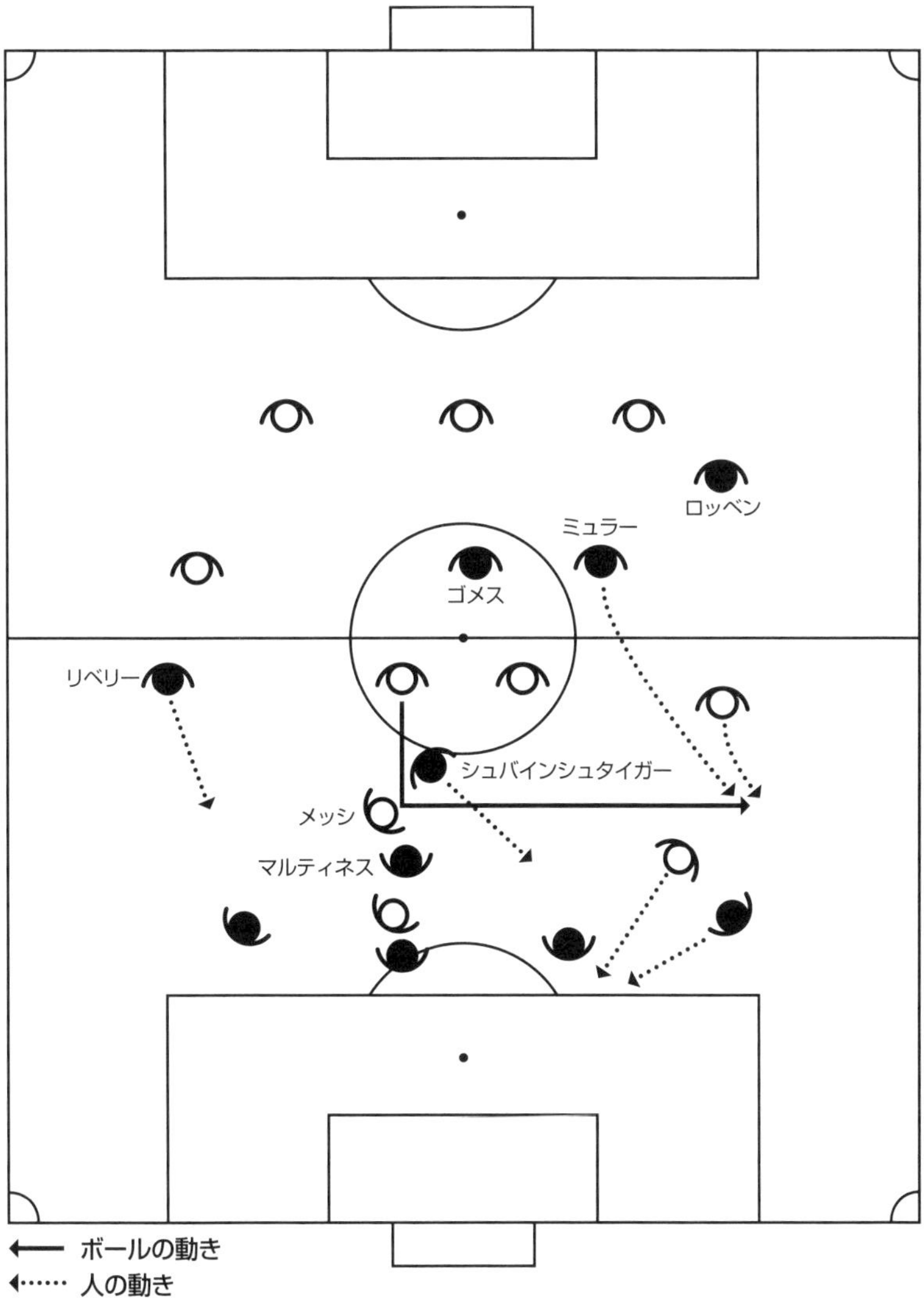

バイエルンは攻撃時の強みである両サイドのリベリーやロッベンが駆け上がったあとのスペースを、2シャドーのシュバインシュタイガーやミュラーが献身的にローテーションしながら埋める意識が非常に高い。

図 19 バイエルンの選手たちのローテーションの守備②

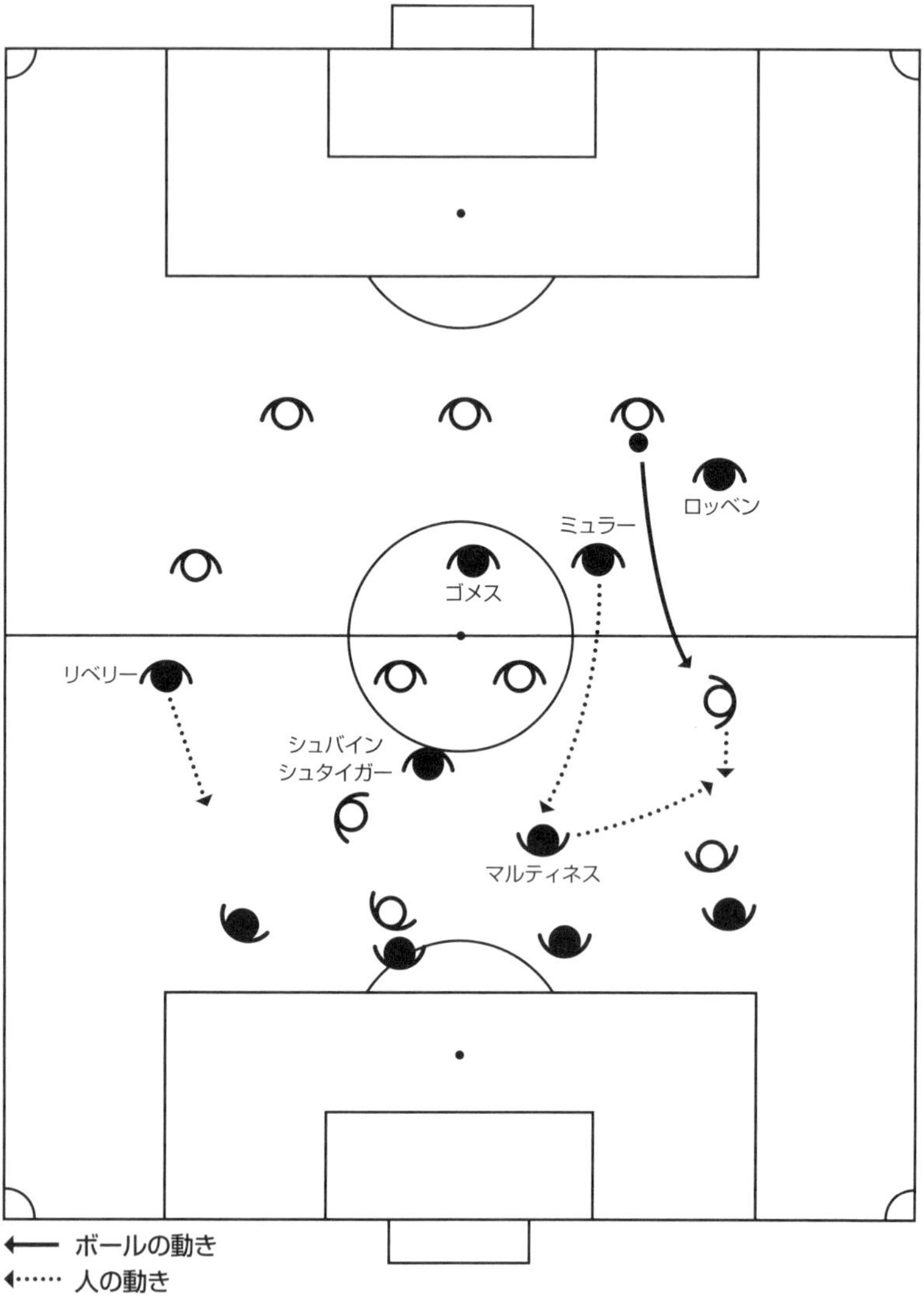

リベリーやロッベンが攻撃したあとにカウンターを受けたシーンで、ボランチのマルティネスがサイドにスライドして対応した場合は、２シャドーのミュラーやシュバインシュタイガーが元々マルティネスがいたスペースに戻って埋めている。やはりローテーションして埋めるという意識が非常に高い。

いているスペースに戻って埋める、というイメージがチームで徹底できているんです。もちろん、リベリーやロッベンも戻れるときには素早く戻るアクションも度々見せているから彼らの守備の意識も非常に高いのですが」

ここで「僕が強調して言いたいことは」と松田がこう続ける。

「このクラスの選手たちがこれだけ守備をやっているということですよ。『攻撃の選手たちにこんなに守備をやらせてしまったらゴールなんてできないよ』といった声を日本のサッカーシーンにおいて度々耳にするのですが、世界基準の守備の意識はそういうレベルの話ではないことをこの試合が如実に物語っています。さらにいえば、この試合のバイエルンは洗練されたゾーンディフェンスの要素に、マンツーマンの要素も融合させた守備を遂行している節がある。4－2－3－1から守備時は4－4－2に変形するのですが、4－4の8人でゾーンのブロックを築いたときに、シュバインシュタイガーがバルサのシャビ、マルティネスが（アンドレス）イニエスタ、リベリーがダニエウ・アウベス、ロッベンが（ジョルディ）アラバをマンツーマン気味に見ている。そしてミュラーは（セルヒオ）ブスケツに対峙するからちょうどはまる。それでも、シャビが少し後ろに下がってボールを受けて動かそうとするシーンもあるから、そのときはシュバインシュタイガーがミュラーの位置を追い越してシャビの位置までマンツーマン気味についていくようなシーンもある。そうするとシュバインシュタイガーが空けたスペースにミュラーが気を利かせて戻って埋めたりしている。そういうスペースを埋めようとする感覚、ゾーンディフェンスの感覚が彼らにはある。

リベリーなんか僕のイメージではワガママだと思っていたけれど本当に守備の意識が高いのがよくわかり

ます。この試合はバイエルンの左サイドバックのアラバが前に頻繁に出てくるのだけど、リベリーはアラバが駆け上がってできた自陣サイドのスペースを埋めるべく、後ろに戻らなければいけないときは本当に懸命に戻って守備をしている。その意識も脚力もリベリーにはある。で、リベリーがどうしても戻れないときは、たとえば、トップ下のミュラーが戻って埋めているのだけど、そのままワンプレーはミュラーがリベリーの位置に入ってプレーしているんです。つまり、どの選手にもユーティリティな能力があって、色々なポジションでプレーができるということ。ちなみにミュラーはこれほどまでの高い守備意識を発揮しながらこの試合で2ゴールを奪っている。素晴らしいですよね。

バイエルンはこの試合でうまくゾーンディフェンスとマンツーマンの要素を絡めてバルセロナの攻撃をブロックしながらゲームを進められている。もちろん、これは相手を分析したうえでのバルセロナ戦限定でのゲーム戦術なのかもしれませんが、それぞれの状況判断が良く、意思統一もされているので、非常によくオーガナイズされている守備と言えるんです」

ゾーンディフェンスとマンツーマンディフェンスの見事な融合によるバルセロナ封じ。松田は「ドイツ人のようなフィジカルに長ける国が守備をしっかりやり始めたら勝てる国はないと思う」と話すが、まさにドイツ勢が世界のトップに君臨する理由がここにある。

［第3章］

ゾーンディフェンスとは何か

マンツーマンのメリットは役割分担が明確になること

ゾーンディフェンスとは何か――。

この章では、マンツーマンディフェンスと比較しながら、改めて、その概念の基本的な部分から掘り下げてみたい。

まずマンツーマンディフェンスから。ゾーンディフェンスとの一番の違いはこうなる。

「マンツーマンは、マークする相手によって自分の守備の位置が決まる。それがゾーンディフェンスとの一番の違いです。マークすべき相手が一人目の前にいたとしましょう。このとき守備者は、ゴールと、相手を結んだ三角形（ガイディング・トライアングル）のなかにいないといけない（図20）。そして、ボールと自分がマークすべき相手が同一視野に入ることも一つの条件になります。だから、マークすべき相手が走り出して自分の背後をとろうものなら、守備者はボールと相手を同一視野に入れないといけないのだから、マークすべき相手と一緒になってくっついて動かないといけない、というのがマンツーマンの基本的な考え方です」

このマンツーマンという守備法のメリットを松田はこう考える。

「マンツーマンのメリットはマークがはっきりするから、役割分担が明確になって責任の所在がはっきりするということ。個々の身体能力が高いチームは自ずと有利になるという守備の考え方になります。昔、日本は韓国に勝てませんでした。当時のサッカーはロングフィードが中心で、1対1の局面がフィールド上に無

図 20 マンツーマンディフェンスの守備位置の鉄則

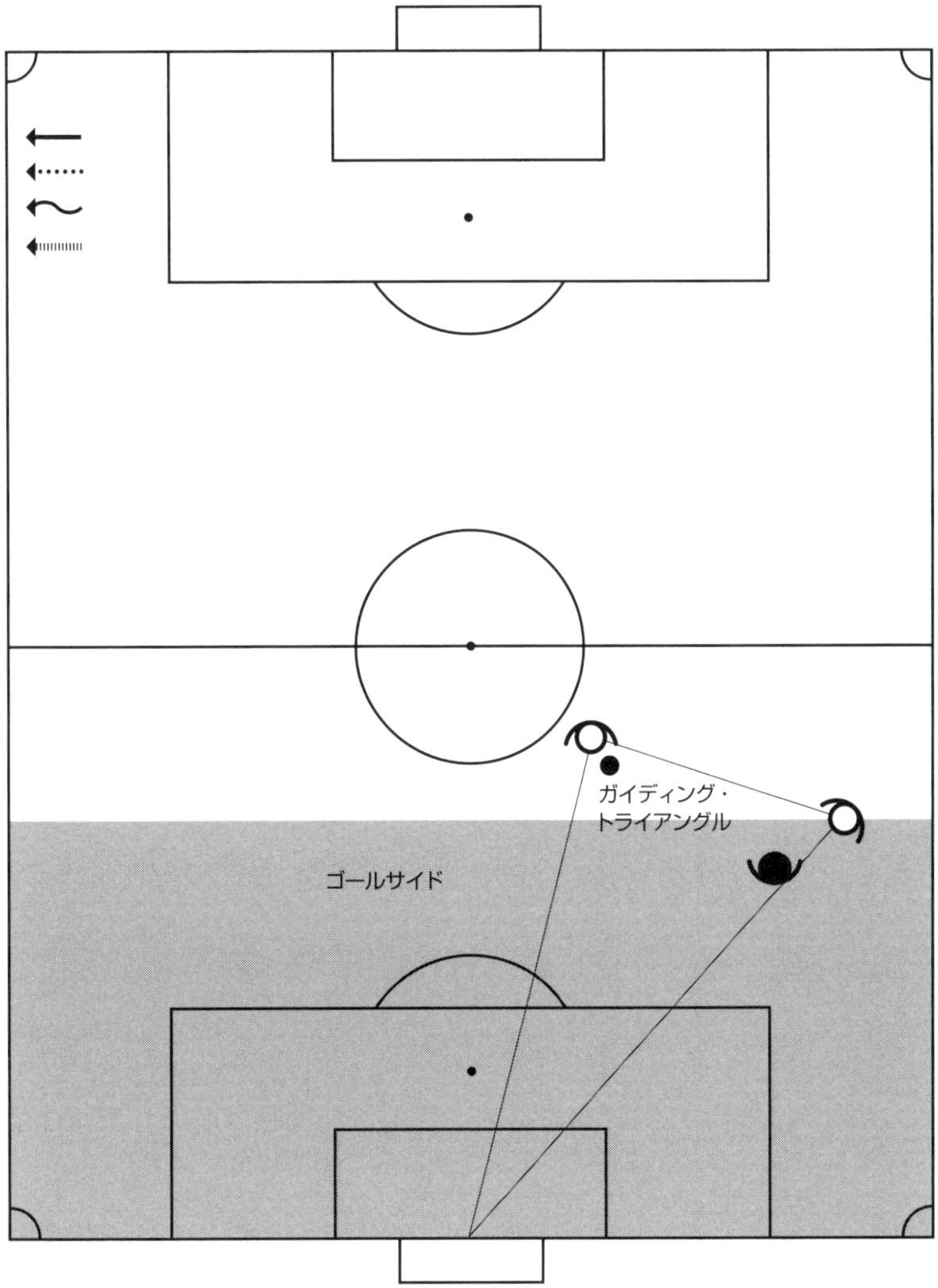

ゴールサイドにポジションをとることは、ゾーンディフェンスでもマンツーマンでも同じことだがマンツーマンの場合は、ボールと相手とゴールを結ぶ三角形（ガイディング・トライアングル）の中に位置し、背後をとられないこと、ボールと相手を同一視野に入れること、インターセプトできる距離などに留意する。

数にあったからです。韓国は昔4－3－3のシステムで戦うことが多かったのですが、システム上、ウィングのポジションに広大なスペースが用意されていて、そのエリアでの1対1で日本はやられてしまっていた。当時の日本はチームとして組織的に守備をしようとする概念がほとんどなかったから、相手のウィングのエリアでの1対1をサポートするわけでもなく、ただ傍観しているような印象がありました。そうなると日本人には身体能力の高い韓国人に勝ち目がなかった。中盤も然り。ロングフィールドのなかで1対1が3組あるという感じで、スタミナとパワーに勝る韓国の選手との1対1のバトルを余儀なくされる消耗戦では、これまた勝ち目がなかった。ただ、時代が移り変わるにつれて、完璧ではないにせよ、チームとしてコンパクトな陣形を組んで集団で守るようになると勝ち目が出てきた。お互いの距離が近くなったことで、チャレンジ&カバーの関係が生まれ、一人抜かれても二人目で奪えるという状況が出現した。韓国は狭いスペースのなかでの技術があまりなかったから、連動して集団で守るという日本人の優位性が出てきたんです」

そもそもマンツーマンの源流は、昔のドイツに見て取れるという。

「ドイツで3－5－2が主流だった時代があるのですが、最終ラインの3バックは、相手の2トップに対して、マンツーマン、マンツーマン、そして、最後方にリベロを一人配置するというもの。そしてウィングバックもマンツーマン。当時のドイツは、3バックのサイドのスペースを問題視しない、つまり、味方のウィングバックが守備時に最終ラインに駆け戻ってきて埋める、という考え方がベースにありました。だから守備時には3－5－2が5－3－2になることがほとんど。責任の所在をはっきりするという意味でメカニズムが非常にわかりやすい守備の方法です。そのエリアでの1対1に勝てばいいというものなので。しかし、これだと相手の身体能力や力量が上回ってしまうと厳しい戦いを強いられてしまう」

それがマンツーマンの色が濃い守備の考え方。いかにも強者ドイツが編み出しそうな概念である。

ゾーンディフェンスのなかに組み込むマンツーマンの考え方

しかし、現代サッカーには100％マンツーマンで戦いを臨むケースはほぼあり得ない。逆に言えば、100％ゾーンディフェンスということもまずない。

松田が語るゾーンディフェンスの概念のなかにもマンツーマンに切り替わる局面が度々出てくる。たとえば、相手のシステムが4－3－3で、右のワイドの位置には強烈なアタッカーであるロッベンがいたとする。通常のゾーンディフェンスであれば、逆サイドにボールがあるときはすべての選手たちが中央から逆サイドへとポジションをスライドさせて絞るようにポジションをとるのが鉄則ではあるが、このとき、ふいにロッベンにボールが出たときに広いスペースを与えてしまうと非常に厄介な事態に陥るため、ロッベンと同サイドで対応するサイドバックの選手は、あまり中央に絞ることなく、ロッベンに対してマンツーマン的にポジションをとることも十分に考えなくてはいけなくなる、といったものだ。

あるいは、こんなシチュエーションもある。松田が実践のなかでゾーンディフェンスの守備体系に意図的にマンツーマンを組み入れて戦った例がある。

「たとえば、メッシをマンツーマンディフェンスする守備のやり方はアリだと思いますね。エースキラーとしてマンマークの選手をつけるということです。僕が現場で実践していたときは、これは終盤にリードしているときに時間限定で行うことが多かったのですが、４－４－２の２トップの一人を削って、４－４の８人のブロックのなかに一人増やして配置していました（図21）。すると４－１－４－１のような形になるのですが、その選手は相手のエースにずっとくっついて守備をするわけです。このとき４－４の８人で守備ブロックを組む選手たちは間に入る『１』のエースキラーの存在は気にせず、あくまでも８人のブロックと考えて味方の位置に連動して動くのです。

僕がアビスパ福岡を率いていたときは、中村北斗にエースキラーの役割を与えて、たとえば、京都に在籍していたパウリーニョなどにマンマークをつけて封じさせました。中村は国見高校出身だったこともあり、人に強く、マンツーマンの守備に長けていた。もちろん、相手にスーパーな選手が一人だけならばこの対応も有効でしょう。が、これが二人、３人となればこの対応も難しくなります」

一方、マンツーマンには明確なデメリットが存在する。

「マンツーマンの場合、極端なことを言えば、攻撃の選手全員が一方のサイドに寄ったとき、守備側はサイドに寄った相手選手たちをマークしなければならず、その隙を突いて逆サイドのスペースを使い、フリーになっている最後方のリベロに持ち上がられてしまう、なんてことが理論上は起こり得るわけです。つまりこっちの守備陣形を相手に操作されてしまう。ということは、相手がシステムを変えてきたときは、対応するためにその度に自分たちもシステムを変えないといけなくなる。昔、西ドイツがワールドカップで優勝した頃はマンツーマンが守備のベースだったので、相手によっていくらでもシステムが変わったんです。たとえ

図21 4−4−2の4−4の8人のブロックのなかに一人増やす配置

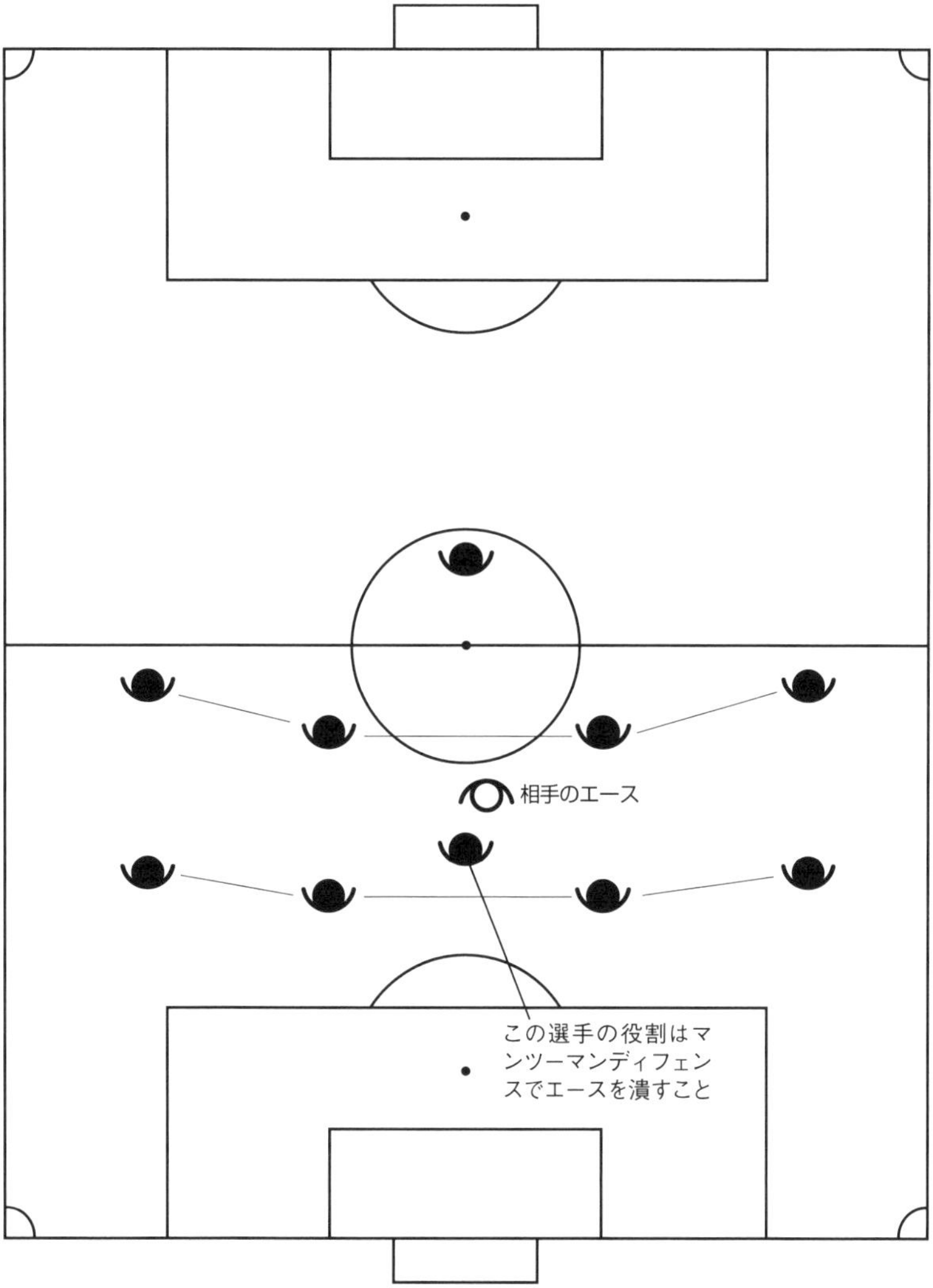

4−4の8人のブロックのなかに配置された選手の役割は相手のエースを封じること。この選手は相手のエースに対してマンツーマンディフェンスで守るが、ブロックを築く他の8人はあくまで味方の位置に連動するゾーンディフェンスで守る。

ば、サイドバックがオーバーラップをしたときに、高い位置でボールを失ったとすれば、その選手はその高いエリアで一番近くにいる敵を見つけてマークし、ちょっとの時間ウィングのポジションで仕事をこなした。そして少し時間が経ってから元のポジションに戻っていた。つまり、当時の西ドイツの選手たちはどのポジションでもこなすことができたわけです。ゲルト・ミュラーと（フランツ）ベッケンバウアーだけはポジションが固定、あとは流動的に動いていた、という記事を読んだことがあるのですが、実際に映像で確認すると確かにその印象を感じることができました。

つまり、繰り返しになりますが、個の能力があるドイツのようなチームはマンツーマンでも試合を有利に進めることができるのです。それは局面、局面の1対1で勝てばいいだけの話なので。以前のアヤックスやオランダもマンツーマンがベースの考え方にありました。オシム元日本代表監督にも同じようなニュアンスがあった。一人の選手がどのポジションでもできることがまずベースにあるサッカー。阿部勇樹はボランチ以外にもセンターバックを起用にこなせたから重宝されたわけです。しかし、相対的に個の能力が劣るチームにとってのマンツーマンは、いまお話しした内容がそっくりそのままデメリットになる」

守備の主導権を握るのはあくまで守備者

それが、松田がゾーンディフェンスを推奨してきた理由そのものである。

「一方のゾーンディフェンスは、相手の攻撃者に守備位置を操作されることはありません。守備者のポジシヨンは味方の位置によって連動して決まる。まずボールがあって、そこにアプローチするファーストディフェンダーに連動しながら、セカンドディフェンダー、サードディフェンダーと連なるように守備のポジションが決まっていく。守備の主導権を握るのはあくまで守備者。この守備法をチームに導入するときは、かつてイタリアでアリゴ・サッキがそうしたように、選手たちにバーを持たせて、隣の味方が動けば連動して動かざるを得ない、という感覚を身につけることが重要になるんです。隣の味方が動いてスペースを空けたのに、そのスペースを空けたままにしておくのは気になる、何となく気持ちが悪い、というスペース感覚が持てるまで徹底してやるのです」

もちろん、マンツーマンがそうであるように、ゾーンディフェンスにもデメリットは存在する。端的にいえば2点。パーフェクトなワンタッチプレーと、質の高いサイドチェンジだ。

「バルセロナや、日本でいえば遠藤保仁が得意とするような、パーフェクトなワンタッチプレーは苦手です。ゾーンディフェンスはボールを中心に寄せるので、相手がトラップしてくれたら恰好の餌食ですが、一方で、相手を捕まえてマークしていない分、相手には一瞬だけ時間とスペースがある。その瞬間にワンタッチプレーによるパーフェクトなスキルを発揮されると苦しくなります。それと、ボールを中心に守備ブロックが同サイドに寄せるように連動して動くので、質の高いサイドチェンジのボールを蹴られると、そのボールの受け手に時間とスペースを与えてしまう。だからなるべく蹴らせたくないのでボールホルダーへのファーストディフェンダーの質や、アプローチの速さや強度が重要になるんです。

確かに相手に実行されると嫌なプレーというのは存在しますが、当然、それは100%ゾーンディフェンス、１００％マンツーマンを敢行したときにそれぞれの弱みが露呈するという話。それはゲーム中の個々の駆け引きも踏まえて、うまく対応していくということです」

ゾーンディフェンス、マンツーマンディフェンス、それぞれの強みや弱みを押さえたうえで、松田は前者をベースにチームを構築してきた。確固たる理由がある。

「一つは効率の良さです。逆に言えば、相手によって自分たちの守備陣形を変えないといけないというマンツーマンの効率の悪さがゾーンディフェンスにはないということ。たとえば、Ｊリーグで3バックが主流になった時期がありましたが、これは両サイドのウィングバックが上下動をするマンツーマンがベースとなっている戦い方です。ウィングバックの選手たちの運動量はものすごいものがあります。つまりチーム内での負担が偏っている。オランダは一時期、３バックでもゾーンディフェンスを実践していましたが、後ろの３枚が常に横幅68メートルを３人でスライドしてカバーできていたんです。その3選手はいずれもスーパーな能力を持っていて、脚力はあるし、上背もあるという選手たちでした。そういう選手がいれば3枚で横幅68メートルをカバーするのも可能かもしれませんが、日本人ならば両ウィングバックが最終ラインに戻って５枚になって守らないと守備が機能しにくいのが現実です。基本的にはリトリートして５－３、もしくは５－４のブロックを形成した人海戦術的なディフェンスとなり、相手をおびき寄せておいてのカウンター攻撃が主な攻撃の手段となるため、積極的に前線から意図的にボールを奪うことは難しくなります。

一方で、４－４－２のゾーンディフェンスであれば、ピッチ上のＧＫを除いた10人が守備の負担を均等に分担できます。みんなで守備をやる、という感覚が持てるんです。たとえば、（ロビン）ファン・ペルシーや（ディディエ）ドログバといったスーパーなストライカーに対して常にセンターバックが1対1で対峙しないといけない状況はかなり厳しい。でも、ゾーンディフェンスであれば、彼らがボールを受けたときに、たとえば相手のストライカーが背中を向けた瞬間、〝ボール周辺の雲行き〟を察知して、周りの守備者が自分のマークを手離してでも一気に囲い込みにいく、という感覚が持てるのです。もしもこのときマンツーマンの考え方しかなければ、自分のマークの動きに左右されてしまうのだから、ドログバがこっちに背中を向けてせっかくボールを奪えるチャンスが訪れても、自分のマークを手離すことができないという感覚に引っ張られてしまい、ボールを奪いに加勢することができないという事態が起きうるわけです」

なぜ4-4-2なのか？

松田がゾーンディフェンスを駆使するときに用いるシステムは決まって4-4-2である。ある意味で、松田浩の代名詞ともなったシステムであるが、このシステムを採用する理由の一番には「バランスの良さ」が挙がるという。

松田がその理由を指し示すための資料として大事にする名将の言葉があるので紹介したい。ACミランやレアル・マドリード、代表チームであればイングランドやロシアを率いたファビオ・カペッロ監督の言葉である。

『なぜ4－4－2か？　これもまたサッカーの本質を知っていれば容易に理解できること。要するに105メートル×68メートル、つまり、7000㎡を超えるフィールドで、選手たちをどう配置すれば最も効果的にカバーできるのか。これを考えれば自ずと答えは導き出される。4－4－2は、守備の局面でも、また攻撃の局面でも、理想的な〝バランス〟をチームに保証する。両サイドの厚さと、中盤での数的優位性を保つことができる。FW2枚には純粋にFWとしての仕事に専念できる環境が約束される。本物のFW2枚が発揮する力は、偽物のFW3枚の比ではない。それだけでなく、フィールド中央と両サイドから連続して攻撃を組み立てることができる。これが4－4－2であり、より無駄のない形であるということだ。

だが、言うまでもなく、それはあくまでもベース。つまり、基本的な考え方であり、配下に置く選手個々の特性に応じた必要な変化を私はチームに求める。重要なのは、あくまでも選手一人ひとりの個性を見極めることだ』

歴戦を潜り抜けてきた世界的名将の含蓄のある言葉と言えよう。この考えにプラスして、松田が考える「なぜ4－4－2か？」を箇条書きにするとこうなる。

・ボールを中心としたディフェンスをするには穴がなくバランスが良く最適。
・コレクティブなサッカーを実現しやすい。
・ローテーションなど効率の良いサッカーが可能となる。

・3バックでは横幅68メートルをカバーできない。それゆえ、守備時には5バックにならざるを得ない。すると、相手のサイドバックをフリーにしてしまうことになる。

・4－4－2の凸型が櫓（やぐら）を組むには最適で、ブロックが形成しやすい。

・攻撃陣の面子から攻撃時は4－2－3－1にする場合でも、守備のオーガナイズ時には4－4－2で配置すべき。こちらの前線が2枚でプレッシングをかければ、敵の2枚のセンターバックに2対1などの数的不利な状況を作られにくいことや、敵のセンターバックからボランチへのパスをスクリーンし、プレスのスタートポイント（ハーフウェイラインの両サイド付近）にパス方向を限定させる上でも安定する。

4－3－3や4－1－4－1の試行錯誤で見えたメリット・デメリット

松田はかつて、攻撃時のメリットを考慮したうえで4－3－3のシステムを採用しようと考えた時期があるという。

「4－3－3を採用している指導者にどんなメリットがあるのかを聞いたときに『ボールを奪った瞬間にウィングに張り出しているから、そこにボールを出して一気にカウンターにいける良さがある』と言うんですね。確かにそのとおりだなとは思ったのですが、それ以上の良さが他に見当たらなかった。カウンターとなれば前線に残っているのは1トップだけだから、それこそ相手の2枚のセンターバックに潰されてしまえば終わりです。つまり、ドログバやファン・ペルシー、ファン・ニステルローイ、（サミュエル）エトオといった、ランニングもできてヘディングも競り勝てるようなスーパーなストライカーがいないとカウンターを成立させるのが難しくなるのではないかと。

それに4－3－3を採用すると、やはり守備時には第二線（中盤）を4枚ではなく3枚でカバーしようとするので、一人少ない分どうしても埋め切れないスペースができてしまう。システム上生じる、特にウィングとサイドバックの間（アンカーの両脇）のスペースの管理が難しくなる。この中盤3枚には相当な能力が必要だし、個人の判断や、逆サイドと後方の連携、そして後方からの声の指示は不可欠になるはずです。実は、2006年にヴィッセル神戸でバクスターが指揮を執っていたときに4－3－3を採用した時期がありました。このとき僕はコーチの一人で、2007年に自分が監督に就任したときにバクスターが実践した4－3－3を引き継ごうと模索したのですが、当時同じく4－3－3を採用していたチェルシー、バルセロナを分析すれば、4－3－3では特に第二線の選手たちの個人能力の高さや判断の良さが不可欠であることに気づかされたわけです。当時のチェルシーでは（クロード）マケレレ、（マイケル）エッシエン、（フランク）ランパードなどの選手が中盤のスペースに逆三角形を形成していました。アンカーであるマケレレの両脇のスペースは彼自身が、相手の攻撃の意図を読む高い戦術眼のもと広範囲にカバーするのですが、マケレレが空けた中央のスペースには逆サイドに位置するエッシエン、もしくはランパードらアタッキングミッドフィルダーがマケレレの動きに連動する形で滑り落ちて、うまくローテーションしてダブルボランチを形成するんです（図22）。そしてボールを奪うと再びアタッキングミッドフィルダーとして前線へ駆け上がるといったダイナミクな動きを高い身体能力と戦術理解のもとオートマチックに行っていました。

バルセロナの場合は、アンカーの両脇のスペースにいる相手にパスが通るとサイドバックやセンターバックが積極的にディフェンスラインから飛び出してマークに行き、残った3人がボールを中心に素早いスライドやチャレンジ&カバーを繰り返しながら対応する場面が多く見られました（図23）。センターバックの（カルレス）プジョルを中心とした4人のディフェンダーが、飛び出したファーストディフェンダーの判断を瞬時に共有する形で、味方の位置に連動してポジションをとり、相手の攻撃に対応する様を見るたびに、まさしくゾーンディフェンスで守る際の戦術理解の高さに驚かされたのです。と同時に、このゾーンディフェンスの理解に乏しい日本のサッカー界、そして、身体能力に乏しい日本人選手では4－3－3を、ゾーンディフェンスによって完成させるのは難しいだろうと考えざるを得なかったのです」

確かに4－3－3は4－4－2よりも攻撃時に1枚多く配置できるメリットがあり、攻撃時には非常に幅と厚みのあるバランスの取れたシステムである。それだけを取れば捨て難いが、前述した通り、もともとシステム上、ウィングとサイドバックの間のスペースが生じ、4－4－2に比べて穴のない守備ブロックを形成しにくいのもまた事実である。その4－3－3でいかに破綻のない守備を構築できるか、という問いに松田は自分自身を納得させる回答を導き出せなかったのだ。

それが、4－4－2にこだわり続けた大きな理由の一つである。

「4－1－4－1であればまだわかります。4－4－2のうちの第一線の選手を一枚削って、4－4の8人ブロックの間に一人入れるという考え方で、守備が強固なものになるわけです（図24）。僕はヴィッセル神戸に在籍していた時期に、あるスペイン人指導者の下で学んだ時期があるのですが、『4－1－4－1が世の

図22 4－3－3における中盤の守備のローテーション

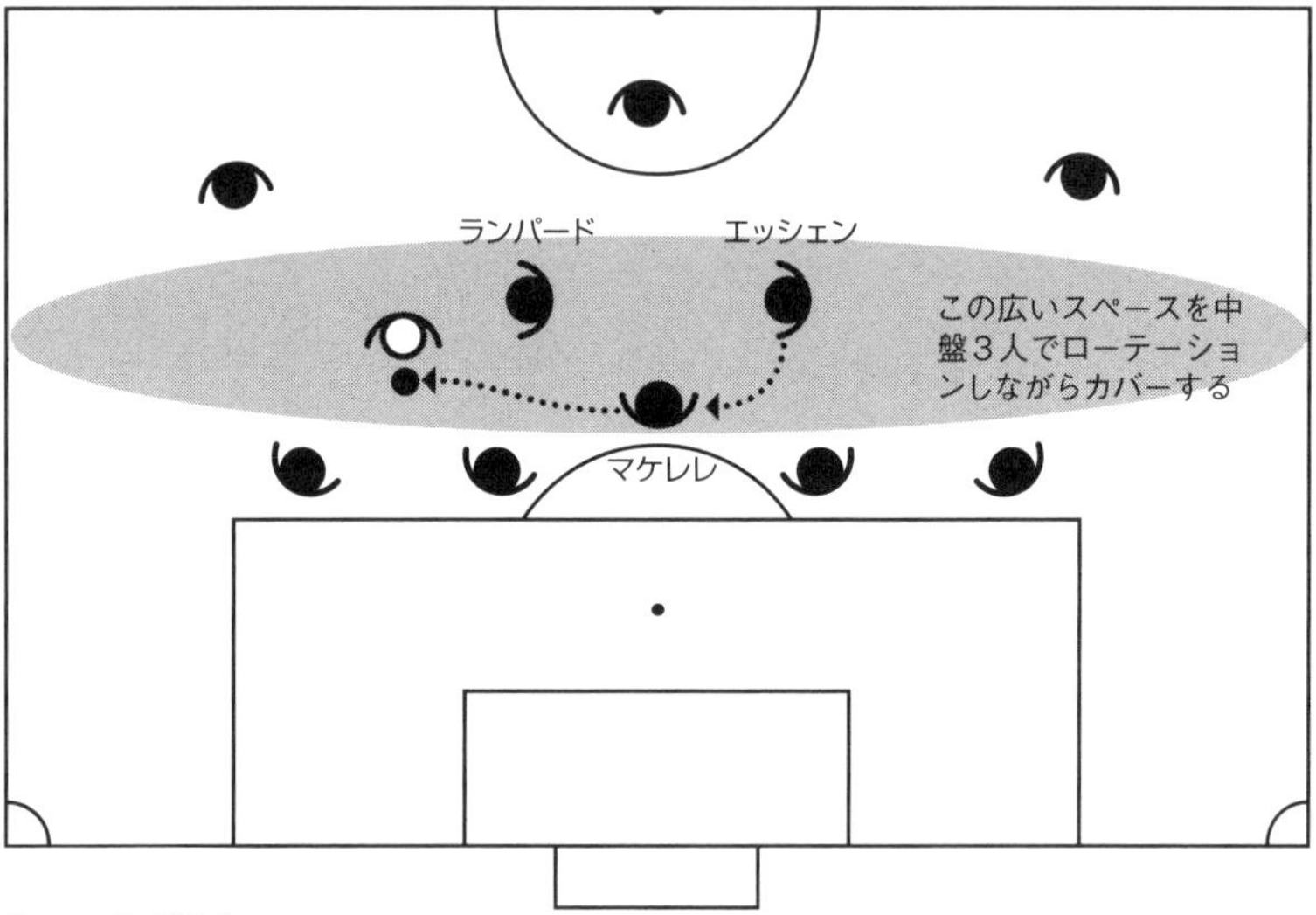
ランパード
エッシェン
この広いスペースを中
盤3人でローテーショ
ンしながらカバーする
マケレレ
←…… 人の動き

4－3－3ではアンカーの両脇のスペースの管理が問題となるが、かつてのチェルシーは中盤で逆三角形を作り、アンカーのマケレレが広範囲に両サイドのスペースをカバーしていたほか、アタッキングミッドフィルダーのエッシェンやランパードがボランチの位置に滑り落ちてローテーションし、ダブルボランチを形成した。

図23 4−3−3におけるバルセロナの中盤でのチャレンジ&カバー

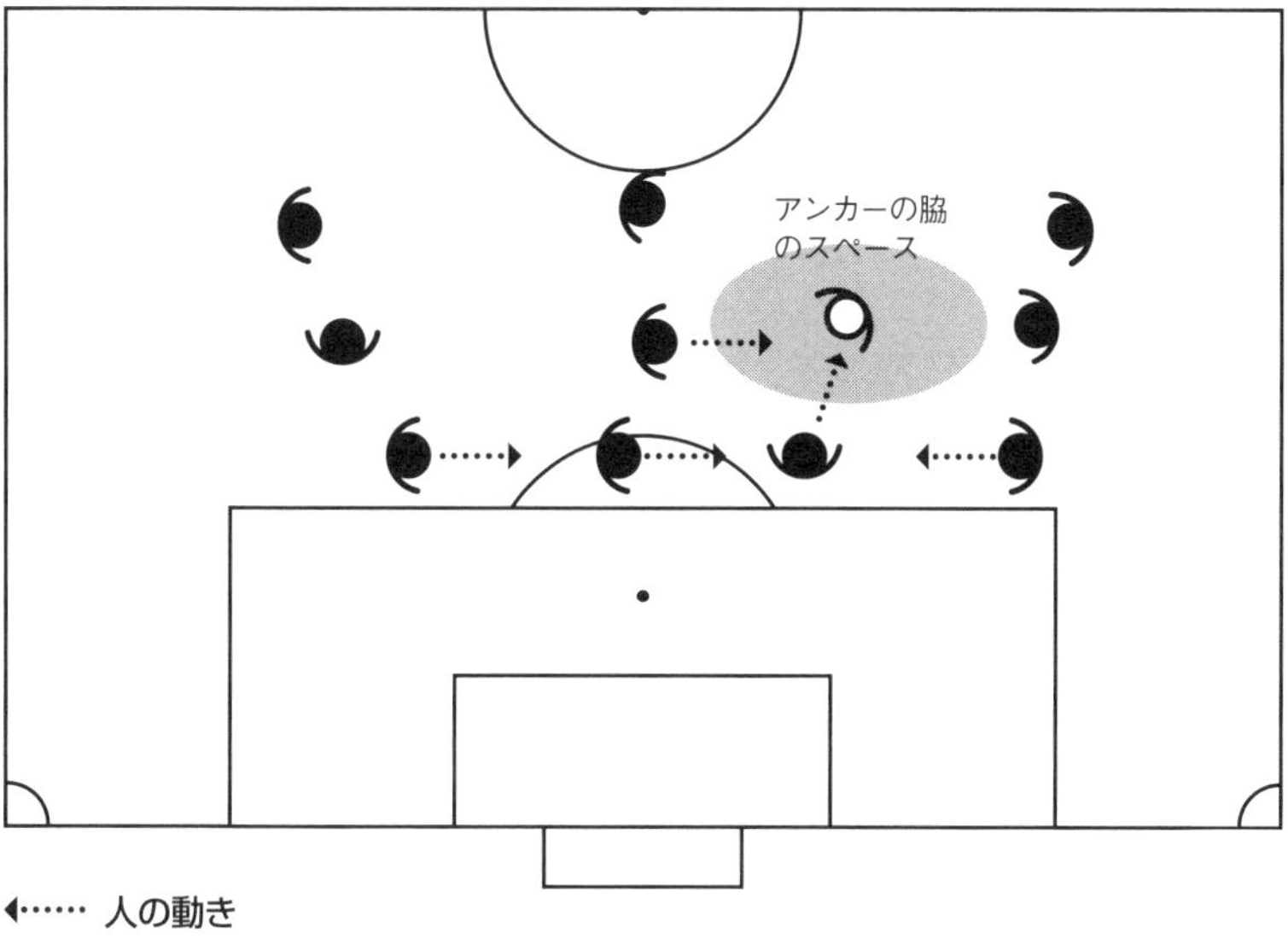

バルセロナの場合、アンカーの両脇のスペースにボールが入ると、サイドバックやセンターバックが積極的に飛び出してボールホルダーにアタックし、残った3人がボールを中心に素早くスライドするチャレンジ＆カバーを徹底。ゾーンディフェンスの戦術理解の高さがあった。

図24 4−4−2の前線を1枚削った4−1−4−1

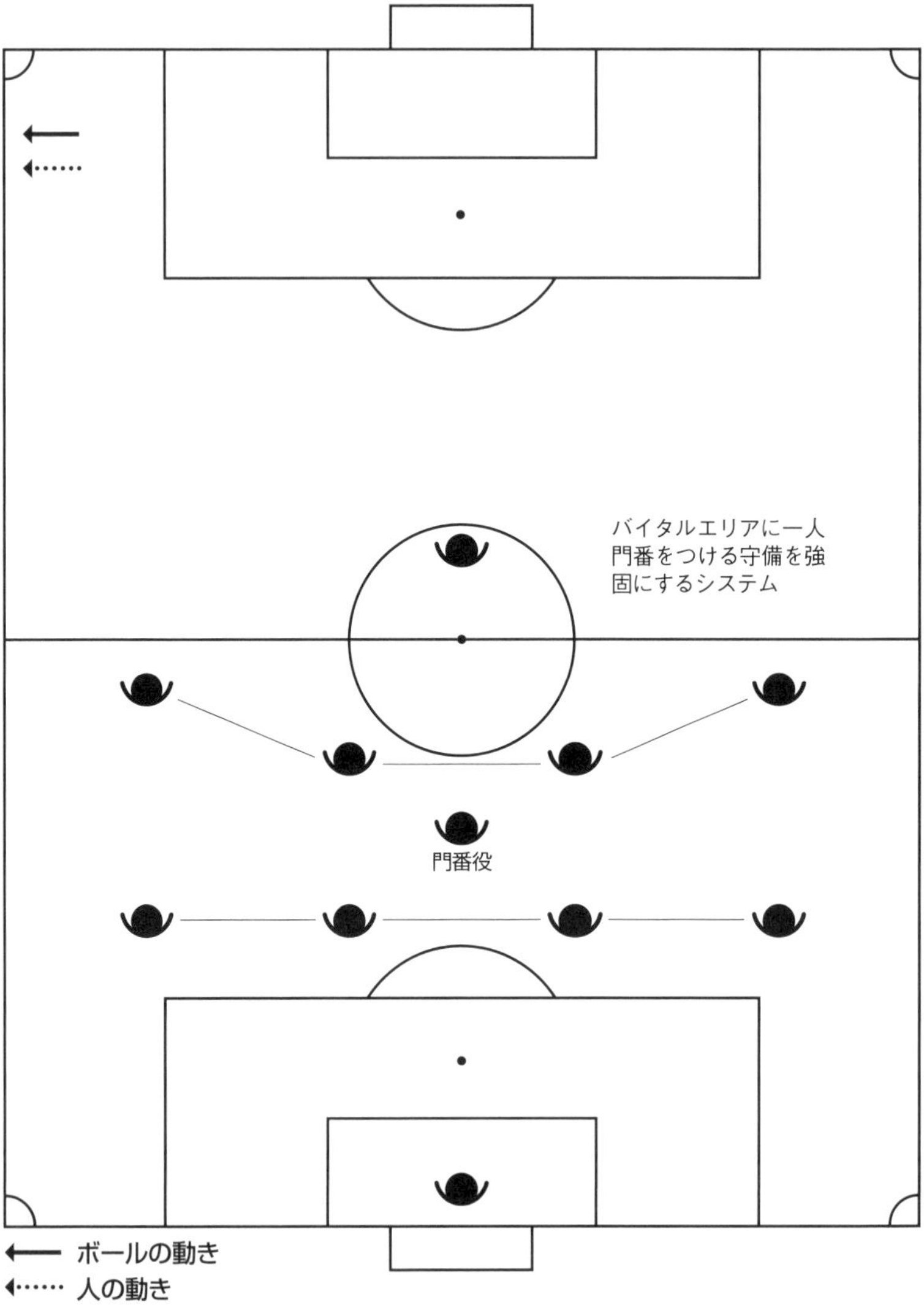
バイタルエリアに一人
門番をつける守備を強
固にするシステム
門番役

⟵ ボールの動き
⟵…… 人の動き

4−4−2の前線を1枚削り、4−4の8人ブロックの間に一人入れるという考え方の4−1−4−1。松田が神戸に在籍していた当時のあるスペイン人指導者は「4−1−4−1が世の中で一番守備が堅いシステムだ」と語っていた。4−4−2のバイタルエリアに一人門番を付けるようなものだから当然である。

中で一番守備が堅いシステムだ』と言われたことがありました。4－4－2の4－4の間のバイタルエリアに一人門番をつけるようなものですから、当然といえば当然です」

ただ、この考え方も松田は100%肯定できず、実践では時間限定で採用するに留まっている。

「バイタルエリアに門番を1枚増やす分、2トップのいずれか1枚を落とさなきゃいけない。すると相手の最終ラインのセンターバック2枚が自分たちの1トップの守備に対してパスをいくらでも回せてしまう(図25)。そうなるとFWのラインで規制がかからず、戦況として苦しくなると僕は感じるんです。こちらの1トップのプレスをうまく剥がされるのが常態化すると、相手のボランチへのパスコースにまったくフィルターがかからなくなってしまう。結果として相手のボランチに悠々とパスが入り、そのボランチに時間とスペースを与えてストレスなくプレーされるほうがむしろ僕は嫌だった。さらには、4－1－4－1におけるアンカーの存在がディフェンスラインと中盤のラインを、4－4－2のときに比べ間延びさせてしまうことも多く、コンパクトな陣形が保ちにくく、アンカーの両脇のスペースの管理が厄介になる(図26)。だから、結果として4－1－4－1は採用できないと思ったのです。

それと、僕が攻撃時の変化をつけるために4－2－3－1を採用するときも、守備時には4－4－2の陣形にします。1トップとトップ下の関係も2トップのように横並びにさせて、相手の2枚のセンターバックのパス回しを自由にさせないようにするのです」

バランスの良さや悪さという観点で思い出すのは、2010年の南アフリカワールドカップだ。日本代表は本田を1トップにした4－5－1なのか、あるいは、6－3－1とでも呼べそうな守備的なシステムを採

図25 4−1−4−1で後手を踏んでしまう1トップの守備

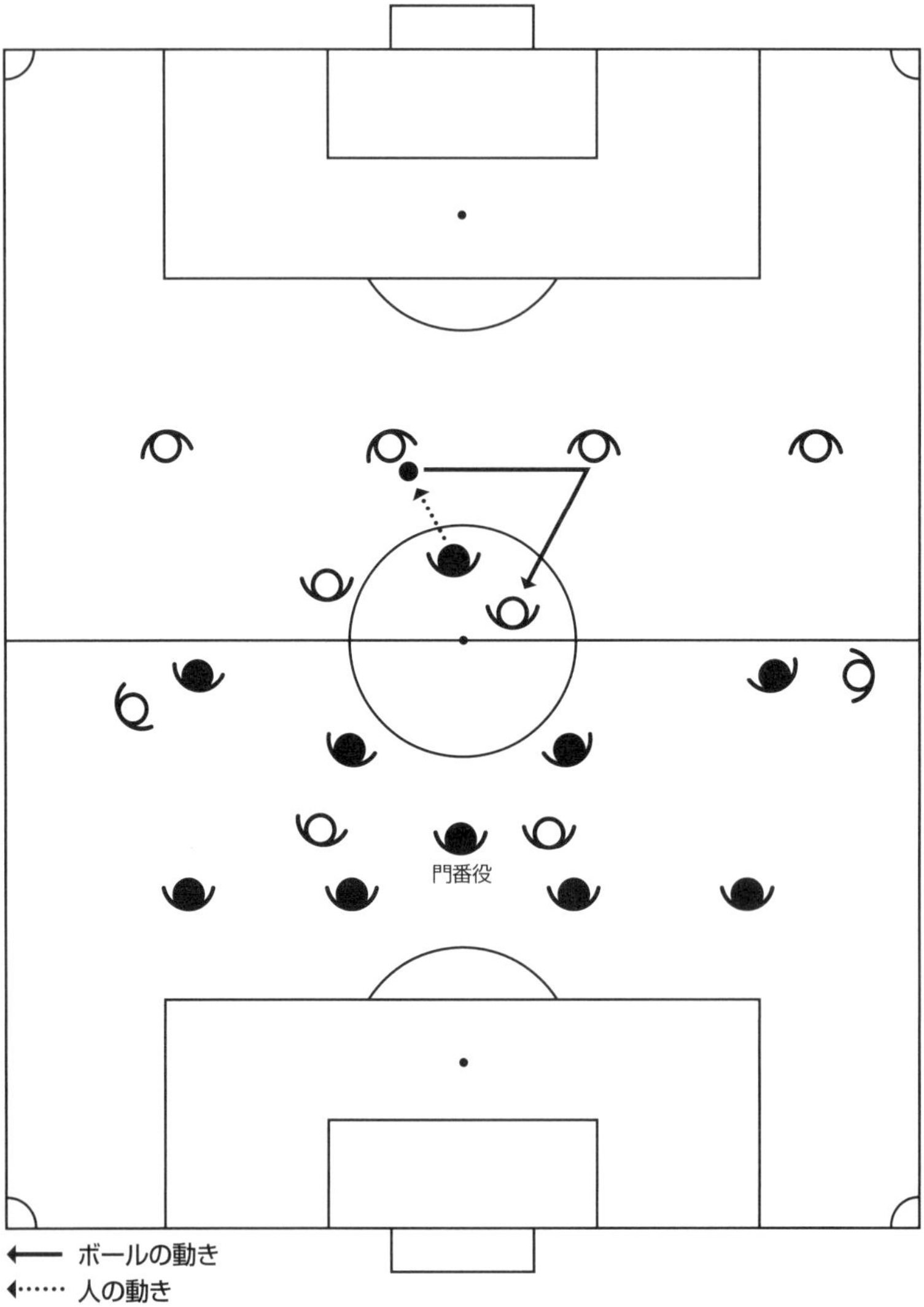

バイタルエリアに一人門番を増やすため、前線は1枚削らなければならず、相手の最終ラインのセンターバック2枚がこちらの1トップのプレッシングに対していくらでもパスが回せてしまう。ゆえに相手のボランチへ悠々とパスが入り、ボランチに時間とスペースを与えてしまう。

図 26 4－1－4－1でアンカーが存在することの問題点

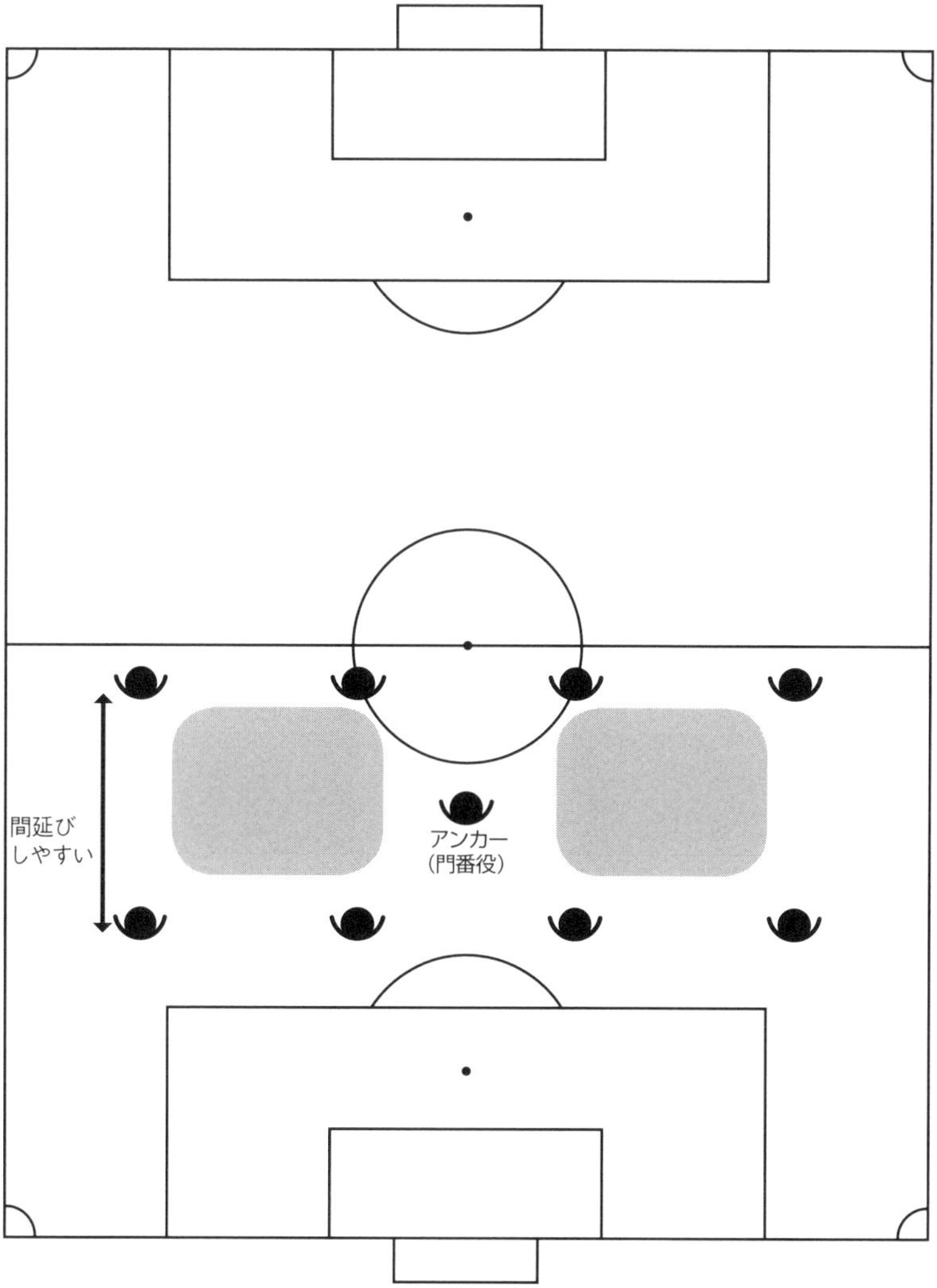

アンカーがいることで、ディフェンスラインと中盤のラインが4－4－2のときと比べて間延びしまう嫌いがある。コンパクトな陣形を保ちにくくなり、アンカーの両脇のスペースの管理に問題が生じてしまう。

用した。この後ろ重心のシステムでは、相手の両サイドバックが常にフリーな状態となり、そこから自由にパスを供給されるがために常に押し込まれる状態になっていた（図27）。ボールを奪って攻撃に移行しようにも前線に駆け上がるだけの余力も脚力もない。1トップの本田が身体の強さでボールをキープしたときだけ、どうにかチャンスになるという戦いぶりだった。

それゆえ、守備においても、そして、ボールを奪ったあとの攻撃においても、「バランスの良さ」「効率の良さ」という観点から4－4－2のゾーンディフェンスが日本人には向いていると松田は結論づけたのだ。

飛び込まずにパスコースを限定する役割を担う第一線の守備

松田はその4－4－2のシステムを、第一線（前線）、第二線（中盤）、第三線（最終ライン）とわけてそれぞれの守備時の役割をわけて定義している。ここでその詳細について触れてみたい。

まずは第一線。フォワードやトップ下と呼ばれる前線の選手たちの役割である。

「まず2トップの二人は相手のドリブルでの侵入を許さないこと。フォワードであっても簡単に飛び込んで抜かれるのは絶対にダメです。相手が最終ラインでボールを持っていたら第一に自由を与えず、パスコースを限定するような守備をすることが大事。簡単に飛び込んで相手にドリブルでの突破を許してしまうと、第二線（中盤）の選手が数的不利を強いられます。第一線と第二線の間にぽっかりとスペースが生まれてしまうので、第二線の選手が慌ててボールホルダーにアプローチに行ってはパスを出される、次の選手がアプロー

図27 南アフリカW杯の日本代表の6－3－1システムの問題点

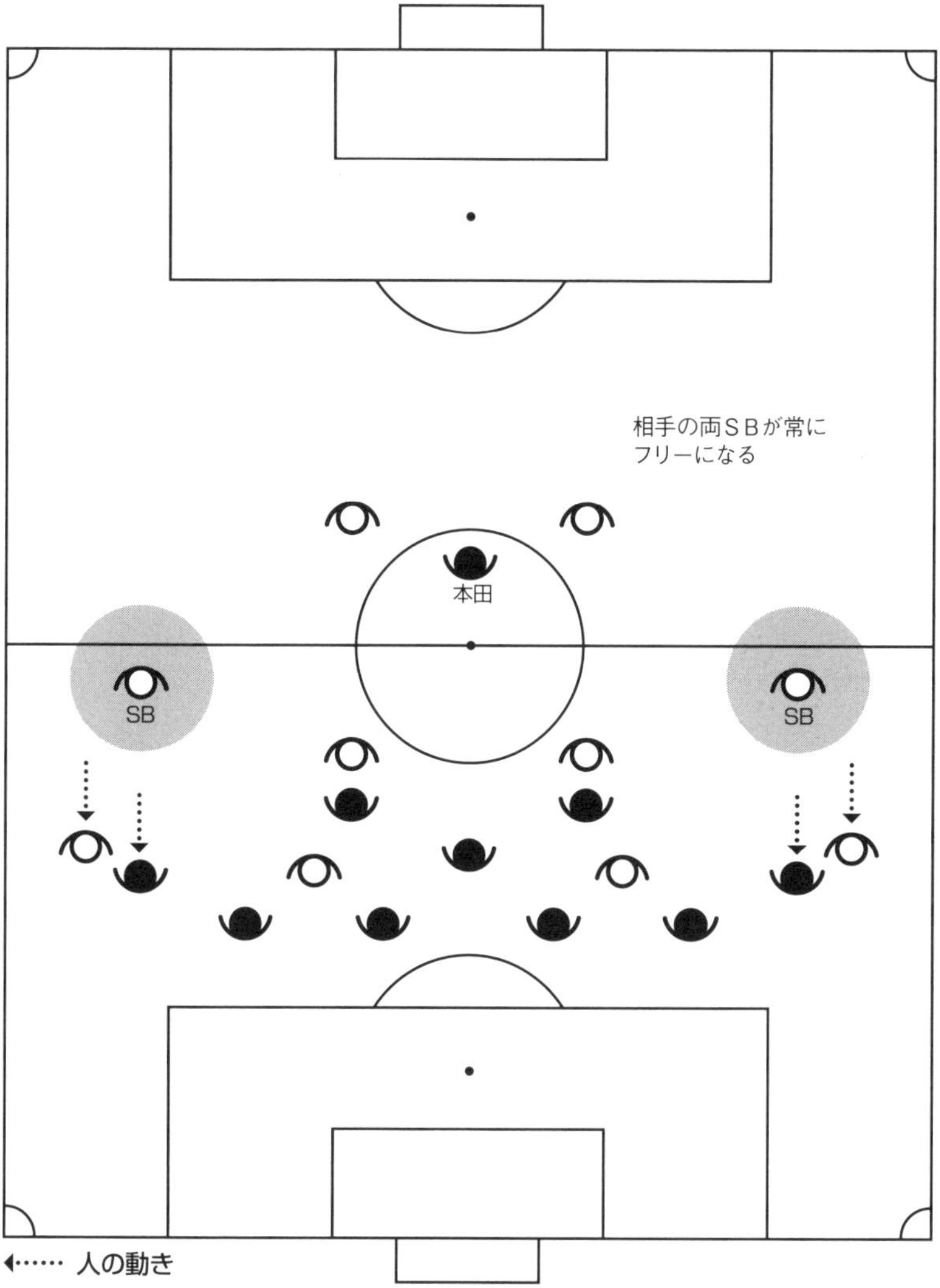

６－３－１では後ろ重心がすぎてしまい、相手の両サイドバックにはアプローチができず、常にフリーな状態を作らせてしまう。W杯本番ではそこから自由にパスを供給されるために常に押し込まれる事態となった。ボールを奪ってからも前線への距離が長く、駆け上がるだけの余力も脚力も残されなかった。

チに行ってまた出される、という後手後手の守備になってしまうからです」

しかしながら、この手の散漫な守備はJリーグの各チームでも、日本代表でも、未だに散見されるのが現実だ。闇雲にボールホルダーに飛び込んであっさり交わされてしまうなどという光景は日常茶飯事である。

「第一線の選手はボールを奪えなくてもいいので、相手に自由に抜かれないための精一杯の守備をする必要があります」

ただ、前線にブラジル人選手など攻撃時に力を発揮する助っ人ストライカーを配置するチームは少なくなく、ときに守備がルーズになるのもご愛嬌とされることもあるだろう。

「僕は守備をやらせます。なぜ守備が必要なのかをしっかりと論理的に説明すればブラジル人選手でもやるようになります。僕が率いた各チームでそれでもまったく守備をしなかったブラジル人選手は一人もいませんでした。大切なことは、どれくらい守備をすればいいのかをしっかり説明することです」

そのガイドラインとしてのトレーニングがある。

「これは僕が監督をしていたときにはシーズンが始まる最初にいつもトレーニングで意識づけをしてきたのですが、20メートル×10メートルの縦長のグリッドを作って、そのなかで選手たちにラインゴールの1対1をやらせるんです（図28）。守備側の選手が反対サイドにいるアタッカーにパスを出してスタート。このとき、守備側になる選手は相手にアプローチをかけて加速させないことが大事。不用意に飛び込まず、簡単に足を出して抜かれるようなことだけは絶対にしないような守備をするように意識させます。ボールが奪えるのに越したことはありませんが、簡単に抜かれることは避けなければなりません。言い換えれば、守るべきエン

図28 トップの選手に守備意識を植えつけるラインゴールの1対1

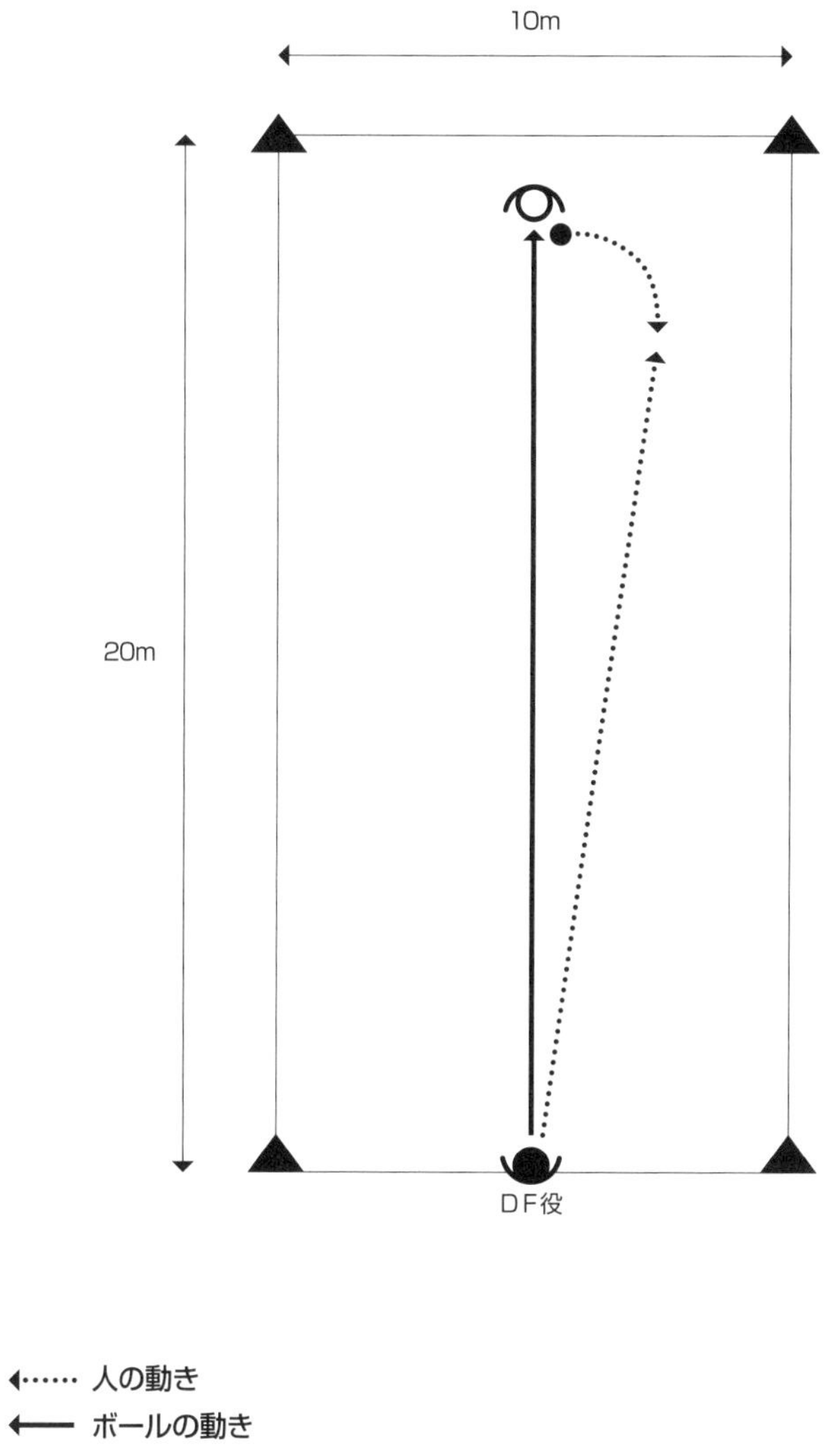

重要なのは、相手の加速を防ぎつつ、不用意に飛び込んで簡単に抜かれないこと。あくまで抜かれずに最後までプレッシャーをかけ続ける守備を意識させる。なぜこの守備が必要なのかをしっかりと論理的に説明すればブラジル人選手でさえも第一線での守備をやるようになるという。

ドラインを簡単に、やすやすと突破されることなく、最後までプレッシャーをかけ続ける守備を要求するんです。この広さで最低その守備ができれば、試合中ならば必ずチームメイト（FWの後方にいるセカンドディフェンダー）のサポートが受けられるし、FWの選手も第一線としての任務と役割を全うできます」

そして、このときのFWは第一線としての守備をしながら、同時に後方の状況を確認することも重要になる。

松田は現役時代、ゾーンディフェンスの使い手であるバクスター率いるサンフレッチェ広島の第一線としてプレーしていたとき、首を振って後方を確認する作業を頻繁に行っていた。

「ボールだけを見ていたら後ろの様子がわからない。だから、首を振って確認するか、後ろからの声によって自分の後方の視野をカバーするんです。味方のボランチがついて来ているのか、来ていないのか。自分たちFWと味方のボランチの距離感はどうなのか。また、相手のキーマンになるボランチがどこにいるのか、そのボランチに相手のセンターバックから簡単にパスが入らないようにパスコースを切るんです。闇雲にボールを奪いに行く必要はまったくないし、当時の僕には相手のディフェンスラインからの前方向へのパスコースを切って、ボールを外方向に出させればいいという感覚がありました」

実際の試合では2トップがどこまで相手を追って守備をすればいいかという目安がある。それが〝ペナルティエリアの幅〟だ。

「〝相手に抜かれないことだけを目的にした守備〟をペナルティエリアの幅でしながら、相手の最終ラインから相手のボランチへグラウンダーのパスコースを切るように守備をするのです（図29）。そしてボールを外

図 29 相手に抜かれないこととボランチへのパスコースを切る守備

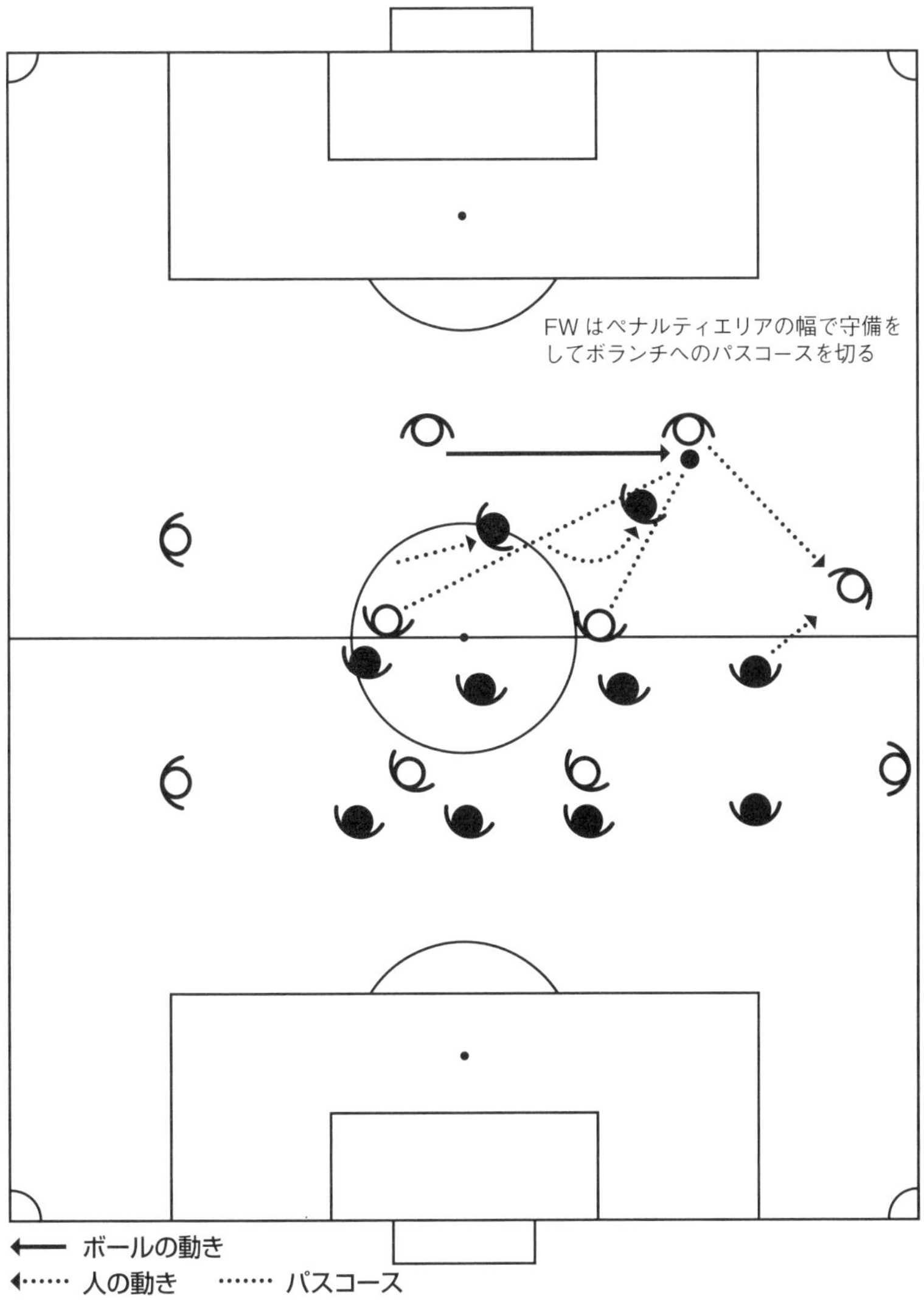
FW はペナルティエリアの幅で守備を
してボランチへのパスコースを切る
ボールの動き
人の動き
パスコース

FWが守備をする範囲はペナルティエリアの幅。その範囲で相手に抜かれないように守備をしながら、同時に相手のボランチへのパスコースを切る。

方向へと仕向けさせる。ただし、相手が3－4－3の場合、相手のサイドのセンターバックがペナルティエリアの幅を越えて張ってボールを受けようとするときがあります。そのときは第一線の選手は追わずに、第二線のワイドミッドフィルダーの選手が追うようにします（図30）。そこで第一線の選手が追ってしまうと十分なアプローチができなかったり、間に合わなかったりするので、ボランチへのパスコースを空けてしまうからです。とはいえ、第一線の二人の選手だけでボランチへのパスコースが完全に切れることはないので、通されてしまったらすかさずプレスバックする。ボールの位置が移動したのだから、ボールを中心に、味方の位置と連動しながら守備網を構築し直すというイメージです」

たとえボランチへのグラウンダーのパスコースを消せていても、相手が浮き球、たとえばチップキックのようなパスで無理やりにボランチに通すこともあるだろう。

「そのときも素早くプレスバックですね。浮き球で通されるときは防げないこともあるのですが、グラウンダーよりもパススピードは確実に落ちるので、ボールが移動している間にプレスバックすると相手に素早くプレッシャーがかけられるわけです」

守備のスイッチ役となる第二線のワイドミッドフィルダー

第一線の選手がそのような守備で献身すれば、チーム全体の守備がうまく動き出す。というのも、チームとしてのボールの奪いどころは、第二線（中盤）の選手のワイドミッドフィルダーのエリア、という意識の共

図30 3−4−3のサイドのCBがボールを保持したときのFWの守備

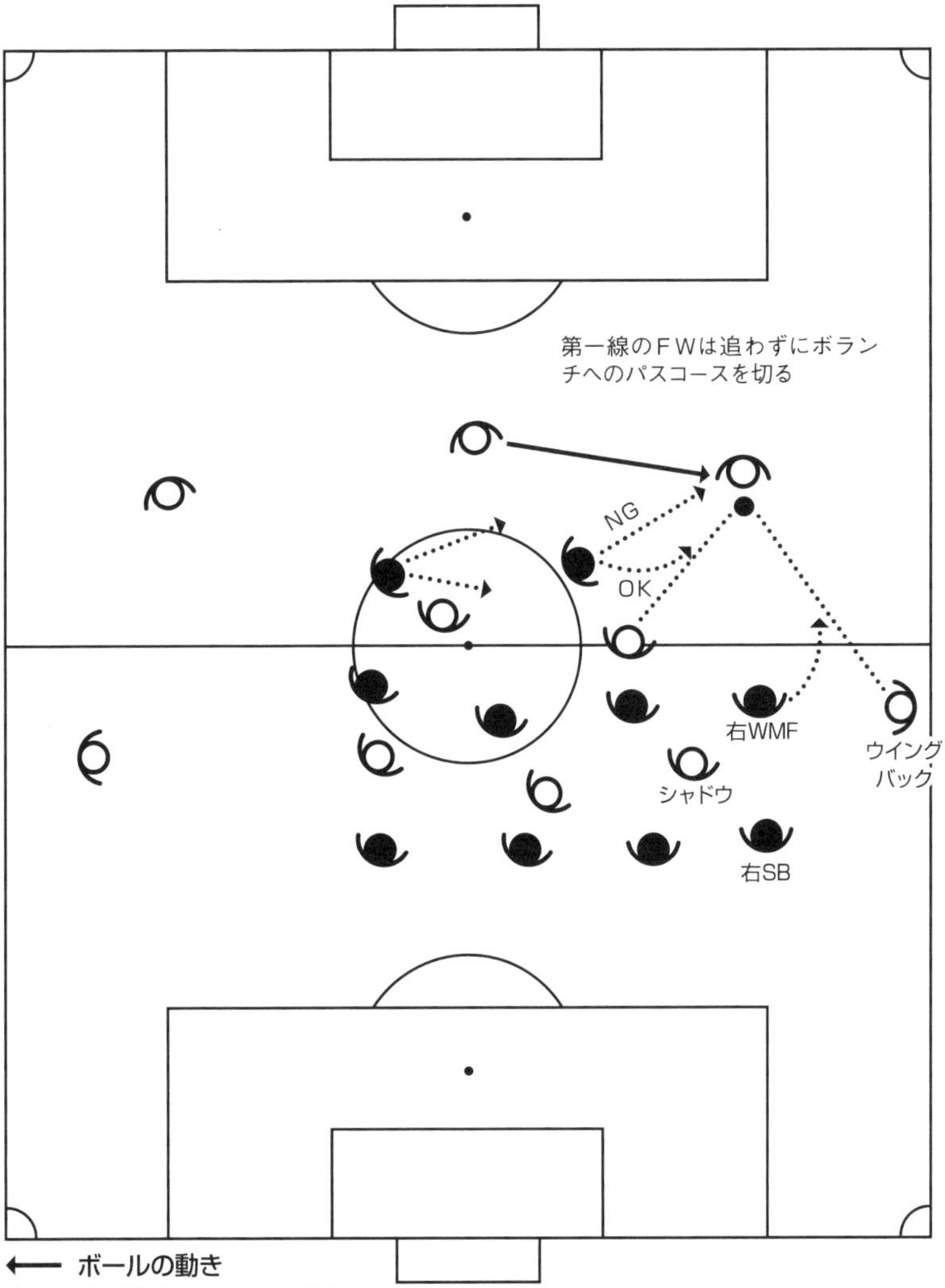

ボールの動き
人の動き　　パスコース

相手が３−４−３の場合、サイドのＣＢがボールを持つときは第一線のＦＷが追うとペナルティエリアの幅を越えてしまうので、第二線のワイドミッドフィルダーが追うようにする。これにより、右ＳＢは相手ウイングバックは気をとられず、相手シャドウをケアできる。

有が大前提にあるからだ。

「全員でワイドミッドフィルダーのエリアにボールを誘い込むイメージです。というのも、相手の中央のセンターバックがボールを持っているときは、左右どちらのサイドにも逃げる場所があるので、真ん中にボールがあるときはプレスがかからないんです（図31－①）。だから、まず第一線の選手が〝相手に突破されないことだけを目的にした守備〟を敢行しながら、サイドへと追い込むことが重要になる」

そうしておいて、第二線のワイドミッドフィルダーが、自分のエリアにボールが入ってきたところでプレスをスタート（図31－②）。

「そこでサイドに追い込んでプレスをかける、これを『クウォータープレス』と呼ぶのですが、第二線のワイドミッドフィルダーがチームとしてのプレッシングをスタートさせる役割を常に担っているわけです」

このときのワイドミッドフィルダーは、たとえば、相手が3－4－3でウィングバックの選手を持っていれば、そのウィングバックがかなり外側に張った位置にポジションをとっている場合があるので、ボールホルダーへの追い込み方も重要になる。

「ワイドミッドフィルダーの選手がプレッシングをスタートするときは、相手の最終ラインから相手のウィングバックへのパスコースを切るのかどうかを、後方にいる味方のサイドバックの指示によって、あるいは、視野外の視野で後方を確認して、適切な守備の対応をすることが重要です（図32）。選手の視野には、直接視野と間接視野とがあって、このワイドミッドフィルダーの選手は間接視野でも味方のサイドバックや相手のウィングバックを感じることができたかもしれない。『ああ、あそこにいるんだな』というように感じて守

図31 相手の中央のCBがボールを保持しているときはプレスがかからない

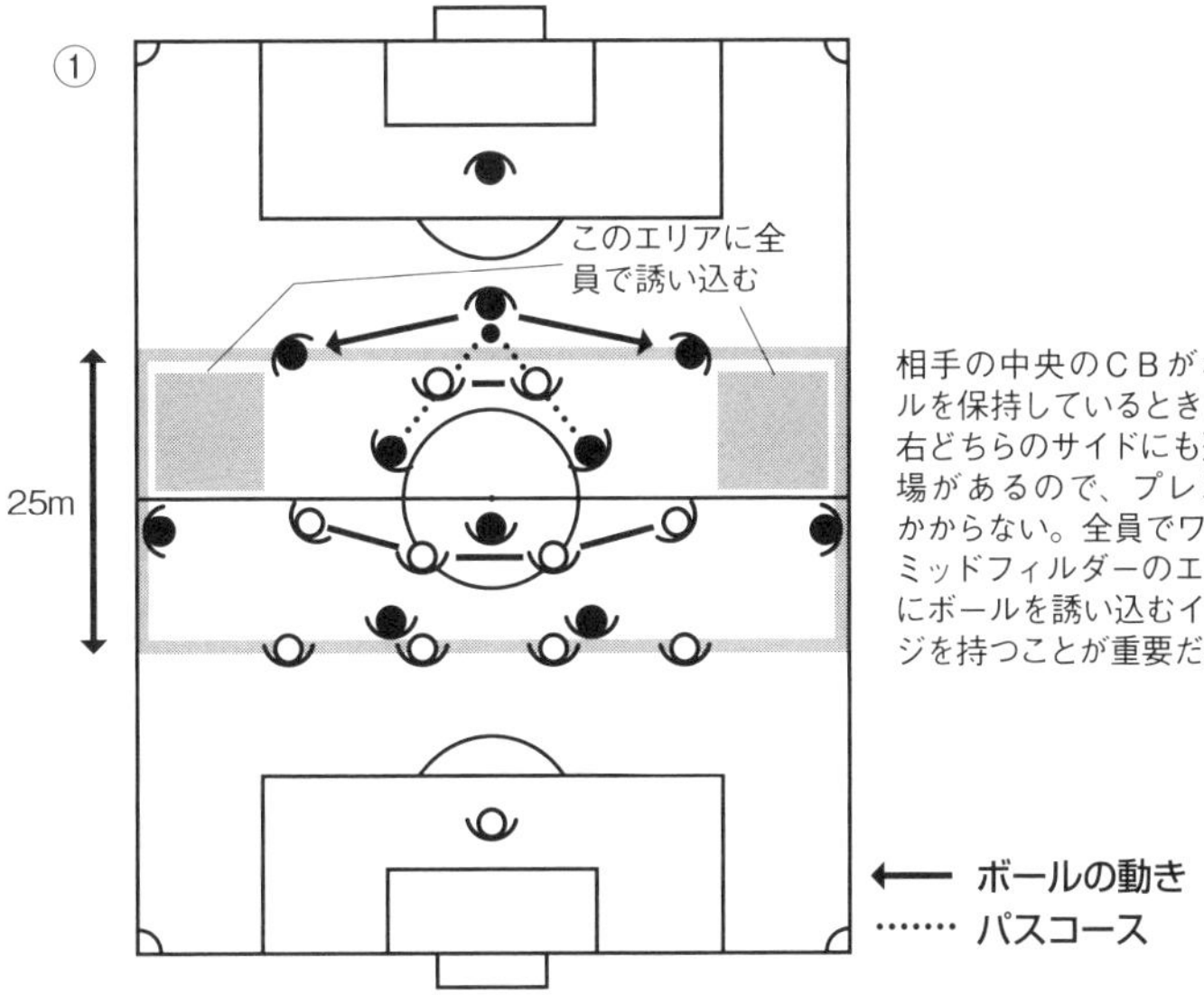

相手の中央のＣＢがボールを保持しているときは左右どちらのサイドにも逃げ場があるので、プレスがかからない。全員でワイドミッドフィルダーのエリアにボールを誘い込むイメージを持つことが重要だ。

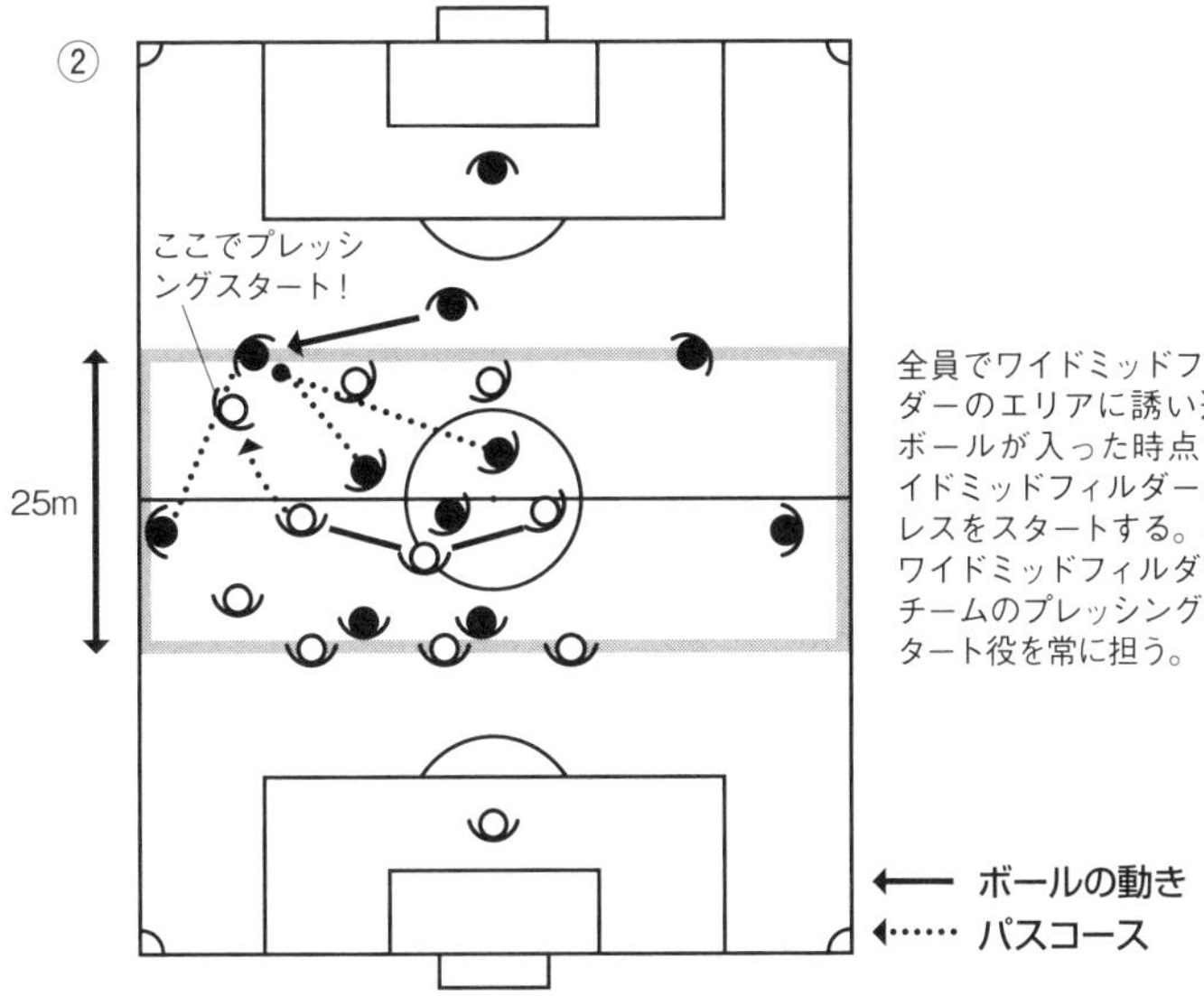

全員でワイドミッドフィルダーのエリアに誘い込み、ボールが入った時点でワイドミッドフィルダーがプレスをスタートする。このワイドミッドフィルダーがチームのプレッシングのスタート役を常に担う。

図 32 相手が3－4－3でウィングバックへのワイドミッドフィルダーの追い込み方

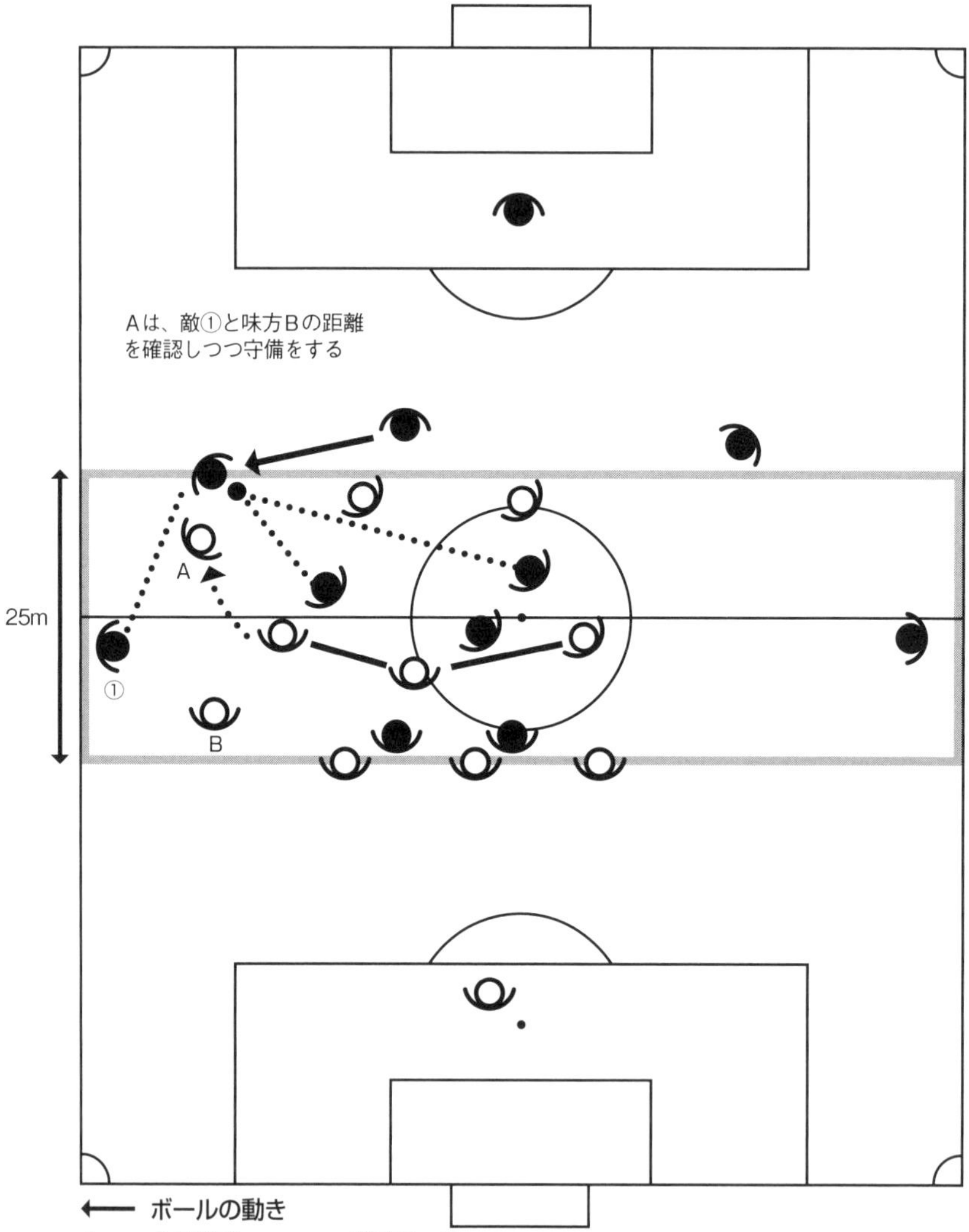

ワイドミッドフィルダーがプレッシングをスタートするときは、相手のウィングバックがどこにいるのか。自分たちのサイドバックに近いのか。それらを首を振って確認したり、サイドバックの声によって的確に把握し、ウィングバックへのパスコースを切るかどうかを判断しながら守備をする。

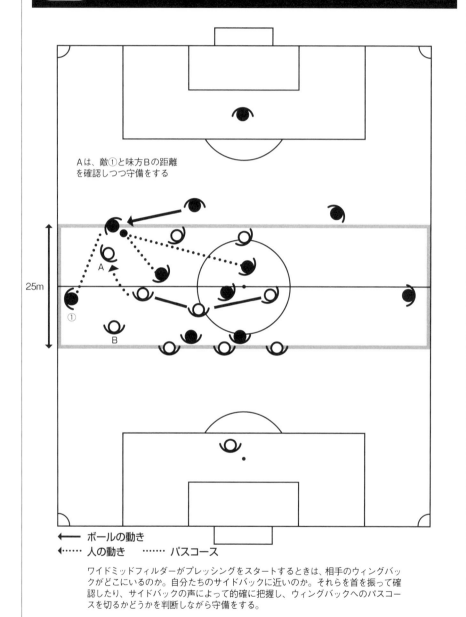

備位置を調整することもできたはず。ただし、間接視野でもわからない場合がある。そのときが『視野外の視野』が必要な状況で、その場合は首を振って確認しないといけない。ボールがないときに首を振って視野外の視野で確認して、自分がいるべきポジションを決めるんです。

そして自分たちのサイドバックの選手が相手のウィングバックの選手に近ければ、対峙するボールホルダーに向かって内側のパスコースを切って外側へパスを促すように守備をし、それによって相手のウィングバックにボールが出たときにはサイドバックとサンドする(図33)。逆にサイドバックの選手の位置が相手のウィングバックから遠ければ、ワイドミッドフィルダーは今度は相手のウィングバックにパスが出ないように外側のパスコースを切るように身体の向きを変えて、相手のサイドのセンターバックに中方向へ行かせたりするようにする(図34)。そんなふうに状況によって臨機応変に対応するんです。だから味方のサイドバック(第三線)からの『中を切れ!』『外を切れ!』と言った声も当然ながら重要になります」

第二線の選手たちも、当然ながらむやみに相手のボールホルダーに飛び込むような守備はしてはいけない。首を振って周りをよく見ながら自分のいる位置を確認し、閉じているはずのパスコースを抜かれてしまったらすかさずプレスバックする。新たなボールの位置を中心にして守備ブロックを構築し直すのだ。浮き球で頭を越されてしまった場合の対応も同様である。

図 33 相手ウィングバックに対して味方のサイドバックの距離が近いときのワイドミッドフィルダーの守備

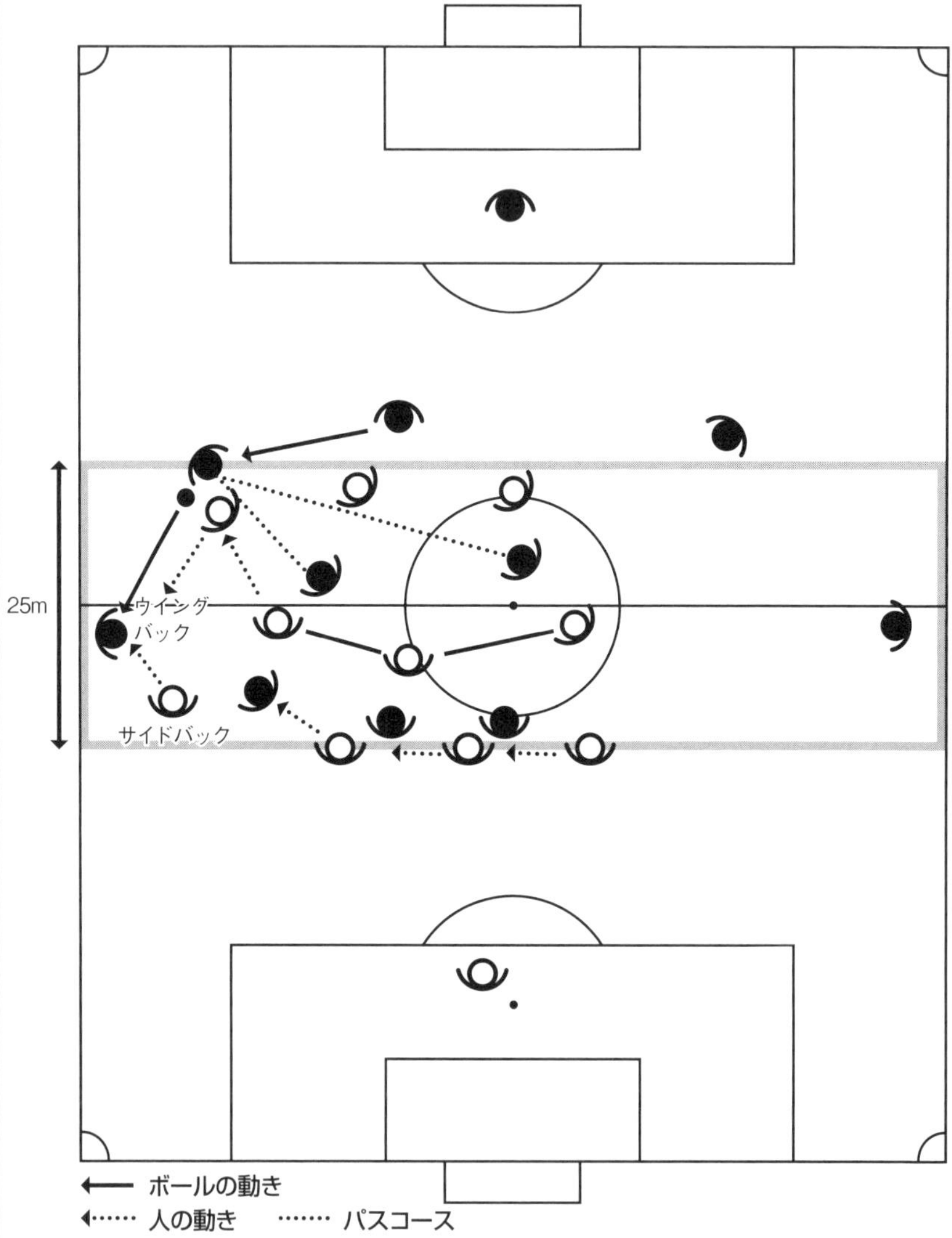

相手のウィングバックに対して自分たちのサイドバックの距離が近いのだから、ボールホルダーに向かって内側のパスコースを切って外方向へ仕向ける。そして相手ウィングバックにパスが出たら、味方のサイドバックとサンドする。

図 34 相手ウィングバックに自分たちのサイドバックの距離が遠い場合のワイドミッドフィルダーの守備

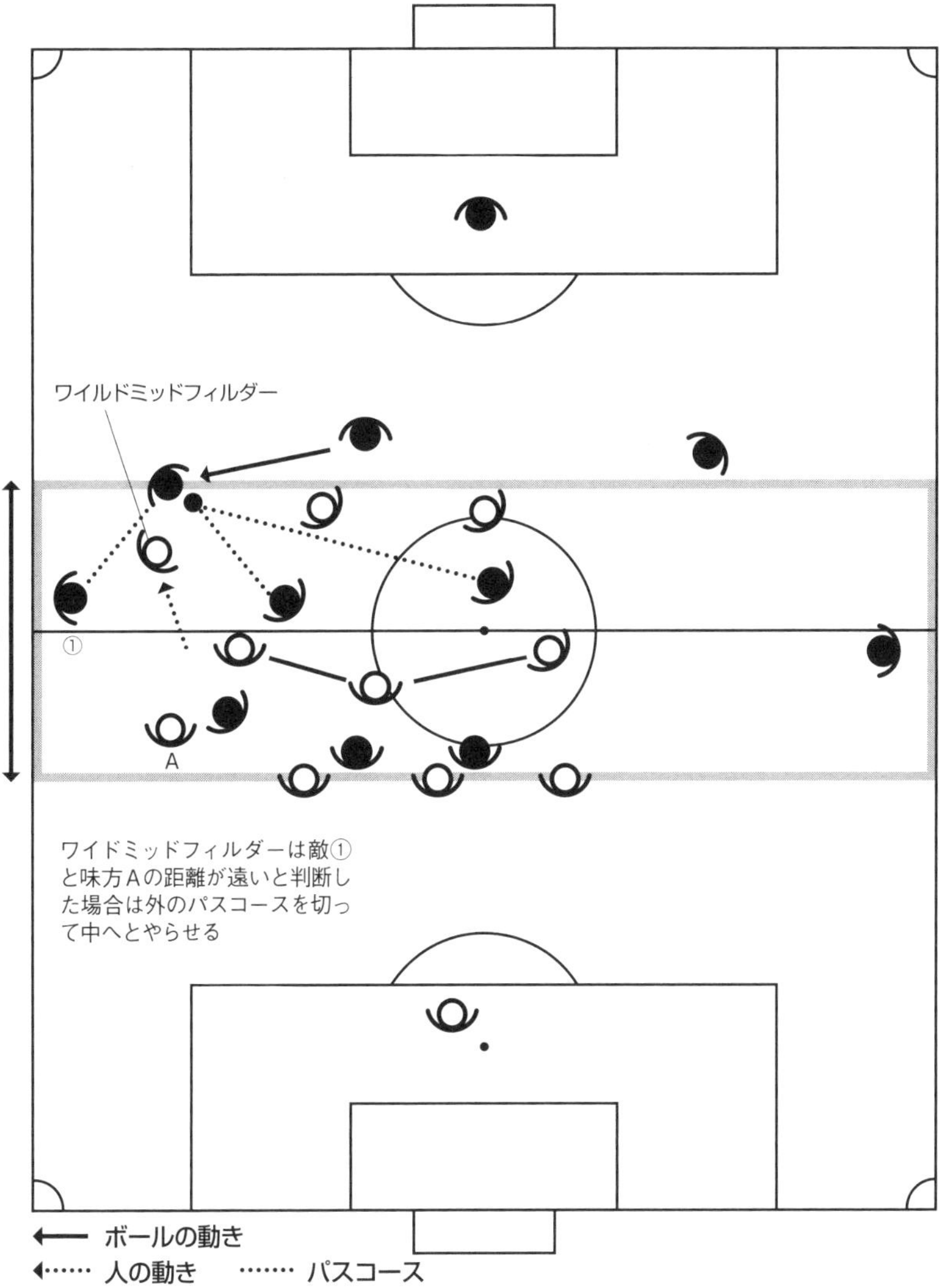
ワイルドミッドフィルダー
25m
①
A
ワイドミッドフィルダーは敵①と味方Aの距離が遠いと判断した場合は外のパスコースを切って中へとやらせる
ボールの動き
人の動き
パスコース

相手のウィングバックに対して自分たちのサイドバックの距離が遠い場合、そこにパスが出ると相手のウィングバックに時間とスペースを与えてしまうので、ワイドミッドフィルダーはボールホルダーに対して、そのウィングバックへのパスコースを切って中方向へとやらせる。

第三線の選手に必要なのは声の指示

そういった第一線と第二線の守備の献身があれば、第三線（最終ライン）の目の前にいる相手のアタッカーに対して、グラウンダーのパスがスパッと通ってしまってゴール前で前を向かれてピンチを招く、などという可能性はかなり低くなる。第一線と第二線の選手たちがそれまで二層におよぶフィルター役をこなしているから、第三線の前にグラウンダーでパスが通るというのは相当難易度が高くなるからだ。第二章でバルセロナがコペンハーゲンの構築する守備に対して、前方向へグラウンダーのパスを入れられずに苦しんだ、その守備である。

「だから第三線（最終ライン）の選手の対応は浮き球が多いですね。センターバックには競り合いが強い選手がいるからそこではじき返すか、あるいは、相手のアタッカーが浮き球を足下に収めるにしても、センターバックからしっかりとアプローチを受けている状態で正確なボールコントロールをするのは至難の業です。このような状態のときに、第二線の選手が浮き球のボールが入ってくる時間を使ってプレスバックし、第三線の選手とともにサンドすればいいんです」

第三線の選手にとってより大事になるのは声だ。

「たとえば、相手のトップ下の選手がこちらの最終ラインの背後のスペースを狙っていて、そこに走り込んできたときには、センターバックの選手が周りに『いったぞ！』『首振れ！』といった声掛けができるかどうかが重要なんです。指示を出された選手は相手ボールホルダーの『ボール周辺の雲行き』を見ながら、ボールにしっかりプレッシャーがかかっていれば走り込んだ選手にパスは出ないのでマークは離してしまっていいいし、逆に、ボールにプレッシャーがかかっていなければいくらでも自由にパスを出されてしまうので、その場合は走り込んできた相手選手にしっかりと付く準備をする必要がある――そういう判断を下すために必要な声のサポートをするということ。この第三線の選手に必要な声の指示というのは、センターバックだけの役割ではなく、たとえば、ボールが左サイドにあるときは逆サイドの右サイドバックの選手もこなす必要があります。ピッチ全体が見えるからです。ただし、サイドバックの選手は上下動の運動量も多いポジションのためあまり余裕がない場合もあるので、やはりセンターバックが中心となって声を出す場面が多くなります」

以上が4－4－2のシステムでゾーンディフェンスを駆使した場合の第一線、第二線、第三線のそれぞれの守備時の役割である（※なお、各ポジションの細かな役割については、松田自身がかつて指導者講習会などで使用したパワーポイントにまとめた資料があり、端的にまとめられていてわかりやすい。本章の巻末に付してあるので参照されたい）。

大事なのは個々の状況判断の力や、予測して実行する能力

ここで大事なのは、繰り返しになるが、これらを教科書通りに遂行するのではなく、あくまで「ボール周辺の雲行き」によって選手個々が状況を的確に判断し、次のプレーのための準備をすることである。ボール

ホルダーの状況、その選手が誰であるのか、という情報から次のプレーを「予測する能力」がゾーンディフェンスを機能させるカギになる。

「これから何が起きそうなのかを予測する力、インテリジェンスと言い換えてもいいかもしれません。これは『ボール周辺の雲行き』を説明するときにもお話ししましたが、マンツーマンディフェンス同様、重要な守備の能力です。たとえば、佐藤寿人や大黒将志といったストライカーが最終ラインの背後をとるのがすごくうまい、という状況にセンターバックが直面しているとします。そういうときに、相手が何をしようとしているのかを予測して、その先取りをしてポジションをとることが重要になるということです。背後を狙っているのか、それとも、足下でもらおうとしているのか。足下で何回ももらっているのは、背後を狙うために餌を撒いているのではないか、などと相手が考えそうなことを読んで、プレーの意図を汲んで、そしてディフェンダーが先に動く。それが守備者としては一番大事だと僕は思っているんです」

この予測する力を補う、個人戦術に絡むキーワードに「チャンネルサイド」という言葉がある。マンツーマンの守備の鉄則が「ゴールサイド」であるのに対し、ゾーンディフェンスでは「チャンネルサイド」が守備位置を決めるうえでの大事な基準となる。具体的に、第二章でも紹介したバイエルン×バルセロナの試合のワンシーンから切り抜いて説明したい（図35）。

このシーンのパスの出し手はバルセロナのイニエスタ。フォワードはメッシ。それに対峙するのがバイエルンのセンターバックのダンテである。

「ボールホルダーのイニエスタと、目の前にはメッシを置くという状況下において、チャンネルサイド（図

35の斜線の部分）に対してダンテは〝半身を覗かせるポジション〟をとるんです。そうするとイニエスタがチャンネルサイドにおいて縦にパスを入れたときのボール①に、ダンテはメッシよりも早く身体を入れてボールを奪える可能性が高くなる。つまり、これは次のプレーを予測したポジション取りで、ポイントは、ほんの少しだけ半身を覗かせることにあります。それと『タッチングディスタンス』といって、マンマークのようにべったりと相手につくと入れ替わられてしまう可能性もあるので、手を伸ばせば届くくらいの距離、つまり、『タッチングディスタンス』をとるのです。そうすればイニエスタから図のような縦パス①が出てきたときに奪えるし、チャンネルサイドの逆側にパスが出てきても（②）対応が可能となる。あるいは、チームとしてゾーンディフェンスがしっかりと機能していれば、自分の隣にいる味方のセンターバックが対応できるわけです。もしもこのときにマンツーマンの鉄則である『ガイディング・トライアングル』を基本にしてポジションをとってしまうと、メッシが流れて受けようとしたときにスピードで負けて前線で起点を作られてしまったり、そのまま前を振り向かれてドリブルで抜かれてしまったりする可能性が高くなってしまう（図36）」

ダンテはそれを阻止するためにチャンネルサイドに対して半身を覗かせるポジションをとり、さらにメッシに対してタッチングディスタンスをとった。そして実際にイニエスタから出てきた縦パスに対してメッシに身体を入れてブロックし、ボールをゴールラインへ割らせて事なきを得たのだ。つまり、イニエスタやメッシが狙っているスペースをダンテが先を読んで動いて守備でコントロールしたということである。

選手自身の予測する力、それに伴う的確な守備のポジショニングについて具体的な例をもう一つ。

図35 守備位置を決めるうえで重要な『チャンネルサイド』

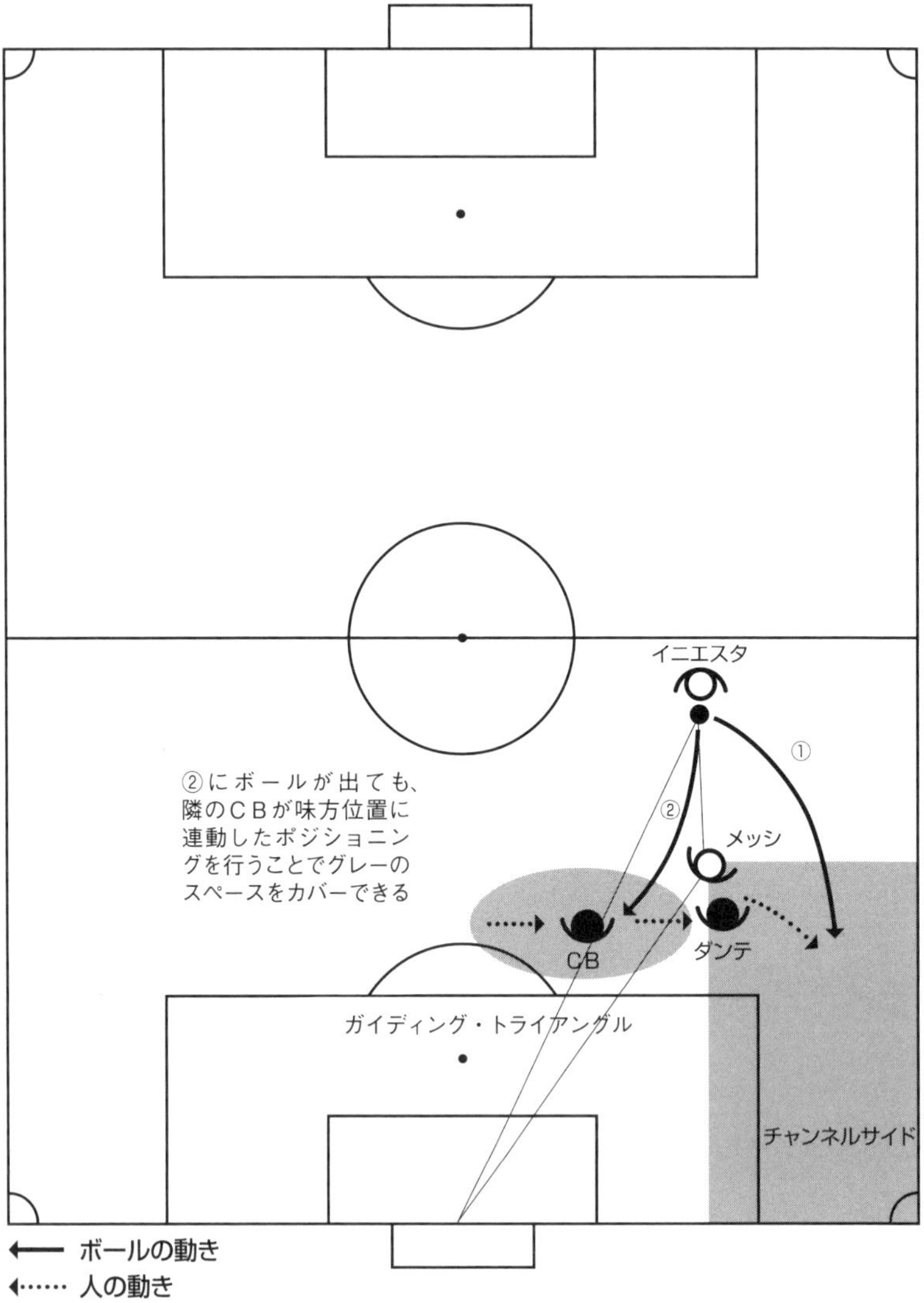

ダンテはチャンネルサイドに対して半身を覗かせる立ち位置をとる。すると縦パス①が入った場合にメッシよりも早く身体を入れてボールを奪える可能性が高くなる。このときのもう一つのポイントは、相手に触れられるくらいの距離、タッチングディスタンスをとることだ。そうしておけば縦パス②が出てきても対応できる。

図 36 マンツーマンの鉄則であるガイディング・トライアングルを基準にポジションを取った場合

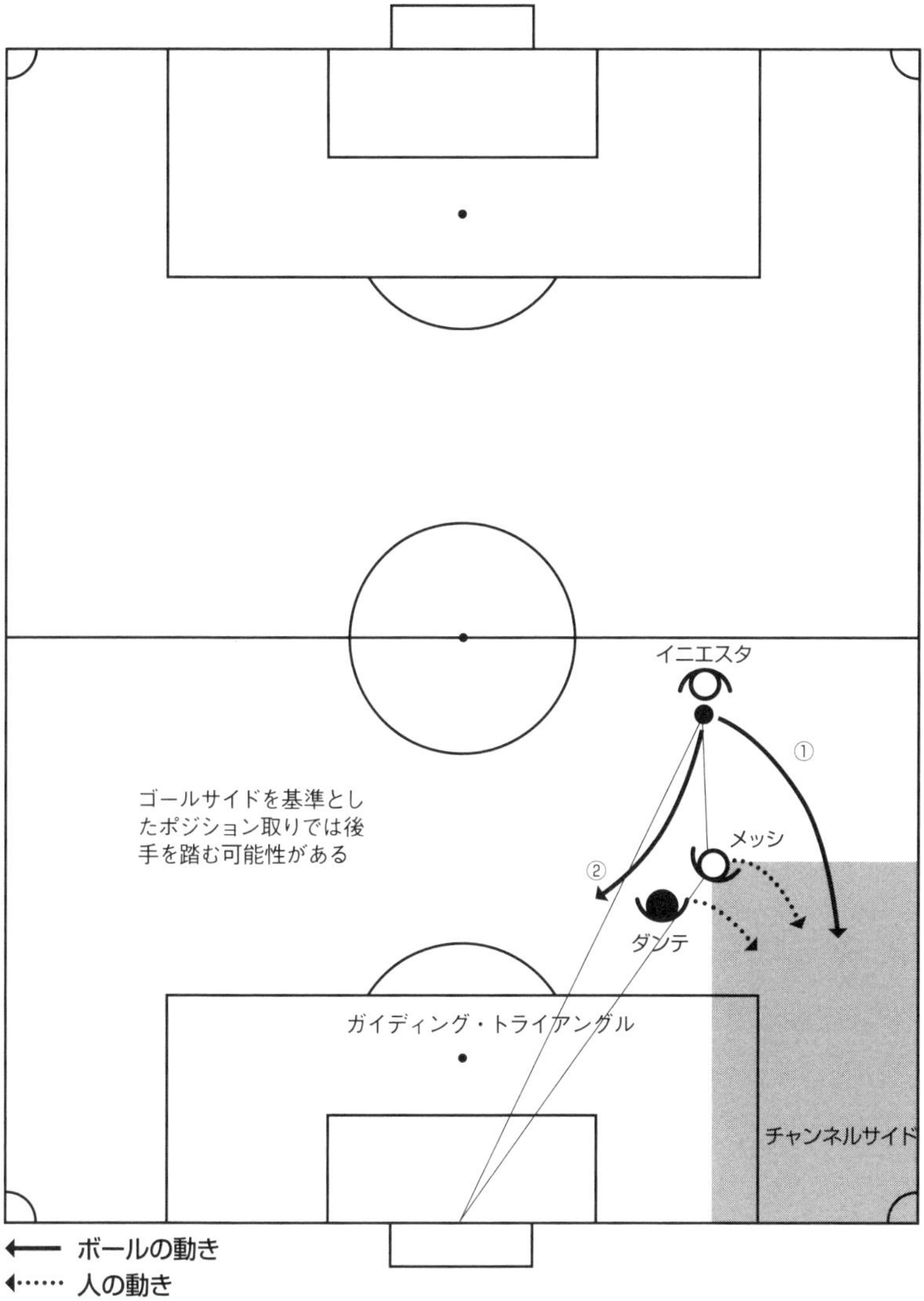

ガイディング・トライアングルを基準にポジションをとると、チャンネルサイドをとられてしまい、縦パス①が入ってきたときにメッシに先手をとられてスピードで振り切られて前線で起点を作られる可能性が高くなる。

かつて松田はヴィッセル神戸で指揮していたときに共に戦った大久保嘉人の予測する力、インテリジェンスに舌を巻いたと話したことがある。4－4－2のワイドミッドフィルダーをこなしていた大久保の守備時の対応について言及したものである。

「タッチライン際で自分よりも外側を回って走っている相手のウィングバックやサイドバックがいるとき(図37)に、『自分の背後でパスを受けようとしているんだな』と予測を効かせながら、自分自身はゾーンディフェンスだから相手のマークにはつかず、パスが出てくるだろうパスコース上に立ってグラウンダーでのパスを消すことで対処する。そういう頭の良さが彼にはありました。それで相手のボールホルダーに浮き球のパスを蹴らせればプレスバック、もしくは、パス自体を辞めさせてしまえばこっちの勝ち。さらに、相手のボールホルダーからパスが出ないとわかった瞬間、自分のマーク(タッチライン際を走っている選手)など離してしまって、(パスを出そうとしていた)ボールホルダーに対してアプローチに行けるなら距離を詰めて、ボールに対して2対1という数的優位を作ってしまう、そんな判断もできるわけです。ときには、わざとパスコースを空けておいて、そこに出させて取るといった守備もしていました。

嘉人のようなインテリジェンスがあるかどうかはセンスによるところも大きいですし、それが攻撃の局面でいえば〝嗅覚〟という表現になるのかもしれませんが、要は、次に起こるだろうプレーの意図が読める、といった表現で説明できるわけです。このときの嘉人は、タッチライン際を走る相手のマークのために奔走することなく、攻撃のために体力を温存した効率の良い守備ができている。これこそ守備時におけるクリエイティブなプレーであり、考え方だと思います。先を読んだ守備のポジション取りで相手を十分に困らせる。

図 37 外側を走っている相手のウィングバックなどの背後の状況への予測

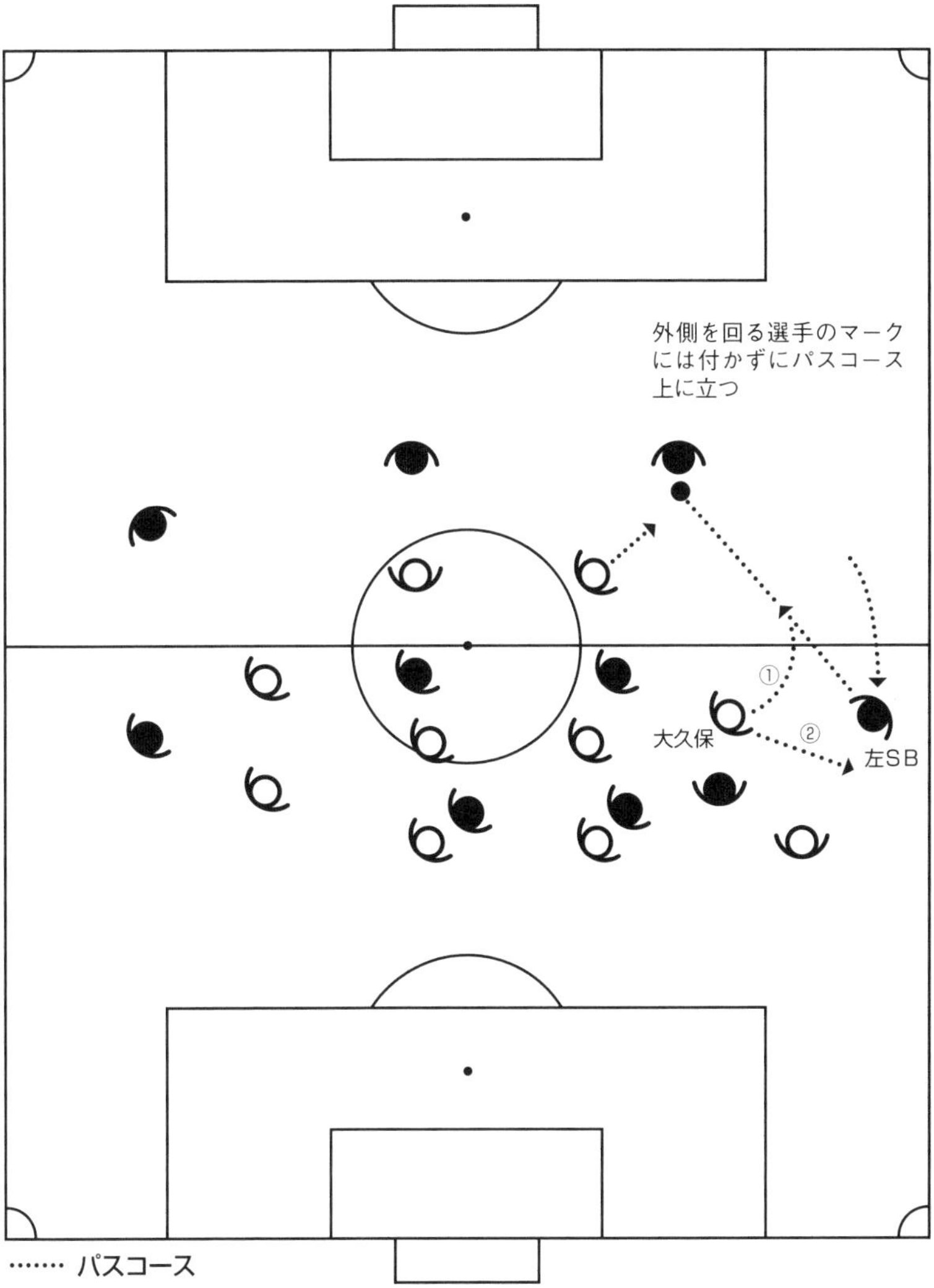

大久保嘉人は、自分の外側を回っている相手のウィングバックやサイドバックのマークには付いていかず、パスが出てくるだろうパスコース上に立ってグラウンダーのパスを消していた。それで相手に浮き球のパスを出させるか、パス自体を辞めさせればこっちの勝ちだ。

それが同時に味方の守備も助けている。さらに、一度ボールを奪えばすぐに攻撃に移行できるポジションが取れている。つまり、クリエイティブな守備というのは、ゴールを奪うところから逆算して成り立っているということです。

結局のところ、僕はゾーンディフェンスを組織するにはポジショニングなどが重要だとお話ししているのですが、形、配置だけでは守れないのです。仏像も彫っただけではダメでそこに魂が吹き込まれないと本物にならないと言われますが、それらを機能させるためには個々の選手たちに『魂』がないといけないと考えています。それは､次の一手を予測できる力であり､そのための集中力といった力かもしれない。『個の強さ』と言い換えてもいい。僕がアビスパ福岡を率いていたときの右腕、コーチを務めていて後にFC岐阜や栃木SCの監督になった倉田安治がいつも繰り返して力説していたのですが、『球際の強さ』『判断の速さ』『(攻守の)切り替えの速さ』、この三つの強さや速さをカバーできるシステムもフォーメーションもないと言うんです。そのとおりだと思います。それらの要素が、守備をするときの個人の大前提になければ、チームとしてゾーンディフェンスを機能させるのは難しいということなんです」

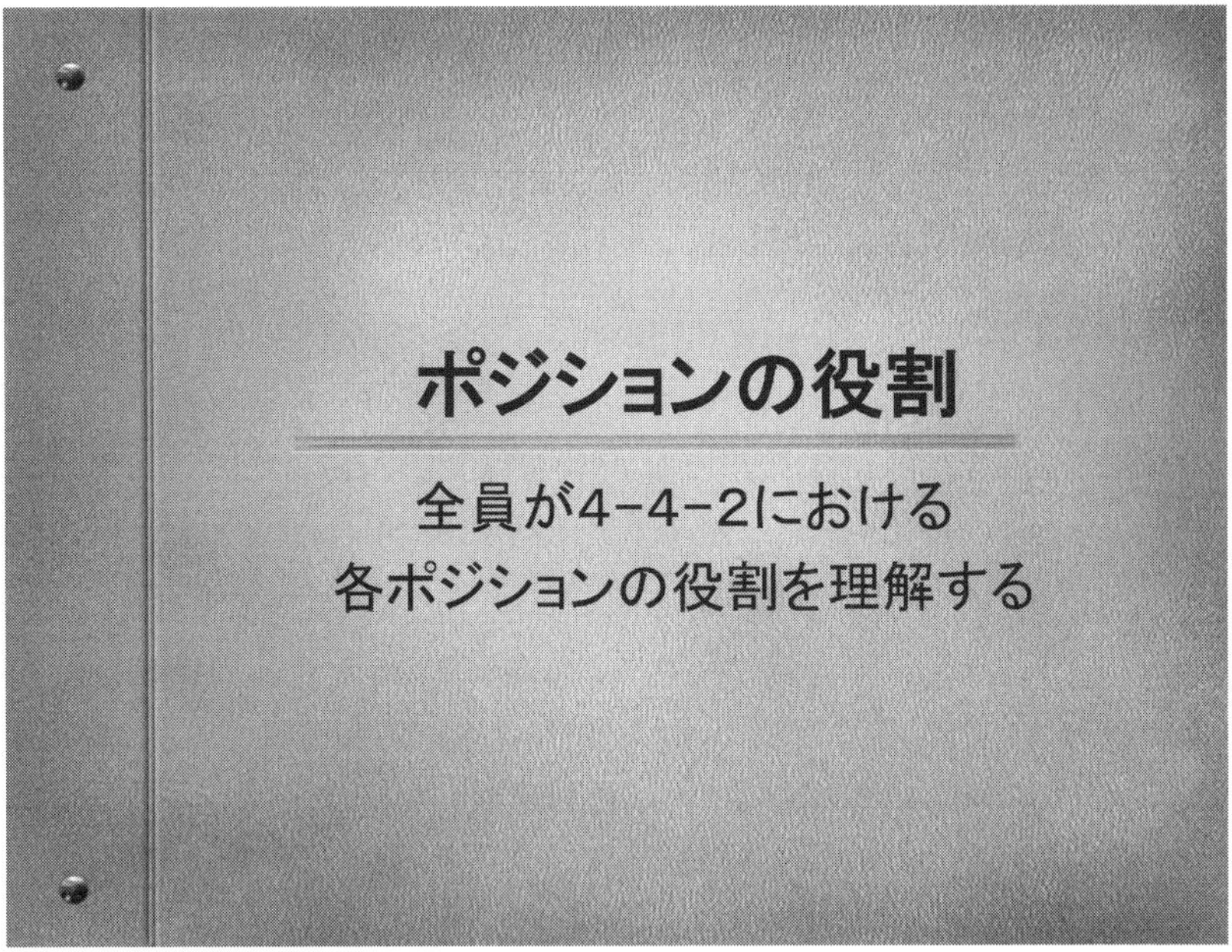
ポジションの役割
全員が4−4−2における
各ポジションの役割を理解する

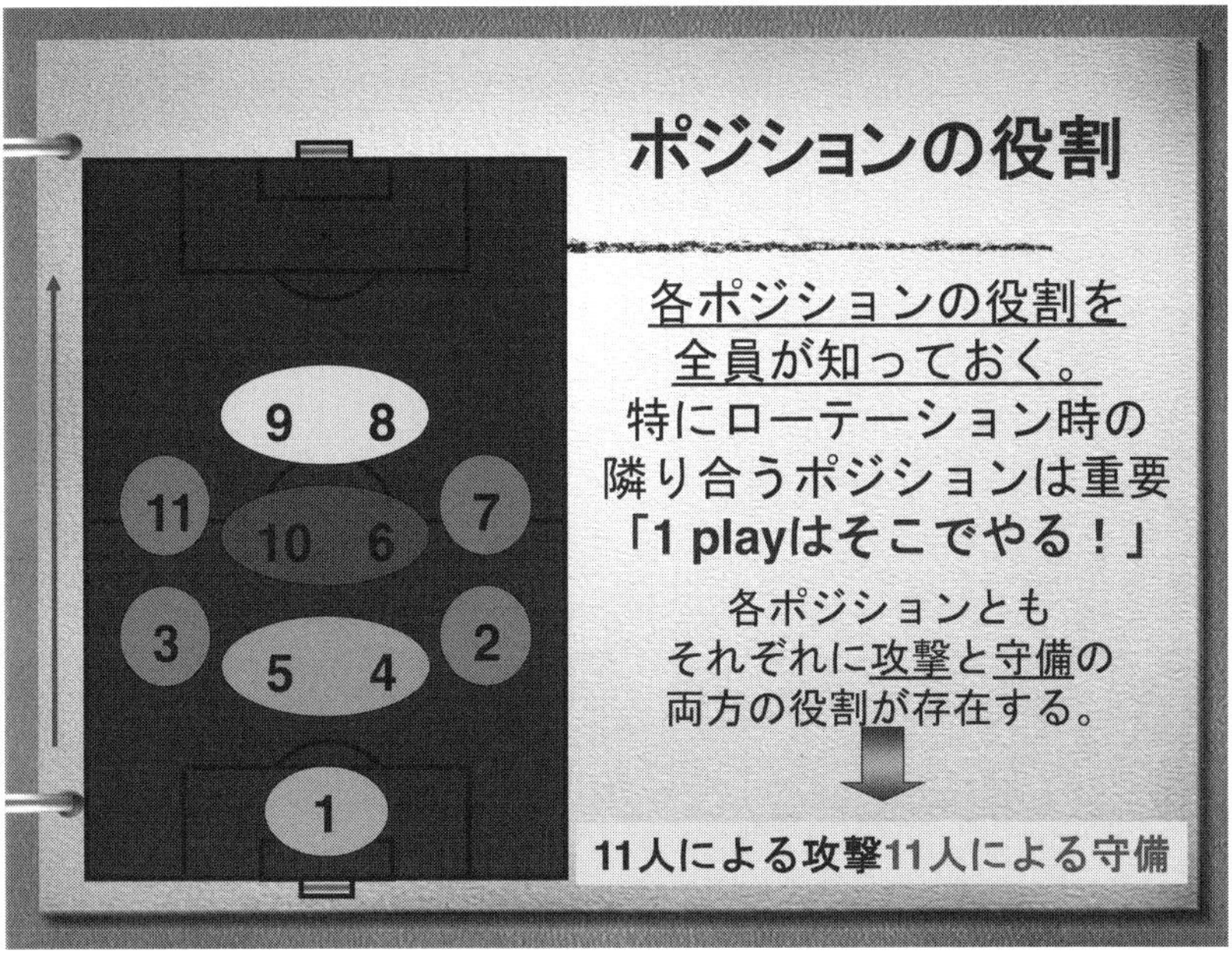
ポジションの役割
各ポジションの役割を
全員が知っておく。
特にローテーション時の
隣り合うポジションは重要
「1 playはそこでやる！」
各ポジションとも
それぞれに攻撃と守備の
両方の役割が存在する。
11人による攻撃11人による守備
9
8
11
10
6
7
3
5
4
2
1

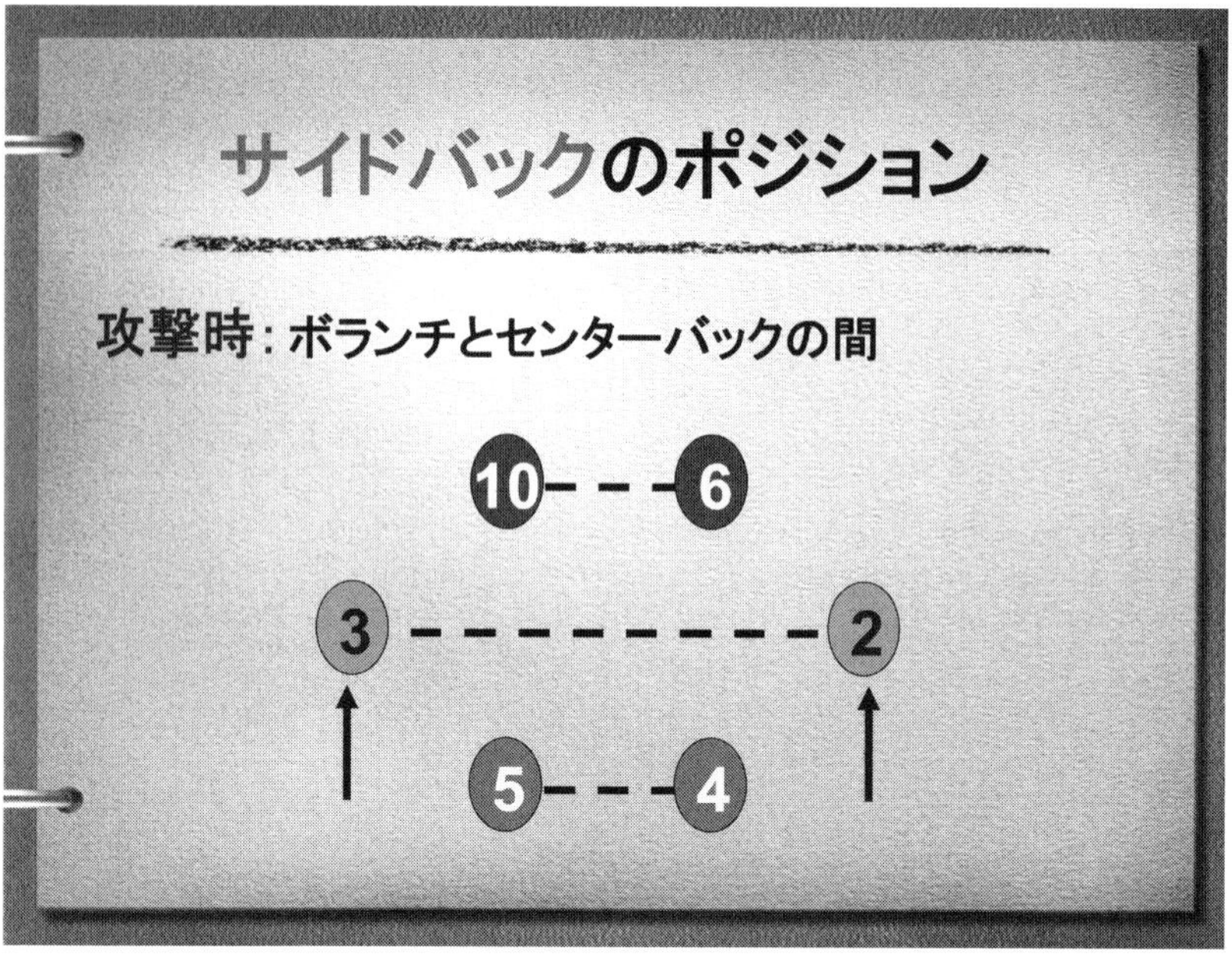
サイドバックのポジション
攻撃時：ボランチとセンターバックの間
10
6
3
2
5
4

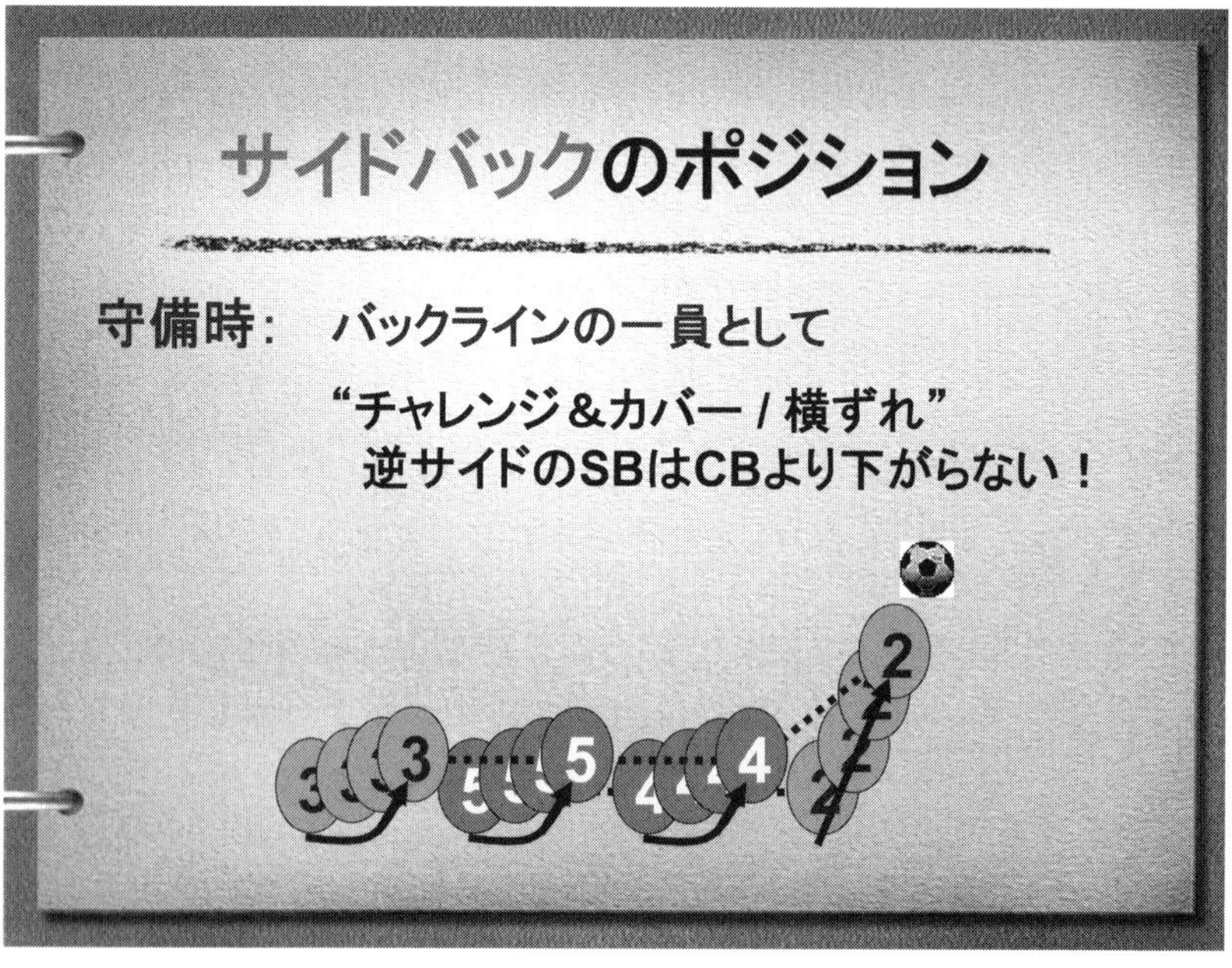
サイドバックのポジション
守備時：　バックラインの一員として
“チャレンジ＆カバー / 横ずれ”
逆サイドのSBはCBより下がらない！
2
3
5
4

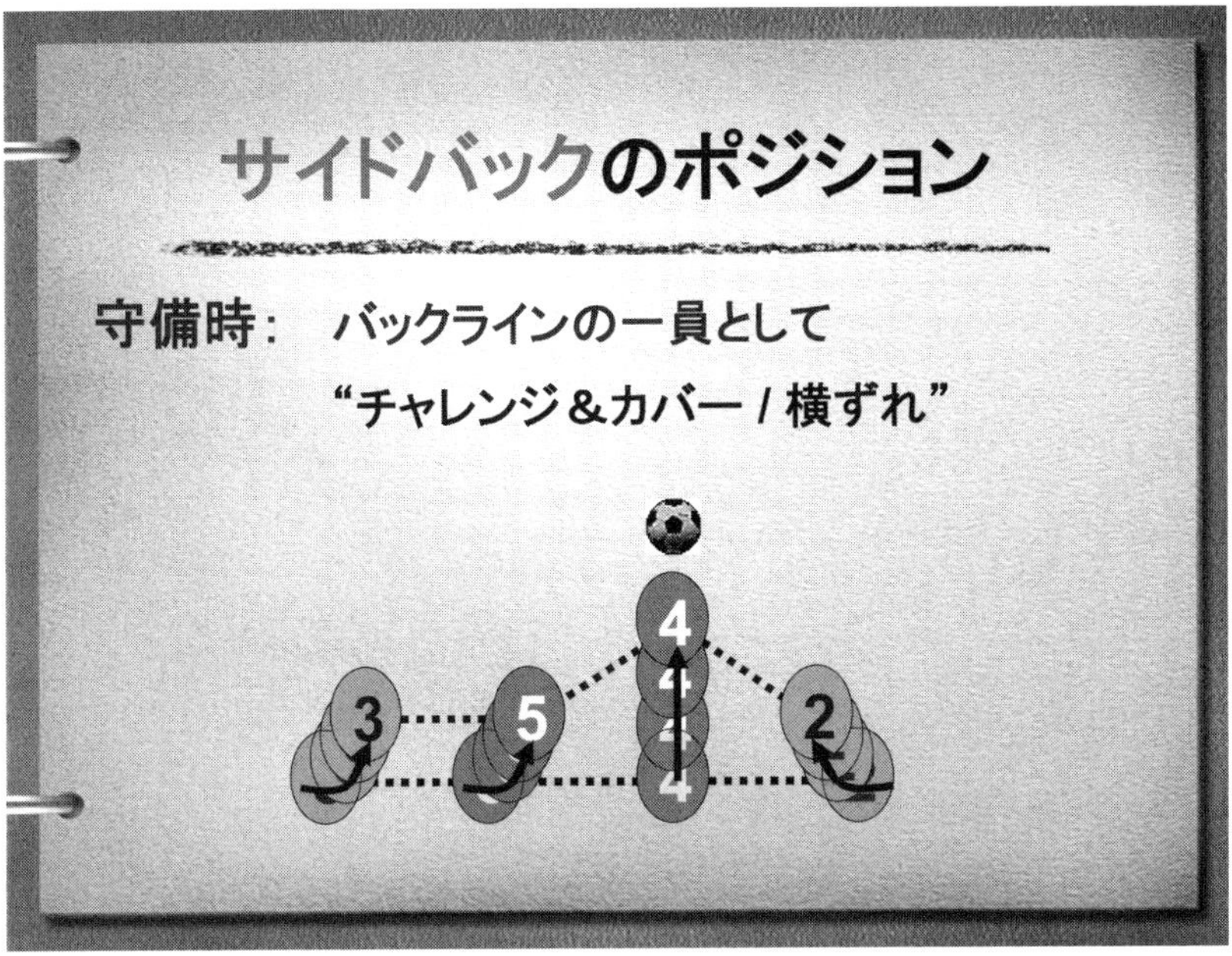
サイドバックのポジション
守備時： バックラインの一員として
“チャレンジ＆カバー / 横ずれ”
3
5
4
4
4
4
2

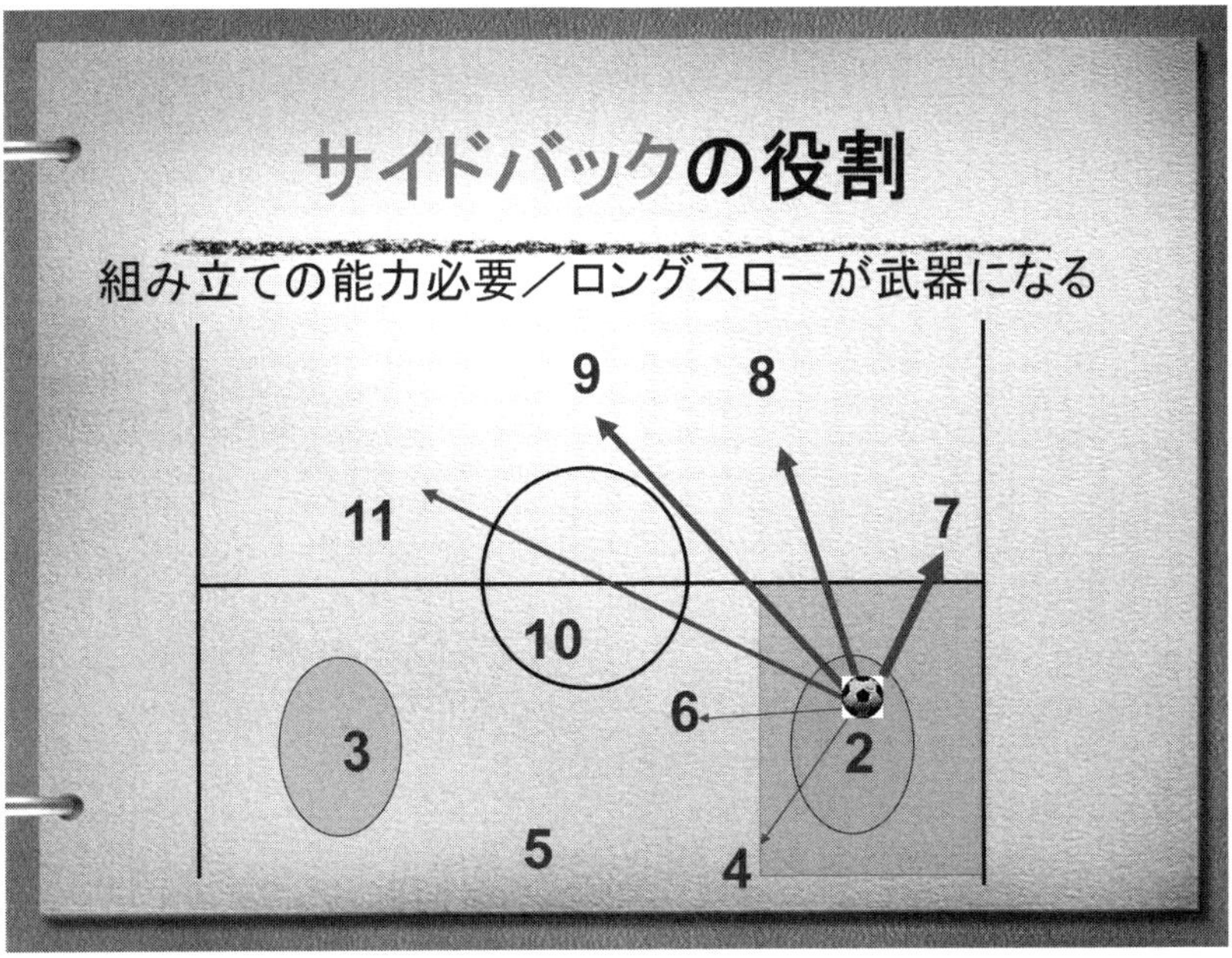
サイドバックの役割
組み立ての能力必要／ロングスローが武器になる
9
8
11
7
10
6
3
2
5
4

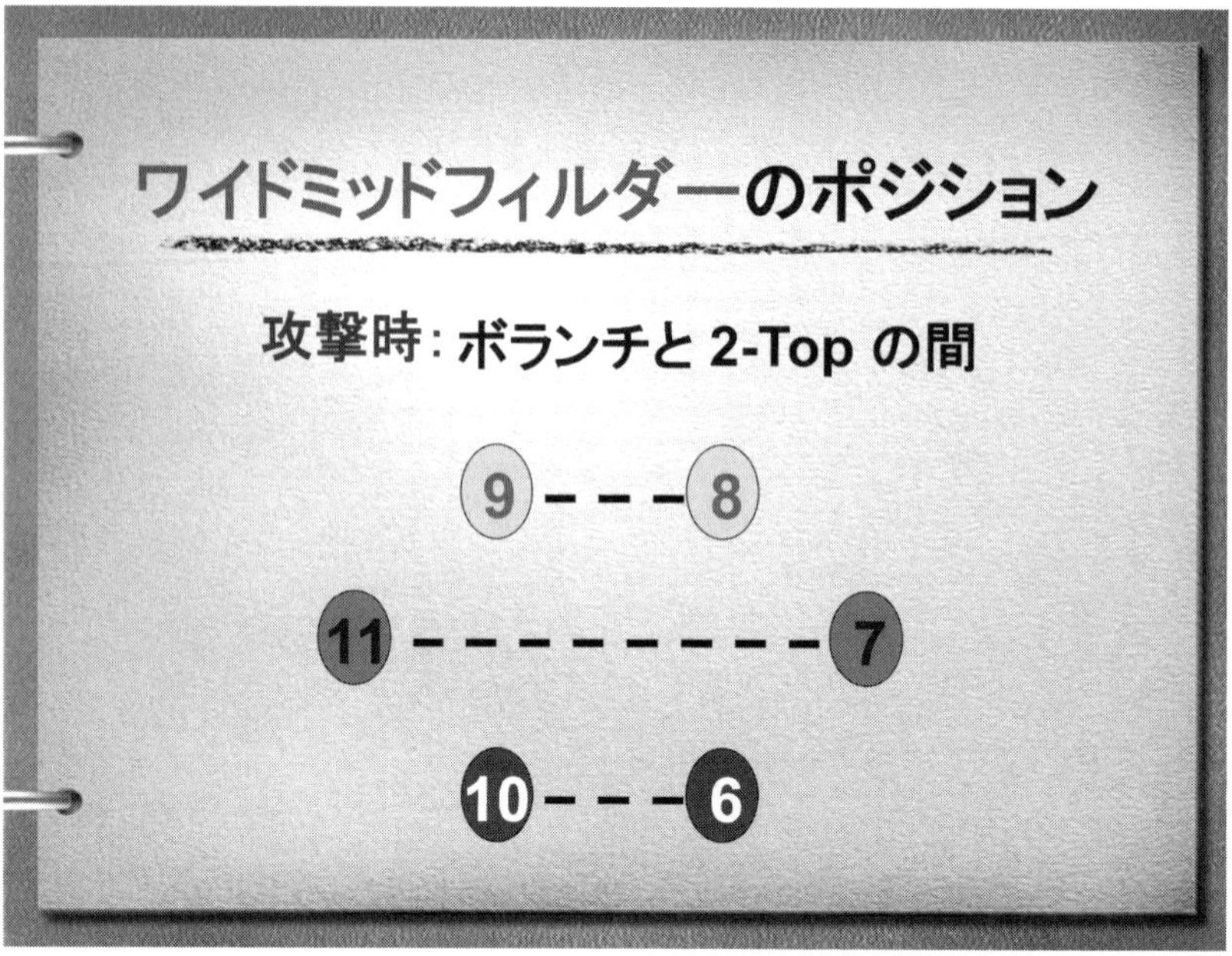
ワイドミッドフィルダーのポジション
攻撃時：ボランチと 2-Top の間
9
8
11
7
10
6

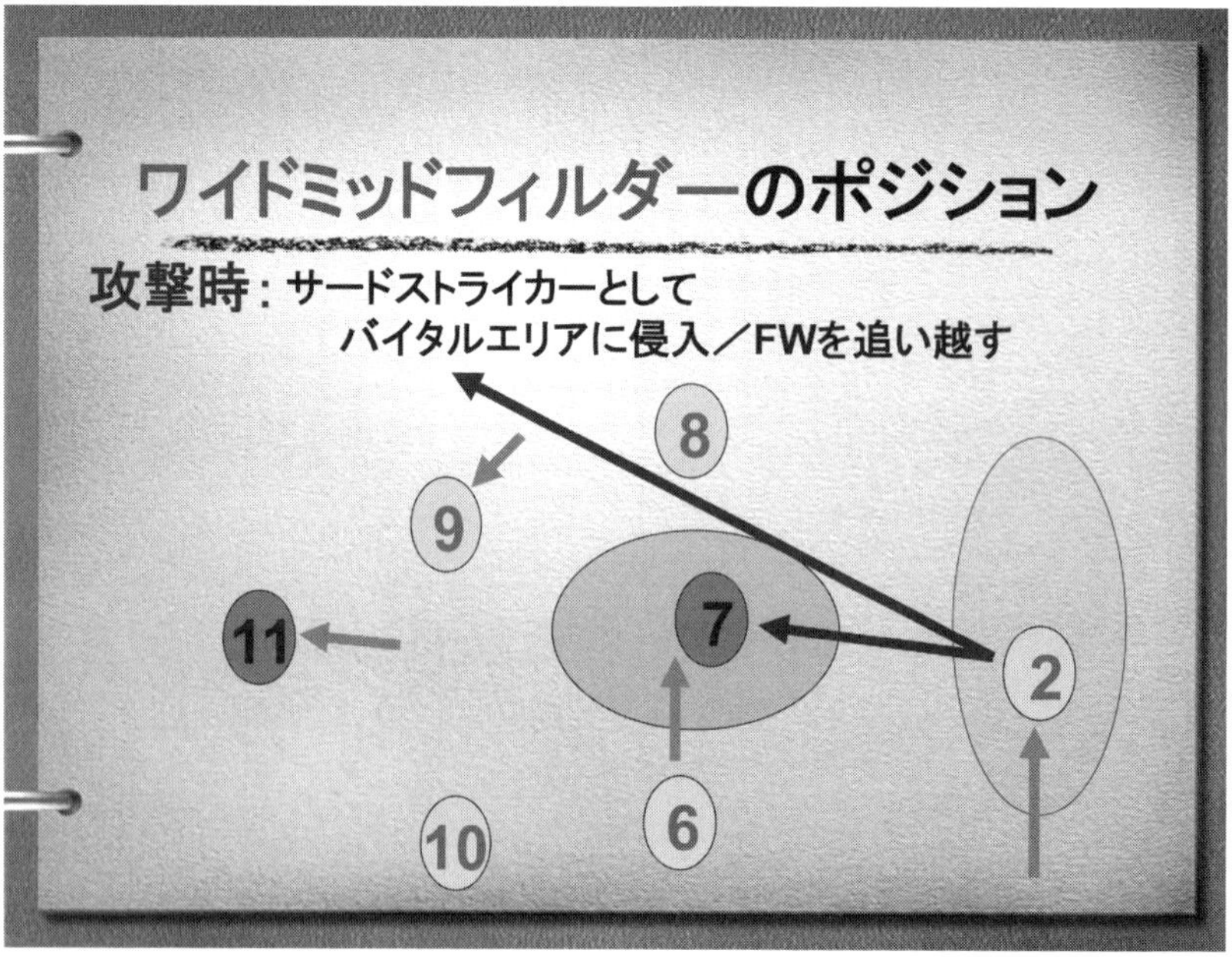
ワイドミッドフィルダーのポジション
攻撃時：サードストライカーとして
バイタルエリアに侵入／FWを追い越す
8
9
11
7
2
6
10

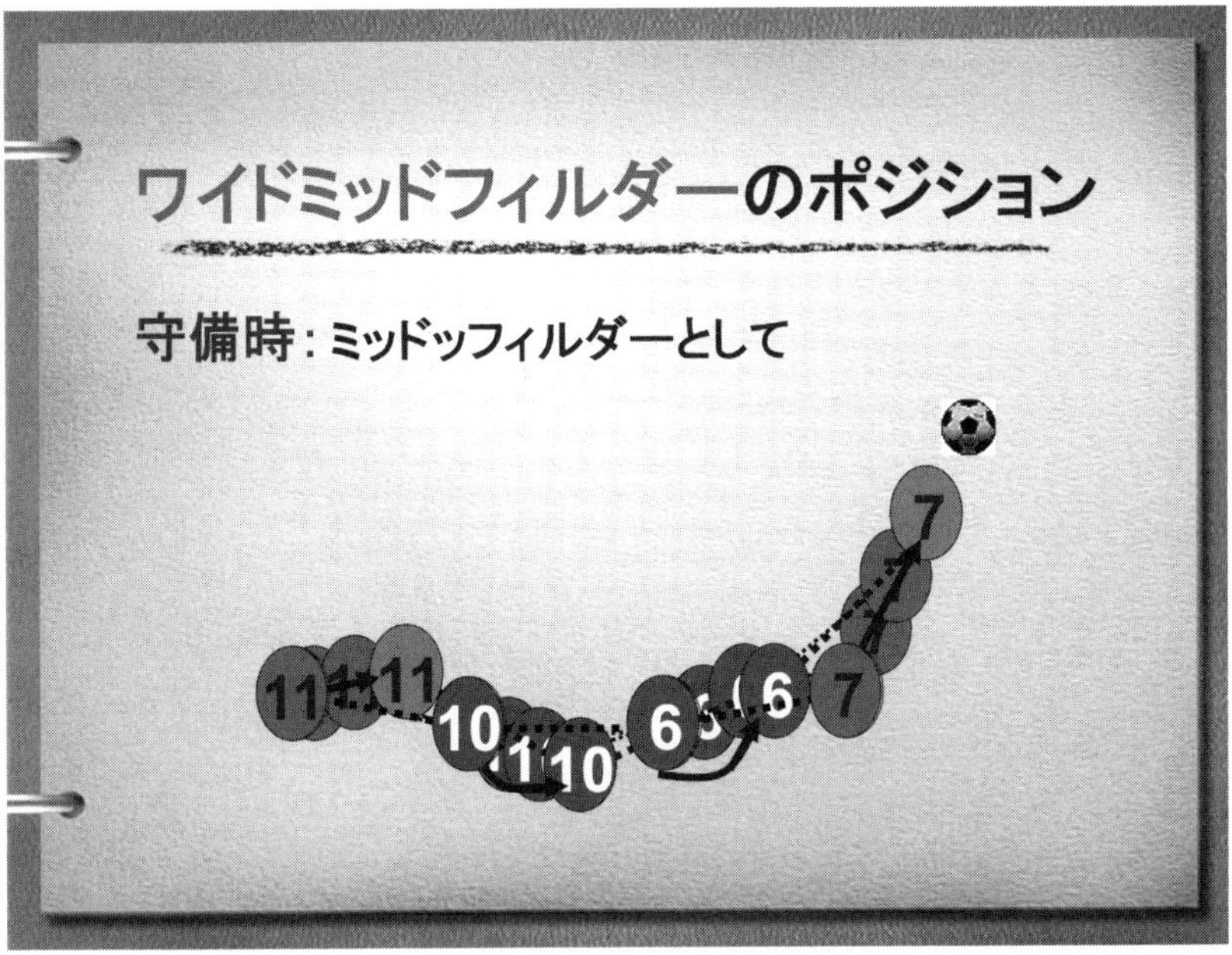
ワイドミッドフィルダーのポジション
守備時：ミッドッフィルダーとして

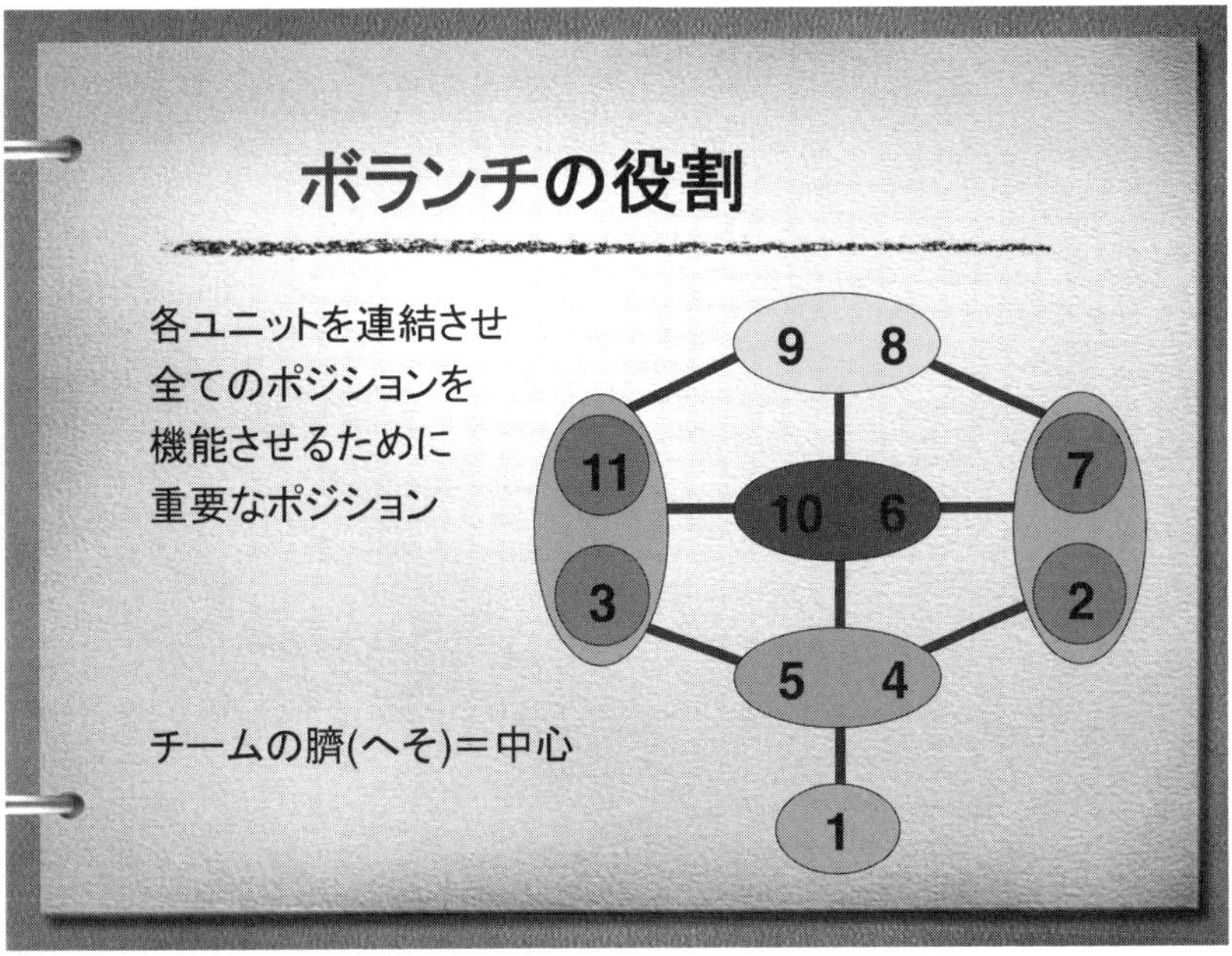
ボランチの役割
各ユニットを連結させ
全てのポジションを
機能させるために
重要なポジション
チームの臍(へそ)＝中心
9 8
11
7
10 6
3
2
5 4
1

ボランチの守備の役割

4−1−4−1の形成に貢献し、敵CFへのパスコースをブロックする

ボールが動くたびにチームの中心に位置できるようポジションを修正する

基本的にはW-MFより後方にスターティングポジションをとる

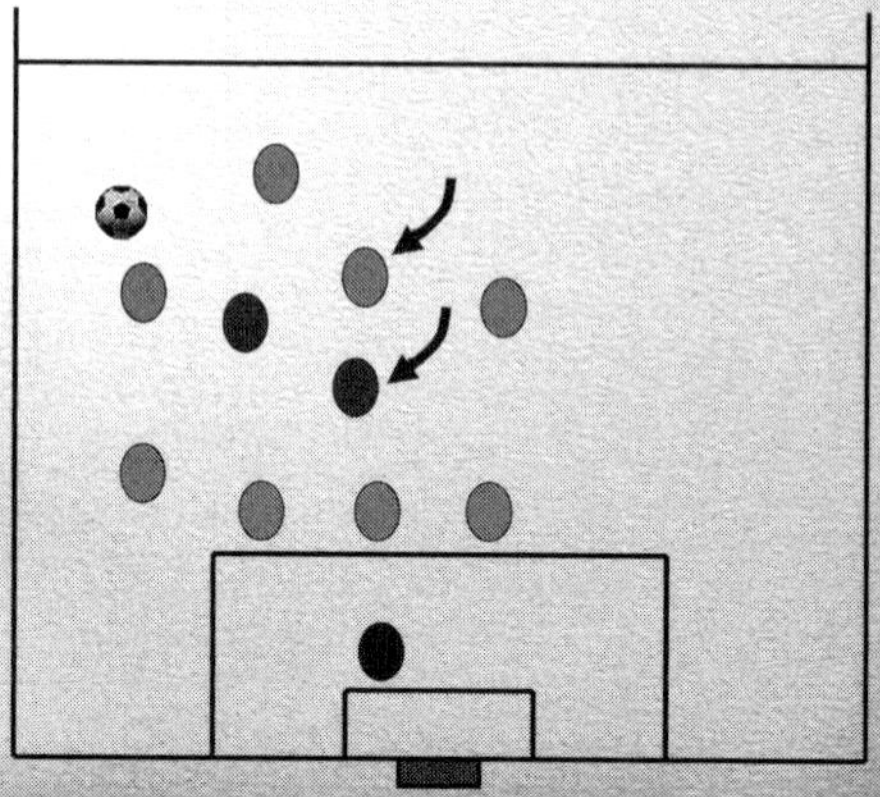

ボランチの攻撃のプレー：全体をリンクさせる

FWが空けたスペースがある時は前線へ上がるチャンス
1人はバランスを取り、2人とも上がってしまうことがないように！
（逆に2人とも下がっていては、FWが孤立してしまう）

ボールサイドのボランチは少し引き気味のセーフティな位置をとり、フリーであればBKラインから、またはW-MFからボールを受けサイドチェンジしたり、SBがオーバーラップした後のカバーに備える。

反対サイドのボランチは少し上がり気味に位置し、FWに当たったボールをサポートし、さらに展開していく役割を担う。

クロスが上がるときは基本的にセカンドラインに位置しこぼれ球を狙う。枚数が足りない場合は、ボックスの中に入って得点を狙う。

ロングボール攻撃時は決して引いて受けようとせず、前方へサポートし、W-MFと共にこぼれ球を拾う。

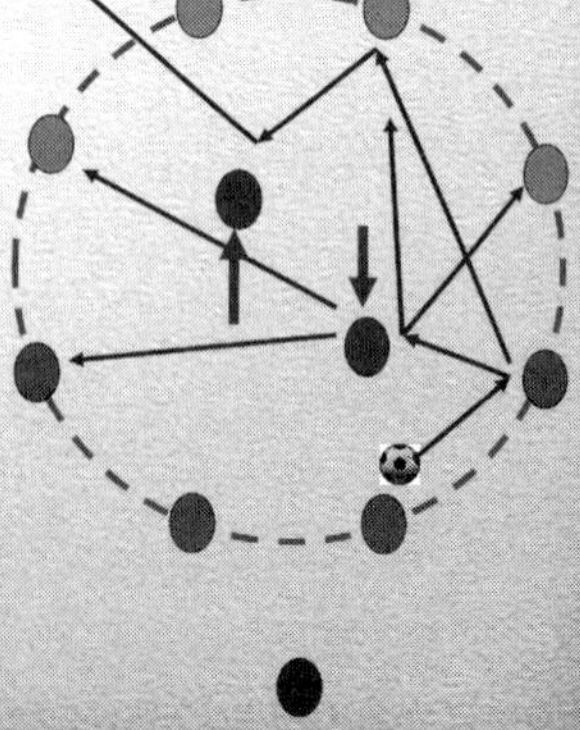

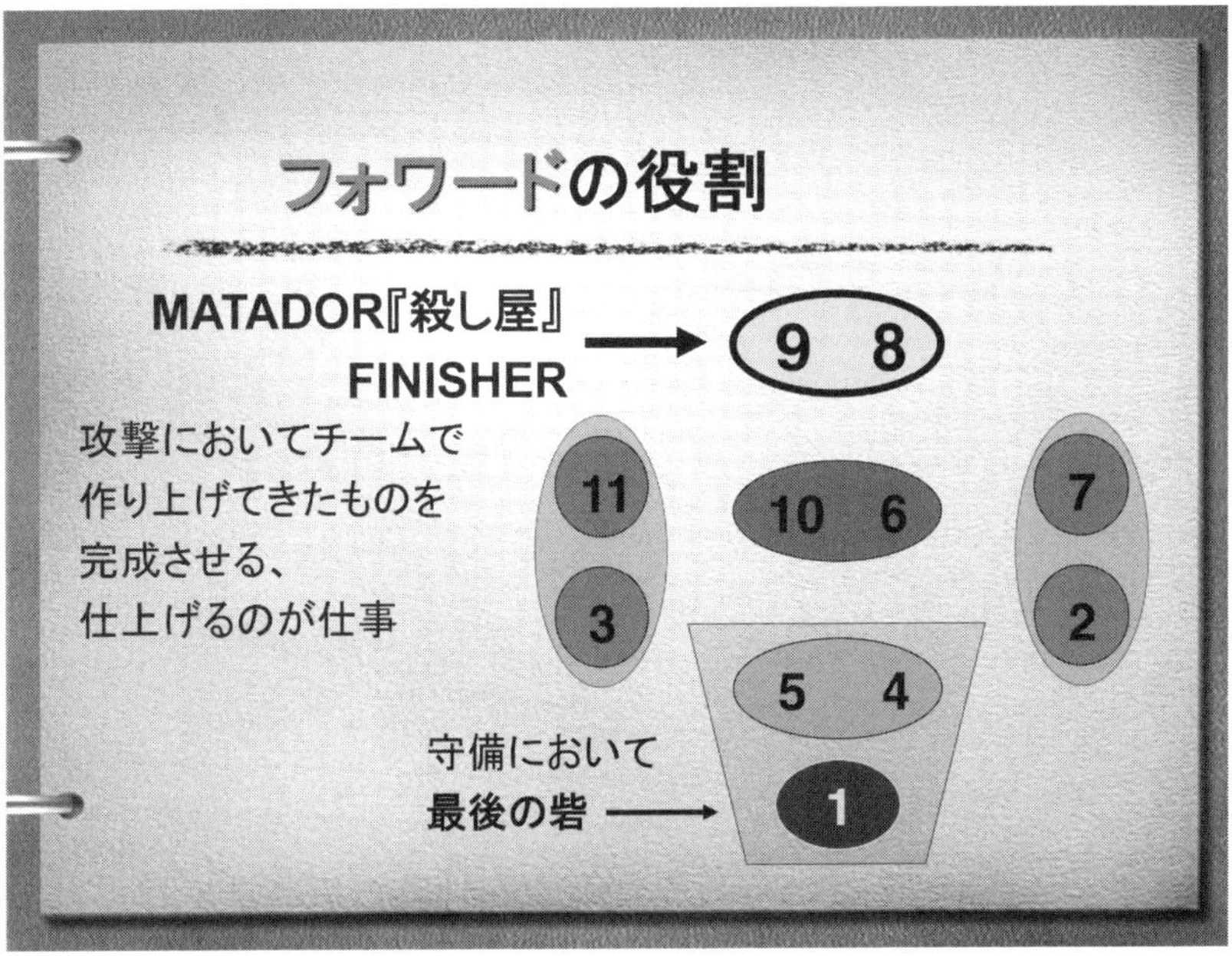
フォワードの役割
MATADOR『殺し屋』
FINISHER
9 8
攻撃においてチームで
作り上げてきたものを
完成させる、
仕上げるのが仕事
11
3
10 6
7
2
5 4
守備において
最後の砦
1

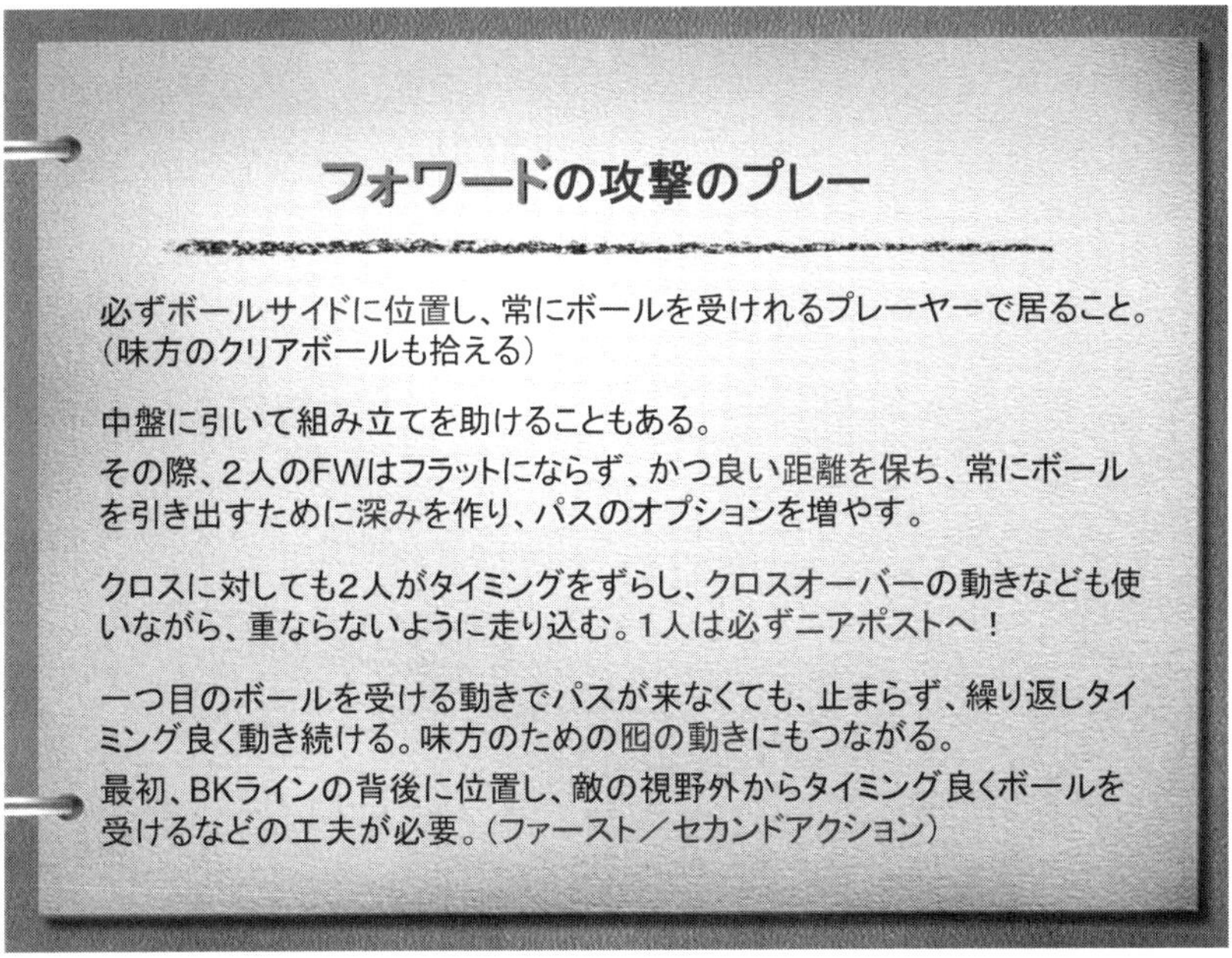
フォワードの攻撃のプレー
必ずボールサイドに位置し、常にボールを受けれるプレーヤーで居ること。

(味方のクリアボールも拾える)

中盤に引いて組み立てを助けることもある。

その際、2人のFWはフラットにならず、かつ良い距離を保ち、常にボールを引き出すために深みを作り、パスのオプションを増やす。

クロスに対しても2人がタイミングをずらし、クロスオーバーの動きなども使いながら、重ならないように走り込む。1人は必ずニアポストへ!

一つ目のボールを受ける動きでパスが来なくても、止まらず、繰り返しタイミング良く動き続ける。味方のための囮の動きにもつながる。

最初、BKラインの背後に位置し、敵の視野外からタイミング良くボールを受けるなどの工夫が必要。(ファースト/セカンドアクション)

フォワードの攻撃のプレー：動き方の例

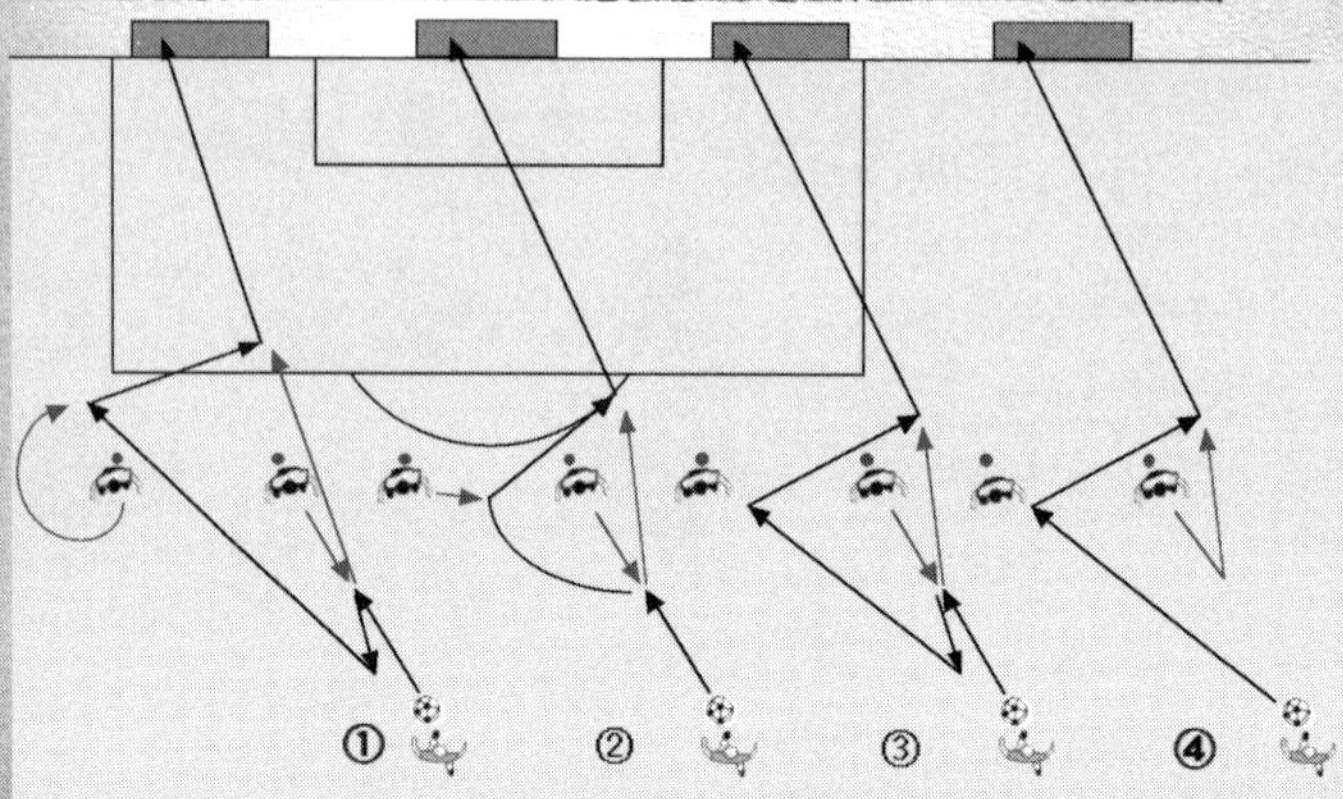

フォワードの守備のプレー

- ボールを失ったら（オーガナイズDF時）、まずは下がって背後のスペースを埋める。特にボランチへのパスコースを切る。
- 敵のゴールキックの場合など、ロングボールであることがわかっている場合は4－4－1－1の隊形をとり、味方が跳ね返したクリアボールを拾う。また、相手チームのボランチがキープレーヤーである場合も4－4－1－1気味にポジションを取り、マークする必要はないが、キーマンに自由なスペースと時間を与えない。
- プレー中にボールを失ったときは切替えを早くして奪い返しに行く、少なくともプレッシャーをかけに行く、時としてファールで止める。(ファーストディフェンダーとして非常に重要！)
- 中盤での相手FK時には、必ず1人はボールとゴールを結ぶ線上に立ち、質の高いグランダーのパスをバイタルエリアに通されないようにする。

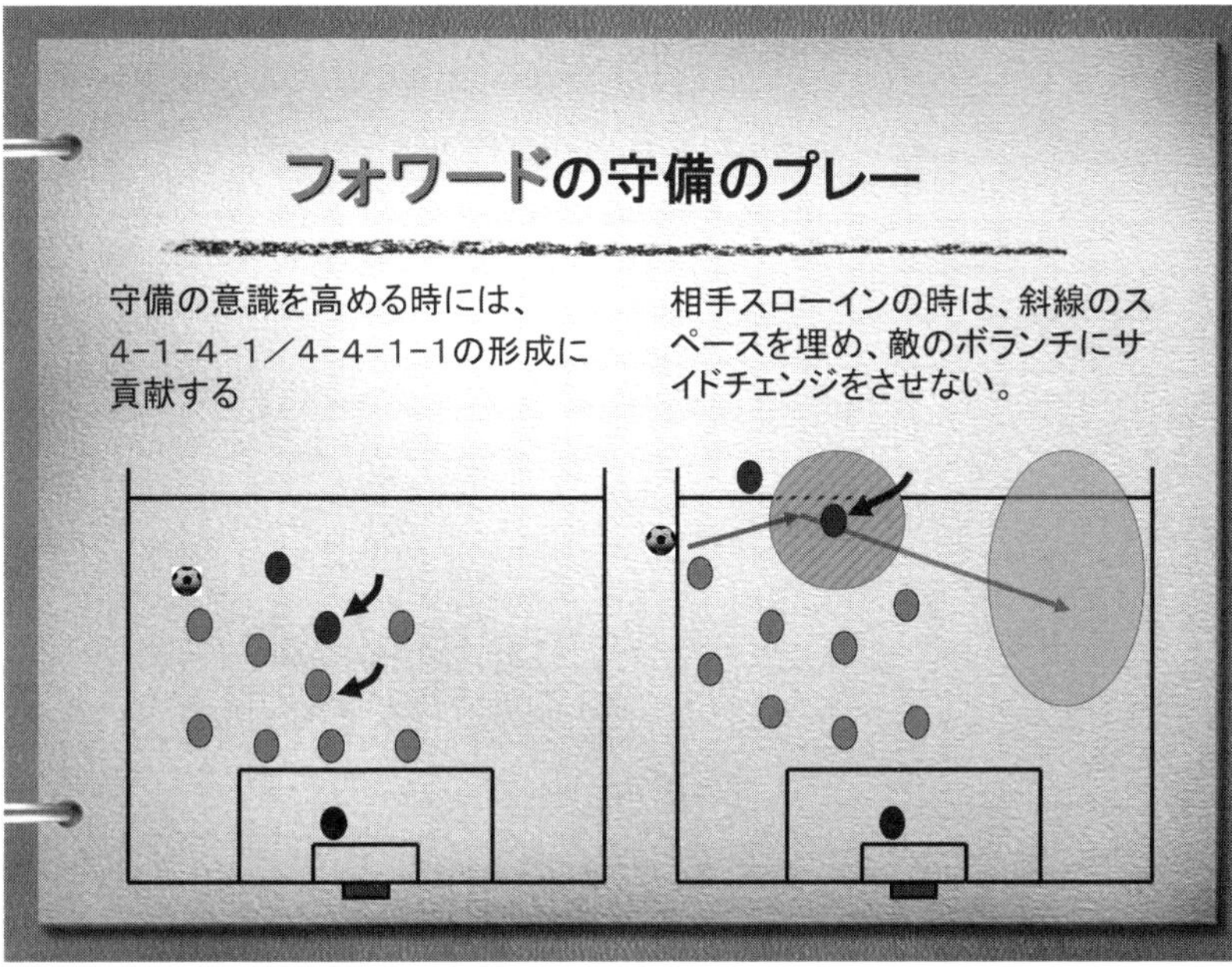
フォワードの守備のプレー
守備の意識を高める時には、
4-1-4-1／4-4-1-1の形成に
貢献する
相手スローインの時は、斜線のス
ペースを埋め、敵のボランチにサ
イドチェンジをさせない。

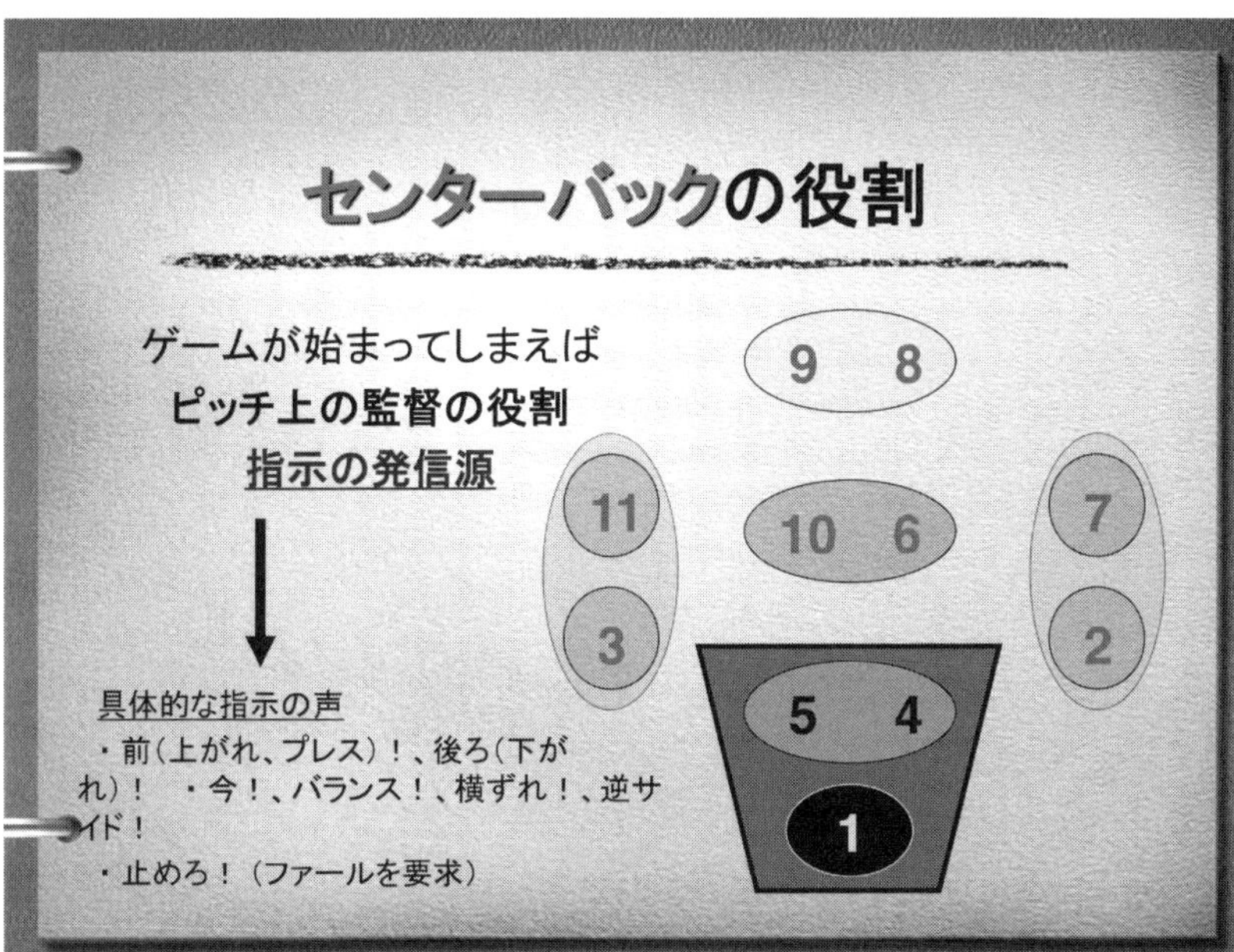
センターバックの役割
ゲームが始まってしまえば
ピッチ上の監督の役割
指示の発信源
具体的な指示の声
・前（上がれ、プレス）！、後ろ（下が
れ）！　・今！、バランス！、横ずれ！、逆サ
イド！
・止めろ！（ファールを要求）
9 8
11
10 6
7
3
2
5 4
1

センターバックの役割

MISSION 使命／任務 — ORGANIZATION 組織 (配置／コミュニケーション) → EXECUTION 実行／遂行

『使命は**組織化された仕組**があって遂行される』

↓

配置（良いポジション）／意思統一ためには**指示の声**が不可欠！
指示の声を出すのはセンターバックの重要な仕事

↓

ゴールキーパーとともに最後尾からボールと全体が見える！
サイドにボールがある場合は**サイドバック**もボスになる！

センターバックの守備のプレー

- 指示の声を出すことによって、攻撃中から次の守備に備えて、正しいポジションをとらせる、修正する。例えば、右SBが攻撃参加中は左SBを引かせ、CBと3人で全体的に右へずれる。また、自分もしくはもう1人のCBがパスカットなどで上がった場合は、両SBとともに3人で残る。
- フリーなスペース（相手が使用可能な、狙ってくる）を残さない。
（チャンネルサイド、タッチングディスタンス）

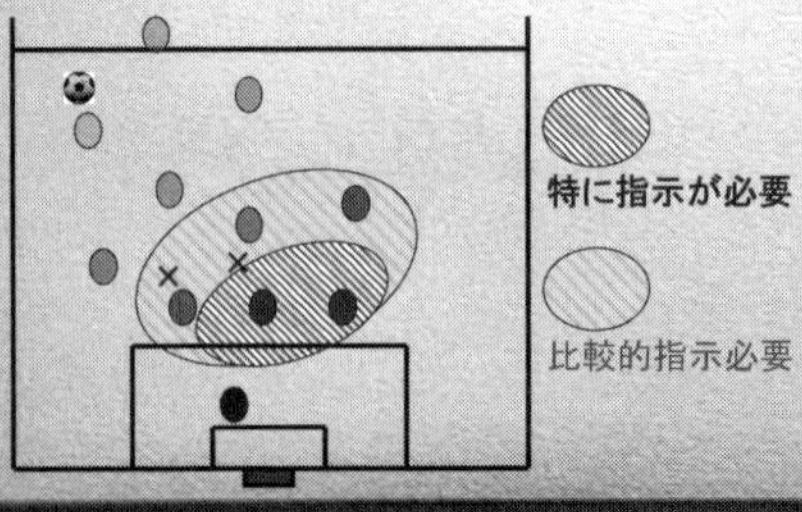

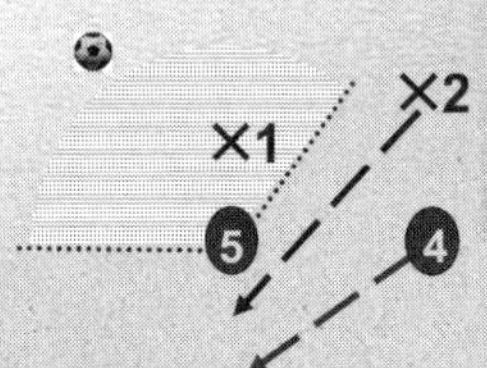

ボールを見た時の
視野に入っているX1だけに集中し、
X2は後方の選手に任せる。

センターバックの守備の任務（役割）

OUTSIDE THE BOX
1.MAINTAIN DEFENSIVE BALANCE
2.INDETIFY PLAYER TO BE MARKED
3.DEFENSE OF SPACE (BEHIND) ;
tracking / release, touching distance, boxing movement
4. DEFENSE OF POSSESSOR

IN THE BOX
5. FREE THE AREA
6. DEFENDING A CROSS
7. DEFENSE OF RISK ZONES

IN / OUT
8. ANTICIPATING SEQUENCES

＊by カルラス・ロマゴサ

センターバックの攻撃のプレー

図のように4人のBKラインが円弧の形をとればパスを素早く効果的に回せる。
お互いの距離感、一つ飛ばしたパスの活用がBKラインでのビルドアップの質を上げる。

パスの方向
① 攻撃の拠点へ素早くボールを運ぶ。
② W-MFへのパスもCBからSBを介さずに直接出せればベター。
③ 低いボールで足下へ。
④ ボランチ越えのボールで、落とし（跳ね返り）のボールをMFが狙えるように。
⑤ 完全に受け手がフリーな時、またはワンタッチでさばける所がある場合。

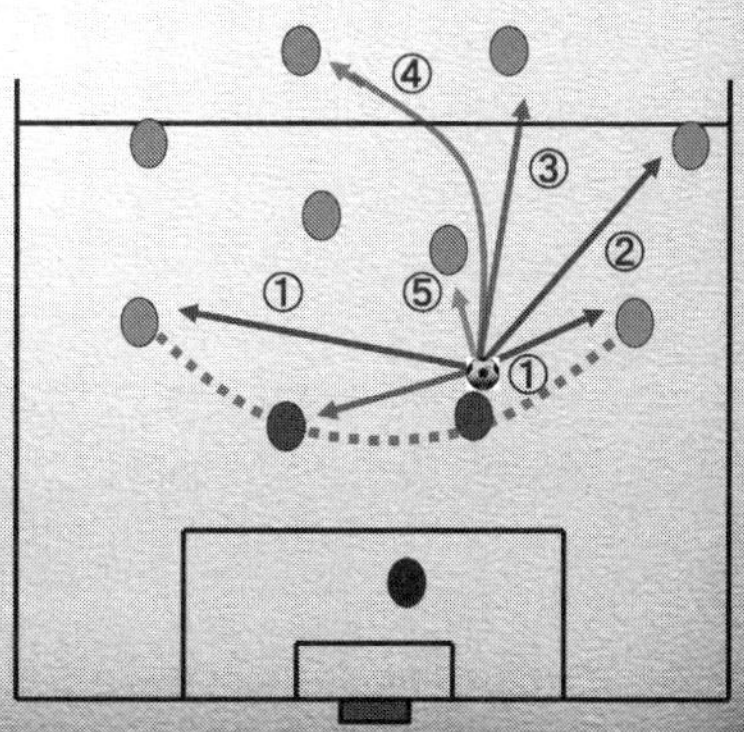

攻撃に関するプレー
・ドリブルは基本的に使わない。
パスがプレーの80%
（ビルドアップで2v1を作る場合以外、ただしトップスピードは避ける）
・セットプレー時は得点源として積極的にシュートを狙う！

ゴールキーパーの役割

- チーム全体が最も見渡せる選手
  └→ 指示の声を出すことは重要な任務
- CBが出す指示の声は全てGKから出ても当然の声である。
- GKはシュートを止めることよりもシュートを打たせないようにすることの方が大切！指示することによりフィールドプレーヤーに良いポジションを取らせ、危険を未然に防ぐ。さらに自分自身もBKラインの位置によってなるべくアグレッシブなポジションを取り、リベロとしての役割を担うことが要求される。ビルドアップにタイミング良く参加し、効果的なサイドチェンジに貢献することも要求されてきている。
- FWとの1v1では簡単に倒れない。FWの（キック）フェイントに動じないこと。さらにエリア外でのハンドや（エリア内も含めて）反則行為は避け、極力退場にならないようにする。

各ラインの Organized DF時の役割

ボールを中心としたゾーンディフェンス ： コンパクトな守備陣形

ポジションが決まる要因

①ボールの位置 ②味方の位置 ③敵の位置

ブロックでの守備 ／ 配置、任務、役割を理解することが重要

第1線 (FW) ：パスコースの限定（外へパスさせる）
ボランチへのパスコースを閉じる、サンドイッチ

第2線 (MF) ：背後の敵へのパスコースを閉じる、サンドイッチ

第3線 (DF) ：人をチェック
長いパス・浮き球のパス・横断パスを狙う
コミュニケーションの発信地 （指示の声）

＊ブロックの高さ、サイドでのプレスのスタート、追い込み方

守備のCK/FK時の役割

- MARKING MEN
- BLOCKING PLAYER:
- NEAR POST:ショートコーナーへの対応、2次攻撃時のポジショニング（BLOCKING PLAYERが引き出されたときのカバーや最も危険なエリアのカバー）&シュートブロック
- セカンドライン:
- かけひきのプレーヤー:勝っている時(1v2)，負けている時(2v2)

個人を高めることの必要性

組織としてのチームパフォーマンスを上げるために個人で高める必要のあるプレー

〈守備のプレー〉　〈攻撃のプレー〉
予測する、切り替える、判断する　パス（ロング、ミドル、ショート）
インターセプト　ドリブル
プレッシング、カバーリング　シュート（足／頭）
クリアリング（足／頭）　マークを外す動き（どこで、どのタイミ　ボール奪取能
力:タックル、球際の強さ　ングでもらうか？　ファールで止める（必要時）
スペースを創る動き&使う動き
1v1及び1v2の守備

個人の強さ

「判断の速さ」・「きりかえの速さ」・「球際の強さ」

└→ これらがなければ、チーム戦術など何の役にも立たない。

個人の弱点までカバーする完璧な戦術など存在しない！

個人の強さ（競力:競争力）＋組織の強さ（規律／団結:戦術の存在、チームワーク）

└→ 戦術・チームワーク（団結心）

[第4章]

ゾーンディフェンス＋ゲーム戦術

組織的堅守に不可欠なゲーム戦術

これまで説明してきたゾーンディフェンスを実践のなかで機能させるとき、必ず必要になるのが、相手の個々の特徴を踏まえたうえで駆使すべきゲーム戦術である。試合前にあらかじめわかっている相手の情報や、試合中の相手の状況などを察知し、それに対応するために、それぞれの選手たちが最低限遵守しなくてはならない守備の決め事と言い換えてもいい。その細部を詰めずして組織的堅守の成立はあり得ない。

この章では、『ゾーンディフェンス+ゲーム戦術』というテーマに沿って、実際のゲーム分析を交えながら、実践で遂行すべき細かな守備戦術をお届けする。掲載するインタビューは2012年と2013年に行ったものの再録だが、ゾーンディフェンスにまさに命を吹き込むための、確実に押さえるべき守備の基本概念ばかりだ。

初出『フットボールサミット 第15回』(カンゼン社)掲載 2013年10月

ガンバ大阪攻略法

タレント軍団を止める「時間と空間」の奪い方

相手の時間と空間を奪う

「ガンバ大阪のスタイルですか? やはり、ボールを繋ぐサッカーですね。攻撃の原則どおり、誰かがスペースを作ってそのスペースを誰かが使うというイメージ。そういう相手に対してマンツーマンで守ろうとすると守備陣形を操作されて崩されてしまう。でも、ゾーンディフェンスがきっちりと決まれば相手がどう動こうと一切関係ありません。僕はヴィッセル神戸で指揮を執っているときにガンバには負けませんでした」

松田の言うゾーンディフェンスとは、人ではなく、ボールを中心に守備をする方法論を指している。守備者全員がまずボールを見て、次に味方の位置、最後に敵の位置を見ながら、適切な守備ポジションをとっていくのだ。だから、相手の動き出しに影響を受けにくく、守備陣形も崩れにくい。うまくはまると相手はゾーンの守備体系に圧力を感じ、守備ブロックの前を通す、横方向のパスばかりが増えていく。

松田が神戸を指揮したのは2006年の途中から2008年。当時のガンバは天皇杯やACLのタイトルを獲った全盛期にあったが、そのガンバに対して神戸はリーグ戦で4戦1勝3分と一度も負けなかった。そして選手は変われどもガンバのスタイルは当時から何も変わっていない。守備マスター、松田浩のガンバ攻略法に耳を傾けてみたい（※分析した試合は2013年シーズンのJ2を戦うガンバ大阪）。

「ガンバ大阪と対戦するときは、相手の時間と空間を奪うことが第一です。個々の質が高くてポゼッションの能力が高いので、相手のボールホルダー、特に遠藤に自由にアイデアを出させれば厄介なことになる。だから、相手のボールホルダーに対して90分間プレッシャーをかけ続け、パスを繋いでくるガンバに対して高い位置で奪ってカウンターという図式で対抗します」

――「相手の時間と空間を奪う」とはどういうことでしょう。

「遠藤はゾーンディフェンスのブロックの隙間にピンポイントのパスを出せますよね。スッとFWが走り出した先にスルーパスを出してGKと1対1を作り出せる。遠藤にプレッシャーをかけなければ、どれだけたくさんの守備者がいたとしてもFWとの二人だけの関係でやられてしまう。遠藤が顔を上げて、FWの動き出しを見るだけの時間と、パスを出すだけの空間を与えてしまっているわけだからそれを奪うということ。まあ遠藤の場合、ある程度のプレッシャーではプレッシャーと感じない可能性があるのでよりタイトにアプローチをして距離を詰める必要はあると思います。が、前方へのパスはできないと感じさせて、後方へのパスを探すとか、キープをし直すといったことになればこっちの勝ちです。

以前のガンバは4－2－2－2が多かったのですが、遠藤がトップ下の位置にいるときはプレッシャーをかけやすかった。こちらの4－4－2の4－4の間に入ってくるので守りやすいんです。でも、今は時代も変わってピルロのようにボランチの位置でゲームを作るのが流行りになっている。ボランチのエリアにしかスペースがなくなっているからですが、守る側からすればその選手をFW2枚とボランチで見ないといけないから、どうしてもプレッシャーが緩くなってしまう。川崎と対戦するときは中村憲剛がボランチに下りたときに嫌なイメージがありました。

その位置からシュートのようなパスをブロックの間に通されると防げないし、ガンバの場合は遠藤が矢のようなパスを出して、二川がピタリと止めて平然と捌けるのがすごいわけです。それで二川にブロックの間で受けられてしまったときに、慌ててガッとプレッシャーに行ったりするとフリックで2トップの一角につけられたりする（図38）。それに対抗するために中盤をよりコンパクトにして〝門を閉じようとする〟と今度はサイドが空くわけだから、能力のあるパサーはそのスペースを使いますよね。結局、4－4－2のゾーンディフェンスは、ワンタッチプレーのパーフェクトスキルにかかると守るのが困難になる場合がある」

――そのワンタッチプレーのパーフェクトスキルを発揮させないためにも、どう対応するのでしょうか。

「全体ができるだけコンパクトになる必要があります。あまりにも前からボールを奪いにいくと全体が間延びしてしまうので。たとえば、例としてわかりやすいので挙げますが、浦和や広島は自陣でボールを回しますよね。それで相手をおびき寄せて食いつかせる方法をとっている」

――GKも使って回しますからね。

図 38 ワンタッチのパーフェクトスキルでプレッシングを交わされる場合

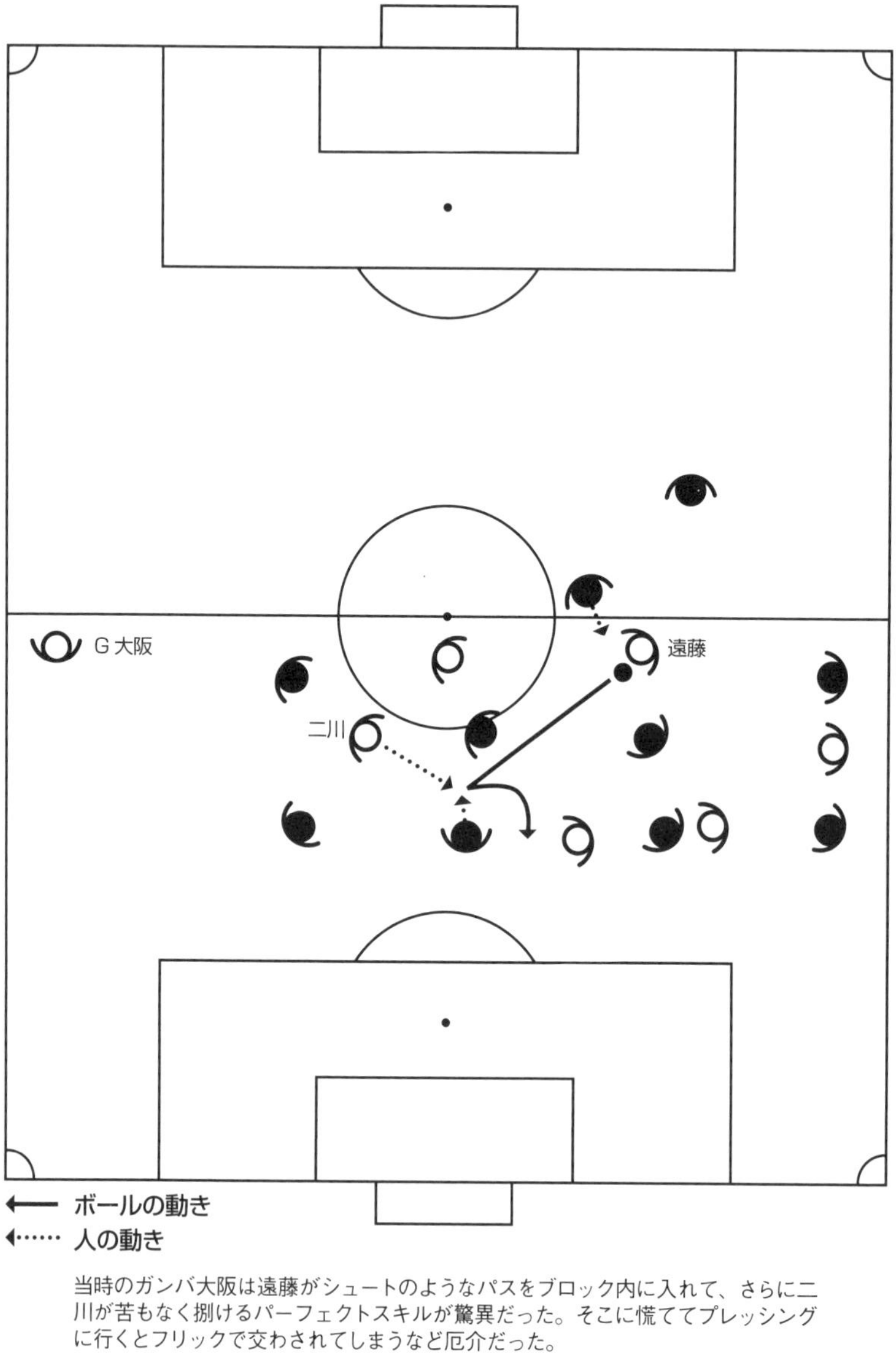

当時のガンバ大阪は遠藤がシュートのようなパスをブロック内に入れて、さらに二川が苦もなく捌けるパーフェクトスキルが驚異だった。そこに慌ててプレッシングに行くとフリックで交わされてしまうなど厄介だった。

「そうですね。こちらとしては3ラインを20から25メートルでコンパクトに保とうとするのですが、あまりにも前からボールを奪いに行ってしまうと最終ラインをハーフラインよりもかなり前まで上げないと全体がコンパクトではなくなります。でも、オフサイドラインはハーフラインより前には上げられないのだからそれは不可能なこと。そうすると、広島や浦和に対してふらふらと前線だけがボールを奪いにいってしまうと、相手陣内の広いスペースのなかで11対8（相手は全員が相手陣内に入っているが、こちらはGKとセンターバック二人は入っていけない状況）というような数的有利の状況をつくり出されてボールを回されてしまう」

——だからボールを奪いには行ってはいけないと。

「そうなんです。たとえば広島は相手を間延びさせたところで隙を突くように2シャドーの髙萩や森﨑にボールを入れてミキッチなどのウィングバックも駆け上がってきてカウンター。最後は佐藤寿人が仕上げるというパターン。同じようにガンバ相手にもあまりに前から奪いにいってもボールを獲れないですよ。うまいから。そしてガンバもそういう相手に対するカウンターがうまい」

規格外のタレントたちを止めるラインコントロール

——松田さんが栃木を指揮していたときの6月のガンバ戦もカウンターで決められました。

「うちのミスではあるけれど2センターバックしか残っていなくて、トン、トン、トンというワンタッチプレーなどを織り交ぜたカウンターでレアンドロに決められた。ああいうカウンターで仕留める力が確実にあるから、変に前からプレッシャーをかけてボールを奪おうとして墓穴を掘るよりも、しっかりブロックをつくって待ち構えるほうがボールを奪える可能性は高くなります。

それでもガンバはボールを繋いでくるし、そこは彼らのプライドなのかもしれないけれど、それならばボールを引っ掛けてカウンターという形へ持っていける。そのときは逆に相手がサイドバックも上がって2センターバックになっている。まあ、明神なんかが気を利かせて戻っていることがよくあるけれどカウンター時はスペースがあるから攻めやすい」

——ただ、しっかりとブロックを作って対抗するにも、松田さんはよく「リトリートではない」と言うじゃないですか。自分たちのラインも当然下がり過ぎてはいけない。

「下がり過ぎるとクロスを放り込まれたときの対応が困難になります。今のガンバならば……」

——ロチャですか。

「そういう大きな選手が相手にいると厄介ですよね。ラインが下がり過ぎれば点で合わせられて終わってしまう。昔のガンバで言えばマグロン。パワープレーを凌ぎ続けるのは厳しくなってくる。だから、ノーマルな全体のポジションは、センターサークルの接点で考えればいいんです」

——センターサークルの接点。

「センターサークルのちょうど頂点の辺りにＦＷのラインを敷いて、そこから全体を25メートルくらいの距離にしてブロックを築く（図39）。ここで守備の陣形を作るとボールを獲ったときに相手ゴールまで近い。ラインの間は10メートル前後ですね。逆に、この陣形のラインが高すぎると後ろのスペースを空けて、足が速

図39 守備ブロックのノーマルなポジションはセンターサークルの接点

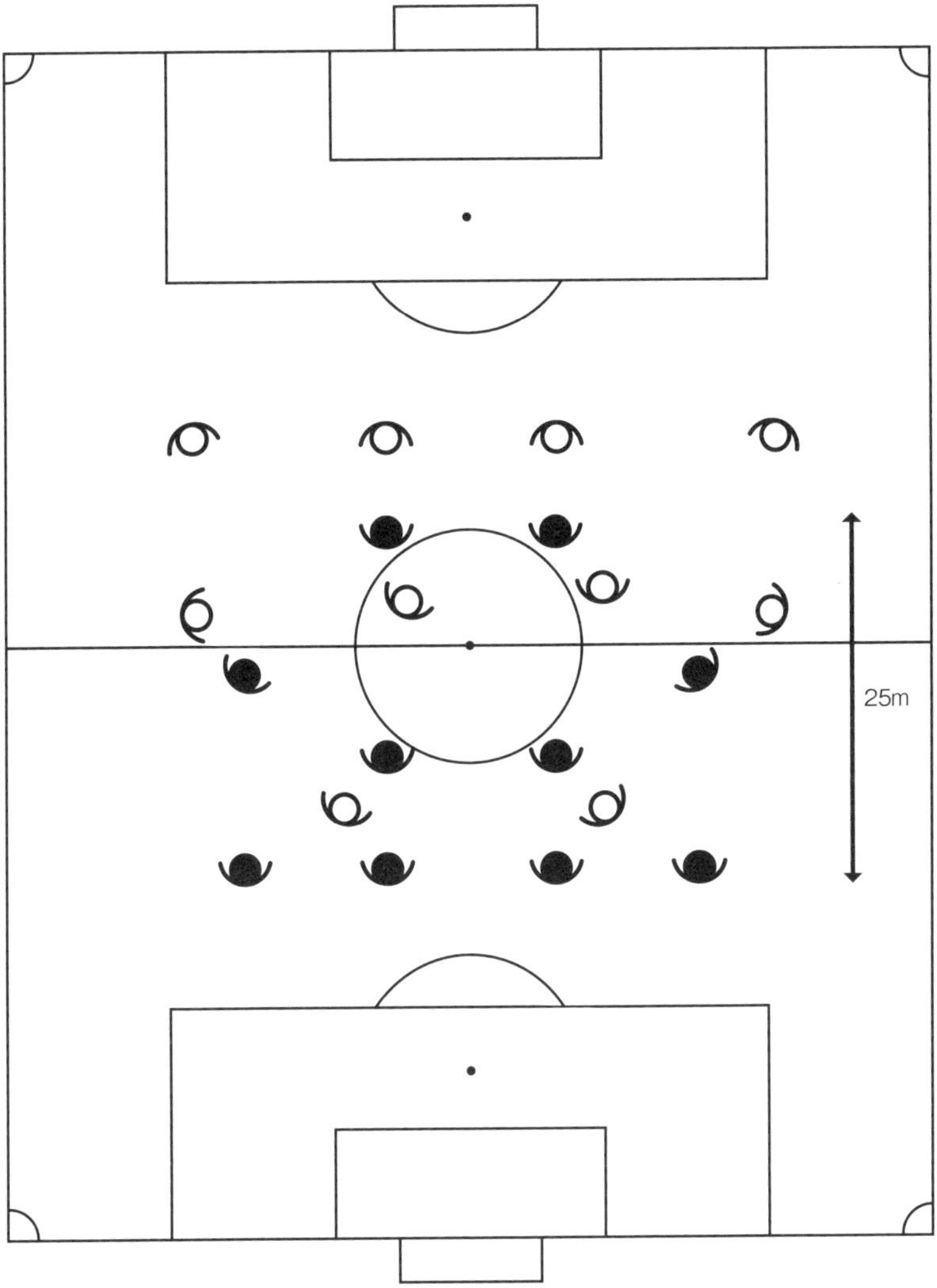

センターサークルの頂点あたりにＦＷのラインを敷いて、そこから全体を 25 メートルほどの距離でブロックを築く。ライン間は 10 メートル前後。

い選手にやられてしまう。それをケアするために相手がボールを蹴る瞬間にＤＦラインを下げなければいけなくて、全体が間延びして、空いた中盤のスペースをうまい相手に使われることがある。そこは相手との駆け引きで全体のポジションを考えないといけません」

――基本ベースの戦い方は今言われたとおりだと思うのですが、実際のゲーム戦術についても聞かせてください。

「その試合に限った戦略ですね。昔のガンバならばバレー対策はしました。バレーに対しては裏のスペースがあるとやられてしまうし、並走しても吹き飛ばされてＧＫと1対1の場面を作られてしまう。だからＤＦラインは少し下げ気味だったと思います。それでバレーが走るスペースをなくして、長いボールはすべてＧＫに届くようにしてしまう」

ドリブラーに対抗するための〝くっつくディフェンス〟

――宇佐美はどう対応するのでしょう。

「宇佐美を相手するのならば、やはり、ドリブルのスピードを一番に警戒しないといけない。そのためにはスペースを与えないことが第一です。スペースを与えてしまっても複数の人間でチャレンジ＆カバーの関係をつくって対応する。一人が縦を切ってドリブルのコースを限定し、味方がいる方向にやらせるとか。僕は『くっつくＤＦ』と言っているんだけど、とにかくディフェンダー陣がぐっと距離を近づけてくっついて中央を締めてゴールへの道を防ぐんです。このとき4人は並ばないで、一人が宇佐美にアプローチに行ったら、他3人は少し下がった位置で構えます（図40）」

――中央に締めてくっつけばサイドが空きます。このスペースは？

「そこは捨てます。サイドよりもまず中央を守ることを優先する。相手は2、3人が絡んでこじ開けてくるので。くっつくディフェンスをしていても実際にやられてしまって、最後にサイドバックがクリアするケースも結構多いんです。もちろん、ドリブルを仕掛けながらサイドへパスをスパンと出すことができる選手もいるけれど、そんなに簡単なことではありません。

それと、もし中央からサイドへ振られたときは、中央からサイドへボールが移動している間にまだ時間がありあます。外からの攻撃は嫌だけど中央を突破されるよりはいいと考えるんです」

――同じ位置で二川がボールを持った場合、当然対応は違ってきますよね。

「二川はドリブルよりもパスの可能性が高いけれど、そこは相手との駆け引きですね。宇佐美だってドリブルで勝負して無理そうならばだんだんパスを考えるようになりますよ。つまり、〝ボール周辺の雲行き〟が重要になってくる。相手ボールホルダーが誰なのか、どういう状況なのか、それらを頭に入れながら守備のポジションを瞬時に変えていくんです」

――ボール周辺の雲行き。守備者はボールホルダーを見ていればそれぞれのポジショニングやるべきことが自ずと決まる、ということですね。遠藤がボールを持っているときの雲行きは厄介そうですね。

「ええ。たとえば、ラモスがボールを持ったときが想像しやすいので例に挙げます。よく『ボールにプレッ

図40 ドリブラーに対する”くっつくディフェンス”

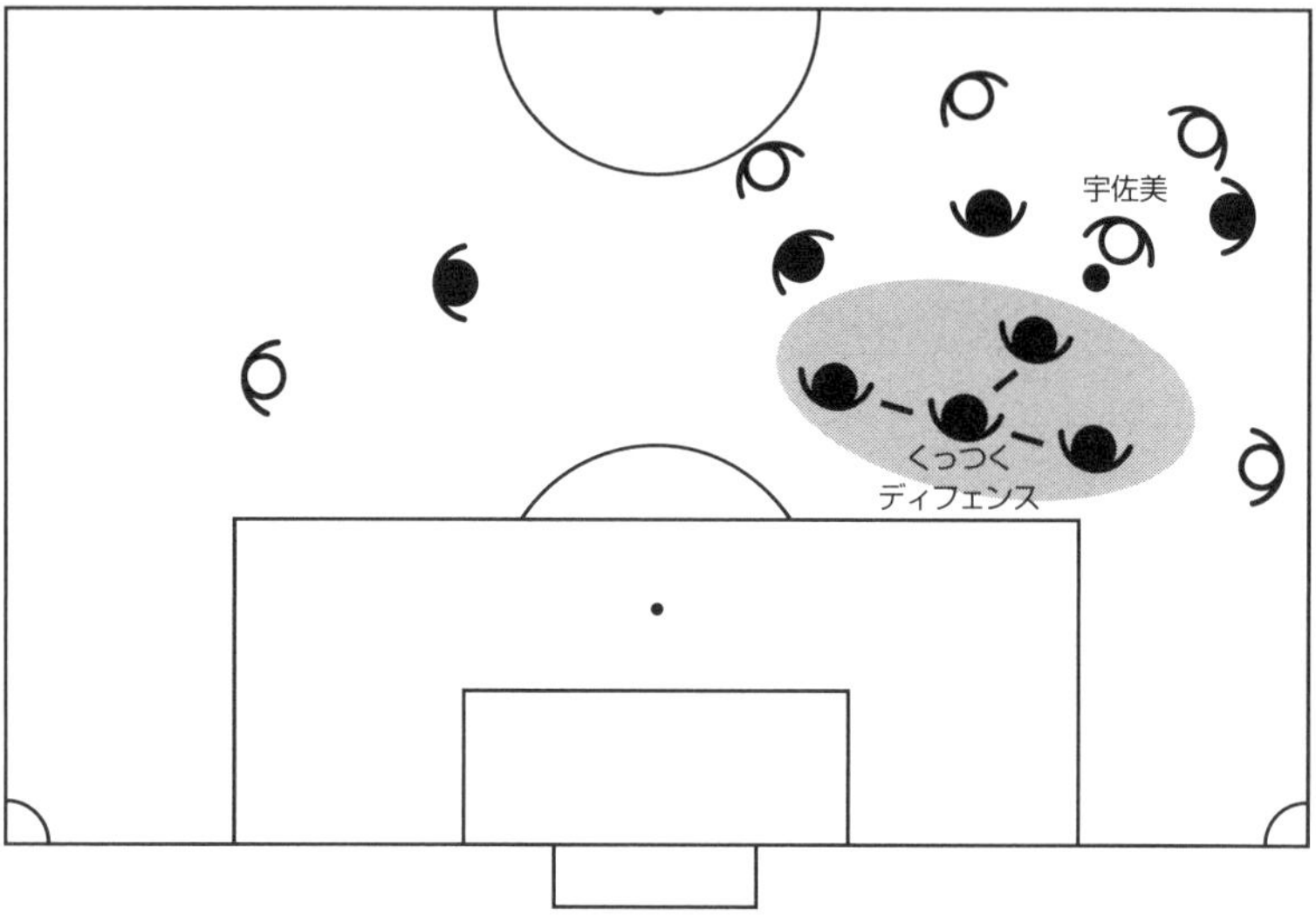

宇佐美のようなドリブラーにスペースを与えてしまった場合、まずディフェンダー同士がくっついてゴールへの道を防ぐ。この場合サイドのスペースが空くが、まず中央を守ることを優先し、サイドへボールが出された場合はボールが移動する間に素早くスライドする。

シャーがかかっているとき、いないときで、ラインの上げ下げが変わると言われることがあります。でもこういうケースがありました。ラモスは僕ら守備陣に対して背中を向けた状態で、ボールを胸で止めて浮かしたとき、守備者も後ろからバチッとアプローチに行っていた。だけど、そこからノールックでフワリとした浮き球を我々ＤＦラインの背後へ落として、そこに武田が走り込むようなケースがあったんですよ。

ボールホルダーにプレッシャーがかかっていても、ラインを上げてはいけないケースがある。浮き球の場合、後ろを向いていてもＤＦラインとＧＫの間に柔らかく落とすようなボールを蹴ることができる。だから、その瞬間はラインを下げて、走り込んでくる選手に絶対についていかないといけない。ヘディングを使っても同様のパスが送られてくるので注意しなければならないんです」

――ボールが浮いているか下にあるかで対応が変わってくる。

「ボールホルダーのボール周辺の雲行きを感じられるかどうか。『くるぞ！』という感じで。遠藤もそれに似たようなことをやる選手だと思うんですよ。遠藤が背中を向けていても、処理するのが浮き球だとしたら、ボールが蹴られる瞬間に宇佐美が走っているのが見えたら素早くラインを下げないといけない」

オフサイドトラップは死語。ガンバ相手にボールを保持するには？

――つまり、遠藤に素早くプレッシャーをかけた、ボールは下にある、背中を向けた、その状況でようやくラインを上げられると。

「そうですね。僕はオフサイドトラップは死語だと思っています。ボールが前へ蹴られるときにラインを上げるのが、オフサイドトラップ。しかし、二列目から飛び出されれば簡単に破られてしまう。僕が言っているラインを上げるタイミングは相手から前方へボールが出ないとき。そしてラインを上げる目的は全体をコンパクトにすることにある。それで相手のＦＷをオフサイドポジションにしてしまえば、そのＦＷはブロックから外れて死んだ状態になるのだから、こっちに数的優位ができるわけです（図41）」

――なるほど。守備で主導権を握る方法はわかりましたが、ガンバに90分間通してあまりにもボールを繋がれると、守備側はどうしても消耗しますよね。松田さんもよくおっしゃりますが、なるべく守備の時間を少なくすることも必要だと。

「そうですね。だから当然ですが、自分たちのチーム力もあげないとガンバに対しては難しくなるでしょうね。ブロックを築くだけでは難しい。守備の時間をなるべく短くするためにポゼッションする。その意味で、僕が栃木を指揮していたときにプレシーズンマッチで対戦した川崎フロンターレ戦は良かった。川崎は４－３－３でウイングの大久保とレナトは守備に戻ってこない。ここはどうするの？　という空いたスペースがあり（図42）、栃木のサイドバックにもマークがつかないから、Ｊ１相手にボールを失わずに繋げたんです。それで守備の時間を減らして疲労を抑えながら２ゴールを奪えた。逆に川崎は疲弊していました」

――つまり、ガンバに対してもボールを繋ぐ時間を増やしたいわけですが、今季のガンバは４－４－２がベースで守備のバランスの良さはありますよね。長谷川健太監督も守備の規律をチームに植え付けようとしています。

図 41 ラインを上げるタイミングは相手から前方にボールが出ないとき

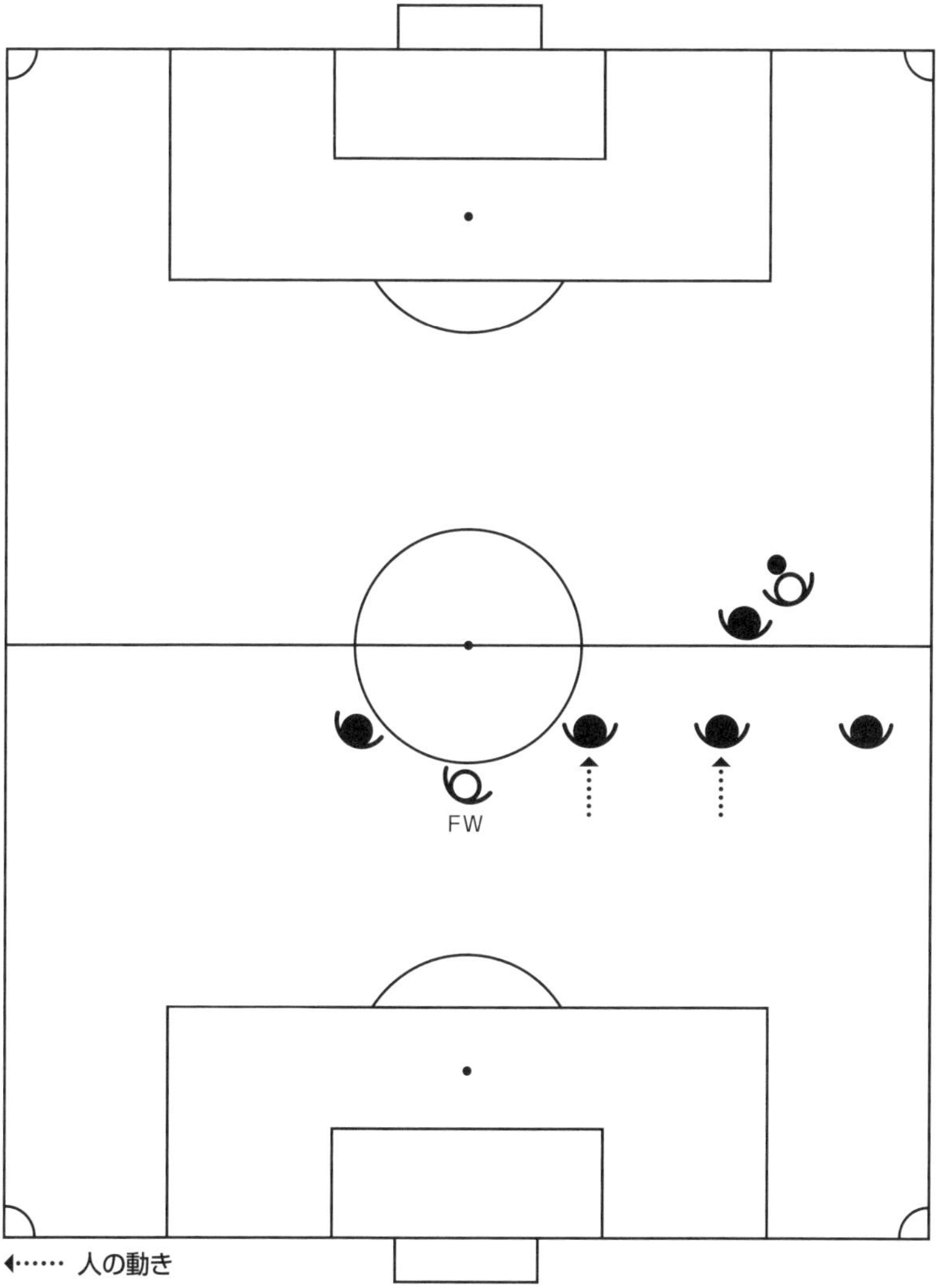

相手ボールホルダーから前方にボールが出ないタイミングがあれば、すかさずラインを上げることで全体のコンパクトさを保つことができる。その後の状況でブロックから外れた相手FWにパスが出てもオフサイドだ。

図 42 4－3－3の守備時にどうしても空いてしまうスペース

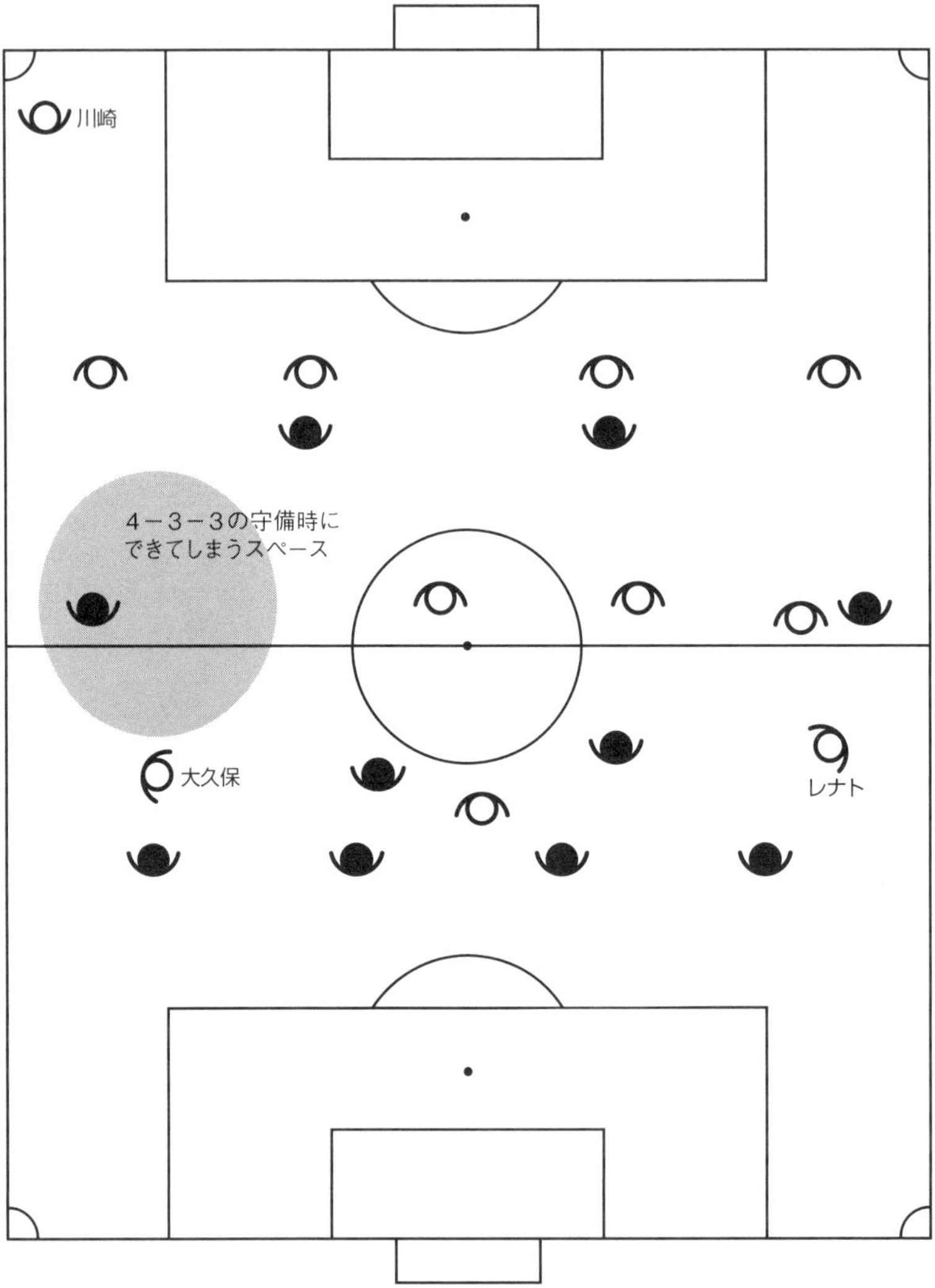

当時の川崎は4－3－3を駆使するなかで、両ウィングの大久保とレナトの守備意識が希薄だったため、図のように中盤に空いてしまうスペースがあった。また、栃木のサイドバックにもマークがつかないので自由にボールを回すことができた。

「穴がないなという印象はありますよね。今年6月に栃木を率いて対戦したときは、ボランチをDFラインに下げて2枚のセンターバックと3人で、まずは相手のFWをやっつけろと指示したのですが全然できませんでした。GKを使えば4対2になるから必ず回せるはずだったのですが。最初に失点して相手を怖がってしまったのか。あの試合は大黒柱で主将のパウリーニョがいなかったのは相当痛かったですけども。

ただ、ガンバが4－4－2で全体のバランスがいいと言ってもマンツーマンなので、こちらが相手を動かすことはできます。ボールを失わずにポゼッションをしながら、ガンバが前からバラバラにボールを取りにきたときに隙間を突いていく。やはりガンバは勝たないといけないから、ずっと引いたままではいられないし、ボールを取りにこないといけない。それを利用しようとしたんです。と同時に、ガンバは自分たちでボールを持っているときにいつまでも回しているわけにはいかないのでやがて前がかりに攻めてくる。そのときに奪ってカウンターを発動すれば勝機は増えるはずです」

――最後に今後のガンバについて一言お願いします。

「遠藤の存在が大きくて『脱遠藤』のようなことが言われますが、彼はまだまだやれるでしょう。それに若いタレントも出てきている。攻撃力は十分なのだから、あとはタレントを揃えたチームがいかに守備のときに守備のことをちゃんとできるか。その点、今年はJ2なので比較の対象にならないけれど、守備がある程度うまくいっているのだとしたらメンタリティが改善されているのだと思います。それをそのままJ1でも遂行することが大切ではないでしょうか。

モダンフットボールに攻撃だけ、守備だけ、というのはあり得ません。ボールを失わなければ守備をしなくてもいいという考え方もわかるけれど、１００％ボールを失わないということはあり得ず、必ず守備の機会はあるのだから、守備の方法論を持っておくことは重要です。山口智が抜けた穴ですか？　そこまでは細かく見ていないけれど、センターバックが重要であることは間違いないですね。個人的に今野はボランチの選手だと思いますが」

初出『フットボールサミット 第17回』（カンゼン社）掲載 2013年12月

セレッソ大阪 最少失点の要因

鍵となるリトリートを読み解く

トップも下がって守備をするリトリートの意識

今季、堅い守備をベースに上位に躍進するセレッソ大阪。戦いぶりを見るとどの試合も非常に高い守備意識を感じさせる。かつてヴィッセル神戸や栃木SCを歴任し、ゾーンディフェンスの使い手でもある守備マスター、松田浩はどう見るのか。分析を依頼した（※分析をしたのは2013年シーズンのJ1を戦うセレッソ大阪）。

「セレッソは4－4－2をベースに、敵の攻撃隊形によってはサイドハーフも最終ラインに下がって6－2－2の形も辞さないなど、最終的には自陣のゴール前のスペースを消し、守備を固める方法も採用しています。もちろん、引いた相手に対して細かいパスワークで崩していく質の高い攻撃力も備えていますが、逆に攻め込まれた場合、柿谷やエジノら2トップも自陣に下がってきてリトリートの守備にも貢献する。チーム全体の守備の意識は相当高いと感じました。そういう守備をしていれば失点は少なくなりますが、一方でゴールも奪いづらくなる。ゴールの可能性が高まるのはカウンターがうまくはまったときか、相手の守備が緩くなる後半に2トップがスピードを生かして崩したときですね。そういう意味で今のセレッソは考えようによってはシステムは異なるけれど5－4－1で守る広島に似ているんです」

――今季のセレッソは（レヴィー）クルピ監督がシーズン当初から指揮を執っています。今季は昨季よりも失点数が半減しているのですが、守備を重視しているということでしょうか。

「僕はクルピさんにそういうイメージはないし、攻撃的なサッカーを展開しながら若手をうまく起用して育てるモチベータータイプだと思っていました。それが今季のセレッソは今までと違ってカウンターの鋭さに強みがある。やはり柿谷がトップにいるのは大きいと感じますね。ボールを奪った瞬間にスパッと柿谷にボールが入るようなダイレクトプレーでゴールを陥れる。守から攻への切り替えの速さがあります。山口も二列目から飛び出していく力があるし、両サイドバックの酒本や丸橋らのクロスは武器なんだろうなと思います。

それと攻から守への切り替えもいい。奪われた瞬間に奪いにいく速さがある。今までのセレッソからするとかなり速い。これはバルサの影響があるのかなと。バルサのパスワークは当然ですが、むしろボールを奪われたあとのプレッシングの速さが注目されたでしょう？　それがJリーグのトレンドになっているのかなと。今や、華麗なパスワークと、ボールが奪われたあとの素早いプレッシングがセットになっている。

それと、相手がビルドアップするとき、守備ブロックの頂点の位置はまずハーフウェイラインを越えた辺りに敷いている。そこでボランチの山口が奪いにいって、連動してシンプリシオも奪いにいく。まあこの辺りでは必ずボールを奪えるとはかぎらないので、相手にうまく回されてプレスを回避されると、迷わずにリトリートしている。最初からリトリートするわけではなくて、奪えなかったら、うまく相手を引き込むなどのチームとしての判断があるということですね」

――その辺りの使い分けはあると。

「そうですね。それと、柿谷が一度追って、相手にパスを出されたときにもう一度追う、そんな二度追いの守備もしっかりやっている。これは柿谷に限らず、酒本なども相手サイドハーフにアプローチをかけ簡単に叩かれた時に、そのパスの距離が短ければ方向を変えてもう一度プレッシャーに行く。そう言う二度追いの守備をすることでボールホルダーにプレッシャーをかけ続け、ミスを誘い、ボールを回収していくシーンがよく見られる。つまり、局面での個人の頑張りがあるということ。それがチームの守備の連続性に繋がっている。ゾーンディフェンス的というよりは、ボールホルダーとその周辺の人に対して、マンツーマン気味に圧力をかけていく守備を徹底している」

――以前のセレッソのイメージとはかなり違うように思いますが、それこそ松田さんが栃木を率いていた2009年当時にセレッソと対戦しています。あのときは香川や乾もいたわけですが。

「あのときのセレッソは3バックで、チームが攻め倒すというイメージも持っていましたね。あまり守備をしなくてもポゼッション率が高いので、ボールを握ることが最大の防御だった。あの頃よりも、今は堅守速攻向きのタレントが揃っているという印象です。今季はロースコアの試合が多いのではないでしょうか。おそらく相手が攻めて来るチームの方が戦いやすいはず。逆にＪ1でいえば鳥栖など同じような狙いがあるチームには戦いにくさがあるのではないですかね」

ゾーンディフェンスのススメ

――リトリートの守備ということでセレッソの失点数は少ないわけですが、逆に、引いて守るマンツーマン守備には弊害も生まれます。

「そうですね。僕が見た映像は24節川崎フロンターレ戦だったのですが、その試合では相手の突破力のある登里対策だったのか、4－4－2の右サイドハーフで山口が出ていました。山口は守備のときに相手のサイドバックを見るように下がってきて、最終ラインで5枚、あるいは逆サイドのサイドハーフも下がれば6枚で最終ラインのサイドのスペースを埋めていた。その場合は6－2－2のような形になっていて、自ずと自分たちのボランチの横のスペースを空けてしまうんです（図43）。結局、そこのスペースに相手に侵入されたときに、トップの柿谷らが下がって対応することもあるのだけど、よく頑張るなあという印象です。あれだけの守備をしてよく攻撃する力も残っているなと感心します。守備の意識は相当高いと思いますね。ただ、そうやって前線の選手が下がって対応するのが無理な場合、やむなくサイドハーフの山口が最終ラインからボールを奪うために出て行くわけです。そのときに相手に1対2を作られてしまって、ボールに食いついたところをポンとサイドへ出されて、結局クロスを上げられてしまうシーンもありました」

図43 4−4−2のサイドハーフが最終ラインに下がった6−2−2が空けるスペース

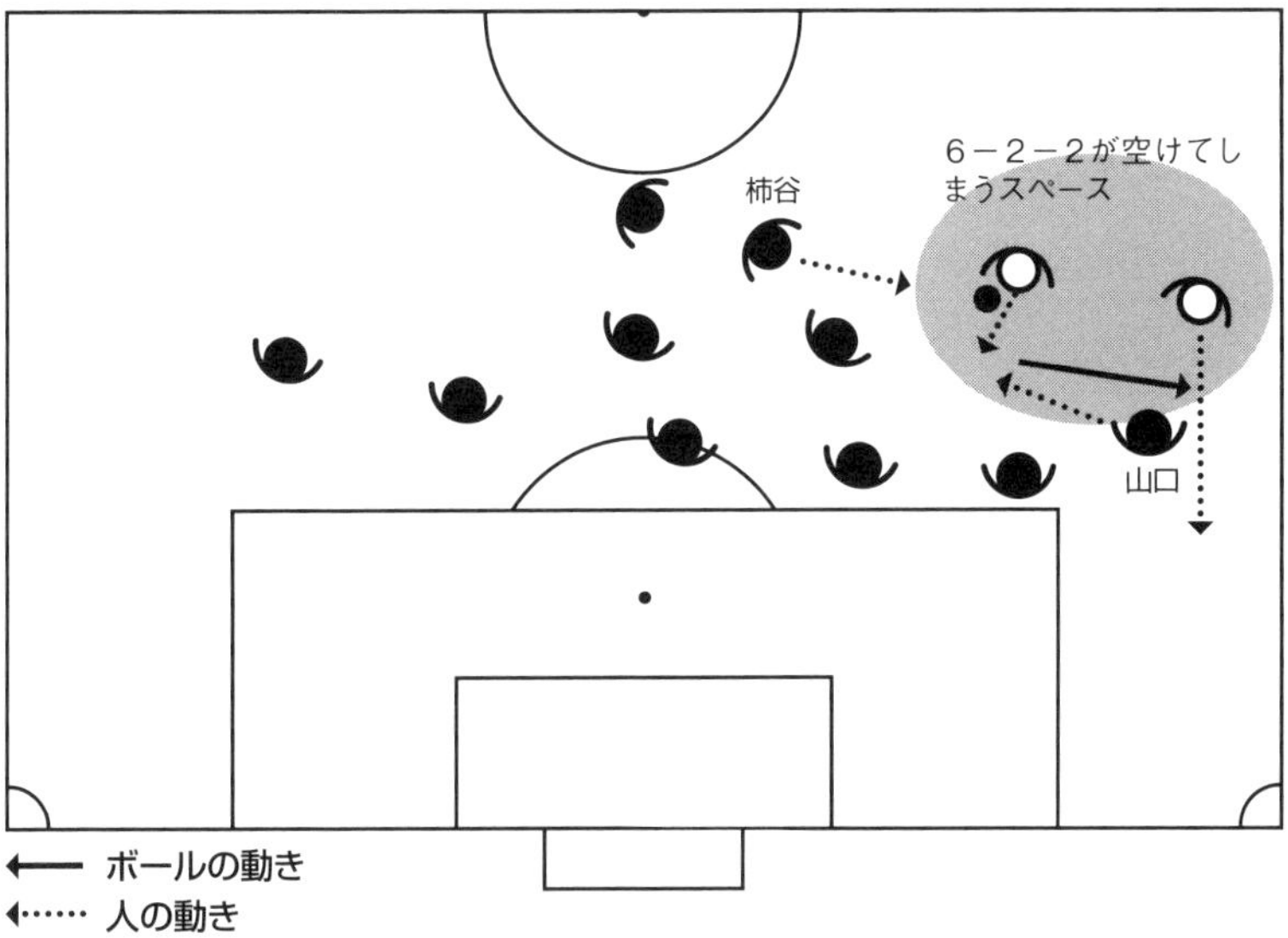

6−2−2になると自ずとボランチの両脇のスペースが空いてしまう。そのスペースに相手に侵入されたとき、当時のC大阪はトップの柿谷らが下がって対応していたが、対応が遅れる場合は最終ラインから一人が出てアプローチをかけていた。が、それでボールに食いついた瞬間にサイドを使われてクロスを上げられるシーンもあった。

──結局、最終ラインのサイドを埋めたとしてもマンツーマンの守備法では相手に守備陣形を動かされて引き出されてしまうと。

「そうですね。攻撃の話として以前、『ボールも動く、人も動く』とよく言ったものですが、マンツーマンの守備は、攻撃側が自由に操作できるということ。これがゾーンディフェンスであれば、その守備法は『人』に対してではなく『ボール』に対して守備陣形を組むので、相手がどれだけ動こうと守備陣形は崩されません。守備ブロックの間を相手がうろうろと動き回るだけでほぼ影響を受けないんです」

──たとえば、さきほどお話に挙がったように、サイドハーフが相手のウィングバックを見るように最終ラインまで下がって6バックのようになり、中盤が2枚となって、相手に中盤のサイドを支配される懸念があると。この点は今季のセレッソも夏頃に修正を図ろうとしていたようですが、このときの打ち手はどう考えればいいのでしょう。

「うーん、試行錯誤をしてゾーンディフェンスに行き着いた僕からすると、そこはマンツーマンの限界のように感じますね。相手のウィングバックに最終ラインまでついていくとなると、サイドハーフは前への距離が長すぎてもう攻撃に行けませんよ。ただ、打ち手という意味で一つ挙げるのならば、後ろが6枚になってしまう4－4－2ではなく、3－4－3で両ウィングバックを下げて後ろを5枚で守ったほうが効率は良くなります（図44）。もちろん、それでも両ウィングバックには攻撃に切り替わったときに頑張ってほしいところはありますが、相手のウィングバックを見るために引いてしまって攻撃に行けなくても、3－4－3であれば4－4－2よりも攻撃に1枚多く選手を配置できるわけですから」

図44 6バックの4−4−2よりも5バックになる3−4−3のほうが効率は良い

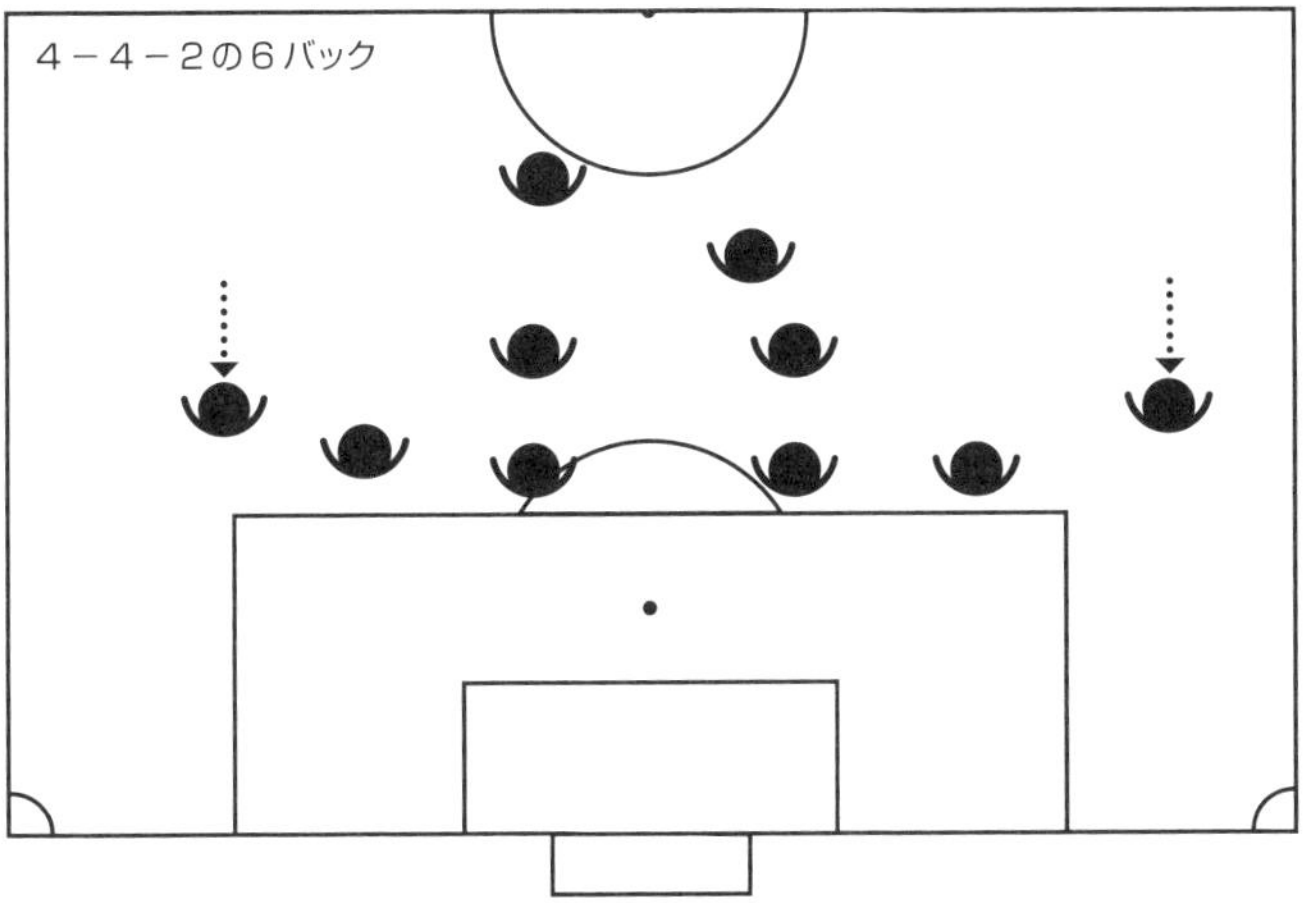

4−4−2から両サイドハーフが下がって6バックを形成して後ろに重たくなるくらいなら、3−4−3の両ウィングバックを下げて5バックで守ったほうが、攻撃に1枚多く配置できるのだから効率はよい。

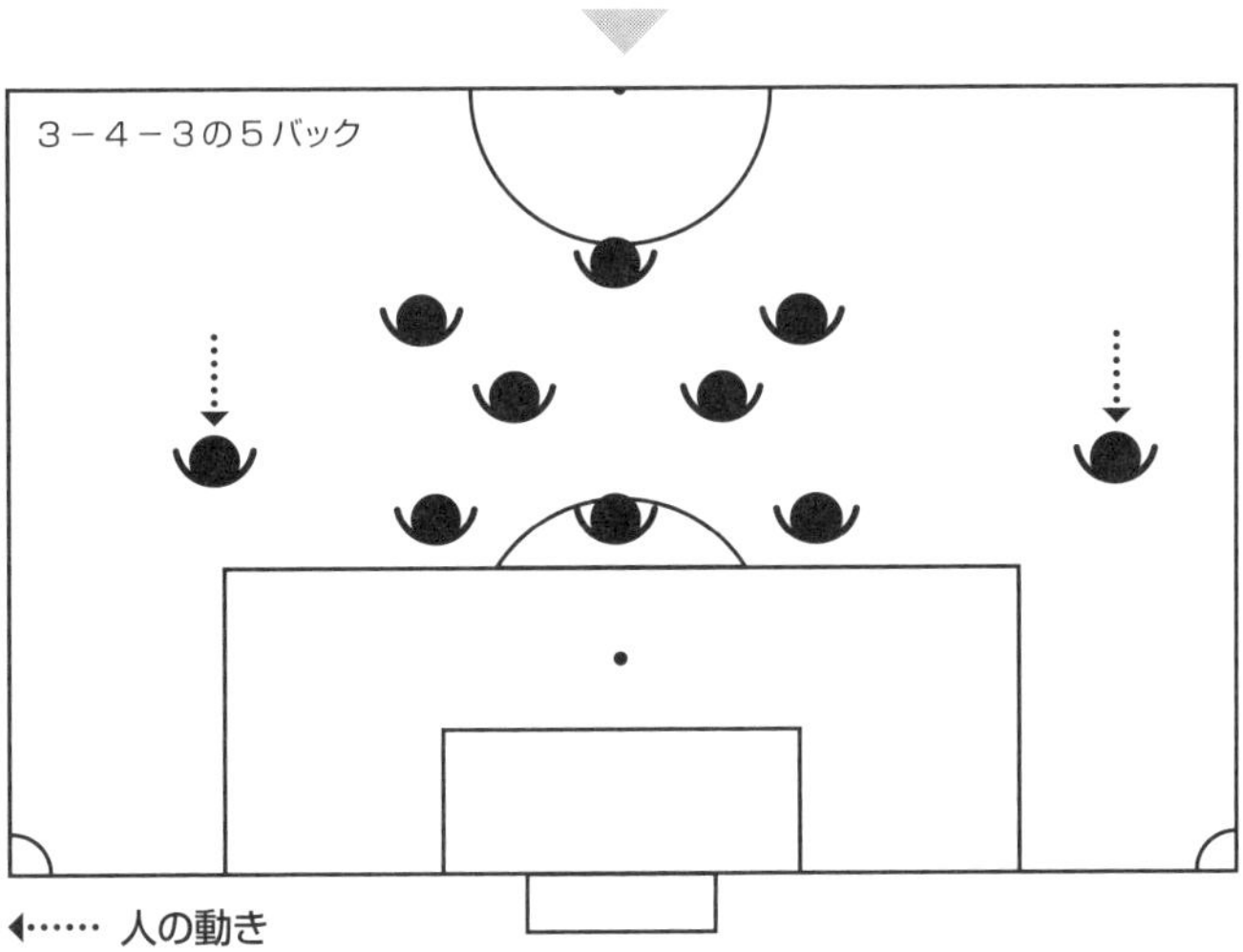

――なるほど。これは守備の選手の心理としてよく聞く話なのですが、相手のウィングバックに両サイドが押し込まれてしまったときに、守備側は「何とか最終ラインを上げて相手に中盤を支配させたくない」と考えるものですが、これはなかなか難しいようですね。

「たとえば、相手が3－4－3のチームで、1トップ2シャドーが前線にいるのならば、守る側は相手の前線3枚に対して1枚多く余らせて、4対3で守るというのがマンツーマンの基本です。相手がさらに両ウィングバックを上げてくれば前線は5枚になる。この5枚に対して守備は6枚で守るのがマンツーマンだから、どうしても『お前、戻ってこいよ』ということになるから、結果、押し上げられないんです」

――マンツーマンで守る以上、そうなるのは必然だと。

「そうですね。だからこそ、もう一方のゾーンディフェンスという守備法があるんです。ただし、そのゾーンディフェンスで問題がないと理解できないかぎり、相手ウィングバックの攻め上がりに対処するサイドバックはまったく安心できないし、指導者にもその考え方がなければ指導も説得もできません」

3－4－3が復活してきたのは選手が4バックができないから

――クルピ監督はどうなんでしょうか？

「マンツーマン的にやったのは川崎戦限定の守備戦略だったのかもしれません。もしくはゾーンディフェンスは一切志向しないか、あるいは、選手がこなすのは難しいと思っている可能性もあります。たとえば、最近セリエAなどでは3-4-3が復活してきましたが、これは『選手が4バックができない』というのが理由の一つだという声を聞いたりします。Jリーグのチームでも、個の能力の足りない部分を5バックという数でカバーする、そういう理由で3-4-3を採用しているという考え方もあるようです。4バックができない、組めないというのはゾーンディフェンスの機能が働いていないから。指導者が選手たちに教え込むのが難しい、この理論はどこかで破たんする、などと少しでも頭によぎれば、リスクは冒さずに単純に人を返して、つまりマンツーマンの5人で最終ラインを埋めれば安心だとなるんです。僕自身がゾーンディフェンスを志向できるのは、一度コーチとしてバクスターの傍らで薫陶を受けたあと、現役に復帰して自らが体感できたことが大きい」

——では逆に、リトリートしてスペースを埋めて守るセレッソの守備に対する攻略法はどうなるでしょうか?

「攻め急がないことです。相手の嫌気が差すくらいつなぎ倒したり、ミドルを打ったり、それで相手が出てきたところで2対1を作って攻略する。セレッソよりも格下とされるチームはそうすればいいんです。最終的にセレッソは勝たなければいけないから、ずっと引き籠っているわけにはいかない。一方、セレッソよりも格上とされるチームは難しいかもしれない。パスを回しているだけでは得点できないし、勝たないといけないから、セレッソがしっかり守っているところに無理にでも勝負のパスを入れざるを得ない。相手が6-2-2的にリトリートしているとすれば、最終ラインの一つ前に空いたワイドのスペースからゴール前の高くて強い選手目がけてクロスをドンピシャで合わせるなど、パワープレーっぽくゴールを狙うことも一つの策。バルサのように狭いところをテンポの良いパスで突破していく必要もある。いずれにしても、勝つためには攻めなければならない状況が生まれるわけです。ただ、そこで相手に引っ掛けてボールを奪われたときにカウンターという局面が生まれるのだから、柿谷や2トップの一角に対するケアはものすごく大事。そこで集中を切らさないこと。やはり、柿谷の動き出しは、初速の速さ、タイミング、駆け引き、いずれも日本でトップクラスですよ。セレッソにボールを奪われた瞬間はこちらの守備組織も脆弱だし、ディフェンダーも対応する時間がないので相手の速いカウンターに対する判断を誤ることがある。それにカウンターに対する守備は練習ではできても、試合ではできないことが多いんです。試合では練習のときほど冷静でいられないし、自分たちの攻撃中の準備ができていないことが多い。練習では2対2でもゴールは奪われないのに、試合では一瞬でもパニックに陥ると4対2の数的優位な状況ですらやられてしまうことがあります。

やはり、セレッソが志向するリトリートの守備はサッカーでは強いんです。鳥栖がJ1に昇格した1年目に志向して成功したでしょう？　もちろん両チームともに、攻撃時はしっかりポゼッションもできるので90分間、守備一辺倒にならないことが守備時の集中力の持続に寄与していますが。一方、リトリートを打ち崩そうとする相手もしっかり意思統一できずに、突破しようとしたり、クロスを上げようとしたり、シュートを狙ったりして、一人ひとりが異なったアイデアでバラバラに攻撃すると、各々の攻撃の狙い（ベクトル）が合致せずに攻撃力が分散し、コレクティブな崩しにならない。だから、そういう相手に対しては、僕らは「ポイント、ポケット、D」などと呼んでいるのだけれど、相手が5バックでも6バックでも必ず隙として生まれるところを意思統一して、安定したポゼッションをベースにしながら丹念につく根気強さが必要になってくるんです。そういう丹念な攻撃を繰り返すチームがもっと増えれば、セレッソの失点数も増えるかもしれません」

リトリートした相手に有効なポイント、ポケット、D

――そのポイント、ポケット、Dとは?

「たとえば、相手の3バックが中央に待ち構えているときに無理矢理クロスを入れても跳ね返されるだけです。昔、川崎フロンターレの箕輪、寺田、伊藤ら3選手が『川崎山脈』と呼ばれた時代があったのですが、本当に高くて強かった。ポイントポケットDとは、僕が福岡を率いていたときに川崎山脈の攻略法として試した手法なんです。両サイドでアタッキングサードに入ったあたりにボールがあるとして、ペナルティエリアの角辺りをポイント(図45－①)、ペナルティアーク辺りをD(図45－②)、ゴールエリアとペナルティエリアの間でゴールライン際の深い位置をポケット(図45－③)と呼んで、フォワードがいったんそこでパスを受ける。相手ディフェンダーはペナルティエリア内ではファールできないので、このポイントやポケットでフォワードがかなり攻撃の起点になれる。相手も放ってはおけないのでマークに誘い出せば、相手の守備陣形を少しバラけさせることができる。これはバスケットボールのハイポスト、ローポストといった起点を拠りどころにして強固なゾーンディフェンス(バスケットボールの場合はほぼ毎回リトリート)を崩していく手法にヒントを得たものですが、ゴールには直結しないがペナルティエリアの危険な場所を攻撃の起点として活用することにより、

図45 リトリートした相手に対して有効なポイント、ポケット、D

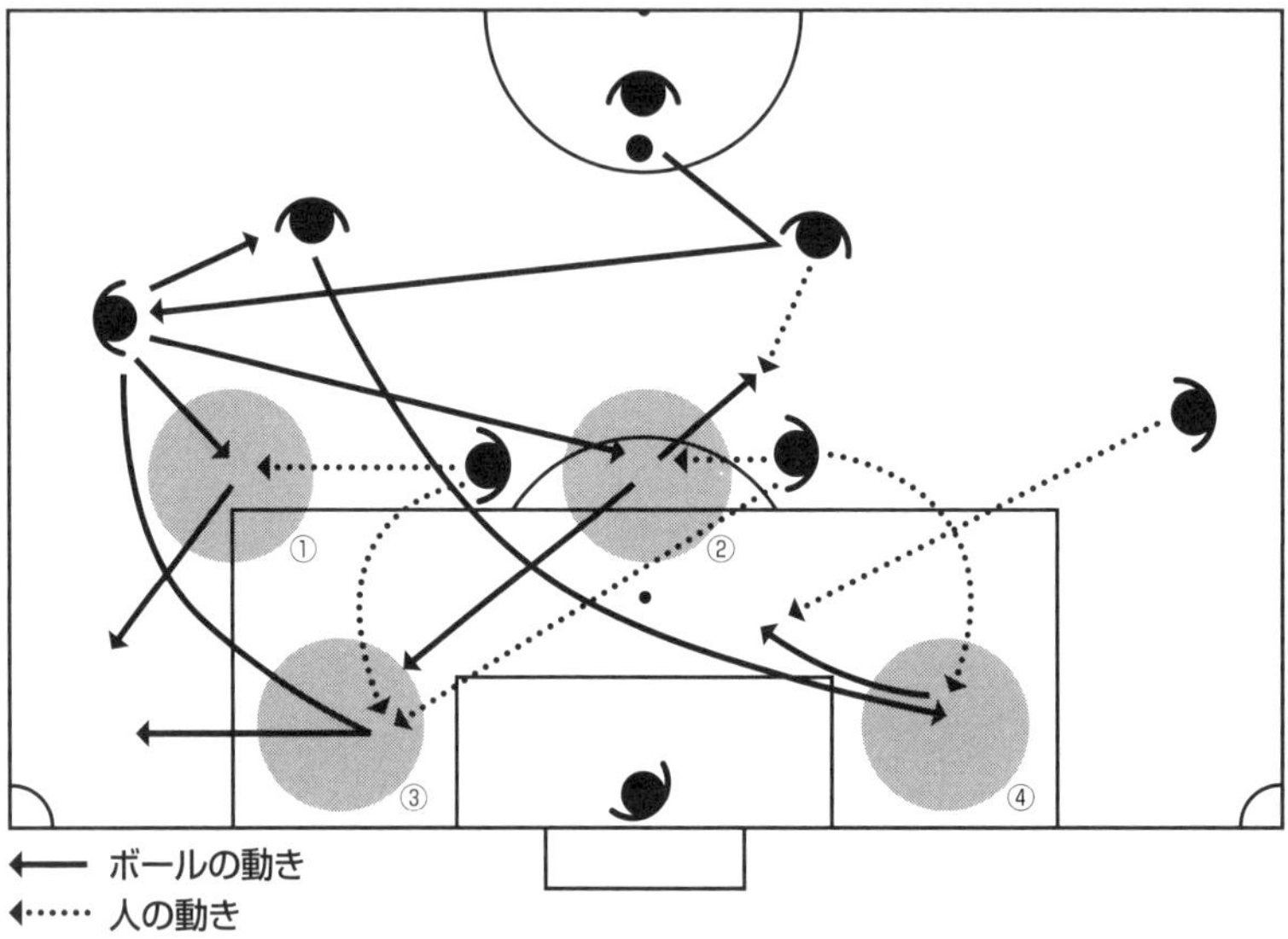

リトリートしてゴール前を固める相手には、揺さぶりながら守備ブロックに綻びを生じさせるだけの忍耐、そしてチームとして意思統一したアイデアが必要だ。図のようなポイント、ポケット、Dを丹念に突いていくのも定石の一つである。

守備陣形に綻びを生じさせたり、守備者にボールとマークを同一視野に入れることを困難とさせたりすることが可能となるんです。それともう一つには逆サイドのポケットもあって（図45－④）、ポイントを経由するなどして、中央にいるフォワードがプルアウェイの動きからそのポケットで浮き球のパスを受けられるとフリーでヘディングで折り返したり、胸でトラップしたりしてシュートまで持っていける。昔、サンフレッチェ広島の高木琢也がここでよく合わせていました。この浮き球に対して相手は比較的小柄なサイドバックだったりウィングバックだったりが競ることが多いので大型のフォワードは勝てるんです。セレッソがリトリートしてくる以上、こういう作業を繰り返す必要はあります。引いた相手を崩すバルサの主要な得点パターンに、この逆サイドのポケットを活用したものが非常に多いんです。技術レベルが上がってくれば、バスケットボールやフットサルなどのシステマティックな戦術を参考にした崩しのパターンが増えてくるのだろうと思います」

——チームとしてしっかりとアイデアを用意して対抗する必要があるということですね。そういう堅い守備をベースに上位に躍進するセレッソ大阪の今季の戦いぶりについて、最後に一言お願いできますか。

「結果を最優先に考えながら、クルピさんは良い選択をしていると思いますね。メンバーを見て、他のスタイルがうまくいきそうもないならやるべきではありません。以前、バルサにならって、ショートパスをベースに局地的に崩すサッカーを志向するチームがいくつかありましたが、結局、中央を固める相手に対しなかなか結果が出ない。今はサイドチェンジも入れるようにスタイルが少しずつ変わっています。多くの指導者が理想とされるバルサも、メッシ、イニエスタ、シャビらの能力を生かした局面のパスワークだけでなくサイドプレーヤーに広く展開することもしている。理想を追い求めるだけでは立ちいかないことがあります。そういう意味でクルピさんは現在のセレッソを見極めて、現実的なところでうまくやっているのだと思いますね」

初出『サッカー批評 isuue59』（双葉社）掲載 2012年11月

日本代表の守備はなぜ崩壊したのか？

ポジショニングから見る4失点の要因 日本 0-4 ブラジル［ポートランド・ヴロツワフ］

ピンチを招いた要因は守備意識の低さ

一昨年、ザッケローニ監督の代表監督就任の初陣となったアルゼンチン戦で確認できたのはゾーンディフェンスの組織的堅守だ。あれからしばらくはアジア勢相手に「いかに攻め勝つか」がテーマだったが、今回の欧州遠征の相手はフランスとブラジル。あのアルゼンチン戦以来となる、日本代表の守備がクローズアップされた連戦となった。その詳細な守備分析を、守備のスペシャリストであり、日本代表と同じゾーンディフェンスを駆使する栃木SC松田浩監督（当時）にお願いしようというのが本稿の主旨だ。

取材日は大敗を喫したブラジル戦の翌日。松田監督とともに試合の映像を見ながら、守備の課題が見られたブラジル戦の前半に絞って分析を聞いた。

「フランス戦はよく勝ったなという印象。ザッケローニ監督が『シャイだった』と言っていましたが、その通りでした。前半はそれもあり押し込まれましたが、無失点でゲームを進められたことが一番の勝因だと思います。必然的に守備意識が高まり、うまく守り勝ったのがフランス戦。それで自信を得て迎えたのがブラジル戦でしたが、フランス戦と同じくらいの守備意識があれば、という試合だった。ザッケローニ監督はブラジル戦の前に『フランス戦のように守り勝つつもりはない』といったコメントをしていたでしょう?」

かくして指揮官の宣言通り、ブラジル戦の序盤、日本は見事なパスワークでブラジルを自陣に押し込めた。2分半過ぎ、左サイドで長友⑤、香川⑩、本田④、遠藤⑦が絡んで何本もパスを回し、相手のペナルティエリア付近までボールを運ぶ。だが、本田が次の瞬間にボールを奪われ、そのままカカ⑧に渡る（図46）。カカは間髪入れずに前線のネイマール⑪目掛けて正確で長いボールを足下に入れる。ネイマール⑪は見事なワンタッチで広大なスペースに抜け出す。ブラジルの最初のカウンターシーンだ。日本の応対は吉田㉒と内田⑥の2人。

「この場面、僕は日本の戻りが遅いと思う。ブラジルの上がりの方が速い（図47）」

吉田㉒と内田⑥がネイマールの突破を遅らせているうちに帰陣したのは長谷部⑰と今野⑮の二人だけ。一方、ブラジルは後方から4人が次々と駆け上がっている。

「ネイマール⑪にボールが出た瞬間は2対1の数的優位。でも次の場面では4対5の数的不利。どれだけブラジルの上がりが速くて日本の帰陣が遅いかということですよ。この辺りが、日本はブラジルをちょっと甘く見てない?　と思うんです。ブラジルのカウンターは天下一品なのに」

この場面で少し映像を進めると、すでに帰陣している4人の次に戻ったのは本田④だった。

図46 2分53秒　ブラジルの最初のカウンターシーン

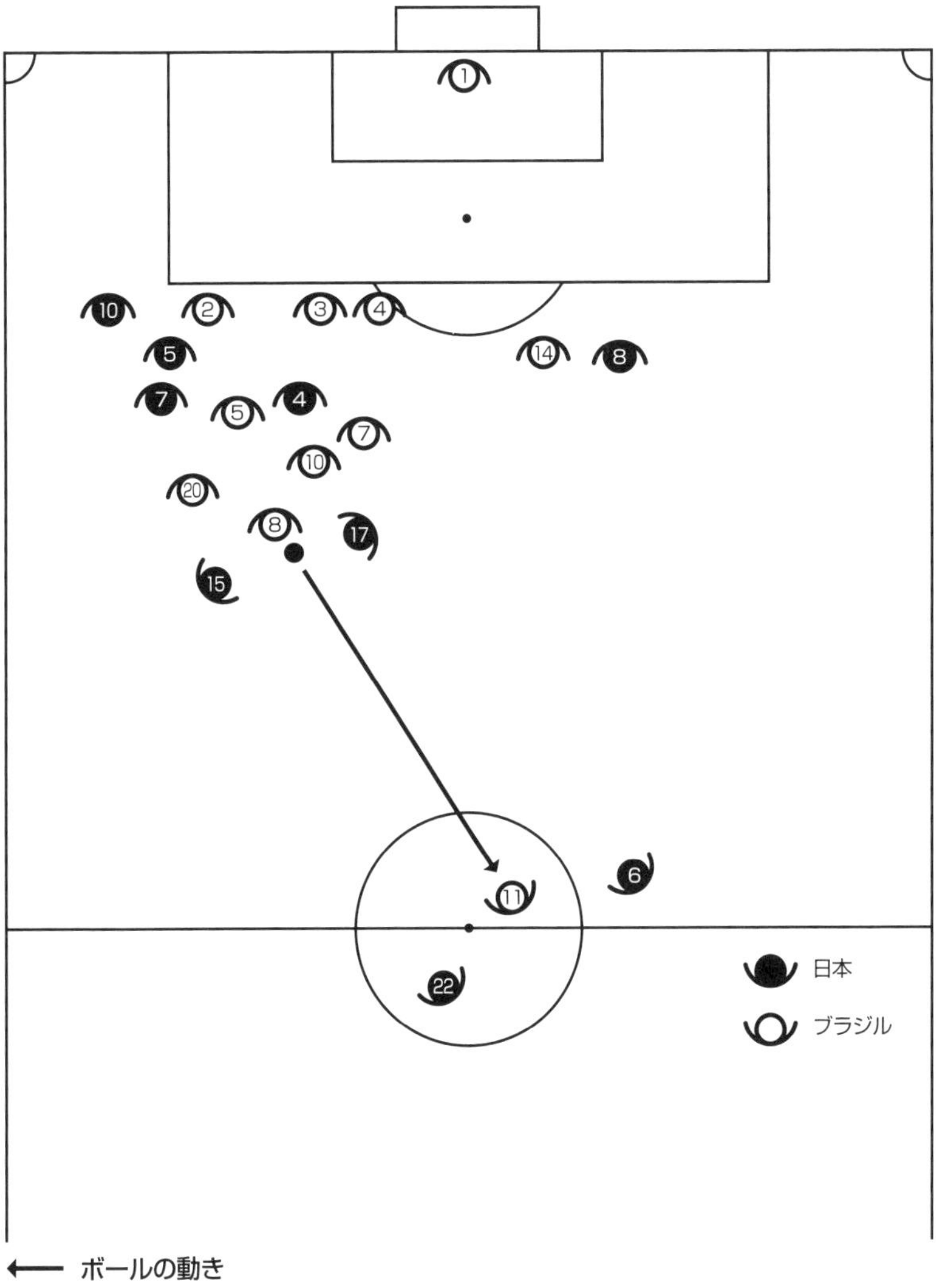

本田④がボールを失い、ブラジルのカウンターに。カカ⑧からネイマール⑪にボールが出た瞬間は2対1でディフェンスの数的優位。

図 47　3分03秒　一瞬で数的不利に

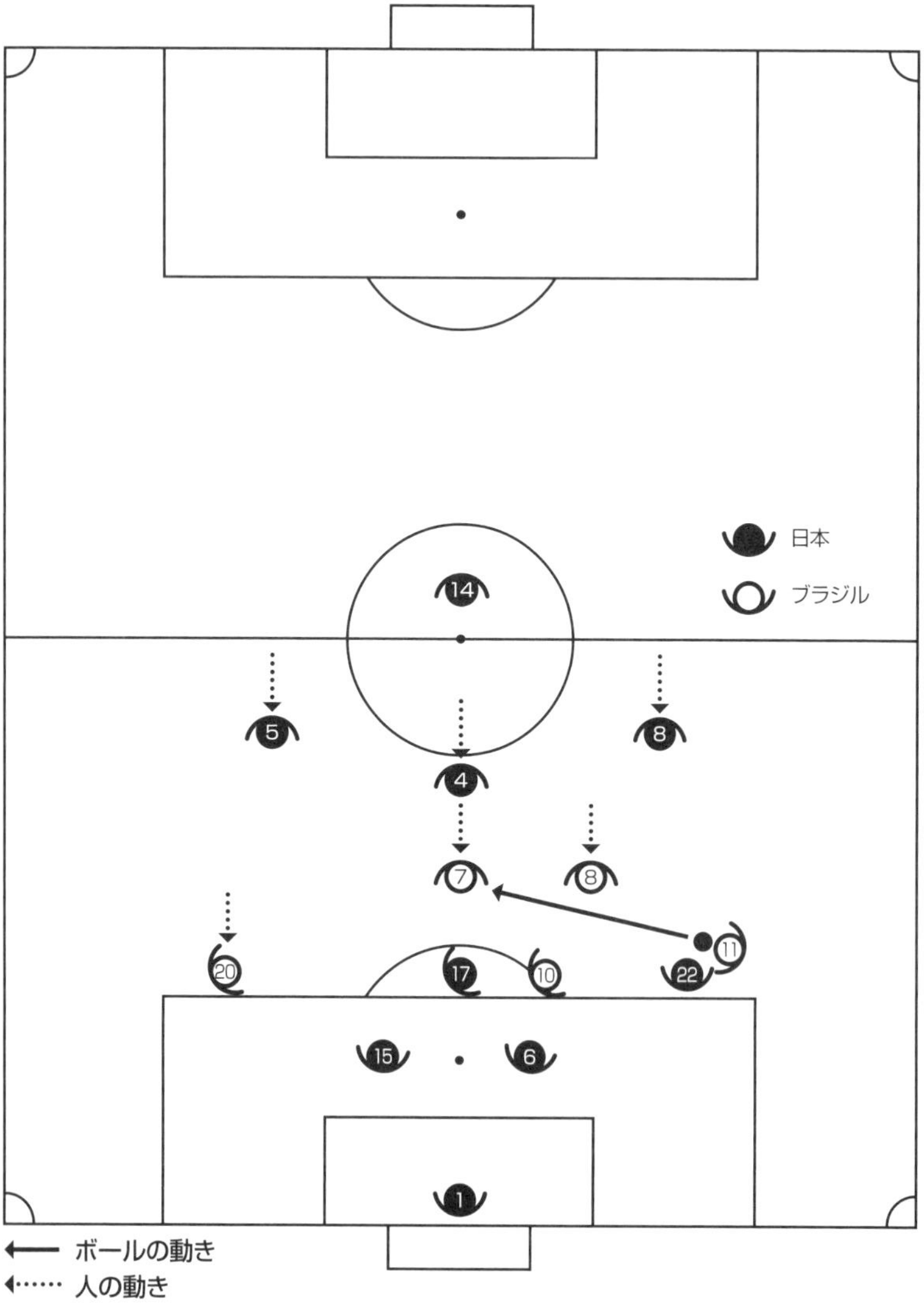

10 秒後、4 対 5 の数的不利に。いかにブラジルのカウンターが速く、日本の帰陣が遅いかがわかる。本田よりも自陣に近い中村⑭が戻るべきでは、と指摘する。中村は敵陣に残ったまま。

「本田④はボールを奪われた責任感もあるんだろうけど、僕は彼に守備意識の高さを感じる。ブラジル戦はゼロトップのような1トップだったけど、攻撃だけの〝王様〟という感じはなかった。ボールを奪われた場所には本田④以外に、遠藤⑦も長友⑤も香川⑩もいたし、中央で一番自陣に近い場所にいた中村⑭は本田④に追い抜かれている。ゾーンディフェンスであれ、マンツーマンであれ、カウンターの局面ではいかに早く十分な数の体を帰陣させるか、それだけでしかないんです。僕はその意識付けを促すためにDのポジションの重要性を選手に伝えている。ペナルティアークがDの形をしているから僕はDと呼んでいるんだけど、DF3枚とボランチ1枚で3と1の形を作る。クロスに対してこぼれ球を拾われてズドンなんて場面があるからDを抑えるわけです。カウンターの局面ならば『誰でもいいからDに戻れ』と。

中村⑭を責めているわけではないけれど、たまたま自陣に一番近かった中村⑭が必死に帰っていたら（この場面の最後のボールホルダーとなったラミレス⑦に）ディフェンスにいけていた可能性がある。この場面はゴールを奪われなかっただけで大ピンチですよ。フランス戦は序盤から劣勢だったから帰陣しないと大変なことになるのがわかっていた。でもブラジル戦は序盤がかなり良くて『今日の俺たちはやれるぜ』という感じがあった。この場面を見るかぎり、やられないだろう、という守備意識の希薄さが見えるんです」

フリーでシュートを打たせた遠藤と香川のポジショニング

その意識がそのまま仇となり、11分40秒過ぎには最初の失点シーンを迎えてしまう。ブラジルの先制点は内田⑥のクリアミスが最大の要因であることに間違いないが、松田監督は「問題はそれだけではない」と言う。ブラジルの先制点は、ブラジルがＤＦラインでゆったりとボールを繋ぐところから始まる。

「ブラジルが繋いでいる場面は何も問題ないですよね。カウンターでも何でもないですし」

そしてセンターバックのダヴィド・ルイス④が自陣左サイドから縦にパスを入れた瞬間だった（図48）。

「ここです。僕はこの辺りが気になる。僕は遠藤⑦にオスカール⑩やカカ⑧がいる位置にいてほしいんです。そして香川⑩はいま遠藤がいる位置にいてほしい」

ゾーンディフェンスの的確なポジションは、この場面で言えば、ボールを保持しているダヴィド・ルイス④を中心に決まる。まずボールホルダーに対して長谷部⑰や清武⑧の守備位置が決まり、その味方の位置に連動しながら遠藤⑦や香川⑩の守備位置が決まるというものだ。

「長谷部⑰は少し前に行き過ぎかもしれないけど、まず自分の背後のスペースにボールが出ないようにパスコースの門を閉じていますよね。でも、ネイマール⑪の辺りにパスが出ることはあり得る。だから遠藤⑦が長谷部⑰の背中が見える位置に絞るようにすれば、そのパスコースと同時にバイタルエリアも消せる。たとえばパスがカカ⑧に出たとしても遠藤⑦が逆サイドへ展開されるのを防ぐことができますよね。遠藤⑦や香川⑩が今話した的確なポジションをとっていたら、失点シーンはどうなると思いますか？」

想像しながら映像を進めた。ダヴィド・ルイス④の縦パスを内田⑥がクリアミス。ボールはインサイドにいるオスカール⑩に渡る。するとすぐに遠藤⑦がオスカールに正対できるのだ。

「そして実際にゴールを奪ったのが、オスカール⑩の後方でパスを受けたパウリーニョ⑤です。ここには香

図48 11分41秒　失点直前の理想のポジショニング

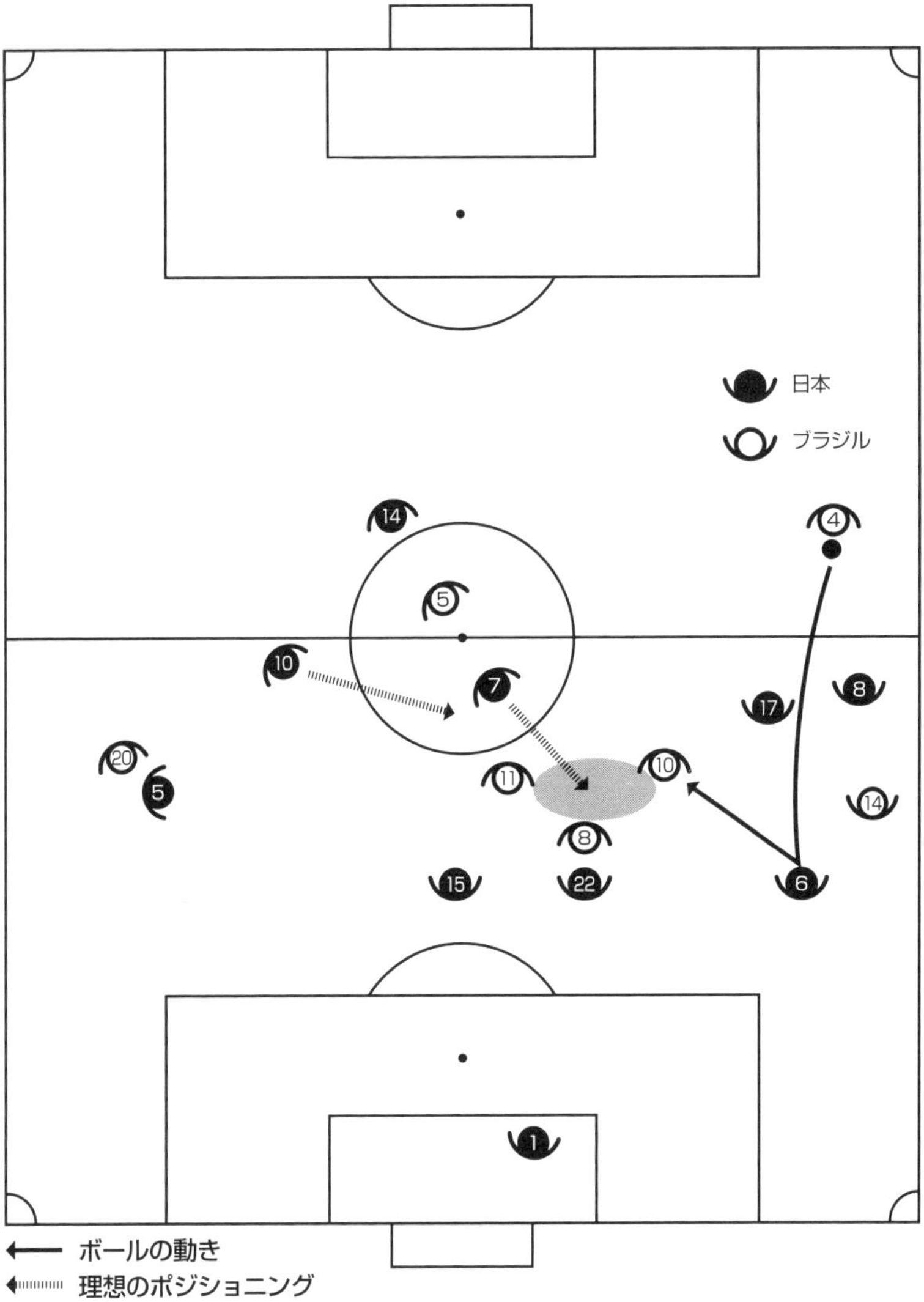

内田⑥がへディングミスをする直前。ゾーンの概念では、遠藤⑦が円のエリアに入り、遠藤⑦のいる場所に香川⑩が絞るべき。もしくは香川⑩が先に中に絞り、遠藤⑦を動かす。コンパクトさに欠ける、と松田監督。

川⑩が余裕を持って対応できますよね」

これならばパウリーニョ⑤はシュートを打てない。ところが実際は図49の通りだ。オスカール⑩に対して慌てて遠藤⑦が捕まえにいく。オスカールはすかさずパウリーニョ⑤へパス。目の前が空いているパウリーニョはトーキックで右足を振り抜き、ゴールネットを揺らした。香川⑩も慌てて後方からシューターにアプローチしたが間に合わなかった。

「相手のシュートもうまいと思いますよ。でもゾーンディフェンスのポジションをしっかりとっていればシューターにも、その前のパスを出した選手にもアプローチに行けていたはずです。内田⑥のミスがなければ、こういうポジション取りの問題が明るみにならないんです」

松田監督はこのゴールを見たとき、2010－11シーズンの欧州チャンピオンズリーグ決勝、バルセロナ対マンUのメッシのゴールシーンを思い出したという。

「（ブラジル戦の香川のポジションに該当する）マンUのワイドミッドフィルダーがバルサのウィングバックについて行ったんです。でも、僕の考えだとそうではなくて、ボールが真ん中にあるのだから中を優先して絞らないといけない。そうすればメッシにあんなシュートは打たれなかったはずです」

あとで映像を確認したが、確かにメッシのシュートシーンで、ワイドミッドフィルダーの（ライアン）ギグスが、中央の守備ではなくボールとは逆サイドのケアに腐心していた（図50）。この場面でマンUは最終ラインが6枚、中盤が2枚という状態となり、イニエスタから横パスを受けたメッシに対し、ボランチの朴智星が振り切られ、ほぼ中央から打ち抜かれたのだ。ワイドミッドフィルダーが中に絞っていれば防げた可能性

図49 11分47秒　パウリーニョ⑤をフリーにさせた守備

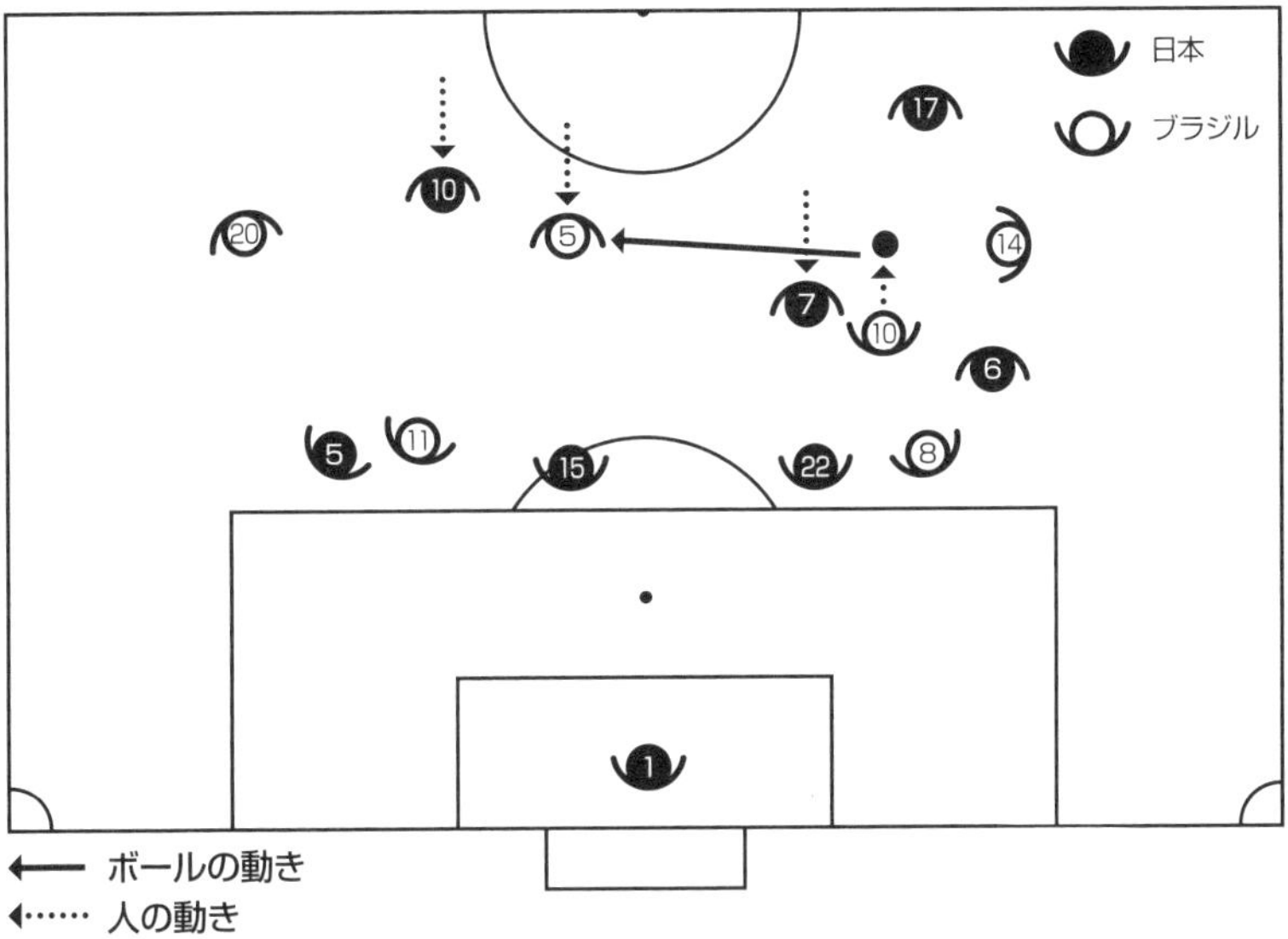

遠藤⑦が慌てて帰陣するも、フリーになってしまったパウリーニョ⑤へオスカール⑩からパスが出てミドルを被弾。遠藤⑦と香川⑩が適正なポジショニングなら防げた可能性も。

図 50 2010-11CL決勝　メッシの得点

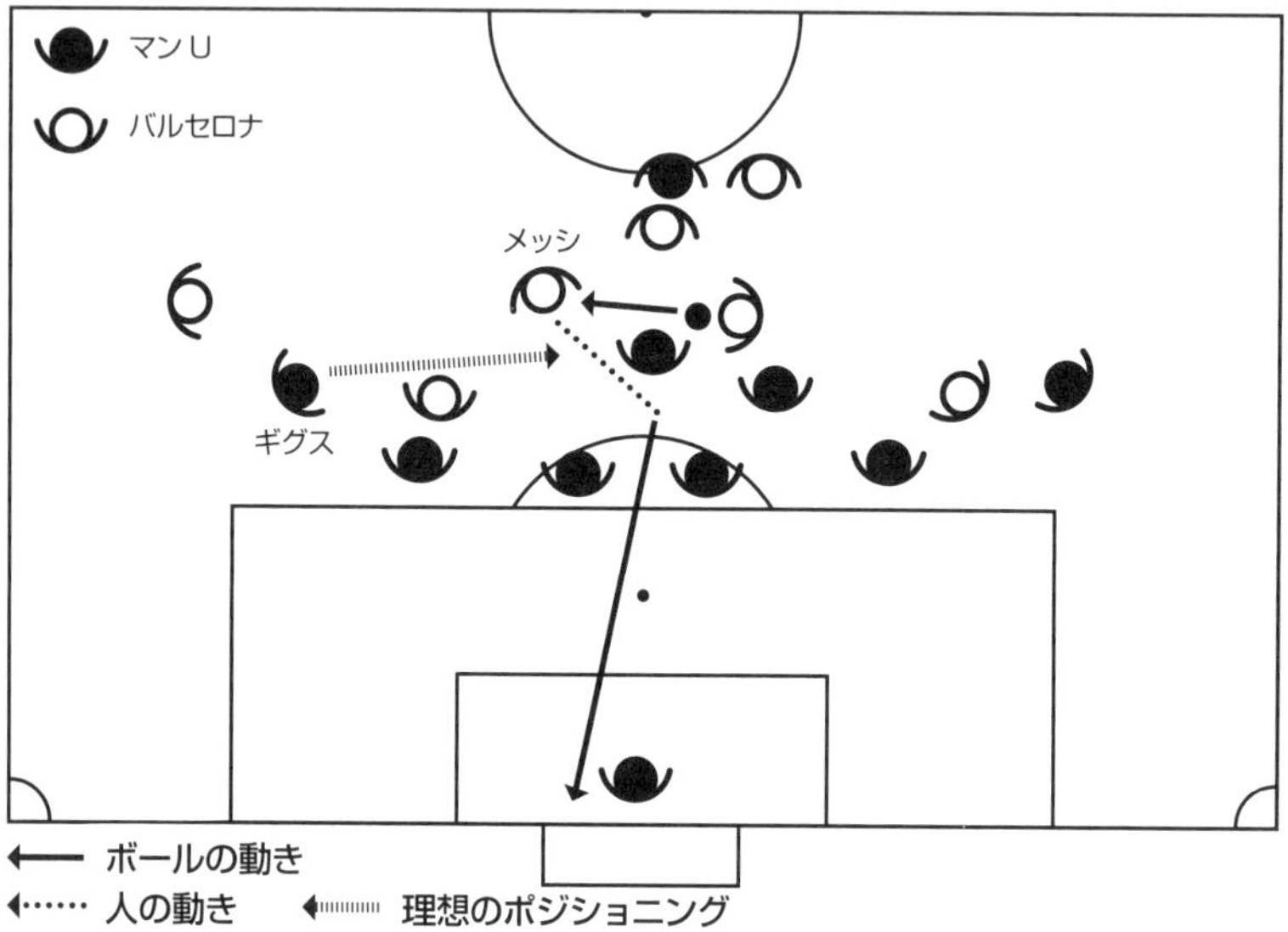

似たような場面は欧州でも見られる。松田監督が例に出したのは 2010-2011 シーズンのＣＬ決勝。メッシがフリーでボールをもらいドリブルからゴールを奪うが、ギグスが中に絞っていれば防げたかもしれない。香川とギグスを重ね合わせ、「守り方が違うので一概には言えないが、マンＵでは中へのケアという指導はあまり行われていないのでは」とも。

のある失点だった。

「香川⑩がマンUだから、普段から守備では中に絞らず、ボールとは逆サイドをケアするように言われているのかなと。もちろん(人によってやり方は変わるので)どっちが正解なんてありません。それにザッケローニ監督が実際にどう考えているかは僕にはわからないです。僕が言っていることはまったくの的外れで、実際に香川⑩がいたポジションは攻撃のためにリスクを負ってでもとっているという可能性は十分にあります」

守備時に足りないゾーンディフェンスの意識

とは言え、一昨年のアルゼンチン戦では、ザッケローニ監督も試合中、ベンチから両手を狭めるジェスチャーで「コンパクトにしろ!」という指示を繰り返し伝え、選手たちも忠実に実行していたのだ。

「僕もそう思うし、これまでの日本代表の試合を見ていても感じがいいなと思っていたんです。だから守備のコンセプトも僕と同じなのかなと。攻撃時は4-2-3-1でも守備のときは4-4-2になる。ザッケローニ監督もそれが理に適っていて、守備のバランスがいいと考えているんだと思います。であれば、ゾーンディフェンスの守備時に大事なことは、守備にも行けるし攻撃にも行ける、という良い意味で中途半端なポジションをとること。そのポジションからであれば香川⑩はワントップの本田④が引いた時にできる中央のスペースへ飛び出すこともできるし、サイドチェンジできそうであればそこからワイドのポジションへと移動することもできる。あの香川⑩のポジションだと攻撃に広がりは持たせられても同時に守備には行けない。ましてや相手はブラジルです。序盤は自分たちの攻撃が良くて相手を押し込められていたけれど、まだどうなるか何もわからない状況で、守備の局面でしっかりと守備のポジションをとらないのはなぜか、ということです。そう考えると、フランス戦の勝利とブラジル戦の立ち上がりの良さによって、ブラジルを甘く見てしまったのではないかなと感じるんです」

その必然の結果としてブラジルに先制を許した日本。それでも序盤の攻勢は止むことなく、失点後の14分には香川⑩がゴールに迫る決定機も作った。松田監督は「同点にするならこの時間帯しかなかった」と見る。そして無情にも次のゴールがブラジルに生まれる。23分過ぎ、今野⑮がペナルティエリア内でハンドを犯す。松田監督も「厳しい判定」と見るPKを献上してネイマール⑪に決められた。このシーン、日本のDFやMFはしっかり帰陣していたが、防ぎようはなかったのか。映像を巻き戻したのが図51だ。相手の攻撃は日本のプレッシングに対して苦し紛れにロングボールを蹴ったGKのキックからスタートしている。それをセンターライン付近でアドリアーノ②がトラップ。そこに長友⑤、遠藤⑦、中村⑭で囲い込みに行くが奪い切れず。アドリアーノ②はパウリーニョ⑤に落とし、ダイレクトでカカ⑧へ。カカ⑧は一気にスピードアップする。「この対応は難しいけれど」と前置きした上で松田監督が指摘する。

「あえて言うとすれば、今野⑮がフッキ⑳とカカ⑧の両方を見られるポジションをとることです。それでカカ⑧の足止めをすること。もちろん相手の能力が素晴らしければ難しいし、この場面では長友⑤も一生懸命帰っているからほぼ問題はありませんが、このときの今野⑮はフッキ⑳にマンツーマン気味に対応している」

同じようにDFが相手にマンツーマン気味についてしまい、ゾーンディフェンスとして問題のある場面が

図51 23分38秒 PKになる前のシーン

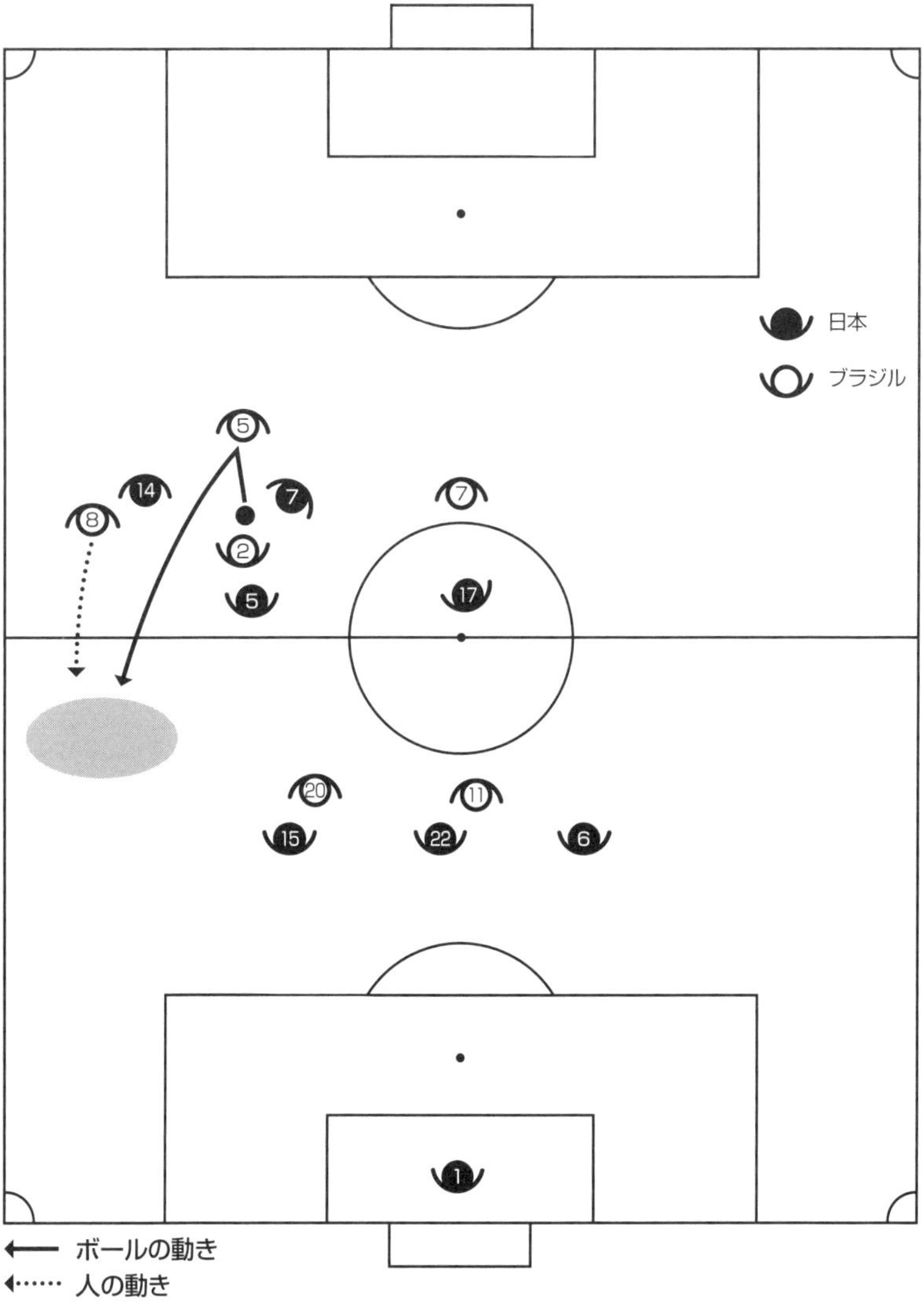

アドリアーノ②を囲うが奪えずにカカ⑧がフリーに。その後、パウリーニョ⑤がスペースへボールを出し、左サイドが崩される。今野⑮はフッキ⑳に付いていたが、グレーの円のエリアをケアしてカカ⑧を止める方法もあった（今野⑮のポジションに連動して、吉田㉒はフッキ⑳を、内田⑥はネイマール⑪を視野に入れながらスライドする。

ブラジル戦は何回かあった。たとえば5分過ぎ（図52）。ブラジルが巧みに右サイドを崩し、フッキ⑳にボールを渡す。フッキ⑳は長友⑤に1対1を仕掛けながらも、中央の様子を確認してラストパス。ゴール前でほぼフリーで受けたオスカール⑩がボレー。これはゴールを大きく外れた。

「フッキ⑳はドリブルで仕掛けながら、日本の両センターバックの間のスペースを見つけた。見つけるフッキ⑳もすごいんだけど、僕が考えるゾーンディフェンスはボールホルダー（フッキ⑳）を中心として、その次に味方の位置で決まるのだから、吉田㉒はもっと今野⑮に近づいて間のスペースを埋めないといけない。あるいは、瞬時に長谷部⑰がその穴に飛び込んで埋めるか。吉田㉒はマンツーマンの意識が強いのかなあ。ネイマール⑪は内田⑥に任せればよかったと思うんです」

ブラジルとの差を埋めるために必要なことは

今野⑮や吉田㉒はなぜマンツーマン気味で守っていたのだろうか。普段クラブでマンツーマンならば「慣れが出てしまう可能性はある」と指摘する。ましてや相手はネイマール⑪やフッキ⑳だ。90分間ギリギリの対応を迫られていたことは想像に難くない。

かくして日本はブラジル相手に早々に0対2という絶望的なスコアに追い込まれた。その後はブラジルのカウンターの嵐に晒される。「なぜあれだけのカウンターを受けたのか。ブラジルの守備意識はずっと高かったんです。エリア内にＤＦ４枚、ＭＦ４枚がくっつくように壁を作ってしっかり守っていました。日本は

図52 5分10秒　オスカールがフリーでシュート

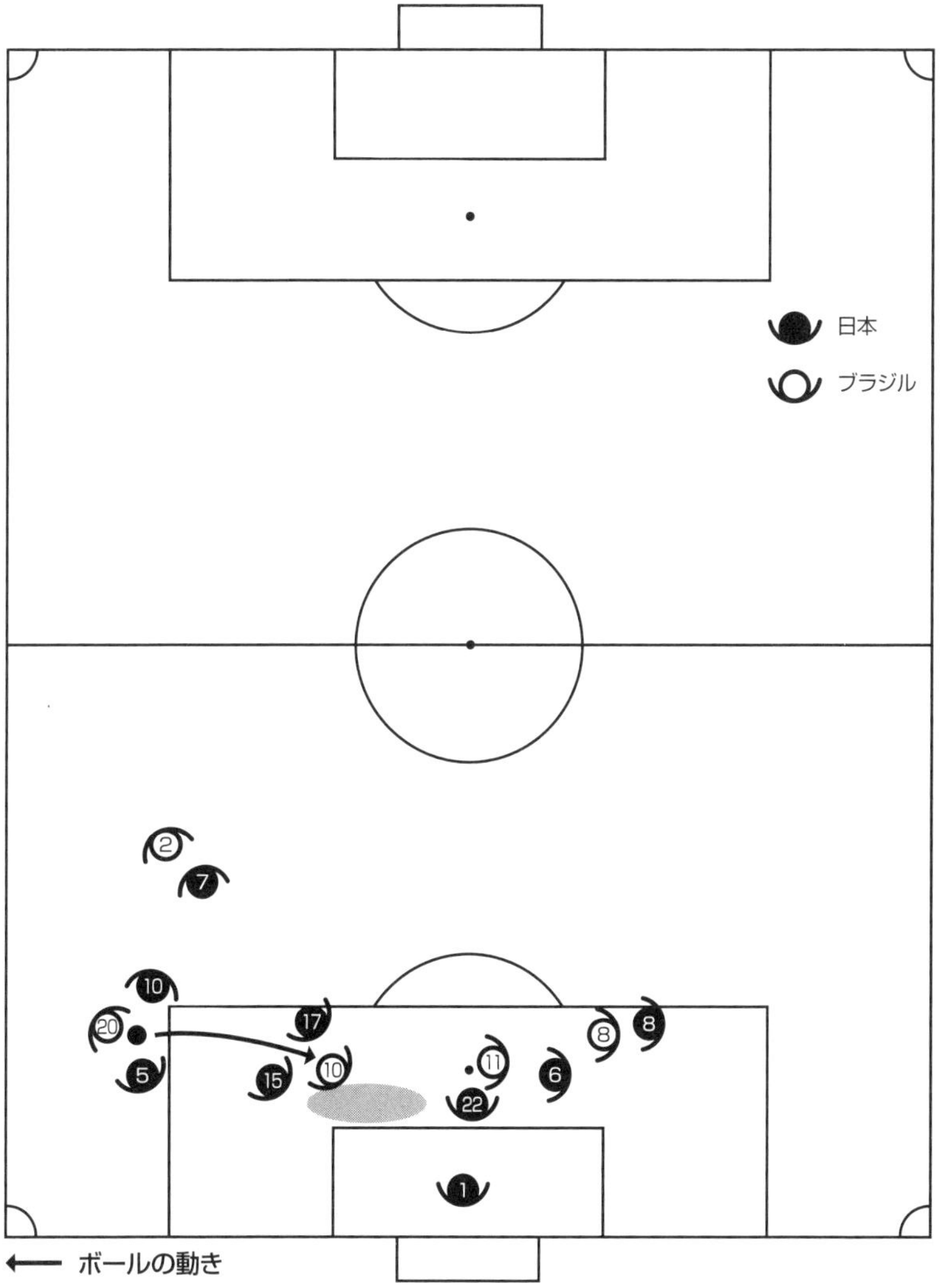

フッキ⑳からオスカール⑩がフリーでシュート。ゾーンの考え方からすると、吉田㉒がグレーのエリアを埋めて、内田⑥が中に絞るべき。もしくは長谷部⑰がエリアに滑り落ちる形でゴール前の危険なエリアをケアする。

ポゼッションができても、その壁に向かって勝負のパスを入れすぎて、カウンターを受けた。もっと揺さぶって壁がバラバラになったところに勝負のパスを入れたり、少し遠目からでもシュートを打ったりできたはず。後半、酒井宏樹㉑がブロックの背後をとってダイレクトで折り返したシーンがありましたよね。ああいう攻撃の回数をもっと増やすべきでした」

日本は堅守ブラジルを最後まで攻め崩すことができず、後半にイージーなミスから失点を重ねて0対4の大敗を喫した。フランス戦の劇的勝利で期待が高まっていただけに日本中が沈み込んだ大敗。それでも松田監督は「やりようによってはそれほどの差はなかったのではないか」と感じている。

「もちろん最後は絶対的な差は見えましたよ。0対2や0対3以降は、ブラジルは気持ちにも余裕が出て何でもできます。スペースを与えてカウンターとなれば、身体能力やストライカーの質の差がはっきりと見えてしまうもの。でも、ブラジル人だって人間ですから負けることへの恐れはあります。0対0のときは大胆なことはできない。実際、今や世界有数のセンターバックであるチアゴ・シウバ③が、試合の立ち上がりにあれだけのミスをしているわけです」

前半の1分50秒、ブラジル陣内の右サイドで、本田④と中村⑭のハイプレッシングを受けたチアゴ・シウバ③が簡単にボールを失った場面。

「あのときのブラジルは日本を食いつかせていたのではなく、日本の攻撃をリスペクトして必死だった」と見ている。

「ブラジルを調子に乗せれば厄介ということ。だからまずは0対0でゲームを進める。もちろん攻撃をするのはいいんです。ブラジル戦の序盤の攻撃はバルサのようで本当に素晴らしかった。ああやって相手を揺さぶりながら、今後はカウンターを受けないような質の高いポゼッションプレーを志向する。そのときに勝負のパスを入れる局面は絶対にあるのだから、それでボールを失って守備に切り替わった瞬間は、11人全員が一生懸命に全力で守備をやるということです。それは日本が今すぐできることですよ。本田④だってブラジル戦でやっていたわけじゃないですか。その守備意識さえあればブラジル戦の先制点も自分たちの力で防ぐことができた。サッカーは点が入るか入らないかでその後の展開が大きく変わってしまうもの。今は10回やって5回以上勝つのは難しいと思いますけど、やりようによってはブラジルにだって勝つ可能性はあるわけです。日本サッカーは良い方向に進んでいると思うし、ブラジル戦の大敗も悲観すべきではないと思いますよ」

日本代表の強みは、今や細かいパスワークに代表されるコレクティブな攻撃と連動した守備だ。そのいずれかを放棄すれば世界のトップとは渡り合えない。徹底的に攻めるならば、徹底的に守ること。ブラジル戦で見えた収穫と課題がまさにそこにある。

初出『フットボールチャンネル』（カンゼン社）掲載　2013年7月配信

2013コンフェデレーションズカップ

日本代表の守備はなぜ崩壊したのか？

日本0-3ブラジル

［日時　2013年6月16日　試合会場　ブラジリア］
得点：ネイマール（前半3分）、パウリーニョ（後半3分）、ジョー（後半48分）

日本もコンフェデに照準を合わせるべきだった

——まずは3試合を振り返って全体の印象はいかがだったでしょう？

「コンフェデ杯にコンディションをしっかり合わせたという印象はなかった。自分たちの攻撃サッカーを見せて勝つという方針だったのか、ザッケローニがどう考えていたのかはわからないけれど。アジア最終予選のドーハでの試合もほぼベストメンバーだったでしょう？　ドーハから長距離の移動があって、中3日でブラジル戦を迎えている。そういう状態でブラジルと戦うのは厳しいですよ。ましてやブラジルはホームの大観衆もあって、非常に集中した状態で試合に臨んでいた。この時点で、日本もコンフェデ杯に照準を合わせたほうが大きな意味があったのではないかと感じました。

ブラジルやイタリアが必死になったときの雰囲気は近寄りがたいものがあります。勝つための手段を選ばないとか、試合運びのうまさとか、勝負のしたたかさとか、そういうものを肌感覚で経験できた大会だったし、その差が如実に出てしまったのだろうと思います」

では、ブラジル戦の前半3分、電光石火ともいうべきネイマール⑩の先制ゴールから分析を始めたい。左サイドのミドルサード、マルセロ⑥からの矢のようなクロスをゴール前中央で受けたフレッジ⑨が胸で落とし、ネイマール⑩が間髪入れず右足を振り抜くと、そのシュートは日本のゴールマウス右上に突き刺さった（図53）。

「素晴らしすぎるよね、シュートが」

――ネイマール⑩のシュートに対してディフェンスの詰めの甘さは感じますか？

「甘いと言えば甘いけど。うーん、どうでしょうねえ」

ここで少し映像を巻き戻す。

――クロスを上げたマルセロ⑥に対しての守備は？

「マルセロ⑥に寄っているのは…本田④ですか。本田④が行けると言えば行ける。ただ、日本は全体にフワッと試合に入っている印象がしますよね。ブラジルのカチッとした印象に比べて。ポーランドで戦ったときのブラジルもカチッと試合に入っていました」

もう一度映像を巻き戻して確認をする。

図 53 ブラジル、前半3分の先制点（日本の1失点目）

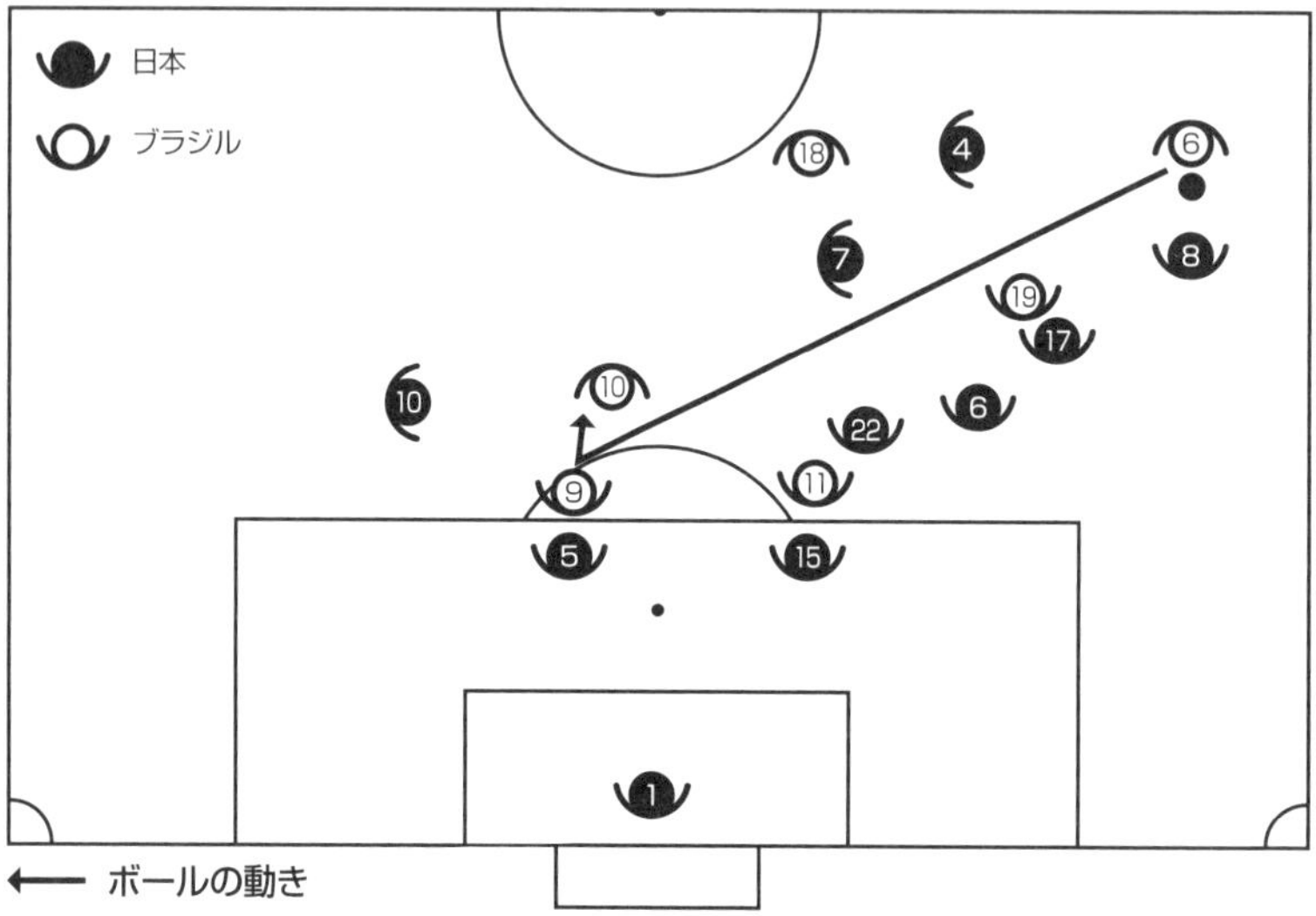

マルセロ⑥へのアプローチ、その前のフッキ⑲へはプレッシャーをかけたかった。

「ブラジルのクロスが入ったときの守備陣形はコンパクトではあるんです。これ以上コンパクトにするのはちょっと難しいと思います。しかし、このネイマール⑩のシュートは流石ですよね。世界的なストライカーの決定力を見せつけられた感じです。最初はたまたま良いところに飛んだんじゃないかと思ったけど、強い自信と確信のもと狙っているんで、ああいう場面でゴールが取れるんだなあと感じました。だから守備の対応として責められるところがあるかというと……まあ、開始3分でフワッと入ってしまったばっかりに球際が弱いと言えば弱いのかもしれない。ただ、強いて挙げればこの浮き球のところ。この局面のほうが簡単に修正できますね」

浮き球のところ、というのは、ネイマール⑩にクロスを上げたマルセロ⑥にパスが渡る、その前のシーンだ。左サイドからネイマール⑩が切り込みシュートを放つ。そのボールを日本の守備陣がブロック。ボールはセカンドボールとなって左サイドの深い位置で真上に跳ね上がった。そしてワンバウンド。その落下地点にはフッキ⑲、対する日本は清武⑧が体をくっつけて、遅れて長谷部⑰が対応しようとしていた。

「ここ（フッキ⑲）は清武⑧と長谷部⑰で挟めばこんなに簡単にマルセロ⑥にパスを戻させないで済むし、何とかクリアできる。この守備対応には、立ち上がりのフレッシュさがないんですよね。それと、僕が感じるのは、必死にがむしゃらにやるのが恥ずかしい、とでも感じているのかなあということ。120%がむしゃらにやる。立ち上がりの5分間はそれくらいの覚悟でプレーしないといけないのに、日本はアジア予選で構築してきた攻撃サッカーがあって『そのプレースタイルを発揮して勝つのが恰好いい』とでも思っているのか、そう思っていたとすれば何十年も早いのではないでしょうか。

この場面でブラジルは非常にキビキビとプレーしている印象がある。サッカーは何が起こるかわからない。それを選手全員が理解しながらプレーできていて、日本に対して油断も隙もなくギア全開で立ち向かって来ている」

特に危険な〝クリティカルフェイズ〟とは？

——この場面で改善できるとすれば、立ち上がりにフワッと入らないこと。それと、フッキ⑲を二人で挟んだときの対応ですか。

「フッキ⑲を二人で挟んだときに、もう少し強く当たって抵抗して簡単にプレーさせないこと。それと、やっぱり左サイドバックのマルセロ⑥に自由にクロスを上げさせれば矢のようなパスが通ってしまう。本田④がもう少し詰めても良かったと思う。これが後半30分というような時間帯だったらある程度は仕方がないんだけど、この場面は、立ち上がりの5分ですよ。

最初の5分は〝クリティカルフェイズ〟と呼ばれる、重要な局面。僕は前半開始5分と前半終わりの5分、後半開始5分と後半終わりの5分、それと得点でも失点でもゴール後の5分間。それをクリティカルフェイズと呼んでいる。失点しても相手がフワッとしていればすぐに同点にすることもできるし、逆にこっちがしょぼんと沈んでしまったら、相手が傘になって攻撃をしかけてきて、そこで連続失点して試合が終わってしまうこともある。だからその時間帯は気をつけないといけない」

——精神的な問題ですか。

「精神的な問題です。僕らも『5分間集中』という言い方をして伝えている。ベンチの近くにいる選手に伝えて、それを全体に伝えてもらったりする。この場面ではそのクリティカルフェイズに隙が生まれてフワッとした感じになってしまった。そうなってしまった理由が試合に臨んだコンディションの問題なのか、この大会の捉え方なのかは、僕にはわからないですけど」

——これでブラジルに先行された日本は難しくなりました。

「ブラジルのような相手に先制されると難しいですよ。相手にゲームをコントロールされてしまいますから」

ブラジル戦は後半開始と同時に、日本は自分たちのリズムで攻撃を仕掛けることができていた。40秒過ぎには左サイドを遠藤⑦、本田④、香川⑩、長友⑤が絡んだ得意のパターンで完全に崩し、長友⑤がクロスを挙げる。中央に走り込んだ清武にはわずかに合わず。

「ここのパスワークはすごくいい。ちょっと合えばゴールでした。だけど、いい感じだぞ、と思ったときに落とし穴が待っている。この日本のチャンスはブラジルが決めた2点目なんかよりもよっぽど大きなチャンスなんですよ。でもサッカーはゴールが決まるか、決まらないか、それだけでガラリと展開が変わってしまうものだから」

ブラジルの2点目はこの日本のチャンスの直後、後半3分の出来事だった。またもやクリティカルフェイズ——立ち上がりの危険な時間帯。

左サイドからネイマール⑩がドリブルでインサイドに切り込み、逆サイドにボールをふる。ボールを受けたダニエウ・アウベス②が顔を上げて、中央にクロスを入れる。日本のバックラインが一列になって構える、そのラインと平行にしながらボールは手前を通過していく。

そして、中央で待ち構えていたパウリーニョ⑱が日本のバックラインから少し下がるようにしてクロスをコントロールし、右足を振り抜いて、あっけなく2点目を決めた。GK川島①の脇下をかすめるようにしてボールはネットに吸い込まれた（図54）。

エリア内で5人が一列になる、あってはならない守備

もう一度映像を巻き戻して確認してみる。

「まず、本田④のところから始まっている。コンディションが良くないのか、少し対応が軽い」

左サイドからネイマール⑩が切り込むシーン。ネイマール⑩には内田⑥がタイトに対応しているが、インサイドにいる本田④が〝足先だけ〟の対応をして、簡単にネイマール⑩を中へ切れ込ませていた。

そして、ボールを受けた右サイドのダニエウ・アウベス②がクロスを入れる。松田監督は「この失点シーンについては守備組織が良くない」とはっきりといった。

「（この一列になっている日本の5人は）バックライン3人とボランチ2人でしょう？　この場面では遠藤⑦までバックラインに入りに行っているんです。そうではなくて、『4と1、あるいは、3と2という形を作れ』と僕はよく言うんです」

図54 ブラジル、後半3分の追加点（日本の2失点目）

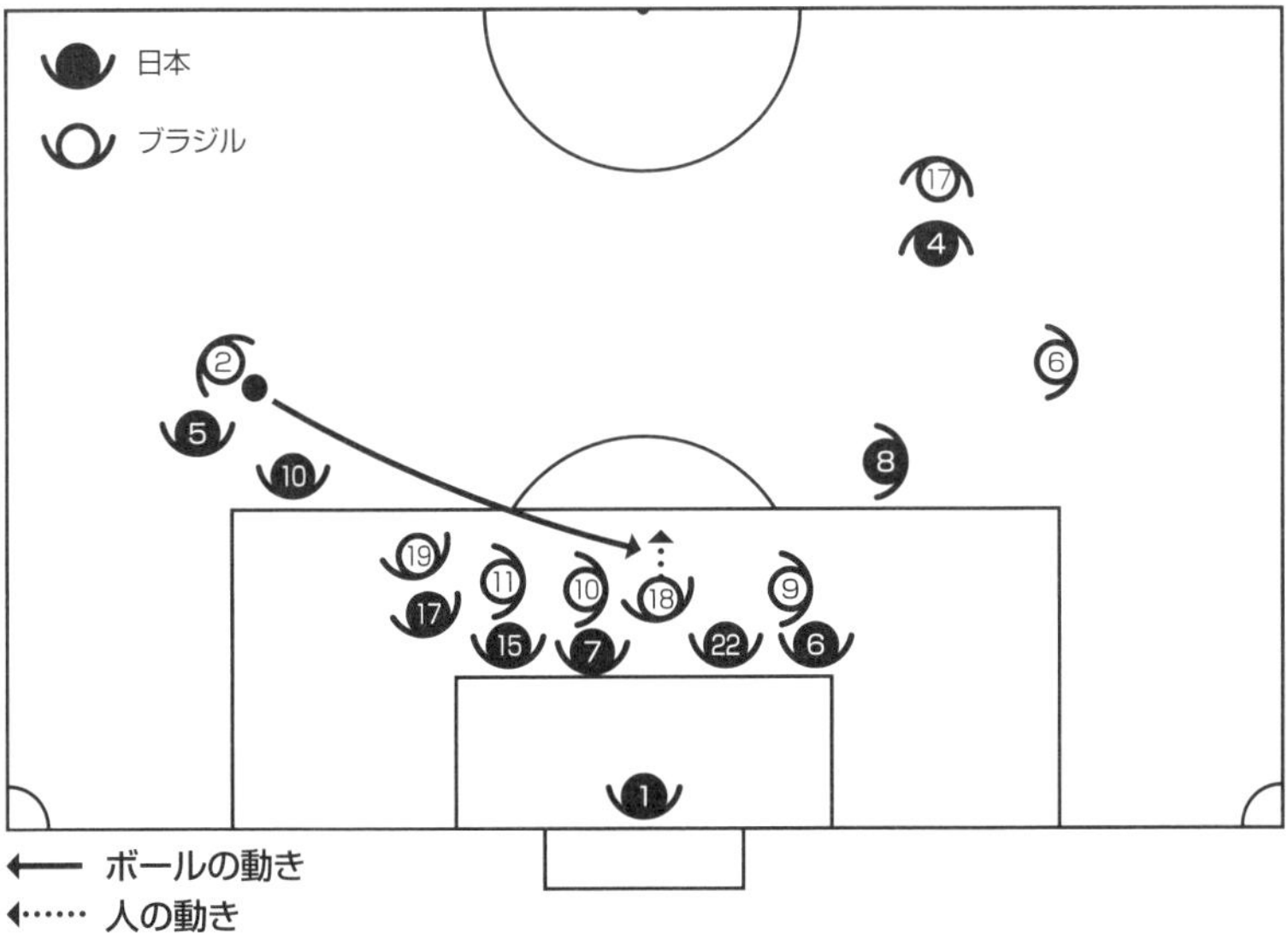

問題は、DFラインが一列になり“4と1”あるいは“3と2”が作れていないこと。

――それは以前話されていた、相手のカウンター時の対応と同じですね。ペナルティアークを目安にして帰って、そこで〝3と1〟を形成するんだと。

「それと一緒です。クロスが上がってきたときに、ディフェンスが跳ね返したとしても、こぼれ球を拾われてズドンと打たれる可能性がある。だから4と1の〝1〟がすごく重要になってくる」

――このときはエリア内にブラジルの選手が4人も入ってきていますが、それは構わないんですか?

「それは関係ないです。ゴールマウスの幅に合わせて3と1の形を作る。ゾーンディフェンスの感覚がしっかりあれば、自分のポジションは味方のポジションによって決まるのだから、この場面では、吉田㉒がボールサイドの今野の位置を見ながら真ん中にスライドすればよかったわけです。で、遠藤⑦はバックラインに入らずに3と1の〝1〟に入ればよかった。でもこの場面では遠藤⑦が2センターバックの間に滑り込んでいる」

そして、こうなった以上、と松田監督は続ける。

「遠藤⑦がバックラインに滑り込んだのだから、右ワイドの清武⑧がもっと絞りながら下がって、この〝1〟のスペースに入って埋めるべきなんです。この場面で清武⑧は誰もマークを見ていない。だったら瞬時の判断でこのスペースに体を持っていけばいいんです。

とにかくゴール前のこのスペースをそのときに埋められる誰かが埋めて、4と1でも、3と2でもいいから、2ラインを形成することが重要。このスペースはクロスのときに結構危ないところなんですよ。実際にこのスペースを空けていたからパウリーニョ⑱にやられてしまった」

――遠藤⑦がここまで入ってしまった、その考えられる理由は？　マークに引っ張られたのでしょうか？

「そこまでわかりません。ただ、最善の策は、吉田㉒がもっとバックラインの隣の選手との間を埋めること。吉田㉒はこの選手（フレッジ⑨）を警戒しているわけでしょう？　でも、たとえ吉田㉒がボールサイドにスライドしたとしても十分に下がってフレッジ⑨に競りにいけるはず。おそらく、このときの吉田はフレッジにマンツーマンになっている。だから今野⑮との横の距離が開いてバックラインの間が空いてしまった。そこが危険だと感じた遠藤⑦が瞬時に戻って埋めたんだろうけど、じゃあ遠藤⑦が中央でヘディングが強い選手と競るの？　ということになる。それは違いますよね？

もっとも、このときの代表がこれはゾーンディフェンスではなく、ゴール前なのでマンツーマンで対応している、ということであれば僕の言っていることはまったくの的外れなんだけど、ゾーンの感覚で言えば、ゴールマウスの幅には、センターバック2人と、ボールサイドとは逆サイドのサイドバックが絞ってゴール前に3人を配置するのが基本です。

このときもそうだけど、センターバックの今野⑮がボールサイドに引っ張られるときもあるから、そのときはボランチが下がってバックラインに入って埋めて、逆サイドのワイドミッドフィルダーが中に絞って、ペナルティアークのところで〝1〟を形成する」

――今まで日本はアジアとの戦いで攻め勝ってきたわけですが、コンフェデ杯では日本が守る時間もかなり多くなりました。監督から見て、日本代表の守備組織に今言われたようなゾーンでのコレクティブな印象は受けますか？

「この大会について言えば、あんまりないですかねえ……」

――その辺りは以前とは変わってきている可能性がある？

「100％マンツーマン、100％ゾーンディフェンス、ということはないんですよ。個人の裁量に任せる、センスに頼る部分、もちろんゾーンでも選手個人のセンスに頼る部分はあるのだけれど、今大会の日本代表を見るかぎり、そういう個人の裁量がどんどん増えてきているようにも感じます。

ザッケローニが就任した当初ほど、守備の決まり事について細かく言っていない可能性がある。なぜかと言えばアジアを勝ち抜けているから。ただし、失点になっていないだけで守備組織に問題があることはよくあることなんです。それは失点という結果になっていないから顕在化しないだけで、問題にもされない。そういう意味でも日本はアジアでの戦いに慣れてしまって、守備組織の構築が疎かになっていたとも言えるのかもしれない」

――日本代表のAマッチの相手は圧倒的にアジアが多い。だから指導者を送り込むなどして必死にアジアのレベルを引き上げようとしているわけですが……。

「そう。だから、コンフェデやワールドカップでは途端にレベルが違う相手と試合をすることになるわけだから、仕方がないことではあるんですけどね」

ブラジル戦のような展開だと遠藤では厳しい

――ブラジル戦は最後に3点目を奪われて敗れるわけですが、コンディションに問題があったにせよ、後半は長らく相手にボールを保持されてボールを奪うことすらできなかった。その中でも気になったのがボランチの守備力でした。ブロックを作って守備ポジションをとっていてもボールを奪い切れない。少なくとも何らかの抵抗をして相手に圧力をかけられないと体力を削ぎ落とされるだけで厳しいなあと思いながら見ていたのですが。

「つまり、遠藤をどう考えるか、ということでしょう? アジアで戦うときはほとんど失点を考える必要がなかった。じっくり守るのではなくてカウンターに対して慎重になればいいだけだったので。遠藤に求められるのは決定的な得点に関わるプレーですよね。それと相手を食いつかせてその裏とか、スペースを作るためのポゼッションプレー。そういうプレーと、相手からボールを奪うようなプレーとでは全然違います。昨年アウェーで勝ったフランス戦は守り勝った試合でした。

ああいう展開の試合が予想されるときに遠藤とは違ったタイプの選手を起用するのかどうか。守備で抵抗ができる選手を選択することも一つの選択肢としてはあるでしょう。ただ、それでも全然ボールを回せないのであれば難しいところですが」

――プラスマイナスを見極めながら慎重に選択するイメージですか。

「そうですね」

――ブラジル戦の後半のような展開になると遠藤では厳しい。

「ああいう展開になると厳しいでしょうね。ボランチにボールを奪い切れるだけのパワーがいるんです」

――最終ラインに行く前にフィルターをかける守備。あるいはそこでボールを奪い切るだけの守備力。

「ええ。たとえば、遠藤の起用の仕方としては、0－0でずっと進んでいて終盤になってもっとオープンな展開になったときに出てきて試合を決めてしまうとか。そういう選択肢があってもいいのかもしれない」

本田ボランチの可能性

――中盤でボールを奪うことを育成年代から評価しないとそういうタイプの選手は生まれてこない、と指摘するジャーナリストもいました。

「確かにそうですね。香川タイプの選手ばかりが生まれるということでしょう?」

――はい。

「ただ、本田のような選手がボランチをやれるなら相当いいとは思います。あのサイズやパワーやテクニックで、それがあった上でかつメンタリティがボランチタイプになってくれれば理想的でしょうね」

――将来的にはありそうですね。

「あるんじゃないですか。あるいは、フォワードになるか。フォワードになって負担がなくなって得点を取ることだけに専念してプレーするとか。本田にボランチとしてのメンタリティがあるのかどうかはわからないけれど、あれだけのパワーやサイズ、テクニックがあるのだから彼のボランチ起用でチームの色が変わる可能性はあると思います。ただ、まあ現時点では本田をボランチで起用するのは惜しい気がします。本田が二人いれば、まったく迷うことなく起用するわけですけど。中田英寿はサイズはありませんでしたが、身体の強さがあったのでこなせました。もちろん攻撃面は素晴らしいものを持っていたけれど、ボランチに必要なフィジカルやメンタリティを兼ね備えていました。

本田は身体の強さやパワーなどタイプとして打ってつけだけど、たとえば次のW杯までにどうかと考えると、今からメンタル的に変わるのは難しいと思います。そこを粋に感じてやるような選手ならば十分にあり得るけれど。前線は、前田や岡崎、香川に頑張ってもらって、本田にボランチでパワーをもたらしてもらう」

——で、遠藤をあとから入れる。

「そうそう。同点やビハインドの状況で終盤に進んだとき、本田が前線に上がって最終的にはゴールをこじ開ける。それで点を取らせるのがボランチに入った遠藤。となればセットプレーのオプションも増えるわけだから。もし中盤での守備力を確保したいのであれば、そういう考え方もできるんじゃないかなと思います。長谷部も体は中田英寿に似ていて頑張れる選手。だから、たとえば本田とボランチでコンビを組んだときに良いバランスでできるような気がしますね。

ブラジルのパウリーニョだって体がとんでもなく大きいわけではないのに、非常に当たりが強い。日本人のそれとは全然違う。体幹がすごくて、体の芯の部分がまったく異なるような印象がありました。やっぱり、セレソンに選ばれるまでに淘汰されてきた人数が圧倒的に違うと感じてしまいます」

――日本にも守備力の突出したボランチが今後出てくればチャンスですよね。

「絶対に重宝される選手になると思いますね」

――細貝は？

「可能性はあると思いますよ。代表での経験がまだ浅いのでこれからでしょうね。それこそ、吉田のようなタイプがボランチをやってもいいのかなあと思います。元々彼はボランチだったわけでしょう？　ただ、センターバックのバックアッパーがいないから今は回せないのかもしれないけど」

――センターバックと言えば、今大会を踏まえてベテランのセンターバック待望論が再浮上しました。

「闘莉王はいいと思いますよ。彼を招集しない理由はわからないけれど、センターバックに必要なものを全部持っていますね」

――たとえば失点したあとに沈み込みそうな時間帯、監督の言うクリティカルフェイズで周りを鼓舞できる選手、それをプレーで表現できる選手、そういうディフェンスリーダーがいないように思います。

「ボランチやセンターバックに〝喧嘩ができる選手〟がいるとチーム全体の守備がガラリと変わります。今野はいい選手ですけどボランチタイプという印象。ボールを運んだり縦に入れるパスだったり、攻撃のセンスは抜群のものがあります。そういう意味で、この1年間でどれだけセンターバックを育てられるかという点が課題になるのではないでしょうか。最後のところでデンと構えて抑えられる選手。やっぱりブラジルの2センターバックは鉄壁ですよね」

日本3−4イタリア

【日時 2013年6月20日　試合会場 レシフェ】
得点:本田圭佑(前半21分)、香川真司(前半33分)、デ・ロッシ(前半41分)、岡崎慎司(後半24分)、オウンゴール(後半5分)、バロテッリ(後半7分)、ジョビンコ(後半41分)

老獪だったピルロ

——イタリア戦は、素晴らしい試合の入り方をして2点を先行しましたが、前半の終了間際に失点を喫しました。

「ほとんどイタリアは攻撃の糸口がない時間帯でした。日本は2対0で調子に乗っていた。それとあの時間帯。前半の最後の終わり方ですね」

2点を先行されたイタリアに得点の匂いがなかった時間帯。だが、イタリアは何気ない縦パスに(マルオ)バロテッリ⑨が猛然と反応すると日本の守備陣に競り勝ち、その流れの中からコーナーキックを得る。

「(アンドレア)ピルロ㉑は老獪だよね」

日本の選手たちの準備が整っていないときにピルロ㉑がキックモーションに入る。

「選手たちが水を飲んだりしているときに素早くコーナーをリスタートさせた。それで不意を突かれたのか、長谷部⑰は自分のマークが後ろから入ってくるのをわかっていない。気づいたときには前に入られている。もちろん、ここにピンポイントで合わせるピルロ㉑もすごいし、合わせた(ダニエレ)デロッシ⑯も信じて走り込んできている(図55)」

——代表のコーナーキックの守り方で多いのがニアに壁を作って、中央はマンツーマンで守るというものです。

「マンツーマンで守るチームに多いスタンダードな守り方ですね。僕はニアの壁に入る選手をブロッキングプレーヤーと呼んでいるんだけど、そこには背の高い選手を置く。日本代表でいえば前田⑱が担当している。ここでガツンと合わせられるとキーパーも届かないので怖いから抑えるんです。それで残りの選手はマンツーマンで守る」

——このシーンの問題点は。

「まあ、個人の問題ですね。マンツーマンは個人の問題に帰結するから。マークを外されたら、それが問題になる。そこで勝たなきゃいけないし、最低でも体をぶつけないといけない」

だからマンツーマンは採用することができないのだという。

「昔はシャツを引っ張ってでも対応できたけど、今はルール上、少しでも相手をつかんだりするとペナルティになるから、ハードなマークができない。そうなるとマンツーマンは採用できないよなあ、と僕の中では結論が出たんです」

——日本代表は往々にして欧州各国にサイズで上回られてしまいますが、競り勝てるかどうかで判断するとなると、確率論ではマンツーマンよりもゾーンのほうが良いということになりそうですか。

「そうですねえ……。まあ、一概には言えないことなので。もちろん、どっちにも良いところと悪いところがあるんです。マンツーマンは相手に自由を与えないようにすることはできる。引っ張りはしなくてもガチ

図55 イタリアの先制点（日本の1失点目）

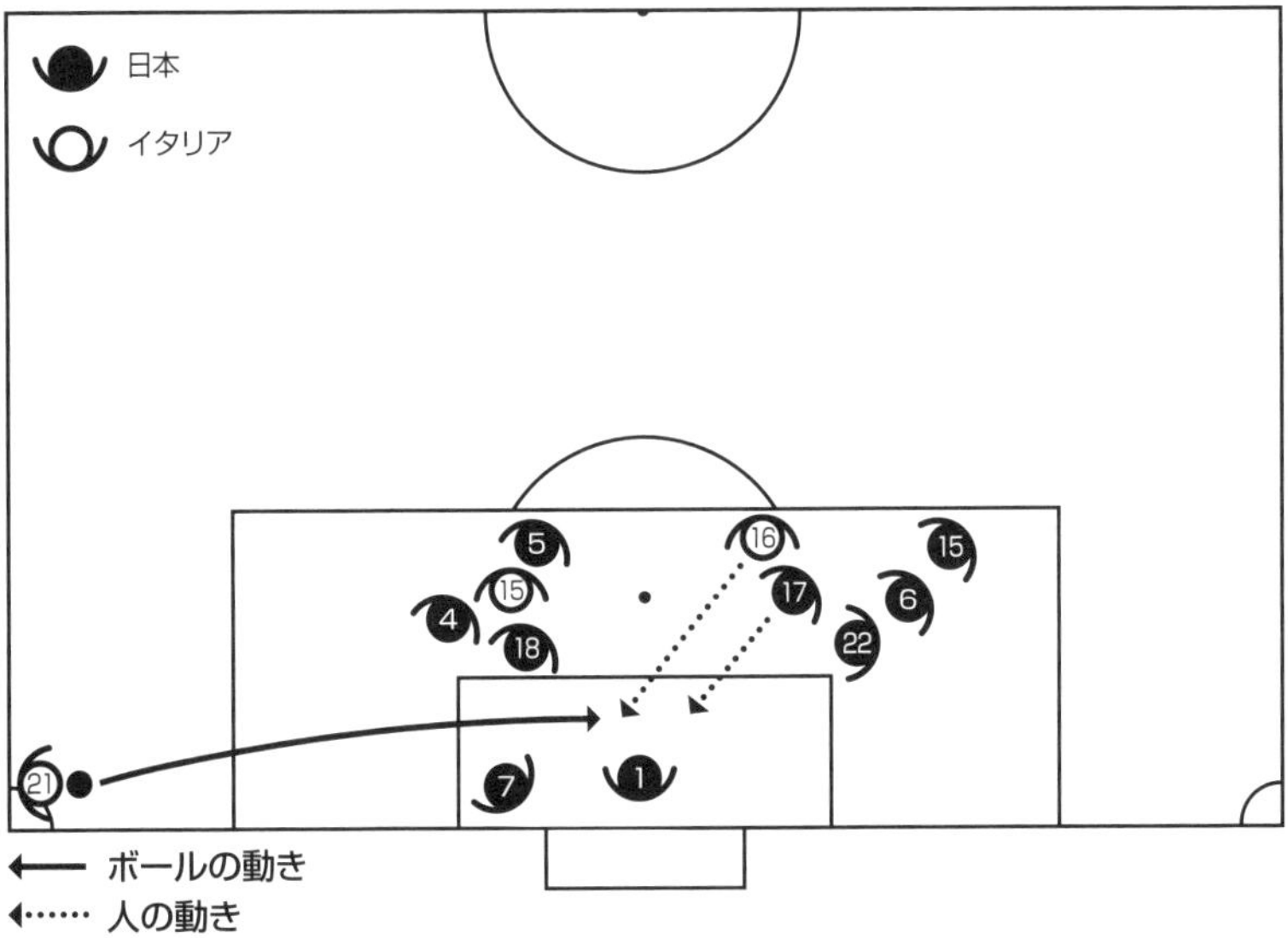

長谷部⑰がデ・ロッシ⑯を視野に入れられず、前に入り込まれてしまった。

ャガチャっとしたりして。

でもゾーンにも弱点はあるんです。ゴール前をゾーンで固めても、その外はフリーだからそこからは確実に折り返される。ただ、そこに合わせられてもまだゴールから遠いからいいと判断しているわけです。もう一つの弱点は、立っている選手の真上にボールを挙げられたとき、そこに飛び込まれると弱い」

――ボールの質がいいとお手上げ？

「質の高さにもよりますが、アウトスウィングのボールが多いですね。ゴールから逃げるボール。そうすると飛び込んでくる相手選手が迎えるボールになりますよね。ディフェンスが背伸びをするように触りにいくのに対して、その上からガツンと叩かれるような感じになる。だから、うちでも（栃木でも）ゾーンをやりながら、ものすごく打点の高い選手、たとえば神戸の田代（現Ｃ大阪）にはマンツーマンをつけるとか。そういう対応をしている。そのためにはマンツーマンでつく選手を一人作らないといけないから、ゾーンの一番不必要な部分を捨てるとか、もしくは３人で見ていたゾーンを二人で守るとか、そうやって対応する」

――マンツーマンの良し悪しは、人に勝てれば勝ち、負ければ負け。

「そうですね。それと僕がマンツーマンを採用しない理由は、相手に操作されてしまうことなんです。たとえば、相手が５人いてマンツーマンでついていたとしますよね。相手二人がブロッキングプレーヤーである前田の前に走っていったとしたら、味方の二人もついていかなければならない。それで残りの３人が逆サイドに逃げていったときに味方の３人も引っ張られたとしたら、ゴール前の前田⑱の背後のスペース、いわば一番おいしいところに誰もいない状態ができてしまう。そこに遠くから走ってきたもう一人の選手にやられる、なんてことがある。その選手を見るのはたいがい小さい選手だったり、守備のメンタリティに欠ける選手だったりするのでやられてしまう。

僕も現役時代にゴール中央でどフリーでヘディングシュートを決めたこともあるし、今の栃木でもチームとして何度も決めたことがあります。相手がマンツーマンであれば操作しやすいんです。マンツーマンは試合全般でも言えることで、人もボールも動く、それでスペースを作って3人目を使う、などと言うんだけど、それは相手がマンツーマンの守備が前提だからそう言えるわけで、ゾーンだったら相手に操作されないからそもそもスペースが生まれない」

——ボールを中心に守備をしているからですね。

「そうです。相手の動きとは関係ないから。それは試合全体の局面でも、セットプレーの局面でも同じこと」

相手をほとんど視野にとらえていなかった長谷部

——話をイタリア戦の失点シーンに戻しますと、この場面の修正点はやはり長谷部⑰が負けないことですか。

「そうですね。まず、最初のマークするポジションがマンツーマンにしては相手を離しすぎてしまっている。一瞬、相手に背後のポジションを取られ、その瞬間は相手が全然視野に入っていない。そして次の瞬間、視野外から勢いを持って前に入られているので対応が遅れてしまった。マンツーマンには色んなやり方があるんですが、一つは、自分のちょっと前になら相手を置いておいてもいいんです。そうするとボールも相手も見えるじゃないですか。それでボールが蹴られた瞬間に自分が前へ出て、クリアする」

——相手を少し前に置くくらいがいい。

「少しですけどね。ほぼ横並びだけど相手の背中に手を回せる程度。それで後ろに行かれてしまった場合には……」

ここで松田監督が立ち上がる。監督が守る長谷部⑰役、筆者がゴールを決めたデロッシ⑯役。

「後ろにいこうとしてください。そうしたらこのとき僕は鈴木さんの背中に手を軽く添えて押さえればいいんです。これだけで後ろへは行けないでしょう?」

たしかに、軽く手を添えられるだけでほとんど動けない。

「こうやって絶対に後ろにはいかせない。そうすると絶対にマークを見失わないで済むんです。僕がマンツーマンの指導していたときや現役時代はこの方法をとっていました。でも、今はこの添える手でさえもファウルを獲られることがある。『おおい!　レフェリー!』とアピールされる可能性がある」

——内田がアウェーのオーストラリア戦でPKとなるファウルを獲られましたね。

「あれは両手で囲ってしまったからね。もし僕が攻める側であんなことをされたら両脇を締めて、そして倒れる。そうしたら絶対にペナルティになる。両手を外したくても外せないくらいに強く締めて、倒れるんです」

——あのときの内田はせいぜい片手だったらよかったわけですか。

「片手でも最初から相手に触っているとファウルをアピールされるから、ボールが蹴られる前後に、相手が動き出した瞬間に手を入れて、後ろだけには絶対にいかせないようにする。失点シーンに話を戻せば、マンツーマンの場合でこのポジション（長谷部⑰）は迂闊だったですね。これは本人が一番反省していると思いますよ」

吉田のミス。しかしその前にも軽率なプレーが

後半4分の日本の2失点目のシーン。イタリアのフリーキックの流れから、吉田㉒が自陣ペナルティエリア内でボールの処理を誤り、相手に奪われる。そのクロスに対して必死に戻った内田⑥だったが、オウンゴールとなった（図56）。

「これ何分ですか？」

——後半4分ですね。

「まだ5分も経っていないですよね。やはり立ち上がりの5分ですよね」

まず映像を見てみる。

「まず一つは、吉田㉒が相手の入れてきたボールをバウンドさせてしまったのが問題。ボールを落とさずに蹴り出しておけば良かった」

——吉田㉒は何をやろうとしたんですかね。

「体を入れてゴールキックにしようとしたんじゃないですかね」

図 56 後半4分、日本の2失点目のシーン

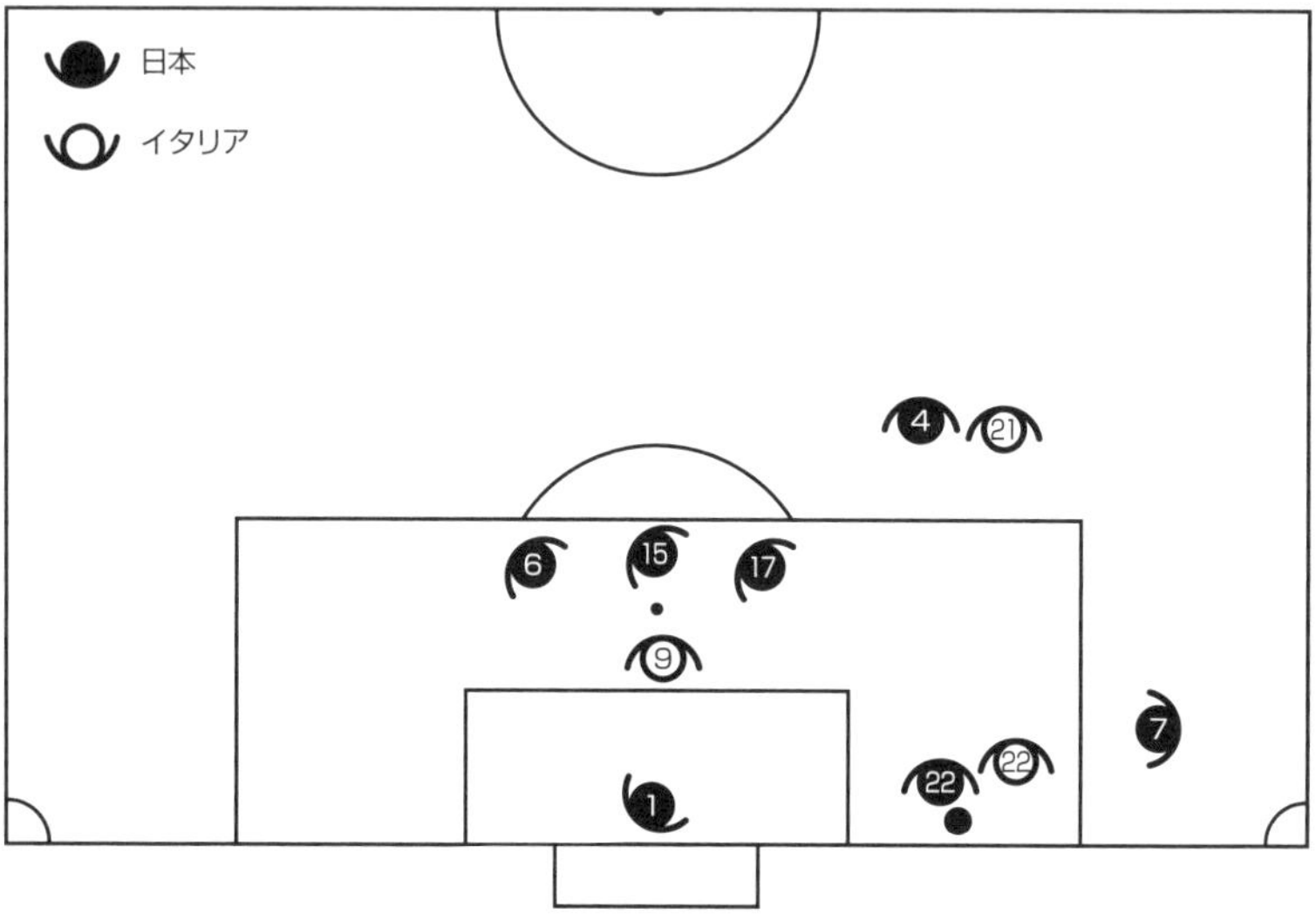

吉田㉒の軽率なプレー。後半立ち上がり5分間のクリティカルフェイズだから大きく蹴り出してしまって良かった。

もう一つの問題は、その前のシーンにあるという。

この失点シーンはイタリアの左サイドのフリーキックから始まる。ゴール前混戦からこぼれたボールを本田④がクリアしたが、すぐにピルロ㉑に拾われてペナルティエリア内にボールを戻された。そこで吉田㉒が対応し、致命的なミスを犯す。

「ここの本田④のクリアは思いっ切り蹴り出しておくのも手だと思います。一回プレーを切っておく。とくに後半の立ち上がり5分間、クリティカルフェイズだから。ボーンと大きく蹴っておいてもいいんです。相手の2次攻撃を防ぐと同時に、相手に『こいつら隙がねえな』と思わせることができるし、こっちも『絶対にやらせねえぞ』という意志表示ができる。ブラジル人はよくやりますよ。うちの（栃木の）クリスティアーノなんかもよくやりますね。

このシーンの本田のプレーはできれば味方に繋ぎたいと考えたのかもしれないが、少し中途半端な感じがするし、こういうプレーをしていると、相手に『つけ入る隙があるな』と思わせてしまう。『ボールをかっさらってやろうか』などと勢いづかせてしまう。そういうときに大きく蹴り出して自分たちの気迫を相手に見せつけたり、相手のやりたいようにはさせなかったりというしたたかさ、うまい試合運びも必要になってくる。その辺りは、ブラジル人は本当にうまいですよ。日本代表は相手に対するメンタル的な駆け引きというか、そういうことをやる選手が少ないなあと感じます」

――闘莉王がいたらやりそうですね。

「やるでしょうね。絶対に。はっきりしたプレーで、相手にこっちの気迫が伝わるようなプレーをする。この失点は本当にもったいない失点ですよ。安すぎる」

――ゴール中央の対応を指摘する声もありました。吉田㉒の対応がまずかったにしろ、中央のカバーに誰も行っていない。バロテッリ⑨が中でフリーになっている。

「そうですね。それはやるべきですよね。ボールがここ（吉田㉒）にあるのなら、僕のゾーンディフェンスの考え方で言えば、ボールの位置、味方の位置に対して、今野⑮がここ、内田⑥がここ、というように決まるから。ただ、彼らもゴールキックになると思っちゃったんじゃないですか？」

――パーセンテージで言えば吉田㉒の圧倒的な個人のミスでしょうね。

「そうですね。まあ、中央の悪いポジショニングが生んだオウンゴールではありますけど、でも一番は吉田㉒の対応でしょう」

――試合後に内田⑥が「吉田には吉田の考え方がある」と擁護していたんですが、それは吉田㉒の考え方としては、簡単にボールを切らないとか、そういうことなんでしょうかね。

「そうだと思いますよ。ただ開始5分ですよ。ノーリスクでいいと思うんですよ。吉田㉒の対応にしろ、その前の本田④の中途半端なクリアにしろ、ボールを大事にしようとするのはわかるけど、少しばかり恰好を気にしてサッカーをしている印象を受けるんです。

コスメティック・フットボールというか、見かけが良いサッカー、でも実がないサッカー。コスメティック、つまり、化粧をとるとどんでもないという。上っ面だけ、という意味です」

――コスメティック・フットボール。

「僕はバクスターに言われたんです。こういうプレーが象徴しているんですけど、『そんなのは飯の種にはならない』と。ディシプリンのあるプレーはこの反対にあると思います」

少し映像を進める。この失点の直後に、日本はまたも失点シーンを迎えてしまう。

――それでこの2分後に逆転ゴールを奪われます。イタリアにペナルティキックを献上してしまうシーンです。

「これは判定がかわいそうですね。ペナルティではないと思う。ただ、集中が必要な時間帯ですよ。さっきの失点後の5分以内でしょう?」

――2分後ですね。

「頑張りどころなんですよね。ネジを締め直すというか。バクスターはハッスルという言葉を使っていて。力を注ぎ込むという感じですかね。『失点後の5分間はハッスルしないといけない』と真面目な顔で言うから僕は笑っちゃったんだけど」

――テンションをあげる。ザッケローニ的に言えばインテンシティ。

「そういうことですね。それは守備の話だけでなく、躍動的にガッと攻めにいく、ということも含めて言っているんだけど」

ここで映像を見返す。

日本はゴールキックのボールを奪われ、イタリアに右サイドからクロスを許して中央でバロテッリ⑨に起点を作られている。バロテッリはワンタッチで味方にはたき、（セバスティアン）ジョビンコ⑩がシュートを放つ。対応した長谷部⑰の右腕にボールが当たり、審判が笛を吹いてペナルティスポットを指さす。長谷部が両手を広げて審判に詰め寄る（図57）。

「長谷部⑰はいいところに戻ったよね。このとき、吉田㉒がずっとマンツーマン気味にバロテッリ⑨についている。吉田㉒はブラジル戦のときもネイマール⑩やフッキ⑲にマンツーマン気味でついていた」

再度巻き戻して詳細に見返す。

「吉田㉒はバロテッリ⑨を見ているでしょう？　そうじゃなくて、バロテッリ⑨はある程度内田⑥に任せて、ここ（ジョビンコ⑩）を見ないといけない。もしここ（ジョビンコ⑩）にクロスが通っていたら終わりでしょう？　吉田㉒はやっぱり一人だけマンツーマンの印象があるんです。もしかすると、ザッケローニがそういうやり方なのかもしれないから間違いではないのかもしれない。それともザッケローニもこの対応は嫌だと感じているのかどうか。それとも、相手がバロテッリ⑨だからマンツーマンなのか。その辺りは僕にはわかりませんが」

――可能性はあるんですか？　最終ラインは基本的にゾーンで守りながら、一人だけマンツーマンのような。

図57 後半6分、日本がPKを与えたシーン

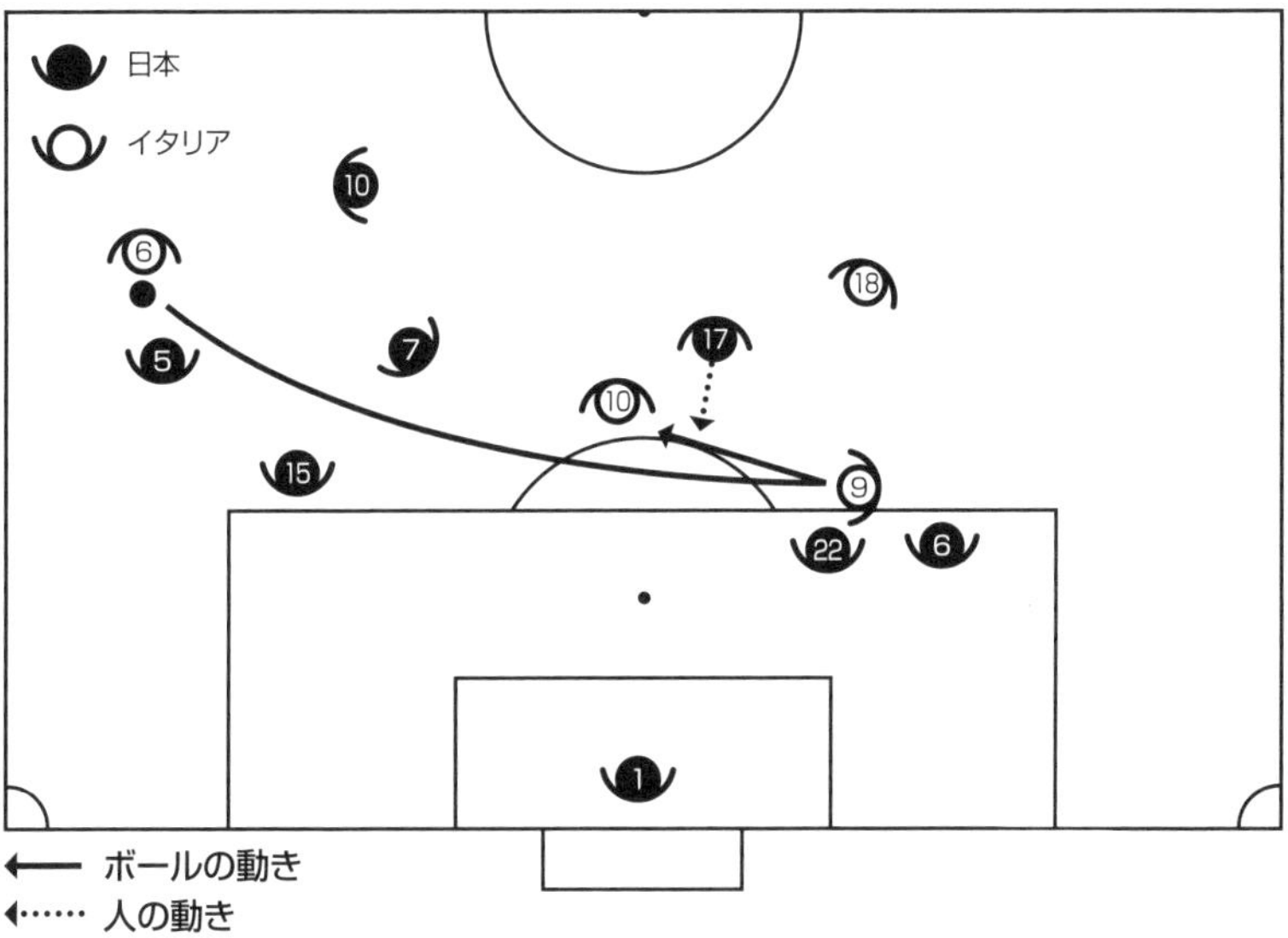

長谷部⑰は良いポジションに戻ってきていたが、吉田㉒がバロテッリ⑨にマンツーマンで付いていたことが仇となった。

「いや、それはないですね。それなら全員がマンツーマンでやらないと周りの人が対応できない。リベロがいるなら話は別だけど、リベロがいるわけでもない」

——吉田㉒がマンツーマン気味なのはわかりますが、ブラジル戦やイタリア戦を見ていて、そのほかの選手たちの対応はマンツーマンに見えますか？

「うーん、どうですかねえ。ポーランドでブラジルと対戦したときの長友はフッキにマンツーマンでついていた印象がありました。中への絞りがあまりないように感じたので。それだけの個を持っている選手、ネイマールやフッキ、バロテッリといった選手たちに対応するときはこうなるのかもしれない。たとえば、最終ラインに味方が二人いるときは、いつも吉田㉒がワントップのバロテッリ⑨をみて、それで今野⑮はリベロ的に守るという形はありますよ。吉田㉒と今野⑮の身体的特性を見たときにはそういう役割分担はある。ただし、このシーンの対応でバロテッリ⑨にマークに付くのはどうかなと思います。

バロテッリ⑨は内田⑥に任せて、やはり、吉田㉒はここ（ジョビンコ⑩）を見るべきでした。後半開始直後に同点にされたときの軽率なプレーも含めて、吉田㉒には最終ラインの要として石橋を叩いて渡るプレー、そういうメンタリティをもう少し大事にしてほしいと感じます」

日本にないメンタリティ

後半6分にイタリアに逆転された日本は、その後30分間にわたり猛攻を仕掛ける。イタリアはコンディシヨンに問題があったのか、後半は前へ出るパワーがなくなり、自陣に引き籠っての戦いを余儀なくされた。

「それでもイタリアには1点差を守り切れるだけのメンタリティがあると思うんです」

――ある程度全体が下がって押し込まれても最後の最後でやらせない守備ですか。

「そう。それと日本人の身体能力を考えたときに守り切れると踏んだんじゃないでしょうか。ただ、それでも日本はハーフナー・マイク⑪を投入すれば可能性は出てくると思うんです。相手が完全にリトリートしているならば、ゴールマウスの近くでピンポイントで一回でも合えばゴールになる」

映像は、圧倒的に日本が押し込むシーンが続いている。見惚れるほどのパスワーク。スタンドからは「オーレ!」の歓声が沸き起こっている。それでも、イタリアはその歓声を寸断するように隙をみて鋭いカウンターを打つ。

「イタリアはこういう感じのカウンターで追加点を狙うイメージなんでしょうね」

イタリアは完全に死んでいるかと言えば、そうでもない。

――後半投入されたイタリアのジョビンコ⑩は厄介な存在でした。

「ええ。カウンター時の脅威でした。イタリアでは未だに国内リーグで3－5－2や3－4－3が復活しているわけで。カテナチオの文化、ブロックで守りを固めるという考え方が浸透している。日本にはその文化はあまり馴染みがありません。徹底して守る、耐え切るという文化がない。一回、W杯予選のときだったかな? リードしてから一人ディフェンスを入れて5枚にした途端に逆転された」

――97年の韓国戦、国立の。

「ああいうふうになる危険性がある。日本にはイタリアのようなメンタリティ、守り切る文化は残念ながらまだないですよ」

クリアしたあと最終ラインはペナルティエリアまではあげる

日本の猛攻が実ったのは後半23分。フリーキックから岡崎⑨が決めて同点とすると、その後も猛攻を仕掛け、36分に岡崎⑨のシュートがポストを弾くなどイタリアを追い込んだ。しかし、無情にも勝ち越しゴールはイタリアに。

後半40分、日本のクリアが小さくなったボールを拾い、スルーパスを受けた（クラウディオ）マルキージオ⑧が折り返して中央で待っていたジョビンコ⑩が押し込む（図58）。日本の時間が続いていたなかでの、一瞬の出来事。スタジアムが悲鳴と歓声に包まれる。天を仰ぎ、うなだれる日本の選手たち。

「また最後の5分。最低でも3対3で終わらないといけなかったと思います」

映像をたどると、失点の原因は今野⑮のクリアミスから始まっている。

「中途半端なクリア。このクリアはスタジアムの外へ蹴り出すくらいの勢いがあってもよかった」

それと、と松田監督は続ける。

「このクリアをしたあと、バックラインが全然揃っていないんです。今野⑮はクリアしたあとエリア内で足を止めてしまっている。僕はペナルティエリアのラインまではバックラインを上げるべきだと思うんです。

図58 後半40分、イタリア代表が勝ち越した4点目のシーン

今野⑮は大きく蹴り出すか、蹴ったあとにペナルティエリアのラインまでバックラインを押し上げるべきだった。

ペナルティエリアのラインが目安になる。ただし、ボールホルダーのボールが浮いているときはDFラインの背後で、かつ、キーパーまで届かない柔らかい浮き球を出される可能性があるので、ペナルティエリアのラインではディフェンスは止まれない。その場合は逆に下げないといけない。

でも、このときは下にボールがあるので、たとえバックラインの背後へ出されたとしてもキーパーボールになるんです。だから、ペナルティエリアまでラインを上げるか下げるかは、ボールが上にあるか、下にあるかも含めたボール周辺の雲行きで判断すればいい。もしもこのときに、キーパー方向ではなくもう少し外側へスルーパスが出たとすれば、そのときはキーパーは出られないけど、その場合は直接のシュートはないし、その間にディフェンスも戻ればいい」

――ペナルティエリアのラインが目安というのは、ボールホルダーがもう少し浅い位置でも言えることですか？

「どんなときでもペナルティエリアのラインまでは上げられると思います。そういう考え方で守っていれば、この場面は結果的にオフサイドになる」

再度映像を巻き戻す。クリアが中途半端になった今野⑮がそのまま足を止めずにペナルティエリアのラインまで上がっていれば――たしかに、スルーパスを受けたマルキージオ⑧も、逆サイドのジョビンコ⑩もオフサイドだ。

「このスルーパスが出たときに長友⑤はオフサイドをとりにいっている。スルーパスが出た時点でマークを放してしまっているんですよ。おそらくマークにつこうとすればつけるんだけど」

――長友⑤にもオフサイドだという頭があった。

「そう。だからラインが上がって揃っていればイタリアの二人はオフサイド。今野⑮は、この選手（ジョビンコ⑩）に影響を受けたのかなあ。それかスルーパスを受けたこの選手（マルキージオ⑧）が見えていた。

もしそうだったら、もう少しボールサイドに寄せていてもいい。まあ、何とも言えないですね。とにかくこの場面の今野⑮の位置はまったく足を止めるところじゃないですよ。ラインを上げていれば結果的にオフサイドがとれていた」

――修正すべきは、ペナルティエリアのラインまで上げること。あとはクリアをしっかり飛ばす。

「そうです。そこは絶対。終了間際の危険な時間帯なんですから大きく切ってしまう」

――イタリアは瀕死の状態からこのゴールで勝ち越すわけですけど、やはり経験だと感じますか。

「そうですねえ。それもあるけど、こっちが与えた隙もありますからね。日本には絶対にゴールを与えないような意志、最低、引き分けでもOK、という考え方があってもよかった。ベンチの指示があったのかはわからないけれど、個人個人で状況はわかっているわけだから。引き分けならば次の試合が消化試合にならなかったんですからね」

日本1―2メキシコ

展開を左右した疑惑のオフサイド

［日時 2013年6月23日　試合会場 ベロ・オリゾンテ］
得点：エルナンデス（後半9分）、エルナンデス（後半21分）、岡崎慎司（後半41分）

「岡崎⑨の前半のゴールはオフサイドじゃなかった。あれが入っていればまた展開も変わっていた可能性があります。タイトル（もしくはその次の試合）が懸かっていない試合だから何とも言えないところですが。そういう意味でイタリア戦は引き分けてほしかった。予選突破がかかるのか、消化試合なのかでは試合に臨む姿勢が変わるわけだから。相手のメキシコもすでに2連敗だったわけで、ラテンだから先制点を奪われて気持ちも切れたかもしれない」

メキシコ戦の序盤、日本はイタリア戦で見せたような華麗なボール回しから決定機を作ったが、岡崎⑨のゴールはオフサイド判定。前半の半ば辺りから徐々にペースが落ちると、メキシコに主導権を握られるようになっていた。

――後半の最初の失点シーンはずっとメキシコがボールを繋いでいる状態から喫したものでした。

「（日本がメキシコにボールを回され続けるシーンを見ながら）この時間帯はがんばりどころで、取ったボールを大事にしたかった。日本はリズムが良いときにはボールをポゼッションできるけれど、守りに回ったときに、守りの時間をなるべく少なくするためのポゼッションというか、そこの攻守の切り替えのところをもっと大事にしたい」

その悪い流れのまま迎えた後半8分、メキシコは左サイドから（アンドレス）グアルダード⑱が絶妙なクロスを送り込み、中央で（ハピエル）エルナンデス⑭が合わせて先制ゴールを決める（図59）。

防げたグアルダードのクロス

「このクロッサーに対応した酒井㉑は、絶対に体の右側にボールを通させない守備が必要だった。この選手が右利きなのか、左利きなのかは、わかるわけだから」

――左利きですね。

「そういう情報は試合前にわかるわけじゃないですか。ましてやこの場面はもう後半だから絶対にわかっている。左利きのクロッサーに右足に持ち替えさせて、右足で上げさせるように対応するとか。そうすると中の選手もクロスのタイミングに合わせにくくなる。実際の場面は、中央で合わせたエルナンデス⑭の入り込みに対して、中の選手たちもマークがしにくい部分もあるんです。だからこそ、クロッサーに対して酒井㉑はこの立ち位置ではなくて、もっとおおげさに縦方向を切る、つまり左足で巻いたクロスをも入れさせないような、もう身体ひとつ右に寄ったポジションを取るべきでした」

――映像で見返すと、相手のクロッサーはいかにも酒井㉑の体の右側を狙っていますね。

「この対応なら絶対にクロスを上げられる、そういう形を持っている選手なんでしょう。だからこそ酒井㉑

図59 メキシコ戦、後半8分の失点

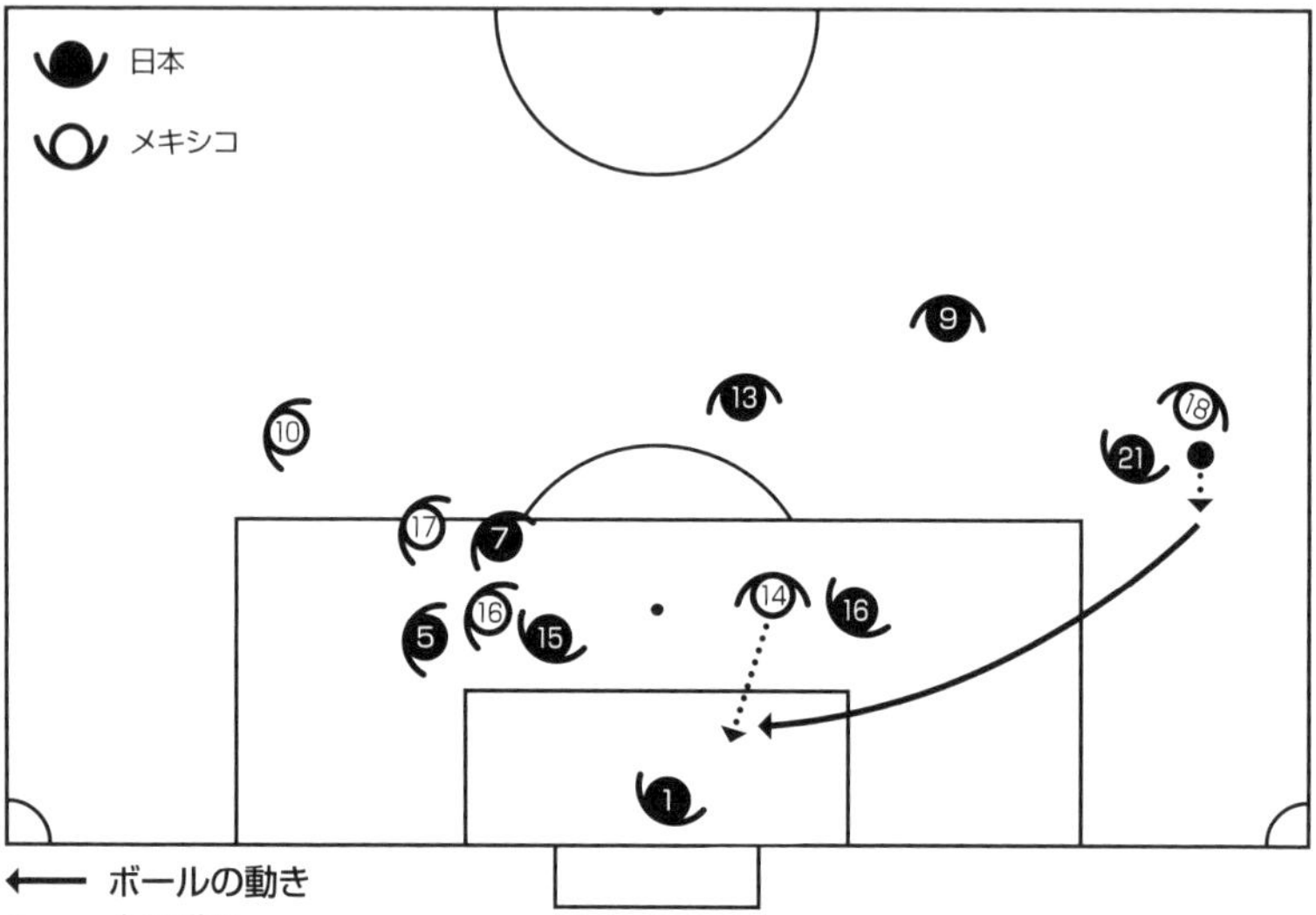

← ボールの動き
←…… 人の動き

クロッサーへの対応、中央のポジション取り、いずれにも問題があった。

は、この場合ではあからさまに縦方向を切ってしまう。そういう対応でもいいという考え方もできるんです」

――酒井㉑には完全に縦を切らせて、相手を内側へ行かせたときにボランチなどが対応する。

「それでもいい。そういう意味でこの場面では内側からもう一人寄せていないのも問題でしょうね」

ここで映像を巻き戻して確認する。

「……これは岡崎⑨かな？ 軽くジョグで寄せてきているでしょう？ もっと素早くクロッサーに対して内側から寄せてあげれば酒井㉑の対応も全然違ったものになったと思うんです。相手のクロッサーに左足で挙げさせないような対応ができたかもしれない」

そして、酒井㉑の体の右側ギリギリを通過したクロスが、中央に走り込んできたエルナンデス⑭にドンピシャで合う。

「クロスを入れられたところも泣きどころではあるんです。それに（3バックの一角の）栗原⑯も右サイドの酒井㉑が縦に抜かれたときのカバーリングのためにやや右サイドに引っ張られている。これ、よく陥るんですが、結果的には酒井㉑の1対1のカバーをするわけでもない、ゴール前の大事なエリアで自分の強みを生かしたヘディングの競り合いをするでもない、中途半端な位置に自分の身を置いてしまっている。この場面ではもっと、ゴール前でゴールマウスの幅に沿って、ここでも〝3と1〟を作ることに貢献すべきだったと思います。だけど、実際の栗原⑯のポジション取りはボールサイドにかなり寄っていて、クロスを入れられてやられたのが栗原と今野⑮の間にできたスペース。栗原⑯はもっと後ろの状況を首を振って確認していれば、自分はこんなところじゃなくてここだよな、という正しいポジションがわかると思うんです。

この場面ではボランチの遠藤⑦が頑張って戻っていて、〝3と1〟の〝1〟に入っているんだけど、それだったら栗原⑯と今野⑮の間にできてしまったスペースに滑り込んで埋めたほうがよかった。ただ、ここでは遠藤⑦というよりも栗原⑯の立ち位置のほうが問題。栗原⑯は後ろに入ってくるエルナンデス⑭を見ているのかな？」

映像を見返して確認してみる。クロッサーが上げる瞬間、栗原⑯は首を振ってエルナンデス⑭の位置を確認している。

「ああ、見ていますね。だったらいち早くこのスペースに戻るべきだった。エルナンデス⑭がシュートしたところに。スッと下がって対応することもできた可能性がある」

――これ、今野⑮がもっとボールサイドに寄ってスペースを埋めるという考え方は？

「それでもいいけど、この選手（ヒメネス⑲）に対してマンツーマンになっていますよね。今野⑮はこの選手しか見ていない。それでは、この空いてしまったスペースの対応はなかなか難しい。もしかするとサイズ的な今野⑮の泣きどころなのかもしれない。今野⑮と栗原⑯のポジションがもし逆だったら……エルナンデス⑭の飛び込みにも高さで対応できていたかもしれない」

――ボール自体はいいですよね。

「もう申し分ないくらいの素晴らしいボールです」

うまかったメキシコのブロックプレー

メキシコに先制された日本。このあと後半21分にもメキシコに追加点を奪われると日本はいよいよ厳しい状況に追い込まれた。

――このコーナーキックからの失点はニアで触られてやられました。

「ニアで触られてしまうと確率の問題だけど、こういうことは起こりうる。フォアサイドでは内田⑥がゴールを決めたエルナンデス⑭を見ているけど、瞬間的にマークを離されている（図60）」

映像を巻き戻し、まずニアサイドでの対応を確認する。

「ニアの対応は遠藤⑦ですね。これもマークを離されてしまっている。これはサインプレーのうちのブロックプレー。コーナーキックのボールにニアで合わせた選手（イラム・ミエル㉑）は中央からニアサイドに向かって走り込んでいる。このときに遠藤⑦は、その選手（ミエル㉑）を捕まえに行っているんだけど、そのコース上にいる相手選手にブロックされているんですよ。マンツーマンの対応だと相手にこういうことをやられてしまう」

――それでニアサイドの対応で後手を踏んだ。よくバスケットボールであるプレーですね。

「まさしくそう。バスケットやフットサルでも使われるスクリーンプレー。僕らもマンツーマンのチームにはよく使います。昔からあるパターンですけどね。で、メキシコは、ニアで触ってコースを変えたボールに

図 60 メキシコ戦、後半21分の失点

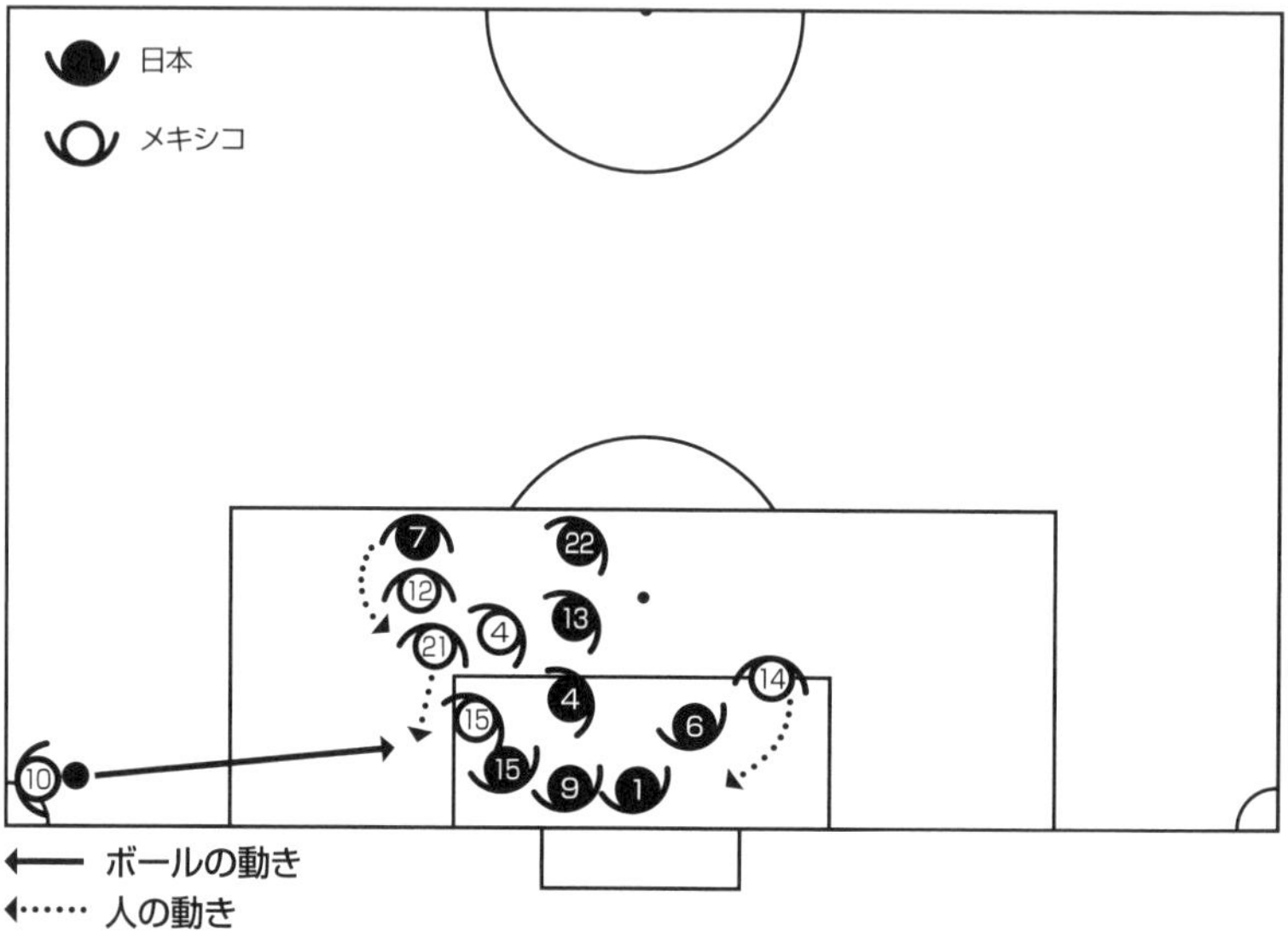

メキシコのブロックプレーで遠藤⑦のニアサイドでの対応が遅れた。

対して、フォアサイドで待っているエルナンデス⑭が瞬間的に下がって前に出てくる。
この場面、もしエルナンデス⑭に対応していた内田⑥にボールがいっていれば内田⑥が触っていたとも言えるけど、ただ、体勢としてはエルナンデス⑭のほうがいい。ボールも敵も見えている状態で、しっかりゴールを狙える体勢がとれている」

——これ、マンツーマンの対応の場合、試合中に相手が仕掛けてくるパターンはいくつもあるわけですよね。だから相手がやってくることに対して瞬時に対応するのだと思いますが、この場面でいえば内田⑥が頑張るしかないんですか。

「そうです。それか遠藤⑦の対応も、こういう相手のブロックプレーに対して考えないといけないでしょうね。ただ、遠藤⑦の対応は少し淡泊かなあと感じます。元々ガツガツ対応するタイプの選手ではありませんが。マンツーマンだと色んなことに対応しなきゃいけないんです。それこそ相手のやり方次第なので対応も無限にある。その反面ゾーンは対応しなきゃいけない数は少ない。相手次第で動かされるわけではないから、だから僕はゾーンのほうが守りやすいんじゃないかなと思っているんです」

セットプレーにおけるゾーンとマンツー。失点する確率が低いのは？

——この日本の守り方もニアに壁になる選手を置いておいて、というスタンダードなものです。

「当然、日本も嫌なスペースは埋めていますよね。ただし、このとき壁になっているのは本田④しかいないので（前田⑱はこの直前の後半20分に交代していた）、その前のスペースは空いているから、こういうブロックプレーで相手がニアでフリーになる可能性はあります。だからといって本田④がその前のスペースに出て対応しようものなら、本田④の後ろを越えられたときに一番おいしいところが空いてしまう。だから本田④は動けない。そのための対応として本田④の前にもう一人置いているチームもあります。ニアに相手が走り込んでくる危険なエリアに対応するための選手を一人置くわけです。

だけど、そういう対応をするのだから、どこかで相手の誰かが一人余ることになる。そのフリーになっている相手選手に合わせられてズドンなんてことが理論的にはある。そういうところまで操作されると嫌だなと思うから、僕はマンツーマンを採用しなくなったんです。もし自分だったら相手のマンツーマンに対して必ず仕掛けるから。ゾーンのほうが自分たちの弱点をわかった上で、この辺りはいいだろう、と思えるから納得がいく」

――トータルで考えたときに確率論としてゾーンのほうが失点する可能性は低い。

「もちろん、ゾーンでもやられるときもありますよ。ドンピシャのボールを蹴られたときなんかはやられる。でも去年も一昨年もうち（栃木）はセットプレーの失点は少ないですよ。2点くらいですかね」

[第５章]

日本サッカーが強くなるために

２０１３年の栃木ＳＣでの指揮を最後にＪリーグの現場から離れている松田は、現在、日本サッカー協会に所属し、育成の現場を回りながら指導者の養成に尽力している。２０１４年のブラジルワールドカップにはゲーム分析班として派遣され、世界の最先端のサッカーのゲーム分析も行うなど精力的である。プロ監督一筋できた松田にとって、そうした活動のなかでこれまで見えていなかった日本サッカー界の新たな側面が見えてきたという。

そこで第５章では『日本サッカーが強くなるために』というテーマでざっくばらんに話してもらった。ただ、自ずと、という言葉が相応しいだろう、話はやがて日本サッカーの守備の課題、その核心へと深く掘り下げられていった。

日本人が日本代表監督を務める時機が近づいている

２０１４年のブラジルワールドカップについては、かつて日本でも活躍したリティ（ピエール・リトバルスキー）が日本を応援していたというんです。リティは『最後はザックさん（アルベルト・ザッケローニ監督）と選手たちのコミュニケーション、つまり監督が言っていることと選手たちが受けとる内容にズレがあったんじゃないか』と思っていたそうなんです。そのうえで『自分が日本代表のスタッフに入っていれば結果は変わっていたかもしれない。僕はザックさんと、日本人選手と、その両方から意見に耳を傾けてもらえる立場でしょう？

僕は日本人のこともよくわかっているし、それだけで解決できた問題もあるんじゃないかな』などと話していました。納得できる話だし、もう日本人が日本代表監督を務めたほうがいい時機が近づいているのではと感じます。2010年の南アフリカワールドカップのときは大会前に成績が振るわず、岡田武史監督と選手たちが腹を割って話して一致団結して戦って結果を掴みとりました。ワールドカップのような大舞台では、自分たちのサッカー云々ではなく、やはり戦う魂が結果に大きく左右する、というのであれば、今後、授業料を払わないといけない時期もあるとは思いますが、日本代表を日本人指揮官が務めることも十分に検討されるべきだと感じます。そうなれば日本人監督としての経験値が後世に引き継がれるメリットもあります。外国人監督の場合、ノウハウが残りづらい、引き継がれづらい側面はどうしてもある。ですから、韓国代表がかつて(フース)ヒディングの隣にホン・ミョンボを座らせたようなことから始めてみてもいいと思います。それに外国人監督で戦っている以上、日本はいつまでもサッカー後進国であることを内外に認めてしまうことになりかねない。

かつて日本サッカーは、技術面で中東各国に劣っていることがそのまま負ける要因になっていました。しかし、いまはアジア各国が日本をリスペクトしてリトリートして何とか守ろうとするほど成長を遂げています。ただ、そういう状況に直面したときの日本代表の戦術のバリエーションがまだまだ少ないことも大きな課題です。それは、プロの歴史が浅いからこそどうしても生じてしまう、戦術的な柔軟性の乏しさだと感じます。相手が前から来るのであればその裏を狙う。がっちりと自陣に引いて守ってくるならばボールを回せるだけ回して、相手の守備組織にズレを生じさせる。これが状況に応じた柔軟な考え方や対応だと思いますが、日本人選手は、外国人監督が『こうやれ』といったときに、イレギュラーなシチュエーションも当然あるのにもかかわらず、それしかやらないという拭いがたい課題があります。これは自戒の念を込めて、ということになりますが。

ロシアワールドカップアジア予選のシンガポール戦（0対0のスコアレスドロー）はその象徴でした。たとえハリル・ホジッチ監督が『縦に速く』と言っていても、相手がしっかりと引いて守っているのであれば、縦に速く攻めようがありません。確かに、シンガポール戦の前に行われた親善試合のイラク戦では、相手が前からアグレッシブに来た、その裏のスペースをうまく使って、まさに〝縦に速い〟プレーがうまくいきました。それはゴールに向かう優先順位として正しいのですが、状況にかかわらず、『どんなときも縦に』となってしまう嫌いが日本人にはあるのは否めません。外国人監督は『さすがにわかるだろう』というニュアンスで発信している節があるので、だからこそ通訳の技量もかなり重要で、できるだけ正確に、ニュアンスの細部まで伝わるように細心の注意を払う必要もあるのかもしれません。

日本人が思うほど日本の男子サッカーの評価は世界では低くない

世界で勝てない男子の日本代表に対し、かたや、2015年の夏には、なでしこジャパンがロンドン五輪に続いてワールドカップで準優勝を果たした。予選リーグから徐々に調子を上げる王者らしい戦いぶり。なでしこが世界で戦かえていることと、男子の日本代表の関係性についてはどう見ているのだろうか。

彼女たちの戦いぶりは見事だったと思いますが、今後、世界の他の国々がしっかりと女子サッカーに取り組み始めたとしたら、かなり難しい状況に追い込まれるとは思います。事実、今大会でも予選リーグのスイス戦やカメルーン戦はかなり苦しい戦いを強いられました。まだまだスイスやカメルーンでは女子サッカーは盛んではありませんが、女子サッカー後進国のなでしこを追う足は、確実に忍び寄ってきていると感じます。こんな話があります。先日、16歳年代を対象にしたドリームカップという男子の国際大会が日本でありました。そこでフランスやチリを代表する育成年代の指導者たちと話をする機会があったのですが、興味深いことを話されていたのです。ちょうど女子のワールドカップでなでしこジャパンが準決勝に進出した直後のタイミングで、参加された日本人の指導者からこんな質問があったときのことです。

『なでしこジャパンはしたたかです。身体能力の問題を抱えながらベスト4、優勝も狙えるチームです。かたや日本の男子はアジアでも勝てない状況があり、ワールドカップはアジア予選の突破も怪しい事態に陥っている。これはどう考えればいいのでしょうか?』

その質問をじっくり聞き届けたフランスの指導者の方が一体どう答えるのか注目しましたが、彼はこう答えました。

『女子サッカーは、はっきり言いますが、歴史が浅いのです。しっかり取り組んでいる国がまだまだ少ないし、歴史が始まったばかりです。そのなかで日本(なでしこジャパン)はそもそも技術もテクニックもあり、その上でしっかりとオーガナイズされたチームとして世界をリードしている状況は素晴らしいです。しかし一方で、男子のサッカー界には相当な歴史があります。今やどの国でもナンバー1スポーツです。二十数年しかプロの歴史がない日本代表がそう簡単にトップまで行けるかといえばそう甘くはありません。我々（フランス）だってワールドカップでの優勝は、自国開催の一度だけなんですよ？　それに、あなた（質問者）が思っているほど日本の男子サッカーの評価は世界では低くないですよ』

フランス人の指導者の方は育成畑なので、近年、日本のU－17吉武ジャパンが世界の舞台で魅せたパフォーマンスを賞賛していました。

そのときにいらしたチリの指導者の方も同じ質問に答えられたのですが、このような回答でした。

『日本のサッカーは個人的に好きで、ボールを持ってゲームを支配して進められるし、主導権を握れます。そしてテクニックもある。その状況のなかであれだけ規律正しくプレーできる国はほかに見たことがありません。そして、それは強いチームに必要な要素なんです。しかも、90分間ずっと走り続けられる。なぜ、日本のフル代表が世界で活躍できないのか、それは逆に私が聞きたいくらいです』

サッカーの本質とは激しいもの。ジャパンズウェイができたとき日本は強くなる

日本人としては非常に勇気づけられるコメントですが、ただ、僕としてはこうも思うのです。そのチリ人の指導者の方は真の日本人を知らないのだなと。真の日本人というのは、戦うときの魂、そして、戦術的な柔軟性や対応力にやや乏しいというもの。日本人が日々、温室と形容される甘やかされる環境のなかで、ぬくぬくと育ってきたことも大きな影響を与えていると個人的には考えています。日本の社会環境そのものが

温室で、それがサッカーの現場にも相通じてしまうものがある。

一方で、海外の育成の現場では、温室とはまるで真逆、ボールの奪い合いを激しくやっています。それをメッシやハメス・ロドリゲスらはくぐり抜けてトップ選手になっている。日本にその激しさを持ち込もうものなら、『子どものうちはそこまでやるなよ』という反応が返ってきてしまうのが現状の日本サッカーに携わる人たちの感覚であって、つまりそれが日本のサッカー文化なのだと思うのです。

しかし、サッカーの本質とは激しいものです。相手に勝つ、ゴールを取る、そのためにボールを奪う、もしくはボールを奪われない、しっかりゴールを守る。それらがサッカーの本質なのだから、どうしようもなく激しさが必要不可欠なのです。もちろん、イングランドのような身体と身体のぶつかり合い、といったスタイルが日本のサッカーに根付くかといえば根付かないかもしれない。それは日本人の強みではないかもしれない。でも、最低レベルとして必要な激しさはあると感じます。それを、日本の指導者たちも、親御さんたちも、肌感覚としてわかってくれれば現状の課題は変わってくるでしょう。今までは『そこまで激しくやるなよ』と懸念してきた人たちが、何も言わなくなっていったり、審判もある程度の激しいプレーには笛を吹かなくなっていったり、そういう流れになると思います。もちろん、日本人らしい良識に照らせば、どんな激しい（汚い）プレーでもアリなのかといえば、それも違うと思います。あまりに激しすぎるプレーには『そこまでして勝ちたいのか?』といった日本人が本質的に持つジャパンズウェイが顔を見せてもいい。日本の文化と、世界のサッカーの本質が融合したところに、日本のサッカー文化が落ち着くところができると僕は思っているし、そのときに日本のサッカーは本当の意味で強くなっているのだろうと思います。それは球際の激しさという意味だけではなくて、状況が変化したときに図太く対応できる力や、戦術的な柔軟性という意味での総合的な逞しさを含めたもの。それらが相まってレベルアップしているのではないでしょうか。

日本のトレセンでゾーンディフェンスは教えられている

戦術的な柔軟性を獲得するという意味では、ある程度の年齢に達した育成年代からしっかり戦術を学んでいくことも重要なのではないだろうか。以前、千葉県の佐倉にあるイタリアのACミランのスクールを訪ねたことがある。イタリアのU－15世代以下の指導を中心にしていたというイタリア人指導者は「イタリアでは10歳頃から2対2からスタートして戦術の指導を始めます。その年齢の頃から子どもは空間認知ができるようになるので」と話していた。一方、日本U－12世代では、ドリブル力を身につけさせるような、子ども個人にフォーカスした指導が圧倒的に多い。日本はどの段階から戦術指導をスタートさせるべきだろうか。

これは僕自身、日本サッカー協会に入るまでは知りませんでしたが、日本のU－12世代のトレセンでは、守備のトレーニングのなかで『ボールを奪う』ことを十分に取り組んでいるんです。それは間違いなく『ゾーンディフェンス』です。言葉でこそそう表現しませんが、僕にはまったく違和感がありません。たとえば、2対2のトレーニングのなかでチャレンジ&カバーをしっかりこなすように促すときに、ボールを中心にしながら味方の位置で守備ポジションが決まる、この概念をしっかりと指導しています。『こうなったときに味方が縦に抜かれたら、カバーをする守備はどこにいればいい？』というように子どもに問いかけながら正しい守備のポジショニングを導いていく指導を行っています。ドリブルを教え込むのはせいぜい10歳くらいまで。日本のトレセンでは12歳頃からしっかりゾーンディフェンスに取り組んでいるので、トレセンに参加した子どもたちが所属するそれぞれのクラブでも日々ゾーンディフェンスに取り組めるだけの素地はあるのだと思います。

ただ、同時に注意しなければいけないと感じるのは、草の根の指導者たちが13歳頃からゾーンディフェンスを〝配置ありき〟で教えてしまっている節があることです。そうすると子どもは守備ポジションの配置ばかりに気がいってしまい、肝心の〝ボールを取りに行く〟というアクションをしなくなってしまうのです。ボールホルダーを前に、その3メートル手前でペタっと足を止めてしまう。すると、すごく消極的なディフェンスになってしまうし、ボールが奪えません。そういう状況を作り出してしまうと、子ども自身が、ボールを持っている相手との間合い、これだけ寄せると交わされてしまう、このくらいのアプローチをすればジャストでボールを奪える、といった個人でボールを奪い切るときの守備の肌感覚が身につかないままに育ってしまう状況に陥るので好ましくありません。

日本サッカー協会ではこの弊害をなくそうと必死になっているのも事実で、子どもにゾーンディフェンスを教えるときは、『ボールを奪う』ことをかなり強調して伝えています。そして、子どもが『ボールを奪う』ときのトライ&エラーを通して身体で身につけていくように促しているのです。まずはボールに行かせるように仕向けながら、『いまのは相手との距離が遠すぎたよね？』『そこまで飛び込んでしまうと相手に交わされてしまうよね？』『飛び込んで交わされることがわかっているなら、自分が相手のパスコースを限定してあげることで、後ろで狙う味方の選手がインターセプトできるよね？』といった声掛けをしながら考えさせ、最終的には自分で判断できるようにしています。

守備ポジションをとるときの判断の拠りどころは『味方の位置』

良い守備のポジションをとってからボールを奪いに行くことができれば、自ずとボールは奪いやすいので、日本サッカー協会の指導者はまず良い守備のポジションを取らせる指導を行います。『ボールの位置、味方の位置、そして最後には相手の位置を見ながら』というアナウンスで守備ポジションの取り方を教えつつ、ボールを奪えるチャンスを逃さないこと、そしてボールへのアプローチもしっかりと促しています。

ただ、僕個人としては、グループとして守備のポジションを取るときの判断の拠りどころは、『味方の位置』が大事であることを強調して全国に広めたい気持ちがあります。かなり端的に言ってしまえば、グループで組織立った守備をするためのゾーンディフェンスとは、『守備のポジションは味方の位置で決まる』としても問題はないからです。そして、『相手の位置で守備のポジションが決まる』のがマンツーマンディフェンス。これらを併せて育成年代の子どもたちにしっかりと根付かせることができればベストだと思います。

さきほど、配置だけに拘る誤ったゾーンディフェンスを教えている指導者がいることについて言及しました。〝選手の配置に拘りすぎて、ボールホルダーへの守備が緩くなってしまう〟状況が生じてしまっているわけですが、ただ一方では、自分たちの守備網に穴を開けないために、選手たち同士の距離感、つまり、配置そのものが重要になる局面は試合中にいくらでもあります。本当に強い相手に押し込まれても、しっかりとリトリートして守り切れる戦いぶりも試合に勝つためには必ず必要でしょう。それを13歳頃から教え込むのはやはり違うと思いますが、一定の年齢を過ぎた頃からはしっかり押さえておかないといけない戦い方だとは思います。

しっかり守り切れる守備網があると、一方の、攻める側は、リトリートして引き籠った相手の守備をどう崩すかを考えないといけない状況に直面します。さらに、自分たちが攻めに攻めているときのカウンターのリスクもしっかり念頭に置きながら崩せるようにならないといけなくなります。そういう作業を、然るべき育成年代の年齢から繰り返すからこそ、やがて戦術的に幅のある、柔軟な考え方ができる選手が出てくるのです。決してベンチからの指示ではなく、選手自らが『ここは左右に広く使って相手を揺さぶるぞ』などとピッチで起きている現象を自発的に考えられる選手がどんどん出てくるということです。

J1では個人の質を生かしたマンツーマンディフェンスで対応している局面が多い

子どもの頃からトレセンレベルでは繰り返されているというゾーンディフェンスの指導。しかし一方で、松田が駆使した『味方の位置で守備のポジションが決まる』ことを拠りどころとするゾーンディフェンスを、現状のJリーグのプロの監督たちが駆使していない印象があるのはなぜなのだろうか。

確かにそういう節はありますが、それでも近年はJ２以下のカテゴリーであれば、組織立った守備を構築するチームはかなり増えてきている印象はあります。ツエーゲン金沢の森下仁之監督をはじめ、J３のレノファ山口の上野展裕監督もそのようなチーム作りをしているようです。一方、J１では選手個人の質が高いからか、チーム戦術として守備を考えるよりも、選手個人の質を生かしたいという考え方が主になっているようには感じます。それゆえ、J１では個人の質を生かしたマンツーマンディフェンスで対応している局面が多いように見えるのです。

であるとしても、たとえば、ガンバ大阪の宇佐美貴史選手ら若い世代の選手たちには、この十数年の育成年代での指導によってゾーンディフェンスが何であるのかは少なくとも伝わっています。彼ら若い世代の潜在的な思考のなかには、どういう守備が正しいのか、守備のコンパクトさとは何か、そういう守備の概念はすでにあり、方法論もしっかり持っている。大切なのは、その守備の個人戦術をどうチーム戦術として機能させるか、それを日常的な戦術行動（指導風景）にどう落とし込んでいけるか、という点だと思います。

僕自身、現在、全国の育成の現場を渡り歩くなかで、たとえば、６対６のゲームをしている子どもたちが、相手選手の位置に引っ張られてしまい、優先的に守るべきゴールを守っていないために失点するシーンに頻繁に遭遇します。そういう状況に出くわしたときに、草の根の指導者たちが即座に守備ポジションの誤りを指摘できればよいのですが、難しい状況にはあるようです。たとえば、２対２の関係であれば、チャレンジ&カバーの守備のポジションを正確に教えることはできても、選手の数が３人、４人、５人と増えていくと、守備のポジショニングの間違いをどう指摘すればいいのかわからない人が多いようなのです。僕らがナショナルトレセンで指導する風景を見ているだけでも、それが単純なマンツーマンディフェンスとは異なると気づける指導者もいるでしょう。しかし、それはとても感受性の強い方なのだと思います。そのときに、どんなに人数が増えたメニューであっても、守備のポジションの原理原則は『ボールの位置、次に味方の位置で決まる』という一つの判断基準が草の根の指導者たちにも浸透していれば子どもたちにわかりやすく伝えられると思います。スペインでは14歳頃から、『ボールの位置、次に味方の位置によって守備のポジションが決まる』、これをしっかり教えていると聞きます。この基本原則は、欧州サッカーでは育成年代から広く浸透していますが、日本ではまだ浸透しているとは言えません。継続的に、粘り強く発信していく必要があると感じます。

育成年代で押さえておきたい3対3のゾーンディフェンス

ここでU－12世代の子どもたちが学んでおくべきゾーンディフェンスの基本を、次のシンプルな3対3のメニューを使って説明してみたいと思います。当然ながら『ボールの位置、次に味方の位置によって守備のポジションが決まる』ことを踏まえたうえで、〝ボールを奪えるときには奪う〟ことをしっかり意識するのが大事なポイントとなります。

図61のシチュエーションで①がボールを保持しているとき、Aがボールへアプローチに行きます。このと

きに同時に、②と③がそれぞれ両サイドへ開いてボールをもらうアクションを起こしたと仮定したとき、BとCがそれぞれの相手の②と③に引っ張られるようについていくのがマンツーマンディフェンスの典型です。ただし、この対応だと中央にスペースができてしまい、相手のボールホルダー①とAが1対1の状況になり、ドリブルで突破されれば失点する可能性が高いのがわかると思います。

一方、相手の②と③がサイドへ流れる動きとは関係なく、ボールへアプローチにいったAという『味方の位置によってBとCの守備のポジションが決まる』のがゾーンディフェンスです（図62）。Aが相手ボールホルダーとの距離を近づけた分、BとCはやや中に絞ってAとの距離感を保ち、相手ボールホルダーのゴールへの進路を消します。まず何よりも自分たちのゴールを守ることを念頭に置いているので、〝堅くて安定している〟というイメージが図を見てもわかると思います。

ここからボールが②へ展開されたとします（図63）。このとき、守備側はBが素早くスライドして②へのアプローチを試みます。そしてゾーンディフェンスの基本原則である『ボールの位置、次に味方の位置で守備のポジションを決める』のだから、AとCは図63のようなポジションにスライドしてポジションを取るようにします。新たなボールホルダーとなった②からすれば、視界の先は敵だらけ。ゴールへの進路が堅く閉ざされた印象を持つことになります。このとき攻撃側の①と③は、大きく空いた逆サイドのスペースに開いてボールを受けなおすこともできるでしょう。しかし、守備側のBがボールホルダーの②に厳しいアプローチをかけることでサイドチェンジを許さなければ、①や③にボールが出ることはありません。もし②がサイドチェンジできそうな状況になったとしても、AとCがその『ボール周辺の雲行き』を素早く察知して、パス

図61 3対3をマンツーマンディフェンスで守る場合

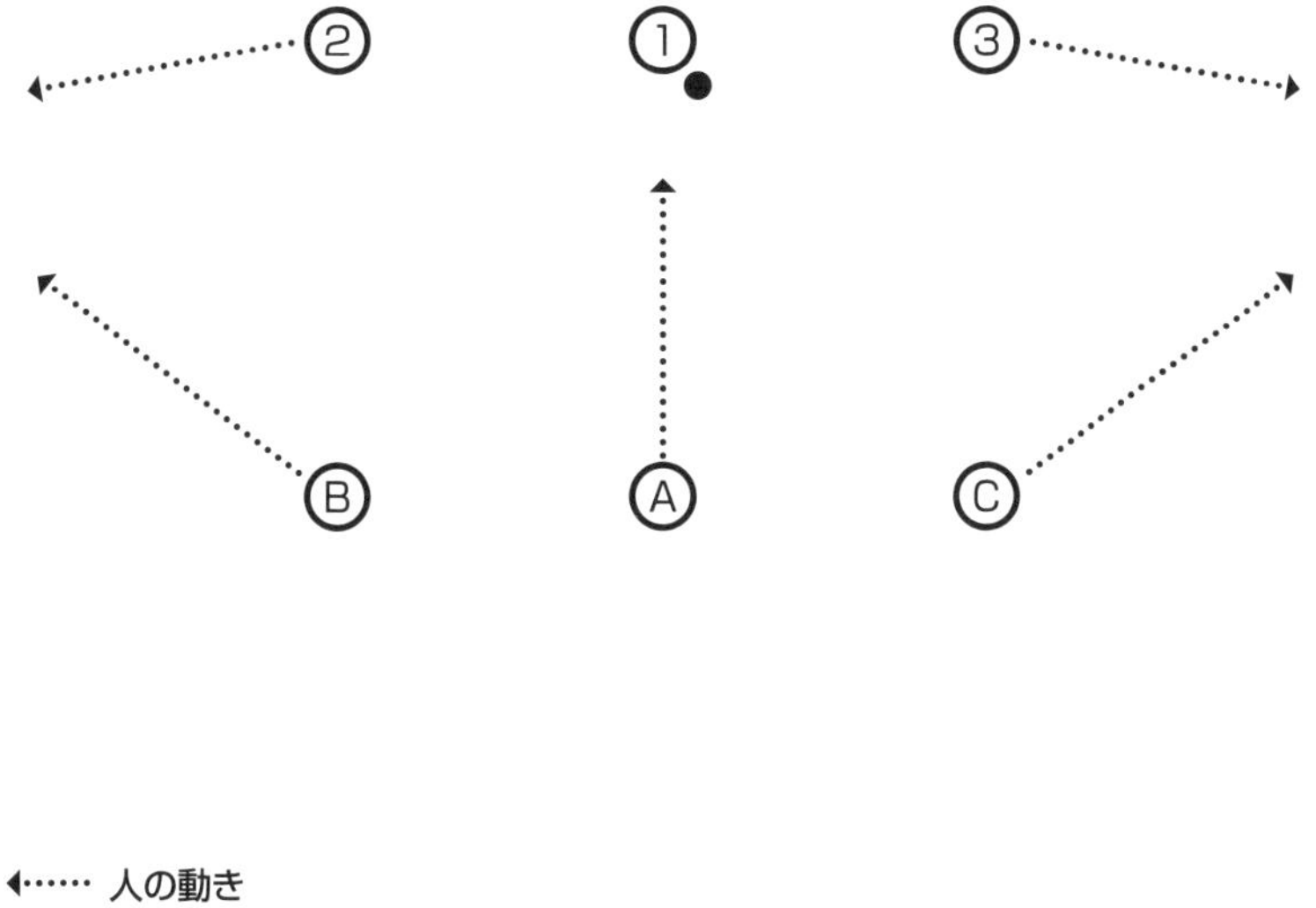

マンツーマンディフェンスの場合、BとCが相手の位置に引っ張られてしまうため、Aが①に1対1で敗れたときに失点に繋がる可能性が高まってしまう。

図 62 3対3をゾーンディフェンスで守る場合

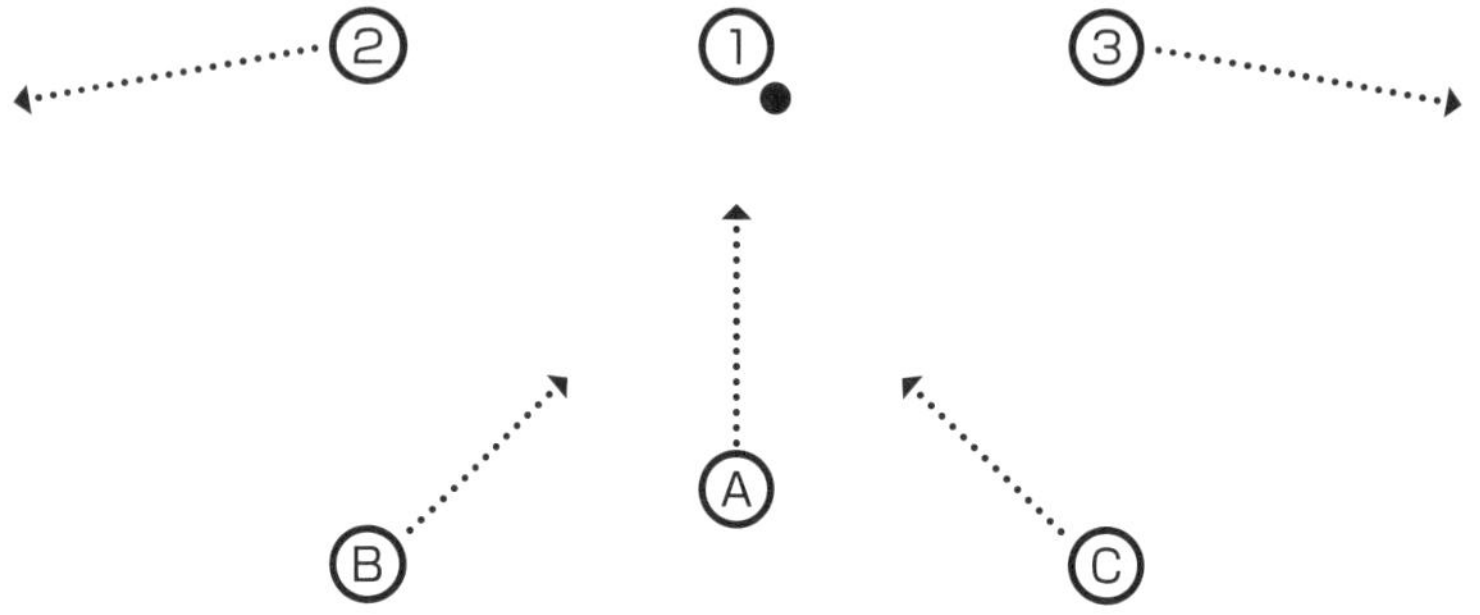

←…… 人の動き

ゾーンディフェンスの場合は、アプローチに行ったAに連動してBとCの守備位置が決まる。相手の②や③に守備位置は左右されない。あくまでまず守るべきはゴールだからだ。

図63 3対3をゾーンディフェンスで守るときのスライド

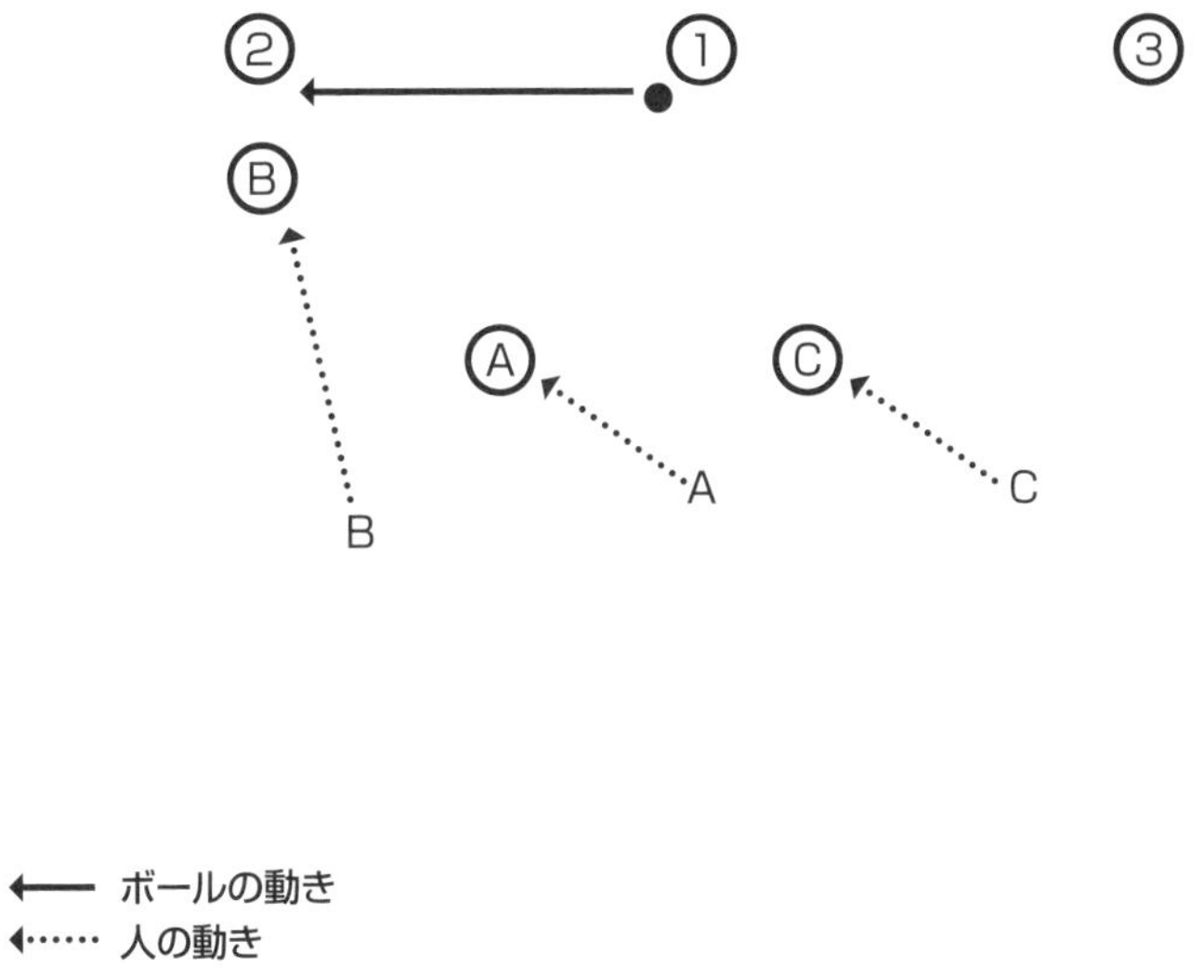

②にボールが出たときにはBが素早くアプローチをかけて、AとCもスライドしてまずゴールを守る。①や③が逆サイドに開いてボールを受けることも可能だが、まずはBが激しく②にアプローチすることでサイドチェンジを防げるし、それでもサイドチェンジされそうならば、そのボール周辺の雲行きを察知して、AやCが再度スライドして対応すれば問題はない。

が出るという予測のもとに逆サイドへスライドする準備をするのです。パスが逆サイドへ展開されるまでには数秒の時間がかかるので、その間にスライドをすればよいのです。

これをマンツーマンディフェンスで対応すれば、攻撃側の①と③が逆サイドに開いたアクションにAとCは一緒についていかなければなりません。結果として、ボールホルダーの②とBを孤立させて、1対1の状況を作られてしまうので、ドリブルで突破されればかなり失点の可能性が高まるでしょう。

また、3対3のオーガナイズを変えるだけで、ゾーンディフェンスで守備をする際に必要な様々な要素をトレーニングすることができます。

■サーバーをつける

3対3＋それぞれのサーバー（サーバーにプレッシングはかけられない）という設定でスタートします。ボールを持っている側がサーバーを使ったとき、守備側はサーバーのパスで背後のスペースを使われるのを一番に防がないといけないので、自ずとポジショニングは、ボールの位置、次に味方の位置を見ながら図のようになります（図64）。このオーガナイズのときは、ボールを奪い切ることよりも、しっかり守備ポジションを取ること、そしてチャンスがあればボールを奪うこと、に重きが置かれています。

■ゴールをつける

サイドにボールがあるとき、セカンドDFとなる中央の守備の選手が、中央の選手へのパスのインターセプトを狙いすぎていると、ボールホルダーにシュートコースを空けてしまいます（図65）。このときは、ボールへアプローチに行っている味方の位置を見ながら、かつ、ゴールも守れるような守備のポジションをとるように意識付けしていきます。

■前線にターゲットをおく

前線にターゲットを置き、攻撃側はターゲットにボールを当てたのち、リターンパスを受けてからラインを突破することを目的にします。そうすると、守備をする側はボールが自分の背後に出た瞬間にプレスバックをしなければなりません。まずボールの位置が移動したのを受けて素早く移動し、味方の位置によって連動した守備ブロックの上下動も可能となる、そんな意識付けに繋がります。

これらの基本的な守備の概念を、僕自身が指導者のB級資格の講義などで伝えたときに、『すごくよく整理できました』と感想をもらうことが頻繁にあります。B級を目指す指導者たちですら、『味方の位置で守備の位置を決める』『自分の隣にいる味方に引っ張られるように守備のポジションが決まっていく』『ボール周辺の雲行きでポジションが決まっていく』という守備の考え方に驚きがあるのが、日本サッカーの守備文化を端的に示しているのだと思います。

図64 サーバーにアプローチできない場合の守備位置

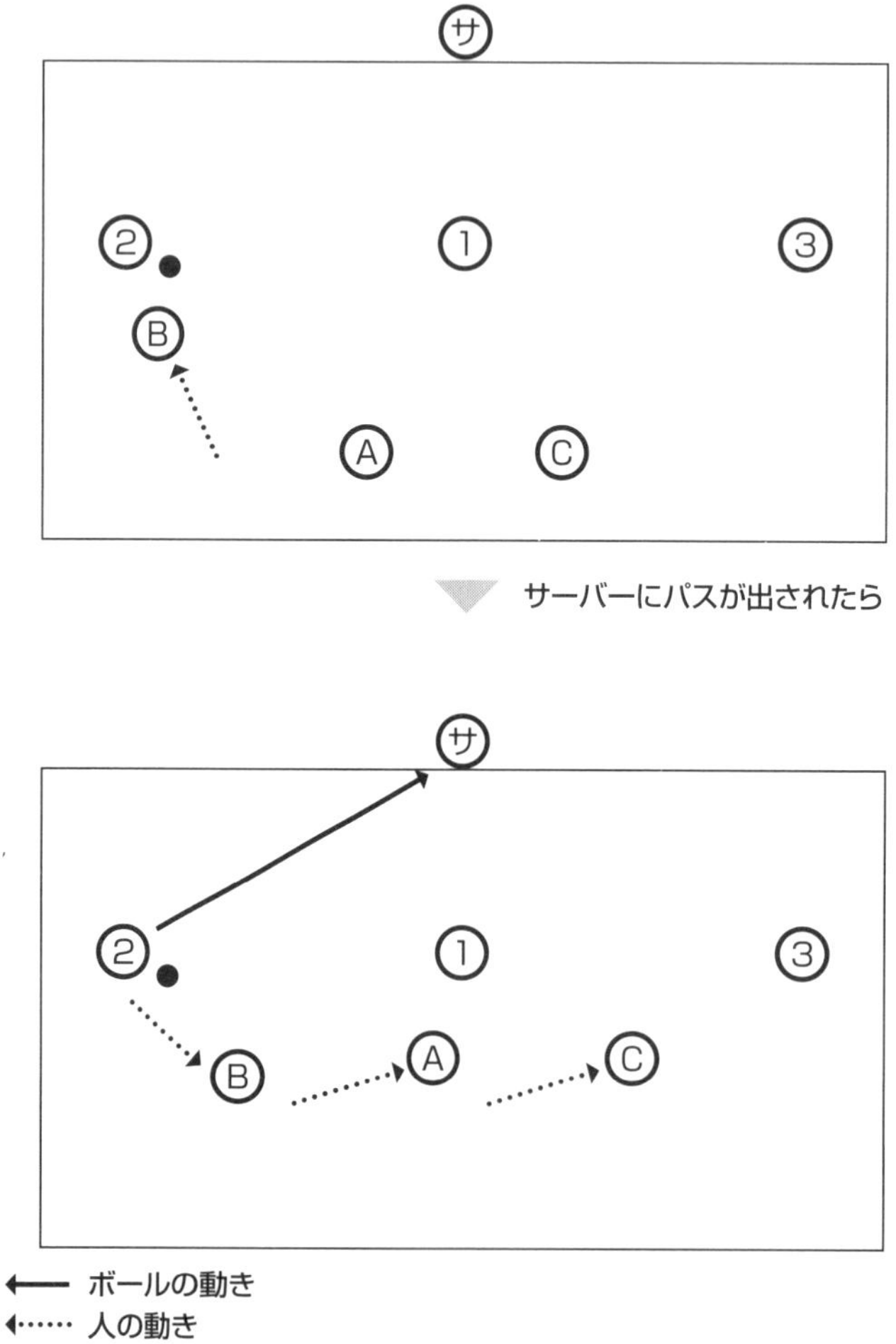

サーバーにはアプローチができないルールなので、ボール周辺の雲行きはいつでもパスが出せる状況にある。このとき、守備側は背後のスペースを使われてしまうのをまず防ぐために図のようなポジションを取るのが鉄則。まずゴールを守ることを考え、そのうえで、再び①～③にボールが戻されたときに素早くアプローチできる距離感を同時に保てる守備位置を取る。

図65 インターセプトと同時にゴールを守れる守備位置

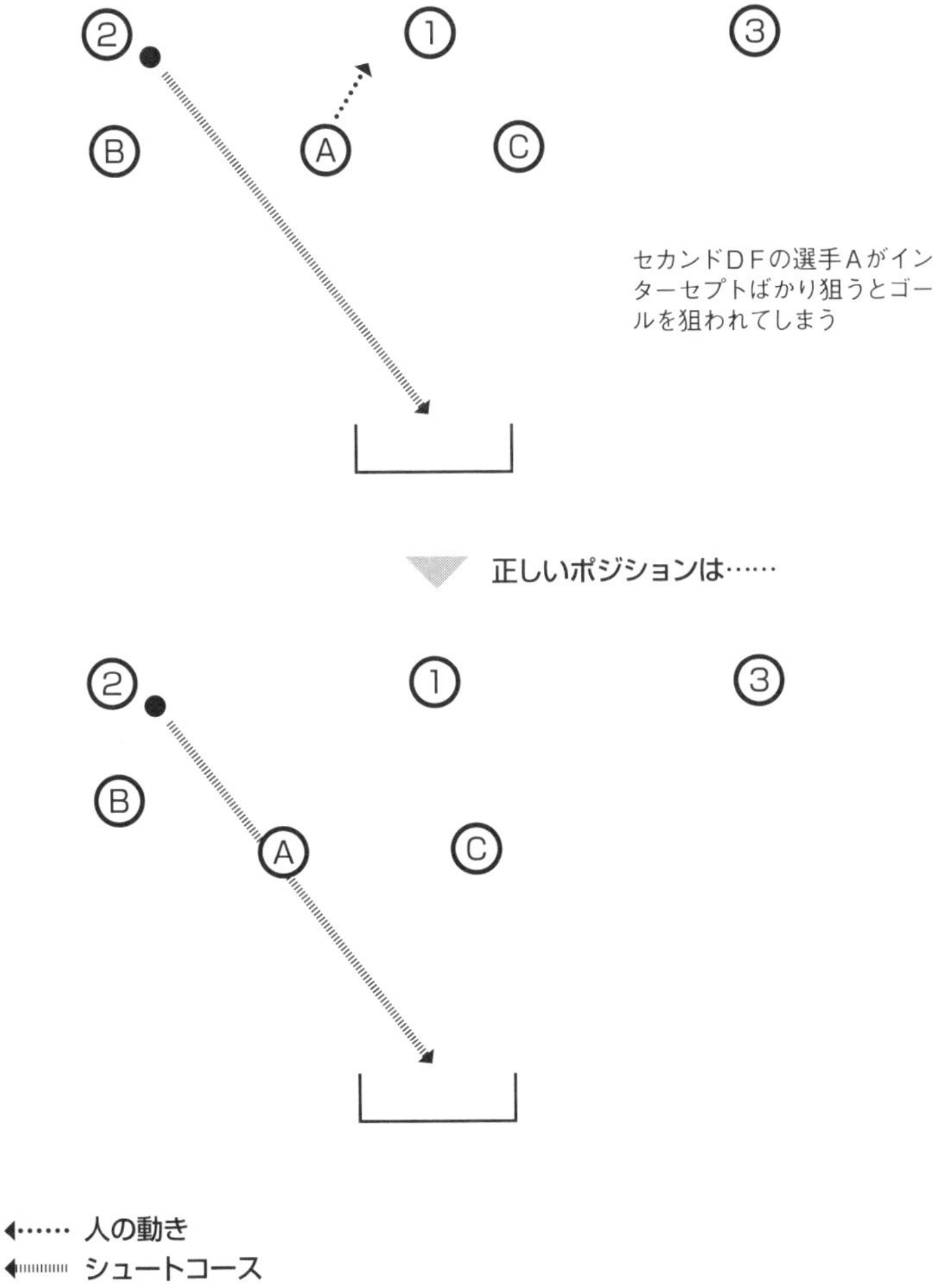
②
①
③
Ⓑ
Ⓐ
Ⓒ
セカンドDFの選手Aがインターセプトばかり狙うとゴールを狙われてしまう
正しいポジションは……
②
①
③
Ⓑ
Ⓐ
Ⓒ
人の動き
シュートコース

セカンドDFとなる選手Aはゴールを守らなければいけない状況なので、インターセプトばかり狙うわけにはいかない。下図のような、インターセプトを狙えて、かつゴールも守れる守備位置をとる。

ただ、それはある意味で仕方がないことなのかもしれません。思えば、僕自身も初めはそうだったのですから。現役時代にサンフレッチェ広島でバクスターからゾーンディフェンスの指導を受けたときは、実践している守備のやり方が〝守備体系の全体が連動している〟というイメージでしかありませんでした。それでも守備のコレクティブさは感じていましたが、従来の守備の常識に捕らわれてしまい、守備の考え方や発想を転換させるまでには至らなかったのです。そして、その後あるノルウェー人の指導者から、守備のポジショニングは『ボールの位置があり、次に味方の位置で決まる』という表現をされたときに、ようやく僕の中ではっきりと守備の発想を180度転換することができたのです。その考え方が、マンツーマンディフェンスとの違いを一番わかりやすく説明できると確信できたのです。だからこそ、『味方の位置で守備位置が決まる』という守備の考え方をもっと日本サッカーの日常語にしていきたいのです。

戦術的な柔軟性を身につけるには

現代サッカーにおいて、『4－4－2ゾーンディフェンス』というフレーズはもはや口語化している節もあります。世界のサッカーは日々進化しているし、様々に変化しています。システムだけをとっても色々な形が出てきています。状況によっては5バックのマンツーマン、5バックのゾーンディフェンスを駆使するチームもあります。4－3－3もあれば4－1－4－1もある。僕はいろいろな考え方があっていいと思いますし、変化そのものが相手を困らせることに繋がるわけですから、今後はそういう柔軟性が非常に大事になるのだろうと感じています。

たとえば、相手が4バックで、ビルドアップの際にはサイドバックをサイドの高い位置に張らせて、ボランチが最終ラインに下がって3枚でボールを動かそうとする状況があるとします。このときに、自分たちのスタートのシステムが4－4－2の場合、従来どおりの戦い方であれば2トップが何とかプレッシングしてファーストディフェンスの役割を全うする考え方でプレーしてきました。しかし、第一章でお伝えした4－3－3（4－3－1－2）のユヴェントスのトップ下のビダルのような役割を担う選手を試合中に可変的に作って、相手のディフェンスラインの3選手のビルドアップに対して、こちらは2トップともう一人の計3選手でプレッシングをかける、つまり、相手の3選手に3選手を当ててビルドアップを苦しませるような牽制ができたら面白いと思うのです。それはゾーンディフェンスとマンツーマンディフェンスの併用のような形だと思いますが、そういう試合のなかでの柔軟性があり、相手からすれば何をしてくるかわからないチームは手ごわいと感じるはずです。

ただ、そうやって自分たちの陣形を変化させたとすれば、やはり、守備時のスペース管理に対する考え方が非常に大事になるのも事実です。4－4－2で戦っていたものを試合中に4－3－3に変化させるとなれば、一時的とはいえ中盤の枚数が1枚減るのですから、サイドハーフの背後やアンカーの両脇のスペースは必然的に空いてしまう。そういう状況のとき、そのスペースを選手たち同士でどう感じて、どう埋めて解決できるのか。それに対応するための力を発揮するためには、守備の原理原則を端的に表している『4－4－2のゾーンディフェンス』のスペース管理の考え方や感覚がしっかり押さえられていないと、様々な応用形と言われるシステムでの守備をしっかり機能させるのは難しいのではないかと感じます。

応用形を駆使するために、まずは何よりも基本中の基本をしっかりと押さえること――。守備の基本がまだ十分に浸透していないと言える日本サッカーは、もっともオーソドックスな４‐４‐２のゾーンディフェンスをしっかり身につけることで、未来に向けて、守備の哲学を深めていけばいいのではないでしょうか。

それが日本サッカーの強化、そして発展に繋がると僕は信じています。

おわりに

松田浩はMacを使いこなす指導者である。

松田はJリーグクラブの監督として現場で指揮を執っていたとき、たとえば、アウェイ遠征の帰りの道中、空港の待合いスペースでおもむろにパソコンを取り出して作業に取り掛かることがよくあった。次節に向けたミーティングビデオの編集作業のためにMacを駆使していたのだ。

本書の巻末に収録した『ゾーンディフェンスのトレーニング集』は、すべて松田のMac内のデータベースから引っ張り出してきたものだ。また、同じく巻末に収録した『松田浩の4-4-2ノート』は、松田がプロの現場で書き留めてきた手書きのメモが、後にPDFにデータ化されてコンパクトにまとめられたものから厳選している。

書籍の制作段階で、松田から「4-4-2ノートがある」と聞いたときには勝手に〝大学ノート何十冊分〟というイメージを膨らませていたが、実際に松田から資料が提供される段になったときに、120ページに及ぶ『4-4-2ノート』のPDFデータがメールで送付されてきたときには驚かされるとともに、資料の細部のそこかしこに松田浩を感じずにはいられなかった。

たとえば、本書では読みやすさを第一に考えて、記述を「オーガナイズディフェンス」とカタカナ表記に直しているのだが、元のデータは「Organize Defense」、カウンタープレイは「Counter play」、フォアチェックは「Fore-check」などと多くが元々は英語で記されていて、それがどうやらスラスラと自然に書かれているのである。図版内の細かい矢印などの各パーツもすべて松田が自ら編集して作り上げたもので、その細部が意味するメッセージを読み解こうと試みるだけでもまるで飽きない。本書の編集作業を最後まで伴走してもらったフットボール批評編集長の森哲也氏とも意気投合したが「まさに魂は細部に宿る」であった。

本書の製作が大詰めを迎えた頃、本文を補足するための図版の修正をお願いしたときのことだ。こちらの意図としては、校正用のゲラ上に手書きで赤入れをしてもらえればまったく問題はなかったのだが、松田は苦もなくといった様子で自らパワーポイントを駆使して図版を再度練り直して、精度の高い新たな図版を書きあげてこちらに戻してきたときには唸るほかなかった。

一つひとつの作業が細部まで精度が高く、まさに展開するサッカーのスタイルと同じように、何事にもディテールに徹底して拘り、ディシプリン（規律）を感じさせるのである。

おそらく松田はサッカーの道を歩んでいなくとも、ビジネスマンとしてもエリートの道を順調に進んでいたに違いない。現に世間のサッカーファンがつゆ知らぬ間に出世を重ね、山口素弘らと技術委員の肩書きを得て活動するまでに至っている。２０１４ブラジルワールドカップではゲーム分析班としてブラジルに派遣された。また、日本サッカー協会を代表してＵＡＥ（アラブ首長国連邦）に派遣されると、現地の指導者向けに全編英語での指導者講習会をこなしてきたという。この書籍が発売される頃の２０１５年12月には、ドイツのケルンを訪れて指導者養成のためのスキルアップに磨きをかけていることだろう。

「大学教授のような人」

そんなふうに松田を形容する選手が少なくないのも頷ける。日本サッカー界の元祖GMとして名高い今西和男は、かつてある選手から移籍の相談を受けたときにこう答えたという。

「松田の下へ行きなさい。そうすればお前は選手として5年長くプレーできる」

ゾーンディフェンスという型を手にすればプレーヤーとして幅が広がる、そして、松田ならばお前をサッカー選手として、そして人として進むべき方向へ導いてくれる、という意味のアドバイスだったのではないかと個人的には理解している。

松田から薫陶を受けた上野優作（現浦和レッズ）という人物がいる。松田が栃木で指揮した5年弱の間にヘッドコーチとして共に長く戦った上野は、松田と、松田の駆使する「4-4-2のゾーンディフェンス」を深くリスペクトしていた。あるときの筆者のインタビューで上野は、

「松田さんの守備の手法を知ってしまうとこれ以外の守備のやり方で守ることは考えられないんです」

という趣旨のことを話したことがあった。そして上野は、その守備戦術を踏まえたうえで、自分のなかの攻撃のバリエーションの幅をどう広げていくかを模索していた。

それは、松田のいう守備戦術が広く知られていない日本サッカーにおいて、真の意味で揺るぎない守備戦術を習得した若い指導者が、そこに攻撃のバリエーションをどう融合させていくか、という言うなれば攻守におけるハイブリッドな新たな試みだった。実際、上野はかつて栃木SCのユースを率いた時期に、まさに「4-4-2のゾーンディフェンス」による堅い守備組織をベースにしながら、攻撃へのアグレッシブさをう

まく融合させたハイブリッドなサッカーを展開して見る者を魅了していた。松田の揺るぎない哲学が、新たな潮流を生んだのである。

松田は今、日本サッカー協会の指導者養成のスタッフとして、多くの指導者たちを導き、日々刺激を与え続けているが、そのなかには上野と同じように4-4-2のゾーンディフェンスの合理性やクリエイティブ性や面白みに開眼する指導者が少なからずいることだろう。

松田が蒔いた種がやがて芽を伸ばし、つまり、多くの指導者たちが守備戦術の型を押さえた上で、それぞれの道を模索する流れが当たり前になったとき、日本サッカーは確実に進歩を遂げている。

そうなることが、松田浩の心からの願いである。

２０１５年12月　　　鈴木康浩

［付録①］

ゾーンディフェンスのトレーニングメニュー集

松田が実際にプロの現場で用いたトレーニングを20種収録した。
ゾーンディフェンスを導入する際の定番である『アリゴ・サッキ』から始まり、
堅守成立に不可欠なトレーニングの数々を分類し、
全体像、基本守備戦術、ユニットディフェンス、ラインコントロール、
クロス・シュートブロック（ＰＡ周辺の守備）、切り替えの局面、
という順に並べてある。指導の現場の参考にしていただきたい。

Training ① アリゴサッキ

メモ1 **連動した動きによるコンパクトな陣形の形成**

メモ2 **いつ、どこで、どのようにボールにアタックするかの意思統一**

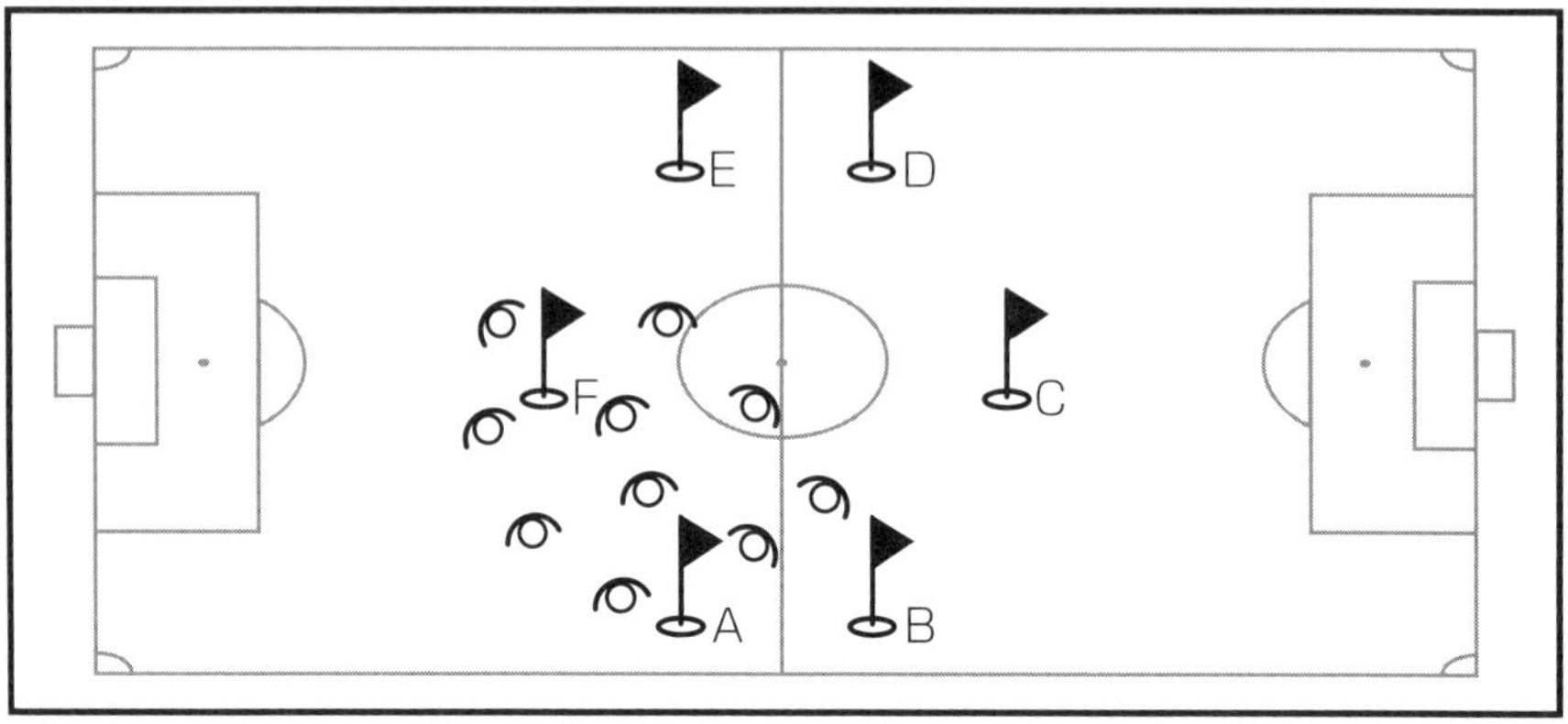

■**内容**：守備（チーム）／全体像

■**時間**：―

■**人数**：11 人　　■**ピッチサイズ**：フルコート

ルール

コーチの指示によりスターティングポジションから速やかにブロックとして移動する。図はAのフラッグが指示された場合。

■B・Dのフラッグ：ワイドミッドフィルダーがアプローチ。FWはサイドチェンジさせないために一人がバックパスを、もう一人が中へのパスコースを切る。

■A・Eのフラッグ：サイドバックがアプローチ。ワイドミッドフィルダーがプレスバック。ダブルマーキング。

Fのフラッグ：センターバックの一人がアプローチ、もう一人がカバー。ボランチがプレスバック。

【コーチングポイント＆キーワード】

■ファーストDFのプレスが甘いとすべてが組織として機能しなくなることを強調。プレスが甘くボールがパワーを持っている状態では敵FWのランに対してラインが下がらざるをえず、また、サイドチェンジが容易となり、全体でコンパクトな陣営が維持できなくなる。

■第一線：パスコース限定。ドリブルで突破されない。ボランチに通させないよう中を閉める。通されたらプレスバック。

■第二線：第一線が突破されたら、4人の間隔を縮め、ドリブル突破を防ぐ。また背後の敵FWへのパスコースを切る。越えられたらプレスバック。

■第三線：浮き球のパスに対してチェック／マーク。情報の発信基地。

■フラッグの代わりにコーチを配置して実際にパスを回してやる方法も。少し狭めのコートでもOKか。

Training ② 4対2

メモ1 **ゾーンディフェンス（横ずれ・スライド）**

メモ2 **背後のスペースにパスを通させないこと**

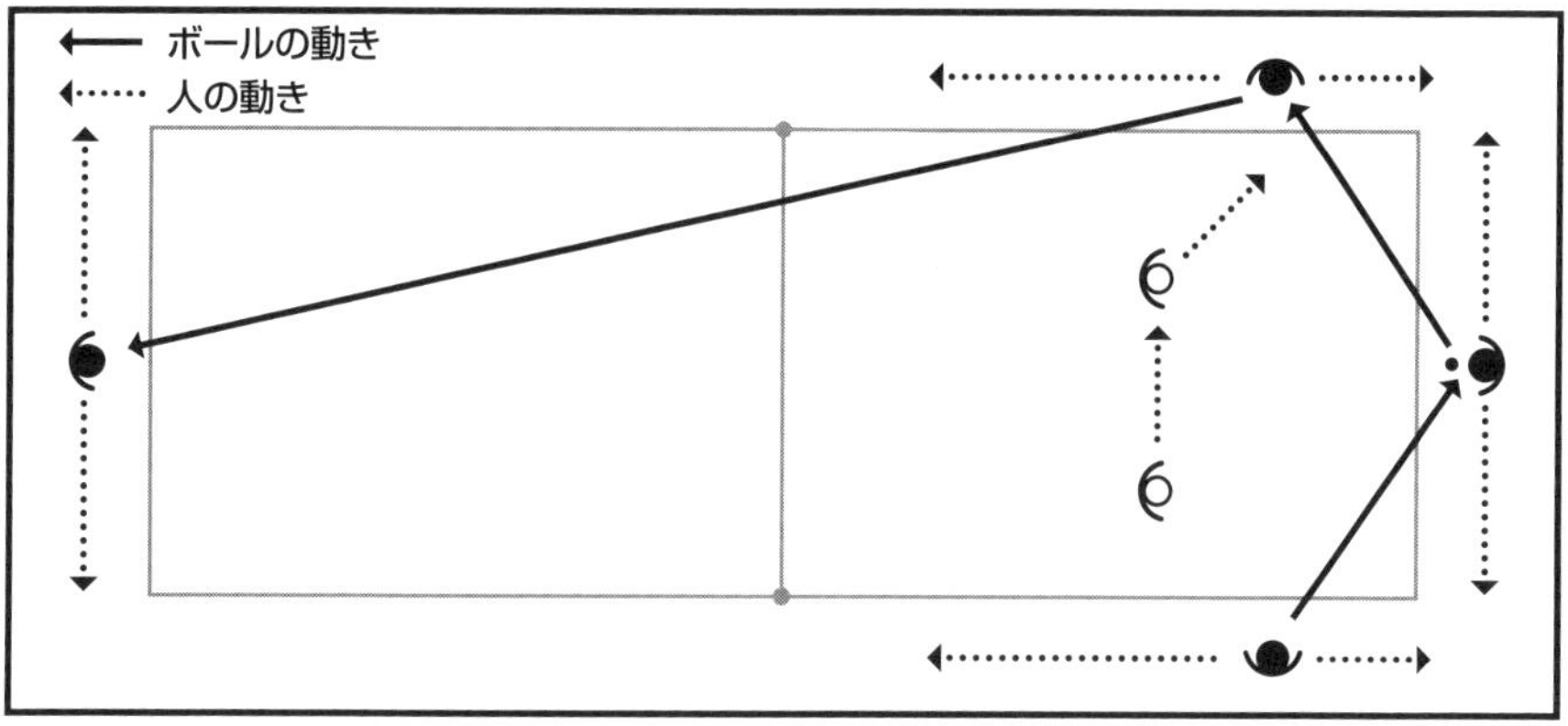

■内容：守備（戦術）の導入／基本守備戦術

■時間：1グループ1分間を2セット

■人数：4対2　　**■ピッチサイズ**：10 × 20 m

ルール

攻撃側は反対サイドの味方にパスを通したらゴール。

守備側は2人が横ずれをし、くさびのパスコースを消しながら、チャンスがあれば相手のボールを奪う。

※「フロントサイドでしかDFできない」というルールを加えることも考えておく。

【コーチングポイント＆キーワード】

■FWはフットワーク良く、素早いボール回し！

■パスのスピード、方向、タイミングなどに気を使うこと。

■DFはボールの移動に伴い、お互いの距離感を意識したポジションを取り続け、縦パスを防ぐ。

■相手のパスの質が悪ければ、積極的にボールを奪う。

Training ③ 4対4

メモ1 **4人が横ずれしながら隙間をなくすこと**

メモ2 **チャンスをみてプレスをかけて相手からボールを奪う**

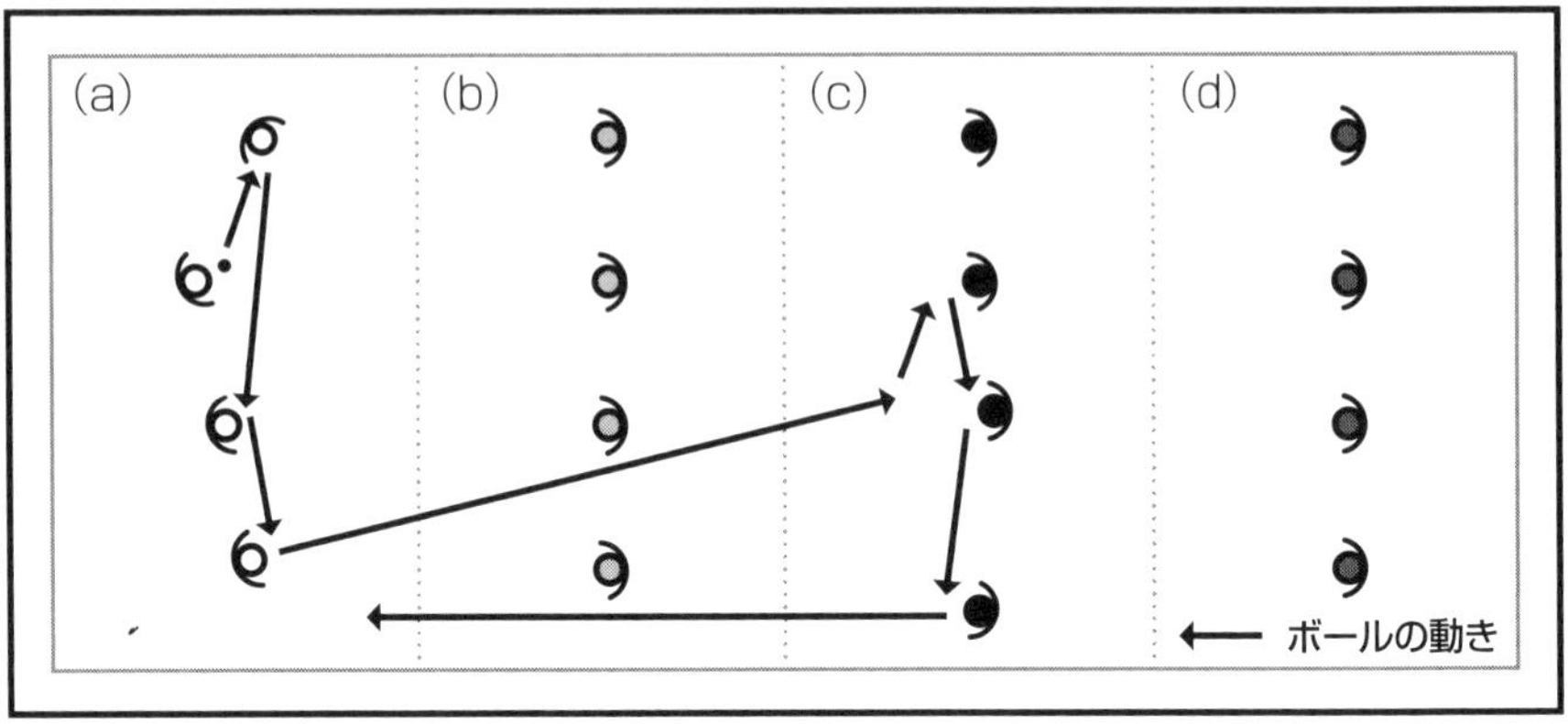

■内容：チーム戦術（守備）／基本守備戦術

■時間：—

■人数：16人（12人の場合は3対3にするか、4人1組で3ゾーンで行い、3チームでローテーションする）

■ピッチサイズ：25m（幅）× 36 ～ 40m（長さ）

ルール

4人一組でボールをパスしながら目の前の4人のライン間を突破する。守備側は横ずれをしながらライン間に隙間をなくし、チャンスがあればボールを奪いにいく。

【コーチングポイント&キーワード】

■ゾーンの区切りをなくし、25m（幅）× 30m（長さ）程度のコートに3チームが入り、外側のチームからもう一方のチームにパスを通すゲームにすると、横ずれのみならず、チャレンジ&カバーの要素も入り、より実戦的なトレーニングになる。

■境界線がなくなったことにより、ややもすれば4人がバラバラにプレスをかけ、ギャップが生じ、簡単に得点されてしまうので、まずは背後にパスを出されないように4人が隙間をなくし、しっかり横ずれし、そこからチャンスをみてプレスに入り、相手の自由を奪うようにする。

Training ④ ファーストディフェンダー（1対1）

メモ1 **敵を振り向かせないディフェンス**

メモ2 **パッサーとの駆け引き（予測からのインターセプト）**

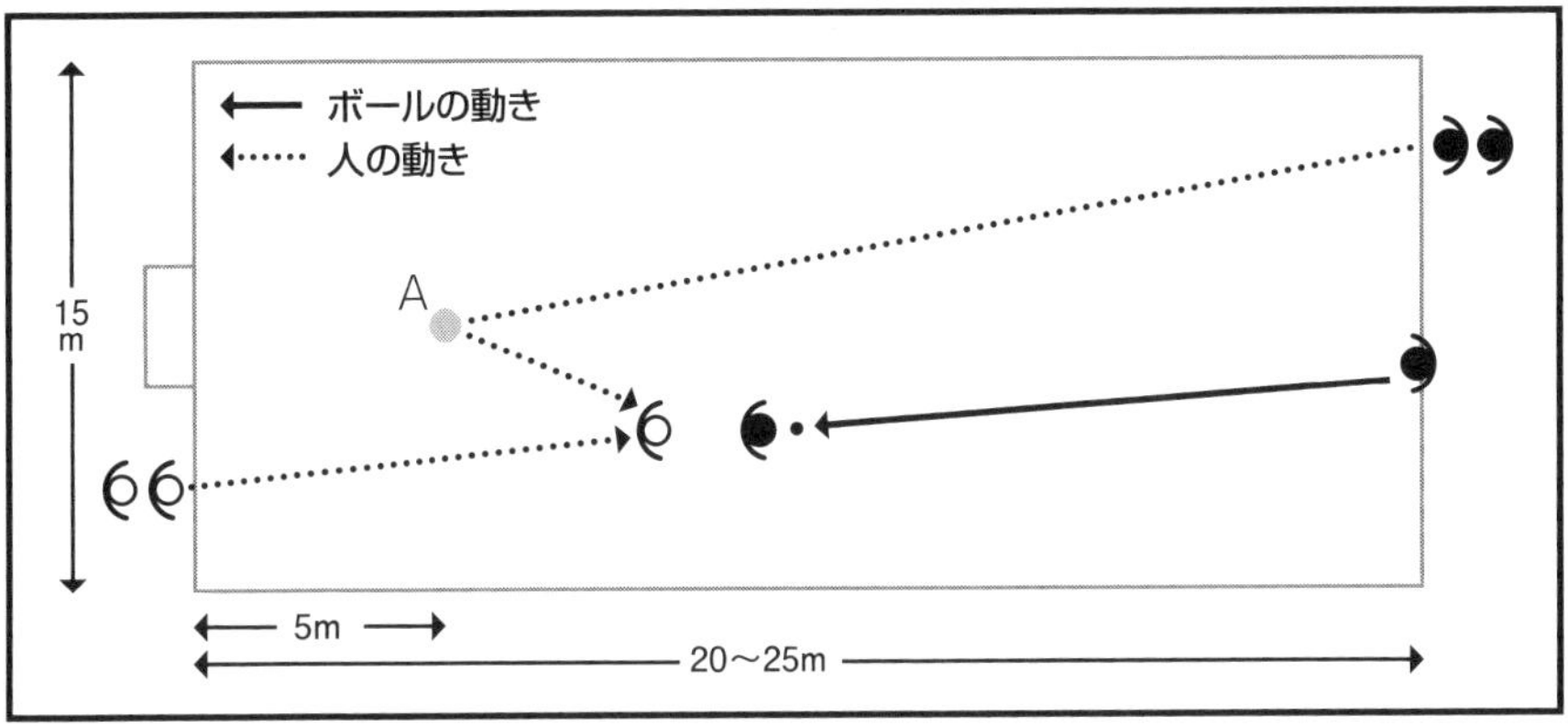

■内容：守備（個人）／基本守備戦術

■時間：—

■人数：1グループ4～6人ほど　**■ピッチサイズ**：10～15×20～25m

ルール

攻撃者はマーカーAでターンし、ボールを受ける。守備者は攻撃者がターンしたのと同時に背後からプレッシャーをかける。ゴールはミニゴールでGKはいないので、自由に振り向かせれば確実にゴールされてしまう。

このトレーニングの前段階でラインゴールにし、正対した形での1対1も。ピッチサイズは同じで、片方からDFがFWにパスしたところからスタート。（※DFはなるべく素早くアプローチし、FWにスピードを上げられないようにする。しかし、飛び込んでしまっては簡単に抜かれてしまうので、どこで減速し、対応するかの間合いをつかませる）

【コーチングポイント&キーワード】

■くっつきすぎない！　低い姿勢でボールの見える状態からのディフェンス

■ファーストディフェンダーとしての振り向かせない守備（FWの選手も大切。特に敵陣コーナー付近）

■時間・スペースの余裕を与えない

■振り向いたところには激しくボールを奪いにいく

■GKのいないスモールゴールなので余裕を与えれば簡単にゴールを許してしまう

Training ⑤ 1対2のサンドイッチ

メモ1 守備の連携（ファーストDFとセカンドDF）

メモ2 ―

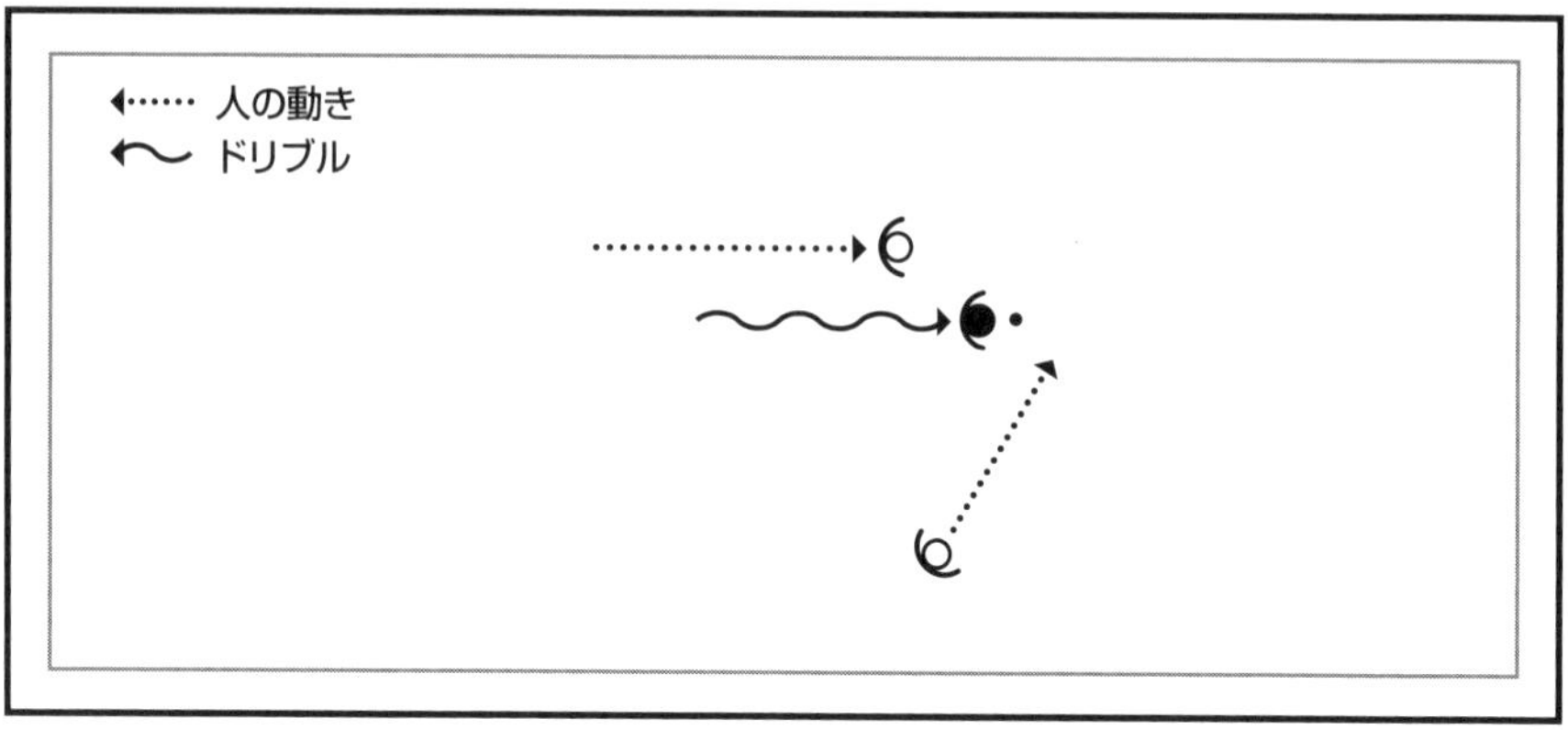

■内容：守備（戦術）／基本守備戦術
■時間：―
■人数：―
■ピッチサイズ：15 × 20m 程度

ルール

3人で三角系でパス。笛の合図があったときにボールを持っている人がFWで残りの2人がDF。1対2のボールキープ。DFはボールを奪ったら2本のパスを通して終了。2本通すまでにFWが再度奪ったら、また1対2のボールキープを続ける。

【コーチングポイント&キーワード】

■DFはなるべく外へボールを出さずにボールを奪い、2本のパスを通せるように協力してボールを奪う。
■ファーストDF、セカンドDFの区別を明確にし、サンドイッチして、相手とボールの間に身体を入れる形でボールを奪えるようにする。
■追いかける形でサンドイッチと向かい撃つ形でサンドイッチがあることを認識させる。

Training ⑥ 3対4におけるチャレンジ&カバー

メモ1 ゾーンディフェンスの基礎習得/チャレンジ&カバー

メモ2 FW:質の高いコンビネーションプレー

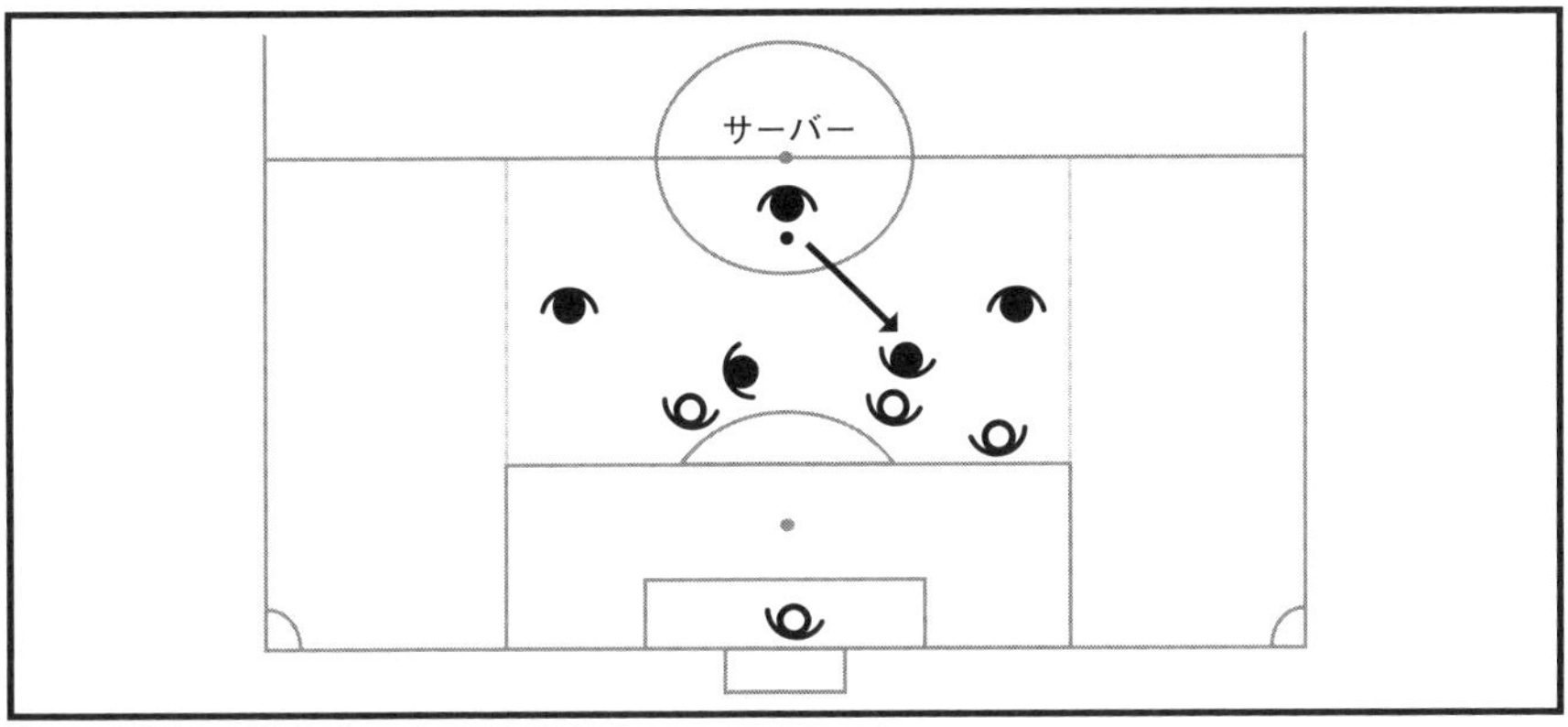

■内容:グループ戦術(守備)/ユニットディフェンス
■時間:—
■人数:3対4+1サーバー　■ピッチサイズ:52.5×40m

ルール

図のようにサーバーから始めるか、4人のFWと3人のDFが対峙した形から、FWがDFにパスをし、リターンしたところからスタートしてもよい。

図の場合、サーバーは後方からのサポートのみで、飛び出すことはしない。

【コーチングポイント&キーワード】

■まずは誰がファーストDFなのかを明確に! しかし、2トップに対してはなるべくCBが対応し、外を空けない。SBが対応し、素早くワイドミッドフィルダーを使われた場合、誰もマークできず、シュートまで持っていかれる!

■ドリブルやクロスオーバーに対しては、マークを受け渡すのか、受け渡さずそのままマークするのか、その指示を後方の選手が確実に行うことが必要。最後はみんなでくっついてシュートブロック!

■ボクシングムーブメント

Training ⑦ 6人の守備組織によるラインコントロール／チャレンジ&カバー

メモ1　ゾーンディフェンス（ラインコントロール、チャンレジ&カバー）

メモ2　攻撃（コンビネーションプレイ：中央やサイドからの突破）

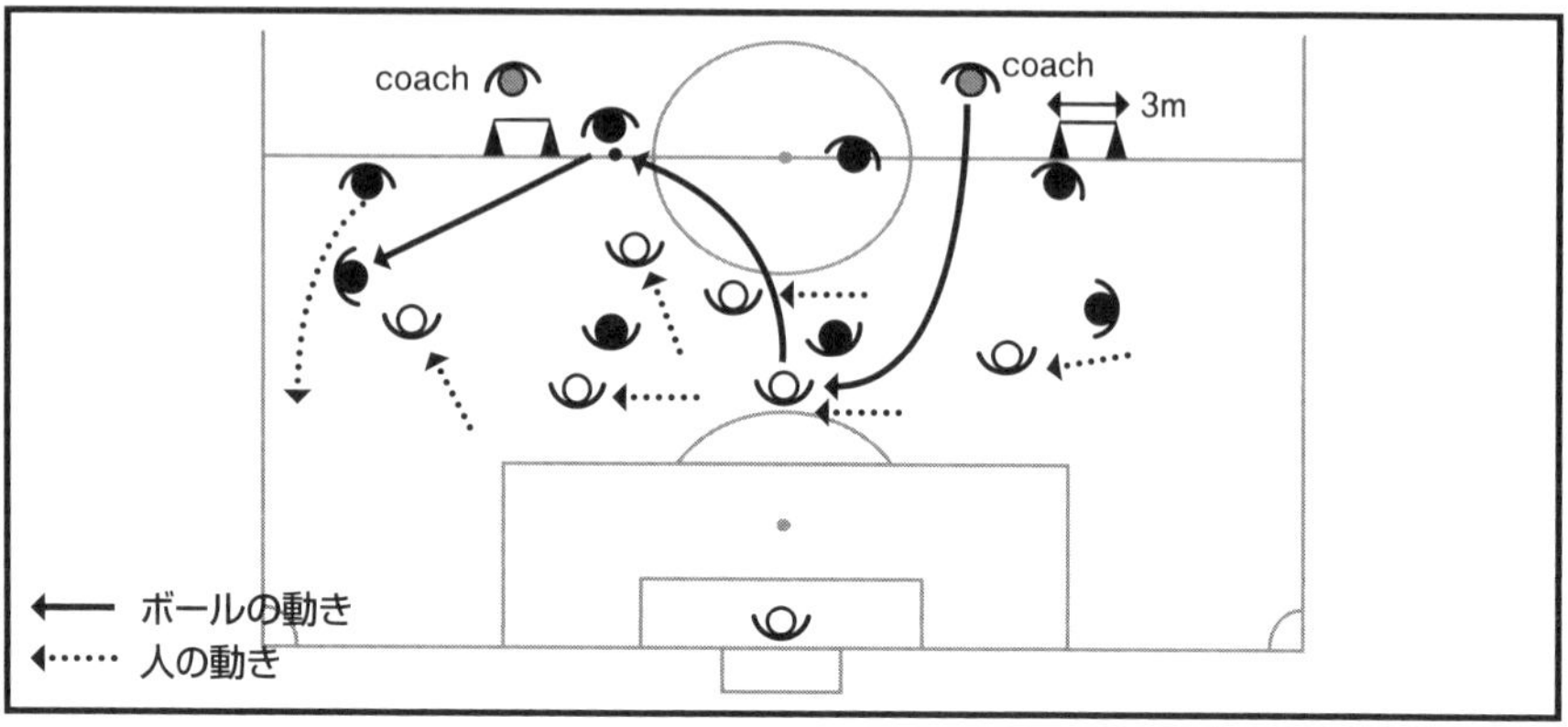

■内容：チーム戦術（守備）／ユニットディフェンス

■時間：ー

■人数：6対8　　■ピッチサイズ：ハーフコート

ルール

コーチがキックインし、そのボールをセンターバックがヘディングでクリアしたらスタート。6人の守備組織はボールが移動している間はラインを押し上げる。ボール周辺の雲行きを覗いながら、ラインを押し上げるか、2ラインをコンパクトに保ってボール奪取のチャンスを覗うか、など状況を判断してプレーする。チャレンジ&カバーを繰り返しながら、相手がDFラインの背後へボールを出してきたらクリア、あるいは、相手からボールを奪ったら2つ用意しているコーンの間にボールを通せば得点となる。

【コーチングポイント&キーワード】

■守備　クリアの質／ボールが移動しているときのラインの押し上げ／ボール周辺の雲行きによってラインを保つか、リトリートするかの判断／DF陣とGKのコミュニケーション／GKがボールをキャッチしたらサイドバックは素早く広がる

■攻撃　コンビネーションプレイ（中央やサイドからの突破）

■6人DFの前に導入として4人DFから入る形態も。また8人DFへ移行してもいい。また、ボランチを配することでほとんど突破されないときは、攻撃側が有利になるように、ペナルティエリアの外側にドリブル通過で得点となるスモールゴールを設けて、DF陣は通常よりも横ずれの範囲が大きくなるような設定も。

Training ⑧ 8対8／2対2⇒4対3カウンターアタック

メモ1 **8対8のオーガナイズディフェンス／2対2⇒4対3カウンターアタック**

メモ2 **8対8のハーフコートオフェンス（ビルディングアップ）／2対2⇒6対6～8対8のカウンタープレイ**

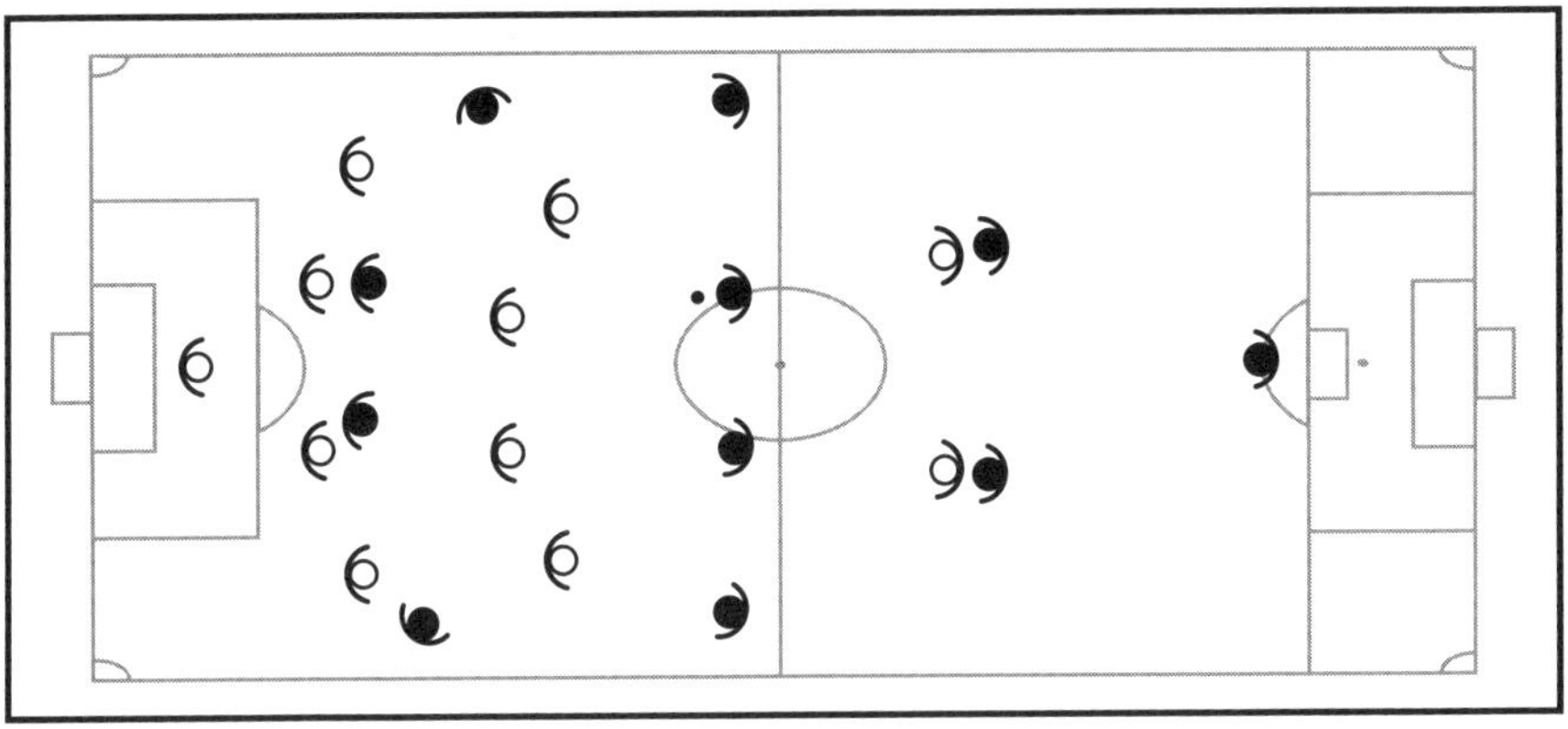

■**内容**：チーム戦術／ユニットディフェンス

■**時間**：—

■**人数**：11対11

■**ピッチサイズ**：6分の5コート

ルール

黒の8人の攻撃者は白の8人の守備者を相手にゴールを狙う。8人の守備者はボールを奪ったら、素早く逆サイドの味方FWに当てる。2人のFWは逆サイドの8人の守備者のうち2人の攻撃参加を得て、合計4人で3人の守備者（2CB＋帰陣した1DF）を相手に速攻を仕掛け、なるべく短時間でゴールする。

【コーチングポイント＆キーワード】

■相手がいったん、外へ開いたら8人の守備のユニットが横ずれするが、そのとき相手ボランチを経由して何度もサイドチェンジされると、8人の横ずれが厳しくなるので、2トップのうち1人がハーフウェイラインを越えてボールサイドのボランチを牽制することが重要。

■逆サイドのボランチには逆サイドのワイドミッドフィルダーがなかに絞って閉じ込めてしまうディフェンスをする。そのポジションはボールを奪ったとき、一気にカウンタープレイに移行できる位置でもある。

■1トップのFWは奪ったボールのターゲットとなり得るためにもボールサイドの位置取りに注意を払っておく。ボランチを牽制したFWは、トップ下の位置で攻撃の起点になることも。

Training ⑨ 8人＋ GK による守備組織（VS11 人）

メモ1 **8人＋ GK の守備組織によって守りきる**

メモ2 **劣勢のなかで奪ったボールの処理&判断**

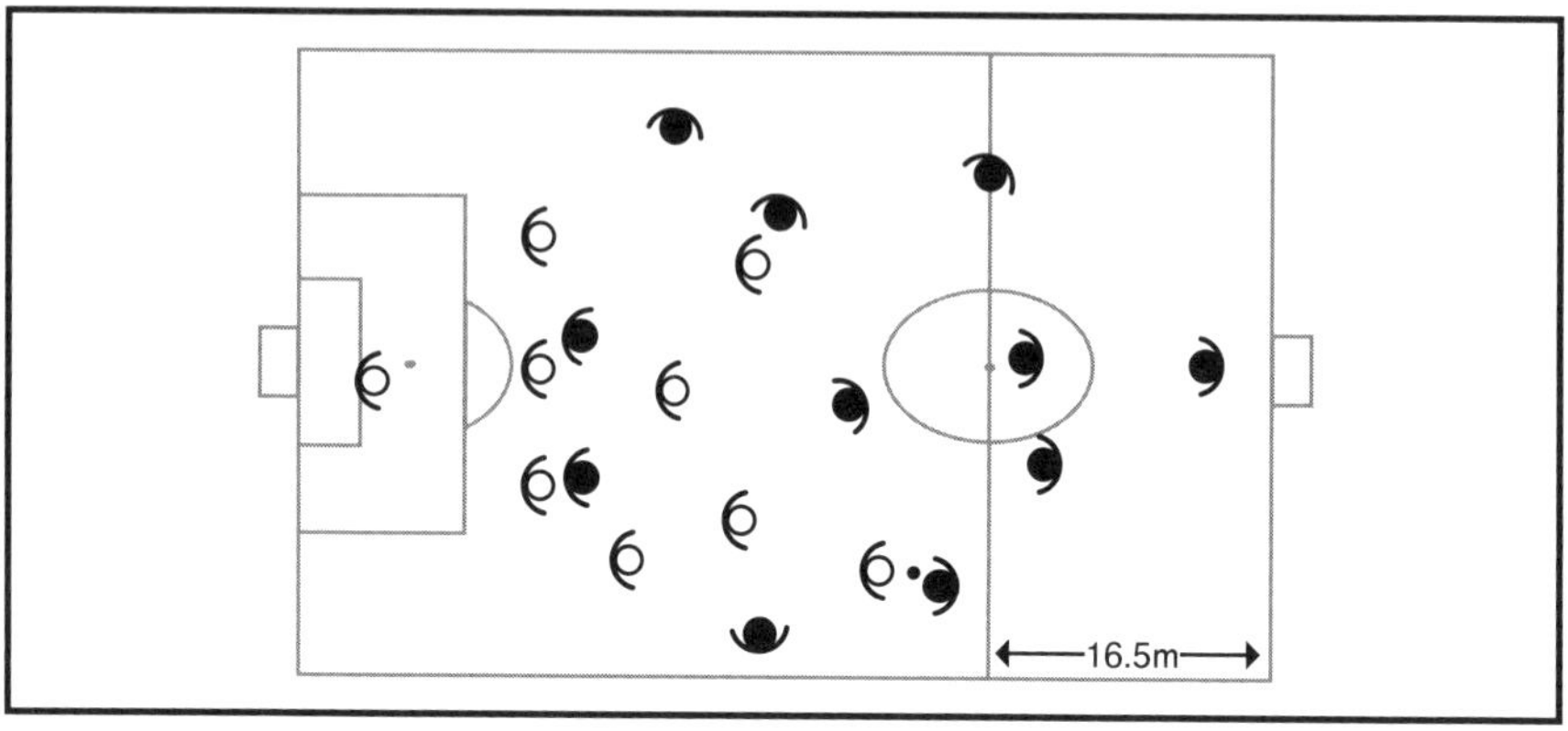

■**内容**：チーム戦術（守備）／ユニットディフェンス
■**時間**：5～10 分単位
■**人数**：8＋ GK 対 11　　■**ピッチサイズ**：ハーフコート+1ボックス

ルール

8人＋ GK の守備組織で 11 人を相手に守りきる!　8人＋ GK 側はフリータッチ、11 人側は3タッチ。

【コーチングポイント&キーワード】

■8人＋ GK でチャレンジ&カバーを忠実に行い、数的不利のなかで守りきる。ボールを奪ったときにカウンタープレイを仕掛けるのか、ポゼッションを選択するのか、もしくはクリアして一度相手の攻撃のリズムを切る、もしくは守備で一息つくのか、などの判断が重要。
■GK、CBからの指示の声が不可欠!　奪ったあとの相手のプレッシングをかいくぐるシンプルなポゼッションのテクニックも重要。

Training ⑩ 中盤のディフェンス（門を閉じる）

メモ1 **第二線（中盤）の選手の守備（ポジショニング、門を閉じる）**

メモ2 ー

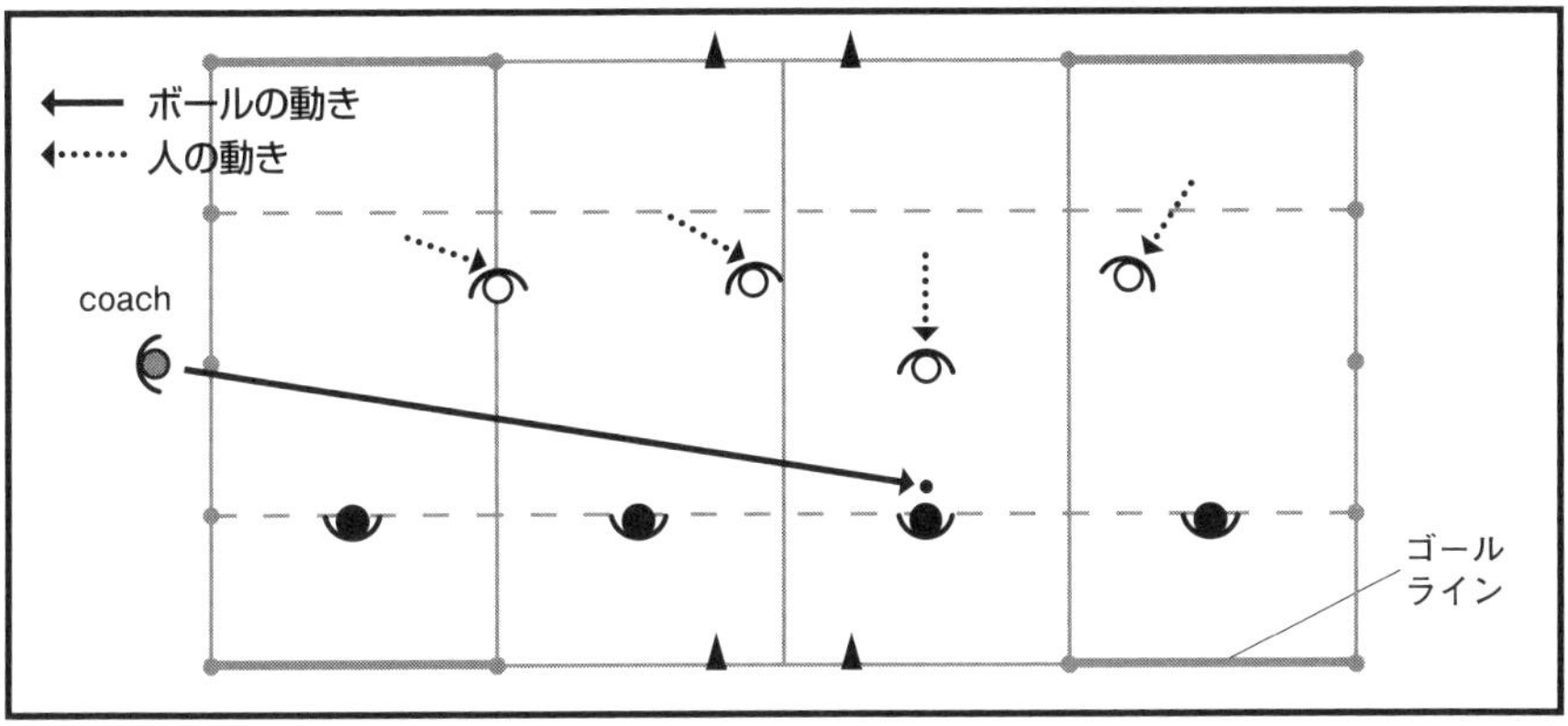

■**内容**：グループ戦術（守備）／ユニットディフェンス
■**時間**：３分プレイした後１分休憩を３〜４セット
■**人数**：４対４
■**ピッチサイズ**：4対4：32m（8m × 4）× 25m ＋コーン（3m）ゴール
3対3：22m（7m/ ラインゴール＋ 8m ＋ 7m/ ラインゴール）× 20m ＋コーンゴール（3m）

ルール

4対4のフリータッチ／中央のゴール（3m）：2 点、サイドのラインゴール：1点（ドリブル通過）
最終ゾーンはオフサイド有りのルールも。ボールがラインを切った場合は図のようにコーチから再開。そのときは図の点線のラインまで一度下がってから再スタートし、ファーストDFを明確にする。
最終ゾーン限定でターゲットプレーヤーを入れての5対5の形でもいい。3mのコーンゴールはなくすか、ターゲットプレーヤーは得点できないなどのルールをつける。ターゲットプレーヤーは攻撃のみで守備はできない。４人のDFは間を通されてもすぐにスピンしてプレスバックにいく動きまで要求する。

【コーチングポイント＆キーワード】

■お互いに間隔を狭めて、通常の試合であれば、相手のFWにボールを通させないようなポジショニングを取らせる。外の選手がコースを切ってなかに張っている網で2対1でボールを奪うような守備にトライする。
■中盤の選手のみならずDFラインの選手もチャレンジ&カバーの動きに関しては同じで、シュートを打たせないためには同じ動きが要求される。
■FWの選手もなかを閉じて、相手ボランチに通させない守備はMFの守備と共通する。
■誰がファーストDFなのかを明確に
■素早いプレスバック

Training ⑪ ディフェンスラインの動き

メモ1　**第三線（最終ライン）の動きの連動性**

メモ2　**ラインコントロールの判断**

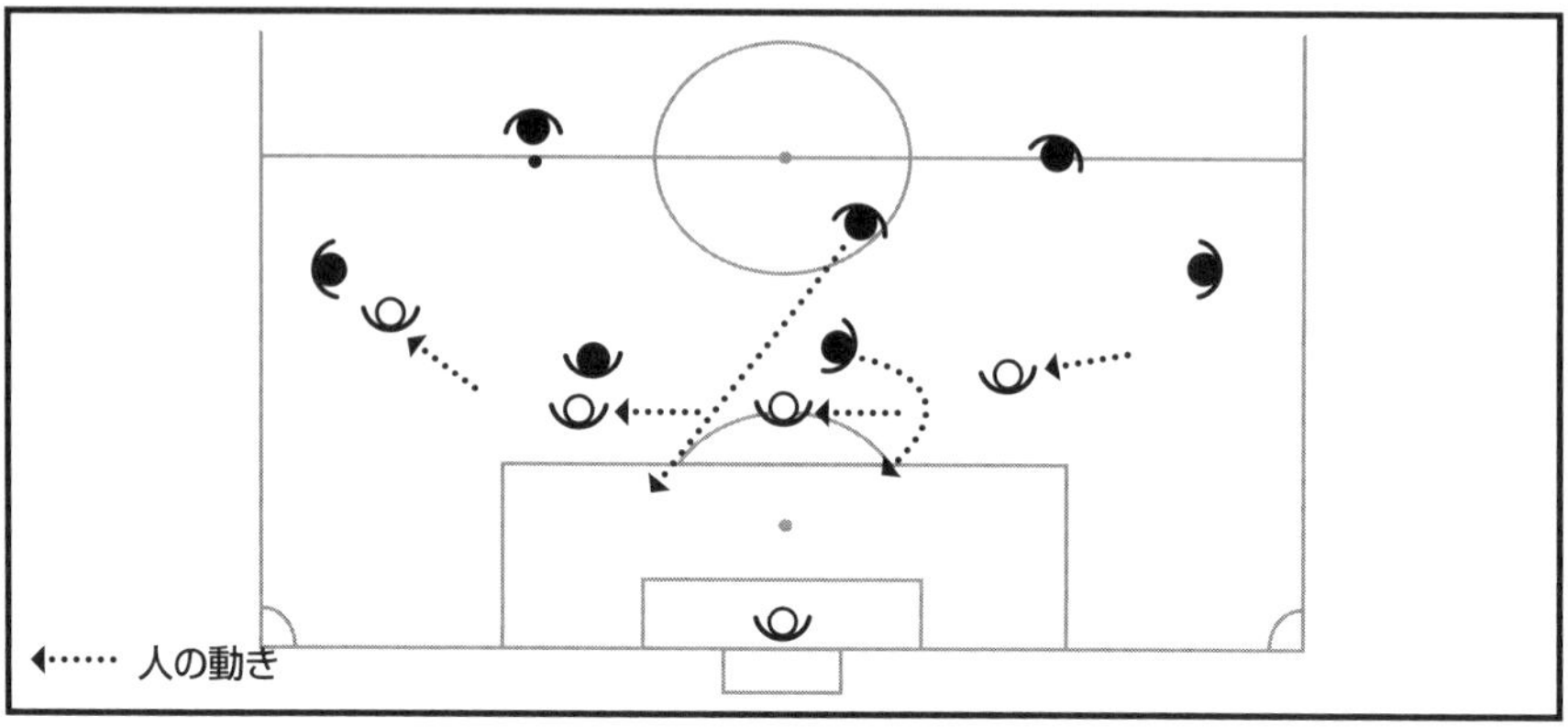

■**内容**：グループ戦術（守備）／ラインコントロール

■**時間**：—

■**人数**：ＤＦ４に対して攻撃７など　■**ピッチサイズ**：ハーフコート

ルール

最終ラインの4人は、ボールを中心に、味方の位置に連動しながら守備位置を調整する。ボールの位置に連動してスライドしたり、距離間を詰めたり、互いにカバーリングできる距離感を保つこと。

4人の最終ラインに加えてボランチを一人か二人加えて相手に何らかの規制がかかった状態で行ってみてもよい。

【コーチングポイント&キーワード】

■最終ラインの背後のスペースに相手のトップの選手が走り込んできた瞬間の対応

■走り込みのタイミングが速すぎて、ボールが出てこない⇒放してしまっていい

■走り込みのタイミングが良く、ボールが出てきそう⇒捕まえにいく

■一度オフサイドポジションに入った相手選手が戻ってきてボールを受けよとしている⇒マークは付かずとも選手間で声を出し合いながら状況を周知する

■相手の二人目の選手がラインの背後を狙っているとき⇒二人目の選手にボールが出そうなときはしっかり捕まえる

■走り込みのタイミングが早く、ボールホルダーはプレッシャーを受けながらドリブルしているときマークは付かず、必要であればボールに向かってラインを上げる（ボールホルダーのドリブルが大きく、即座にはボールをキックできないときも同様）。

■DFラインを下げようという意図での相手FWの背後のスペースへの動きが、ボールが出てこない状態で行われるとき⇒放ってしまう。必要によってはラインを上げる。

Training ⑫ ラインコントロール①

メモ1 **ラインコントロール**

メモ2 **背後のボールの処理、ビルドアップ**

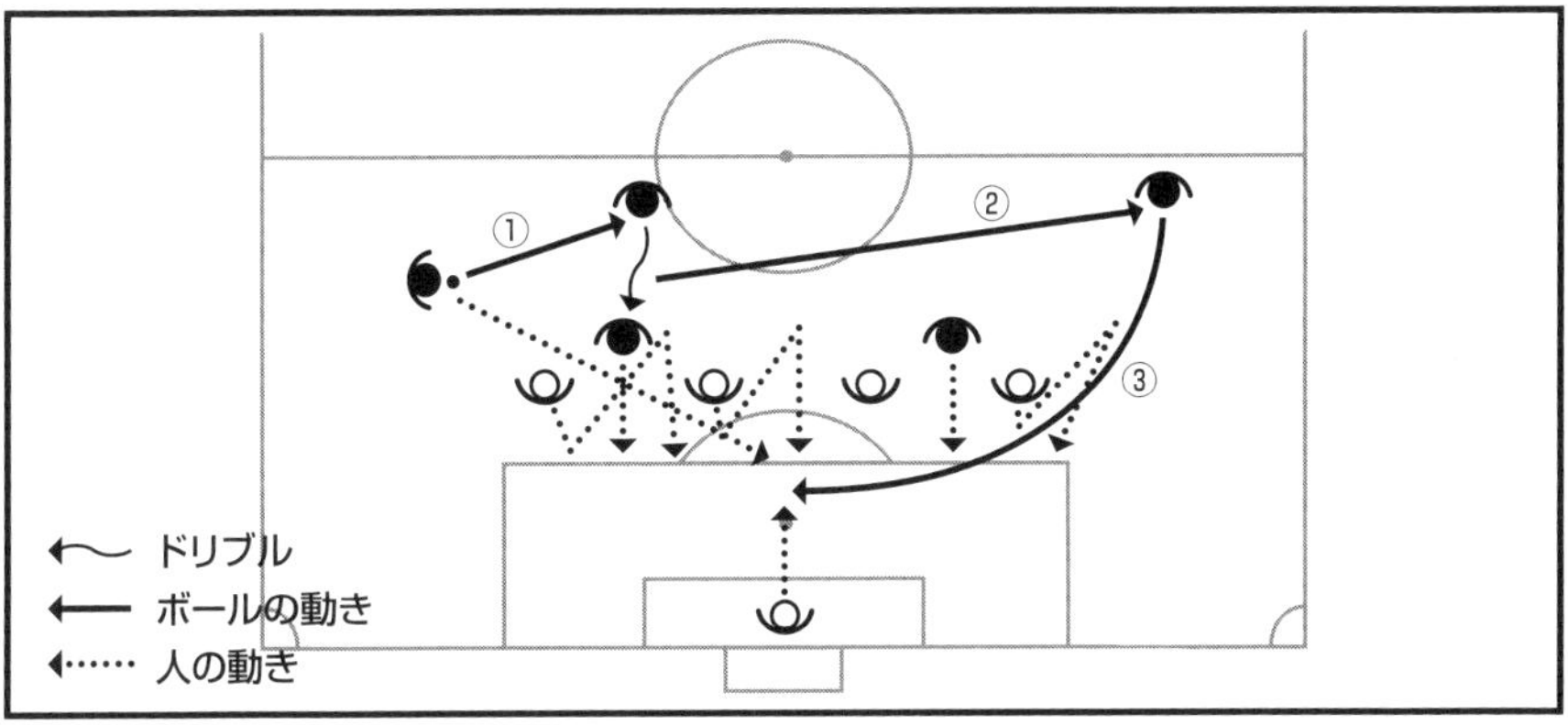

■内容：グループ戦術（守備）／ラインコントロール
■時間：—
■人数：— **■ピッチサイズ**：ハーフコート

ルール

①：FWが裏のスペースへ走り込み、パサーがキックモーションに入ったら裏のスペースをケアして下がる。もし、ドリブルで突っかけてきたら最初は下がるが、ペナリティエリアより後方へは下がらず、バックラインのうち1人（主にCB）が対応に出て、それ以上の侵入を許さない。FWの足下へのパスが出た場合も一番近いものがアプローチをかけてチャレンジ&カバーの隊形を取る。
②：ドリブルを中止させ、図のように後方へパスを出させたら、そのパスの距離にもよるがチャンスと捉えて一斉にラインを押上げる。
③：ルール①の時点でパスを出した逆サイドの選手が二列目からバックラインの背後のスペースを狙って走り込み、バックパスを受けた選手もダイレクトに後方へのパスを狙ったら、押上げを中止し、再度、後方へ下がって、背後へのボールに対応する。いずれの場面でも背後のボールはクリアするか、キープできた場合はGKも含め2人のFWを相手にきちんとボールを繋ぎ、ビルドアップしながら、ハーフウェイ付近までボールを運ぶ。

【コーチングポイント&キーワード】

■一連のラインコントロールではGKもラインに連動して背後のスペースのカバーリングを担当する。後方からの指示の声も重要。4人が常にボール周辺の雲行きを察知し、ラインを上げるべきか、下げるべきかを的確に判断することが大切。

Training ⑬ ラインコントロール②

メモ1　**ラインコントロールとヘディングでのクリア**

メモ2　**背後のボールの処理、ビルドアップ**

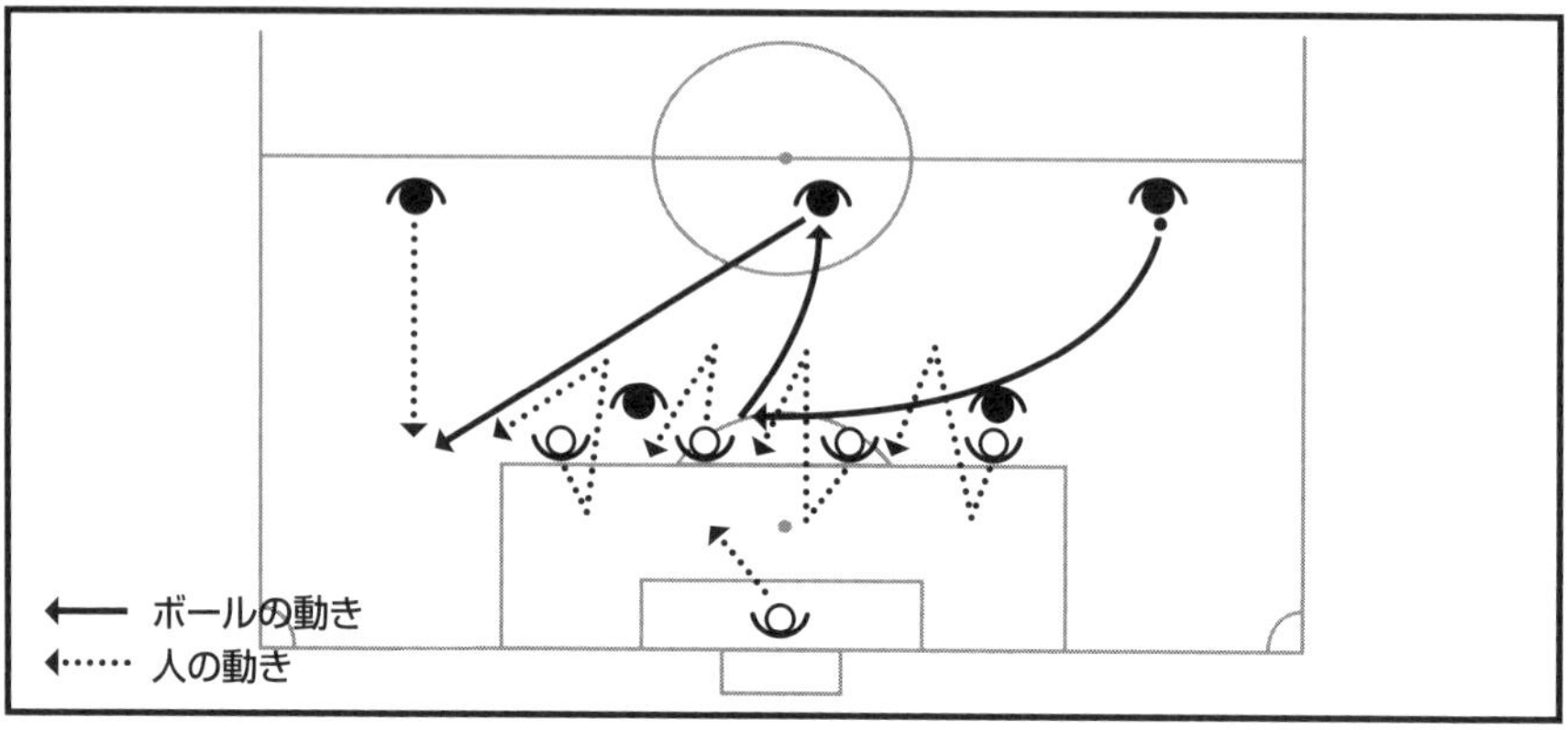

■内容：グループ戦術（守備）／ラインコントロール

■時間：—

■人数：—　　**■ピッチサイズ**：ハーフコート

ルール

前のメニュー「ラインコントロール①」の③の様なボールをヘディングのクリア練習を兼ねて行い、そのクリアボールに合わせて4人は統制のとれた状態でラインを上げる。ハーフウェイラインより少し手前で待ち受ける3～4人の攻撃者は自分のところに転がってきたボールを再び、ダイレクトで背後のスペースに蹴り込んだり(その際、FWの選手はオフサイドの位置に残されてプレーできないかもしれないが、ボールを拾った選手以外の攻撃者は2列目からの飛出しを試みても良い)、ドリブルやパスで時間を作ったりし、FWの戻りを待って4人のDFラインに様々な攻撃を仕掛けライン操作を行わせる。

【コーチングポイント＆キーワード】

■クリアの質や距離によってどこまでラインを上げるか、またはボールホルダーのプレーの意図や二列目からの飛び出しの状況などによって4人が判断を共有できるようにする。

Training ⑭ チャレンジ&カバーとクロス対応

メモ1 **ボールの位置に伴うポジショニング**

メモ2 **下がりながらのヘディングでのクリア**

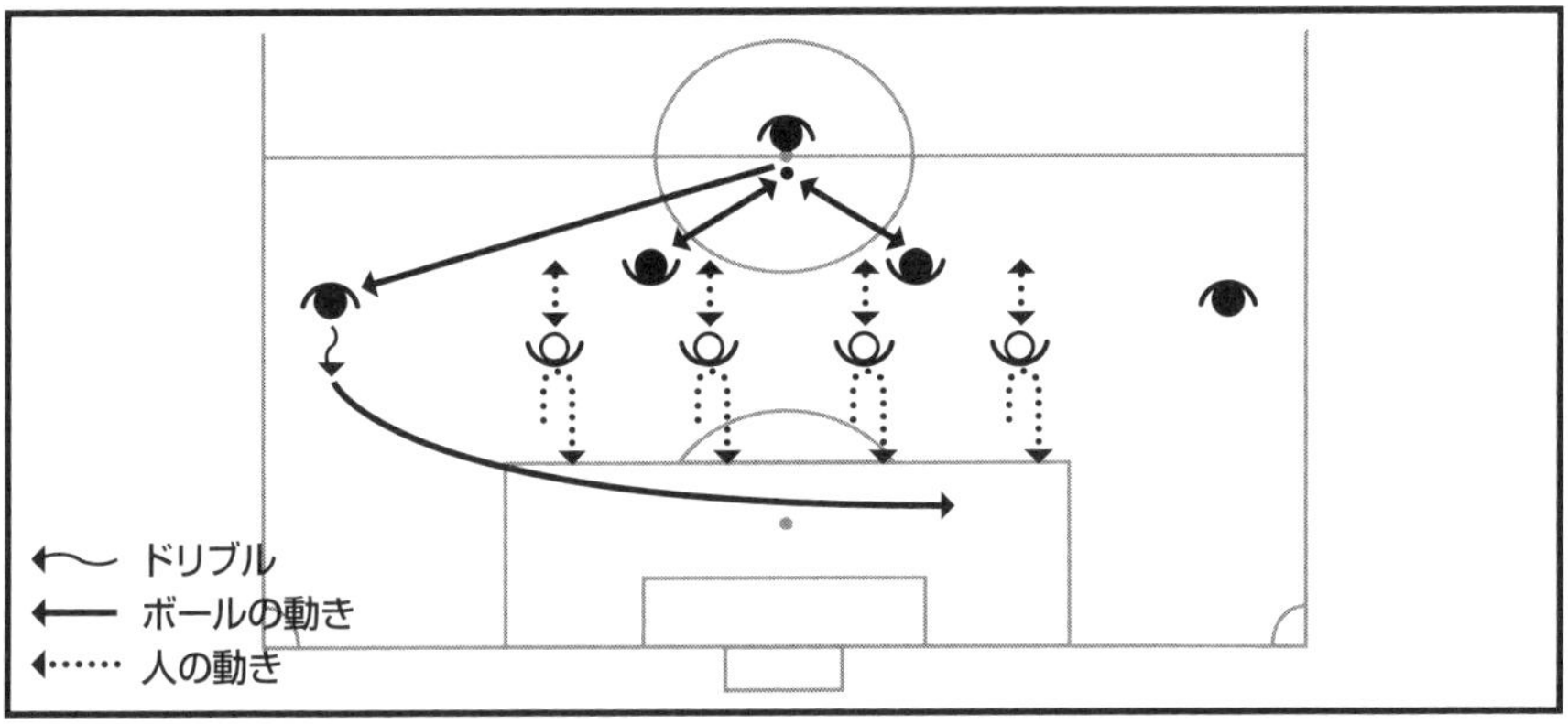

■**内容**：ボール周辺の状況によってラインを上げ下げする―
■**時間**：―
■**人数**：ＤＦ４に対して攻撃５など　■**ピッチサイズ**：ハーフコート

ルール

ボールホルダーからまず相手のトップの選手にボールを入れる。

この瞬間に最終ラインの4人は相手のトップの選手にアプローチにいく。その後はボール周辺の状況を見ながら最終ラインの4人は守備位置を調整する。サイドへボールが出されたときは、ゴール前を守るために後方へ下がりながらクロスボールをクリアできる態勢をつくる。

【コーチングポイント&キーワード】

■CBはFWの足下にパスが出されたときは、素早くアプローチをかけチャレンジするが、サーバーへバックパスされた場合は、自分が空けた背後のスペースを素早く埋める、”ボクシング・ムーブメント”を徹底する。

Training ⑮ クロスの攻防

メモ1　**クロスの準備（クリア、シュートブロック）**

メモ2　**クロスからのフィニッシュ（こぼれ球をミドルシュート）**

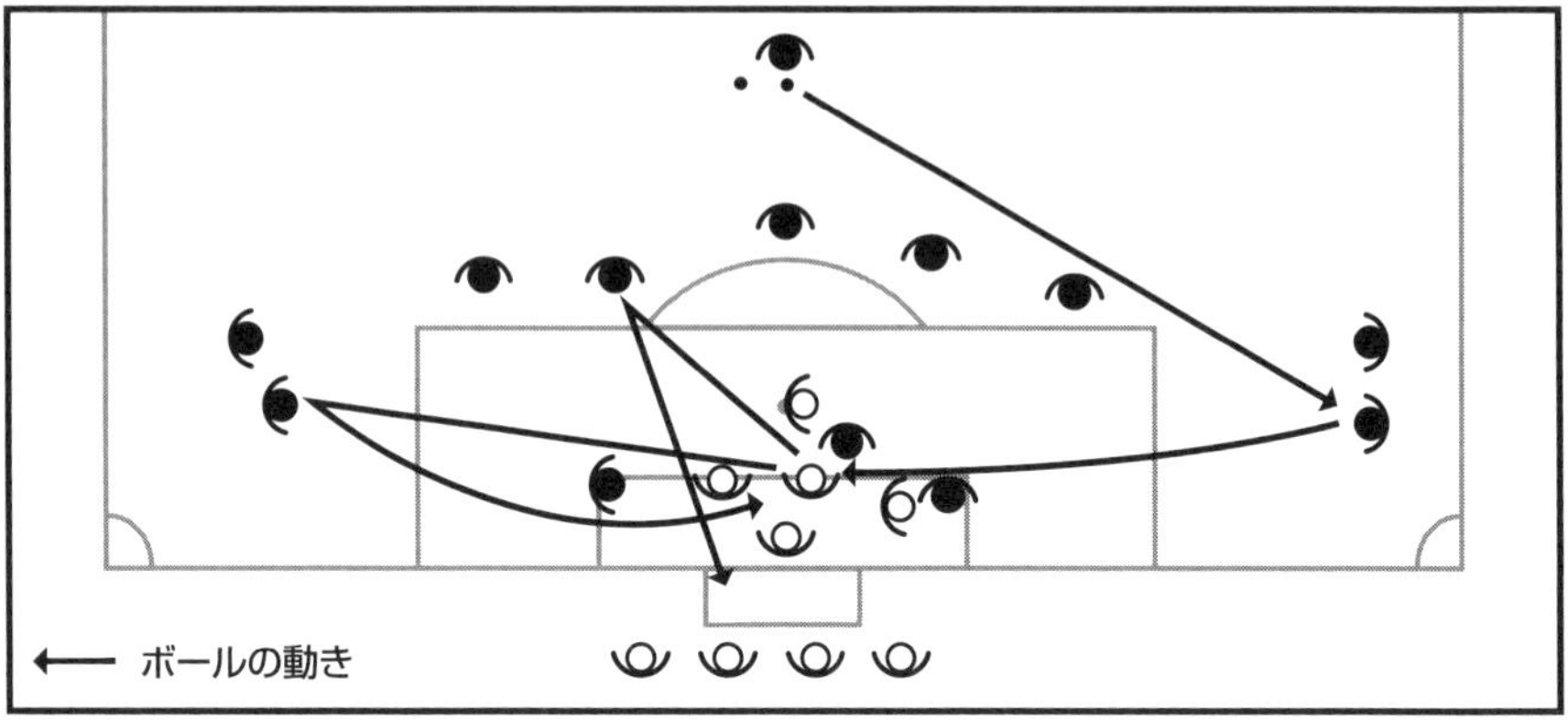

■内容：クロスボール対応／クロス・シュートブロック（ＰＡ周辺の守備）

■時間：—

■人数：ＤＦ３～４人＋GKvsFW ３～４人＋２列目数人（こぼれ球）　**■ピッチサイズ**：ハーフコート

ルール

アーリークロスでの攻防：

　スタート位置を下げ、DF陣はペナルティアークの位置でラインを形成する。外へボールが出されたら、クロスを上げる選手がファーストタッチした後にDF陣は下がりながらクリアする形にする。試合の想定に近くなってよい。

【コーチングポイント&キーワード】

■FW陣はオフサイドにならないようにタイミングよく飛び込む。

■反対サイドにボールが流れたときは、逆サイドのクロッサーから連続してクロスを上げる。

Training ⑯ 2CBに対する攻撃

メモ1 **2枚のセンターバックに対する攻撃**

メモ2 **2枚のセンターバックによる守備**

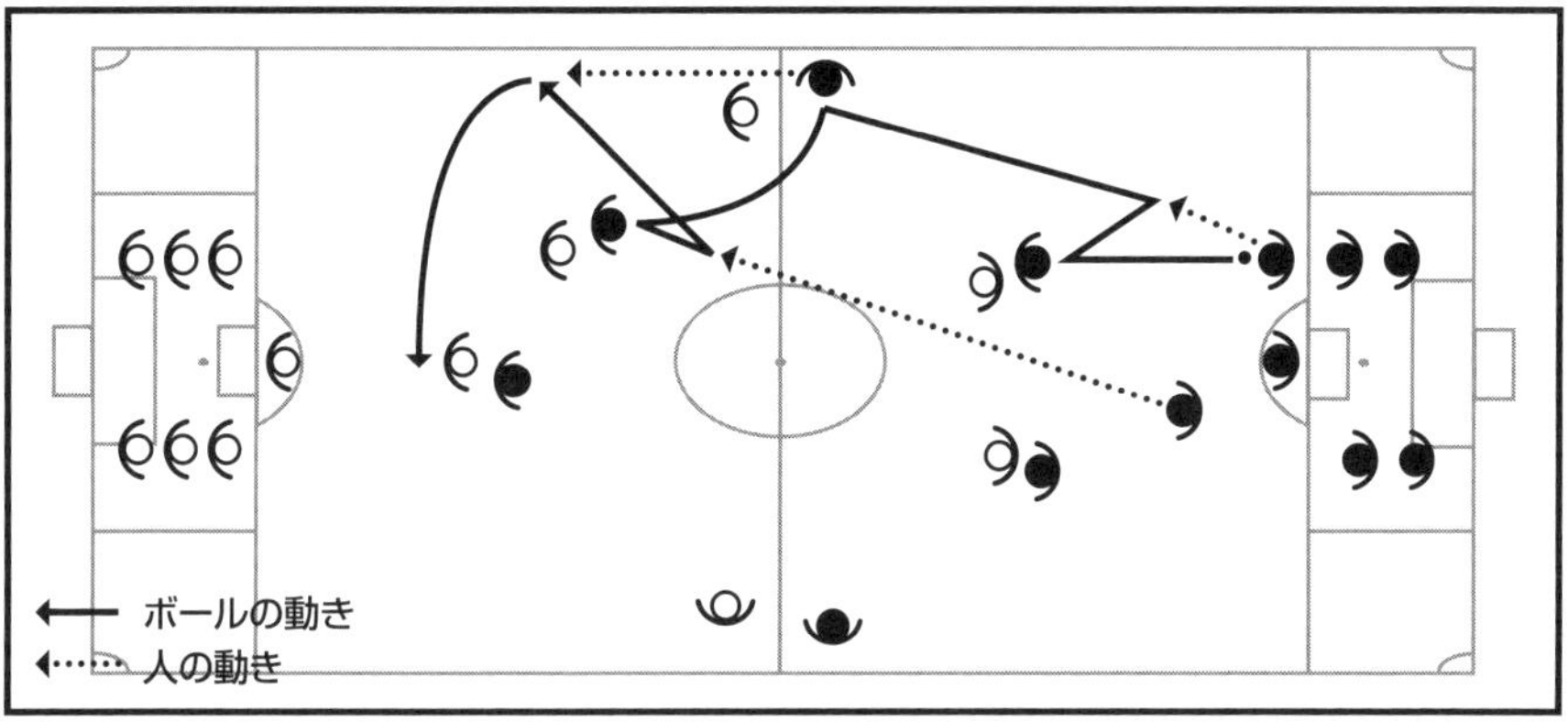

■**内容**：戦術（攻撃）／クロス・シュートブロック（ＰＡ周辺の守備）
■**時間**：—
■**人数**：—　■**ピッチサイズ**：４分の３コート

ルール

DFラインからビルドアップの形をとってスタートする。まずDFラインからボランチに当てて、落としたボールをサイドに当てる。サイドの選手はダイレクトでトップの選手にくさびを入れ、そのくさびを落としてもらった後方の選手がサイドのスペースへスルーパス。サイドの選手がクロスボールを上げて中でトップの選手が合わせる。

【コーチングポイント＆キーワード】

■主に攻撃のトレーニングではあるが、2CB＋GKの3人の連携による守備のトレーニングとしても、また、クロスの守備やペナルティエリア付近でのラインコントロールやシュートブロックのトレーニングとしても有用。

Training ⑰ 8対4（10対5）

メモ1　**ボールポゼッション**

メモ2　**素早い攻守の切り替え（ファーストDFの重要性）**

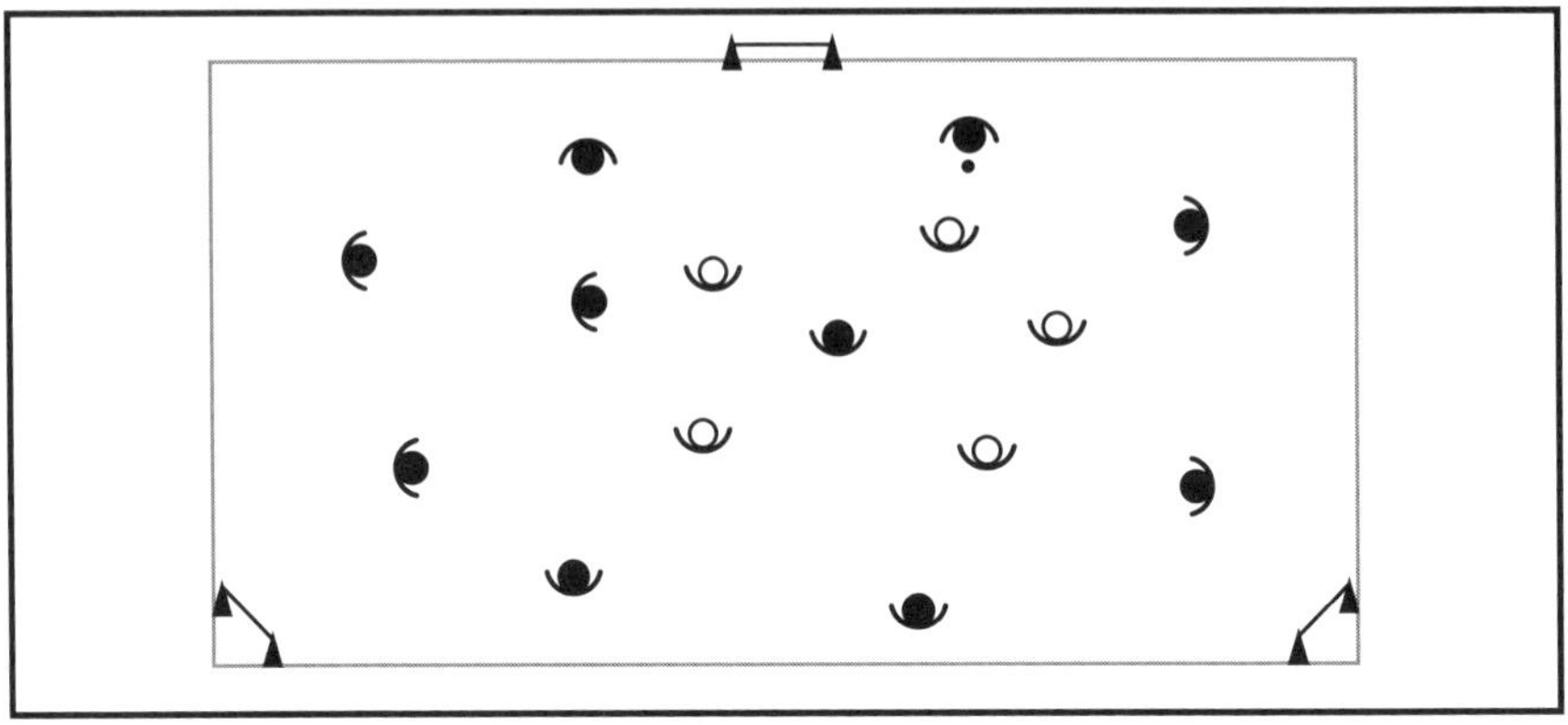

■内容：トランジション／切り替えの局面

■時間：（2～3分×3）×2～3ラウンド

■人数：12人（15人）

■ピッチサイズ：30×25m～25×20m程度

ルール

2チーム10人と1チーム5人の計3チームに分かれる。10人のチームは10本パスしたら1点。5人のチームは3つのゴールのどれかに得点（もしくは5本パス）したら1点。3チームでローテーション。

10（8）人の方は1（2）タッチ。5（4）人の方はフリータッチ。5対3など数的に半端な場合は、3ゴールの代わりにライン上を移動するコーチをターゲットとして用いてもよい。

【コーチングポイント＆キーワード】

■10人チームは奪われたらすぐに切り換えて守備をする。ファーストDFとして寄せる（プレッシング）、セカンドDFとして連動する者（インターセプト）、ゴールに戻る者（背後のスペースを消す）など、ボール周辺の状況を把握し、それぞれの役割を全うする。

■10対5で数的優位だからと切り換えが甘いと、簡単に裏を突かれることになる。5人のほうはその逆で、速い切り換えで一気に裏を突く（空いているゴールを狙う）。

■10人はコーンのゴール付近などここで奪われたら致命的だという場所で絶対にボールを失わないリスク管理も必要（実際のゲームでも同様）。

Training ⑱ 7対7＋GK

メモ1 **集団的なプレッシング（ボールを失った瞬間）**

メモ2 **攻守の切り替え**

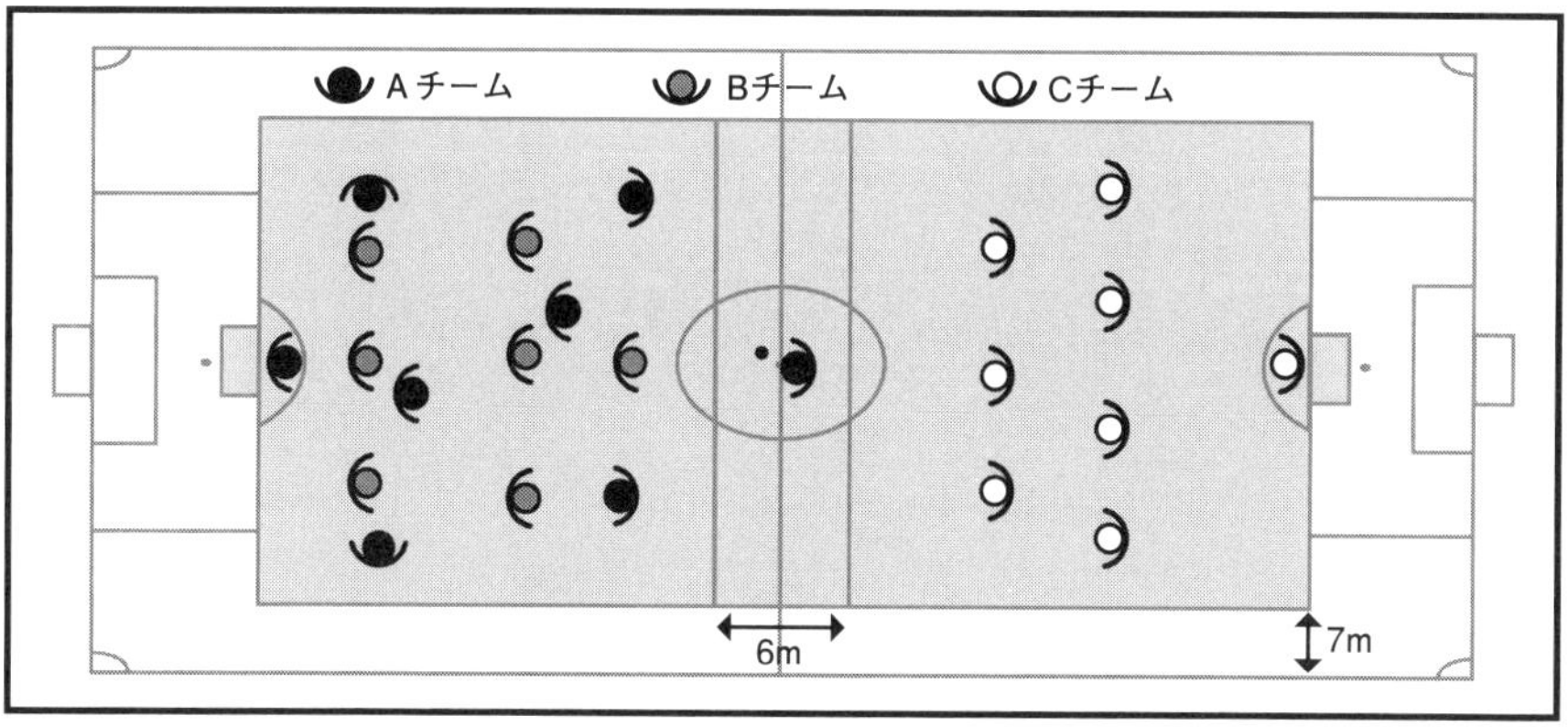

■内容：条件付けゲーム／切り替えの局面
■時間：20 ～ 30 分
■人数：5対5対5～8対8対8
■ピッチサイズ：5対5～6対6：ハーフコート＋ニュートラルゾーン（6m）
7対7～8対8：70m × 54m

ルール

もし守備側のBチームがボールを奪ったときはピッチ中央のニュートラルゾーン（6m 幅）に持ち込む。そして、次は守備側だったBチームが攻撃側となって逆のゾーンのCチームに対して攻撃する。

もし、AチームがCチームの守備を崩してゴールを奪ったときはAチームは継続して攻撃権を持ち、Cチームに対して攻撃する。

【コーチングポイント＆キーワード】

■前からのプレスを強調。ボールを奪われた瞬間もしくはそれ以前のボールを奪われそうなときからDFへの切り替えを行う。

■ファーストDF：ボールへプレッシング／セカンドDF：インターセプト／サードDF：パスコース牽制とスペースマーキング

■守備側はボールを奪ったらダイレクトプレイの意識を強調する。ファーストアタッカーとしての意識がその回の攻撃の質を左右する!

■Bチームはボールを奪ったら3本のパスを繋いだ場合のみニュートラルゾーンに運べる設定にすると、よりプレッシングの効果が出やすい。かつ、Bチーム側はダイレクトプレイの意識に加えて、ポゼッションの要素も狙いとして含まれるようになる。その場合、GKからのミドルゾーンへのパスは、スローではなくキックであればOKにする。

Training ⑲ 狭いエリアでのポゼッション

メモ1　**狭いスペースでの素早いボール回しと確実な判断**

メモ2　**狭いスペースの中での正確な技術、速い判断**

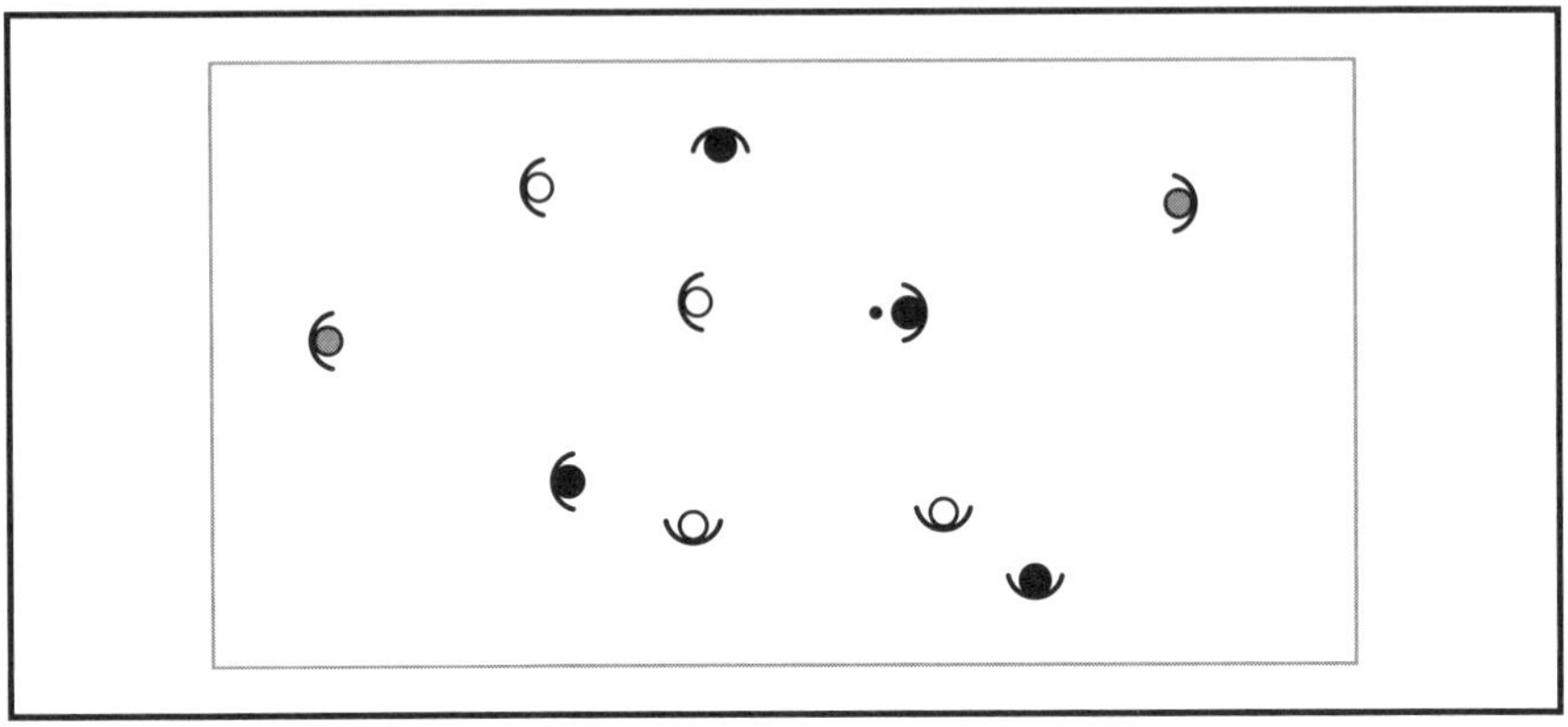

■**内容**：技術・個人戦術／切り替えの局面
■**時間**：1分30秒〜3分×3〜5セット
■**人数**：4対4＋2フリーマンなど　■**ピッチサイズ**：20×15m（4対4＋2の場合）

ルール

4対4＋2フリーマン（2タッチ　※フリーマンも2タッチ）
3対3＋2フリーマン（3タッチ　※フリーマンは2タッチ）
4対4＋1フリーマン（フリータッチ　※フリーマンは2タッチ）
3対3＋1フリーマン（フリータッチ　※フリーマンは2タッチ）
5対5＋3（2）フリーマン（2タッチ　※フリーマンも2タッチ）
4対4＋4フリーマン（全員1タッチ　※インターセプト時は2タッチ）
5対5＋5フリーマン（4）（全員1タッチ　※インターセプト時は2タッチ）

【コーチングポイント&キーワード】

■切替が最大のポイント
奪われた方：即刻プレスディフェンス。必ず1人がファーストDFになるように！（皆が見ているだけで誰もボールにプレッシャーをかけていないような状況がないように）。
奪った方：プレスディフェンスをかいくぐるための素早いパス&サポート。1本目と2本目が重要で広げてしまえば後は楽。基本的にはパス&サポートの原則が重要。'（パス:方向、強さ、タイミング／サポート:角度、距離、タイミング）
■「奪った方は広げる！」「奪われた方は閉じ込める！」を合言葉に！

Training ⑳ ミドルサードでの 10 対 10

メモ1 **ミドルサードでの配置を活かしたポゼッション**

メモ2 **コンパクトなエリアの中での連動した守備**

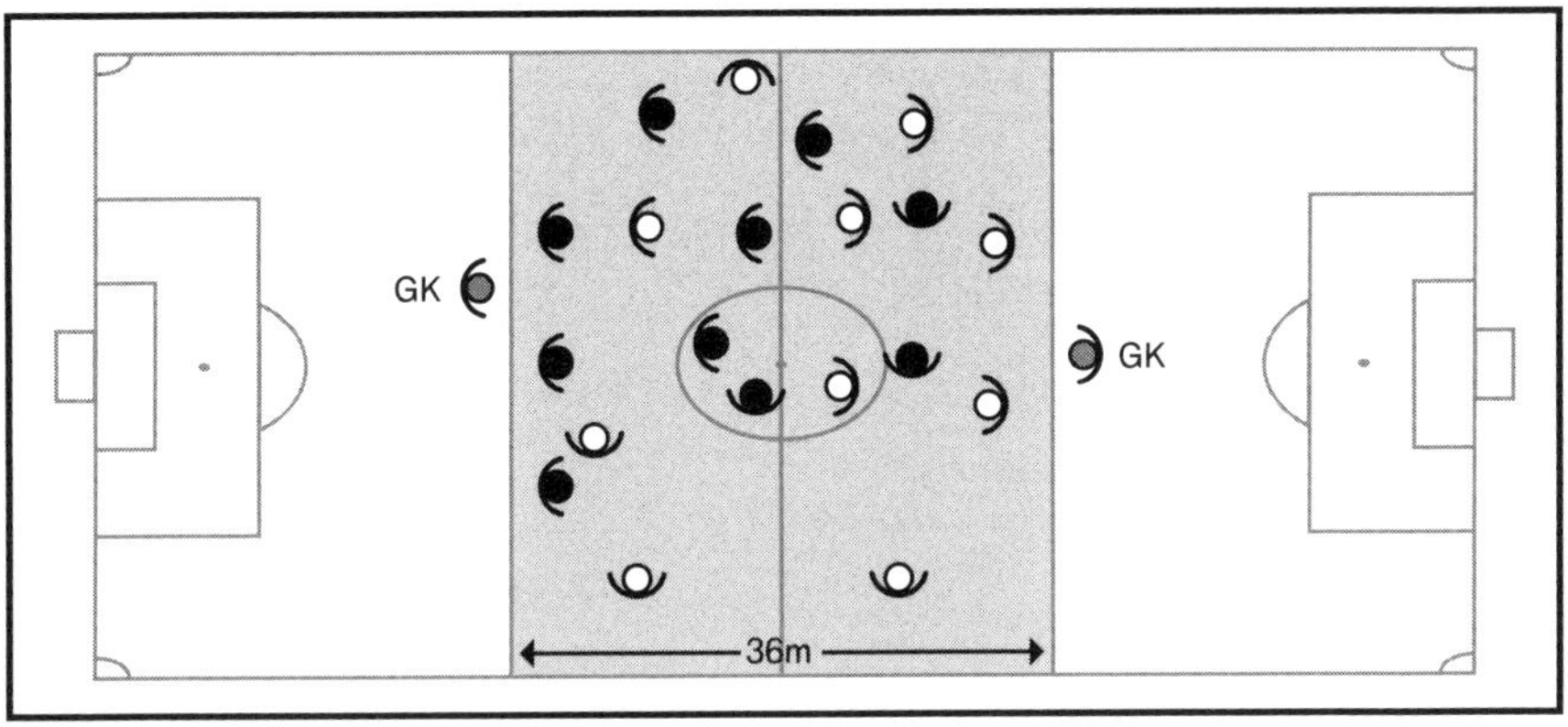

■内容：ポゼッション／切り替えの局面

■時間：1分半～ 3分×3～5回

■人数：20 ～ 22 人　**■ピッチサイズ**：68m × 36 ～ 40m

ルール

2タッチで 10 本のパスを通したら1ゴール（フリーマンを経由したパスは本数に加えない）

フリーマンは1タッチ（サイドを変えるときは2タッチ）

GK がおらず20人の場合は2トップのうち1人が、もしくは2CBのうち1人がミドルサードの外にタイミングよく出て、随時フリーマンになる形式も。外にいれる時間に制限を付けるやり方もあり。

フリーマンをGKにし、GKのリベロとしてのTRにしてもいい。攻撃面ではビルディングアップへの参加／守備面では敵の突破に対する飛出し（スィーパーの役割）。GKが関ったポゼッションはパスの本数にカウントしない。その際はミドルゾーンは 40m に。

【コーチングポイント＆キーワード】

■サポートを速くし、出し手はシンプルなプレーを心がけ、距離感を大切にポゼッションを続ける。狭いスペースでのポゼッションだが、4―4―2の配置があるのでアタッキングパターンなどを使いながら、ポゼッションし、逆サイドへの展開も図る。DFラインの選手は最終ラインでのビルドアップも意識して行なう。

■フリーマン無しで、エンドラインをドリブルまたはショートパスで突破したら、あとはフリーで攻撃というTRでも。ロングパスでの突破は不可。

［付録②］

松田浩の4－4－2ノート

ここに収録するのは
松田がかつてＪリーグの各試合に用いた戦術ノートとそのメモ書きの一端だ。
各チームとの対峙法、攻略法が詳細に綴られた、
まさに松田の魂が細部に宿る４－４－２ノートである。

オーガナイズディフェンス① vs 浦和：3-4-3

図は3－4－3の浦和に対する4－4－2のオーガナイズディフェンスのスターティングブロックの配置例。

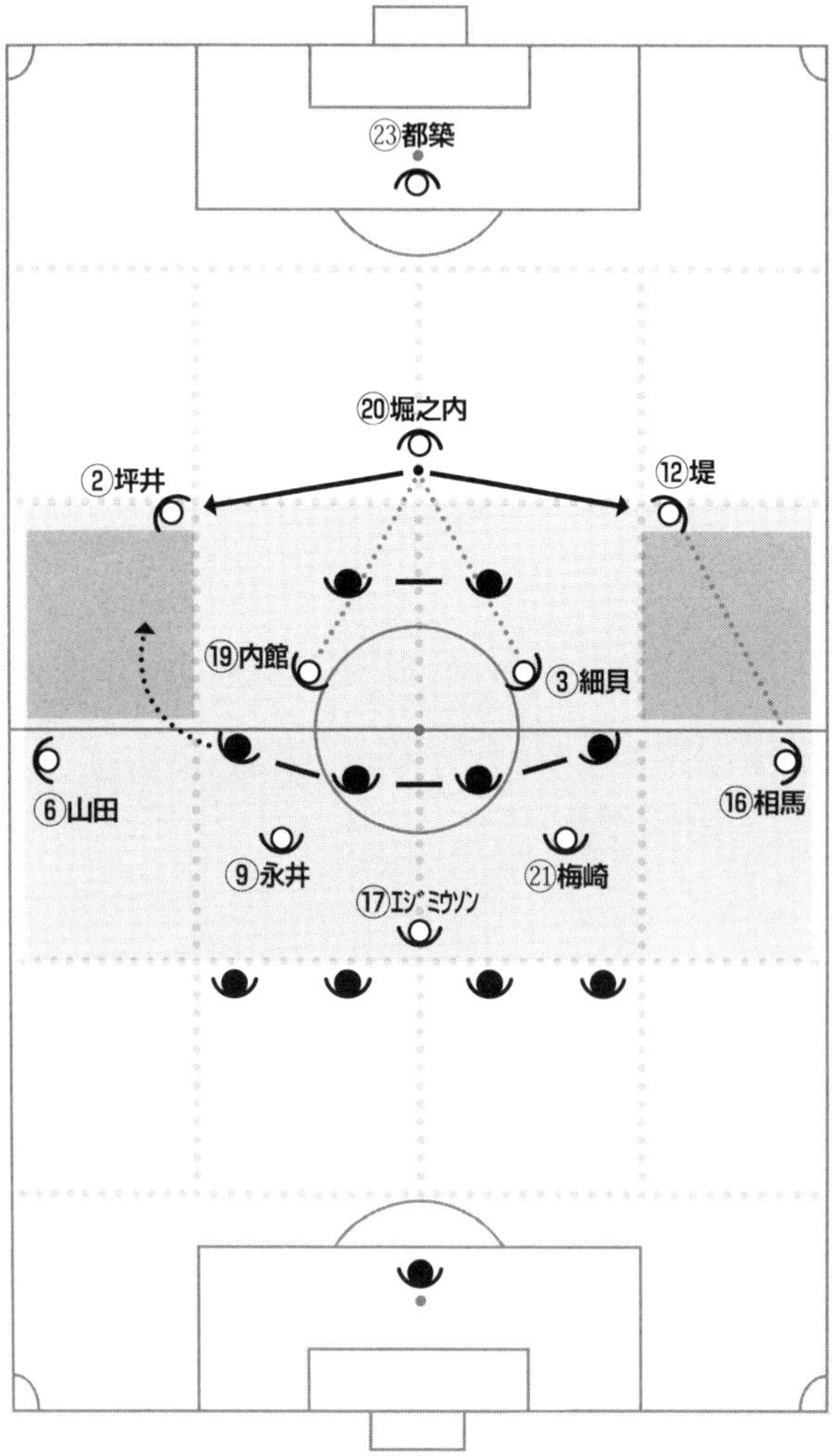

メモ1

■武器を使って強敵を倒すことを楽しもう！
■コンパクトな陣形／ビルドアップからサイドバックを利用
■アタッキングパターン
揺さぶり→ポイント・ポケット・D

メモ2

■奪った後のディシプリンが伴ったカウンタープレイ。
■どんな展開（失点）にもバタバタしない／メンタルコントロール

ボールの動き
人の動き
パスコース

オーガナイズディフェンス② vs 浦和：3-4-3

図は3－4－3の浦和に対する4－4－2のオーガナイズディフェンスでプレッシングをスタートしたときの配置例。

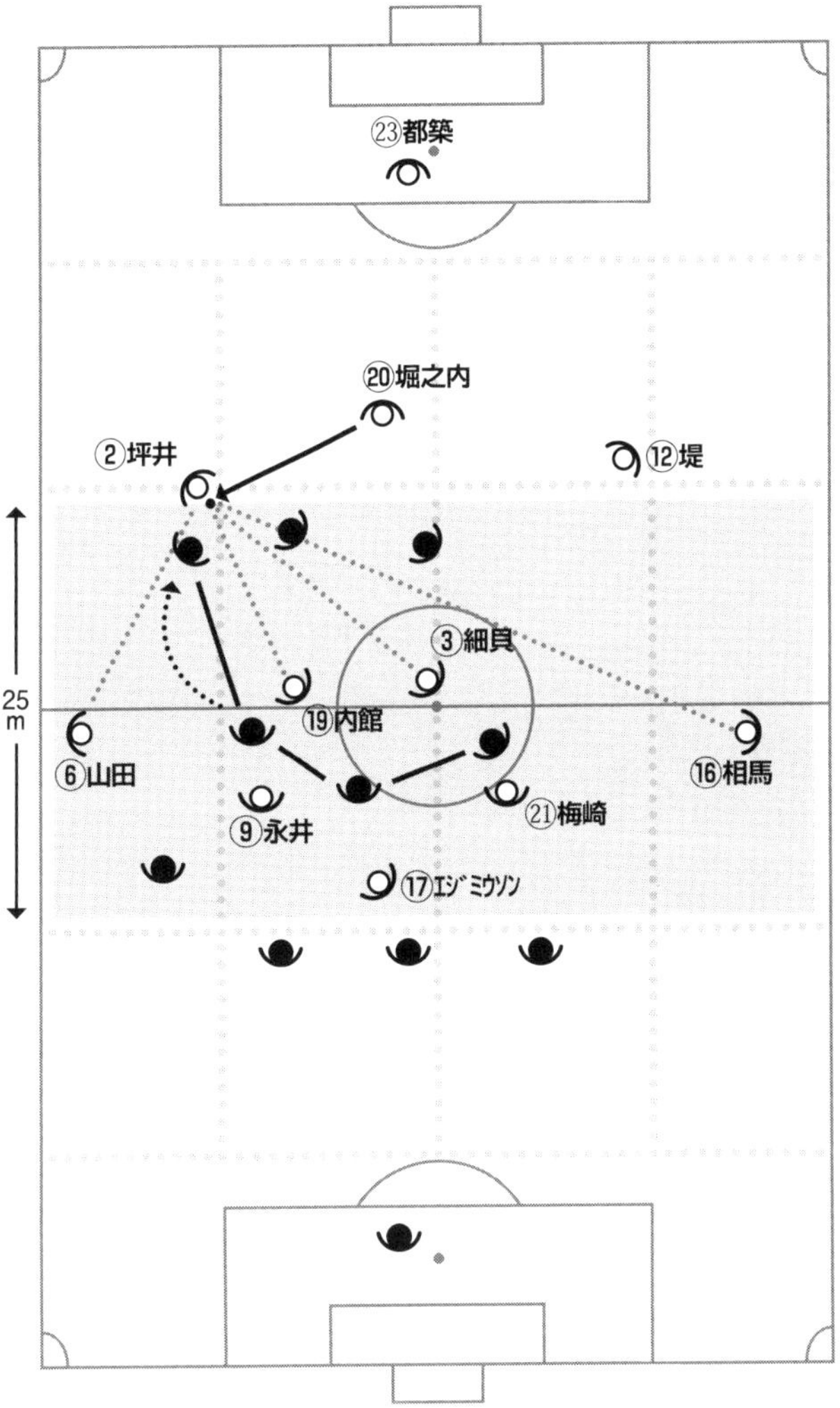

メモ1

■コンパクト（縦＆横）
■ラインコントロール／横ずれ
第1線：ボランチを切る
第2線：門を閉じて3トップを切る
第3線：（攻撃中の）チェック、予測、声

メモ2

■カウンターアタック：最大の武器
■リスタート：攻撃中の準備！
■エジミウソン：どこからでもシュートがくる！
■クイックスタートに注意！
相手のクイックトランジション（素早い攻守の切り替え）に対しては⇒クイックプレッシングで対応
↑
↓
■ファーストアタッカーの判断の重要性！
■スモールフィールドで対抗する
■リスク管理：クリアリング（2トップのセカンドボールワーク）

メモ3

■主導権（仕掛ける気持ち）
■団結（目標に向かって）
■己に克つ
■ハードワーク（フィジカル＆メンタル）
■ディシプリン

← ボールの動き
←…… 人の動き
…… パスコース

オーガナイズディフェンス vs 千葉：3- 4- 1- 2

図は3－4－1－2の千葉に対する4－4－2のオーガナイズディフェンスの例。

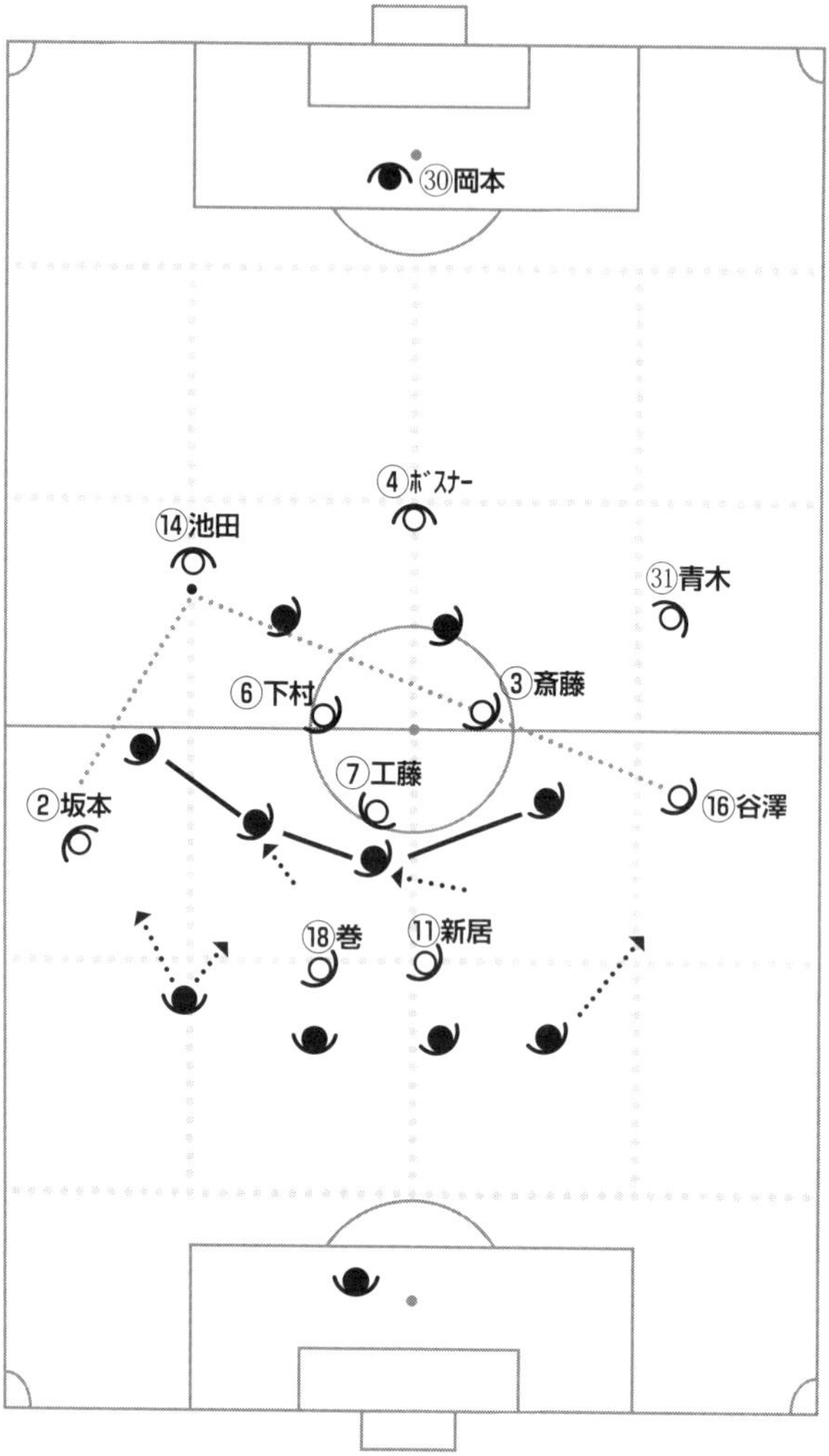

メモ1

最終的には巻の頭
→セカンドボールワークの勝負
→クロスを上げさせない！
→中はマークの徹底！
キーマンは工藤
→ボランチのマーク、工藤に自由を与えない

メモ2

下位チームとの対戦という意味では札幌戦の課題をクリアすべき。さらには上位に食いついて行くためにも
重要な一戦！　簡単ではない！　気持ちを持ってくるチームはいつも危険！

←── ボールの動き
←…… 人の動き
…… パスコース

ビルディングアップ vs 千葉：3- 4- 1- 2

図は3－4－1－2の千葉に対する4－4－2のビルディングアップの例。

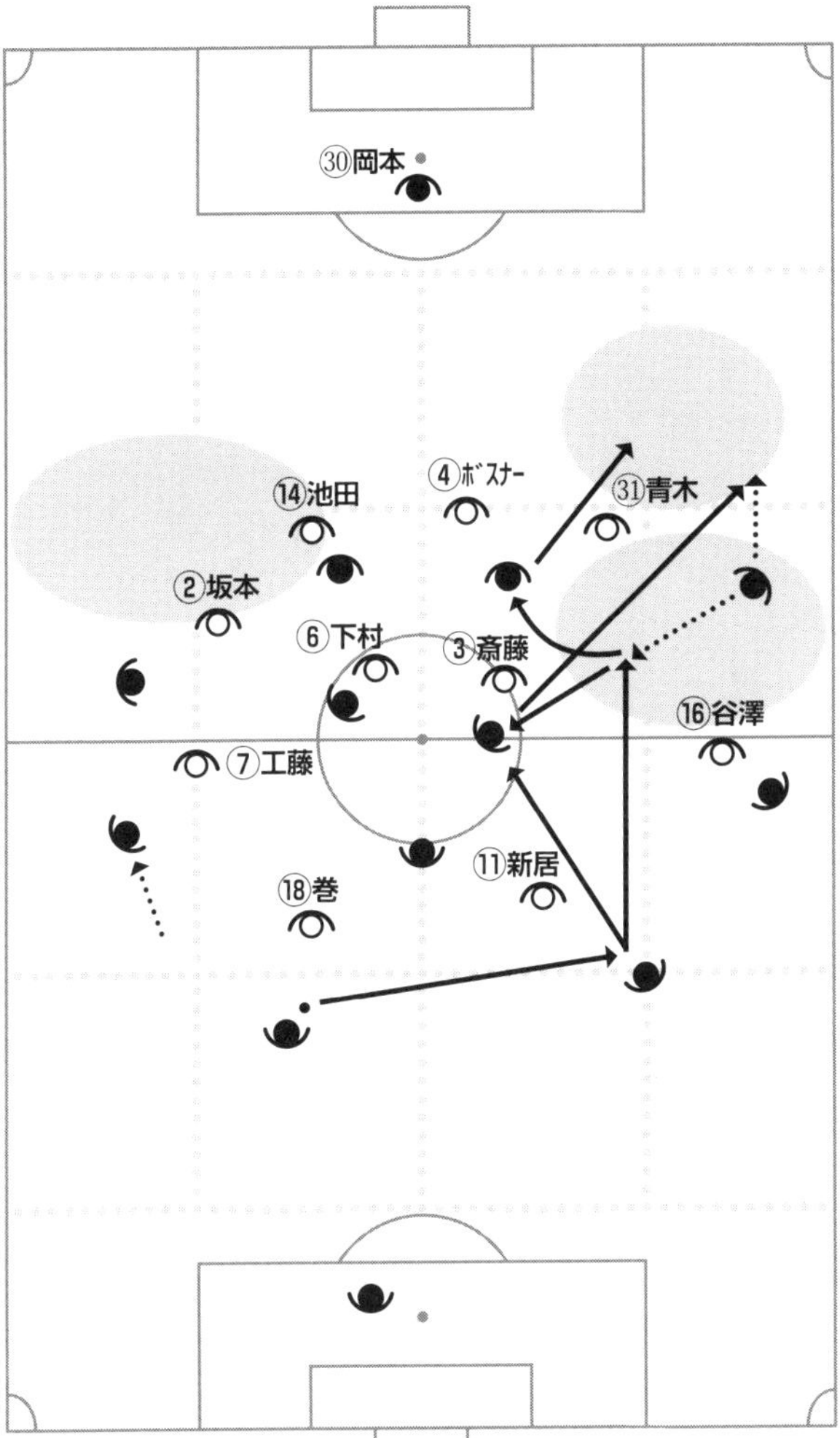

メモ1

マン―マンＤＦの影響でＳＢも外や前に引き出され、最終ラインが広いスペースの中で2対2になるのでチャンス！
相手は引いた時、中に密集を作るので、揺さぶる（外を使う)、そしてハーフコートオフェンス（ポイント・ポケット・D）

メモ2

切替えの瞬間、敵は3バック
敵は脆弱な守備態勢
→最大のチャンス！

ボールの動き
人の動き
パスコース

オーガナイズディフェンス vs 川崎：4- 2- 3- 1／4- 3- 3

図は4- 2- 3- 1／4- 3- 3の川崎に対する4－4－2のオーガナイズディフェンスの例。

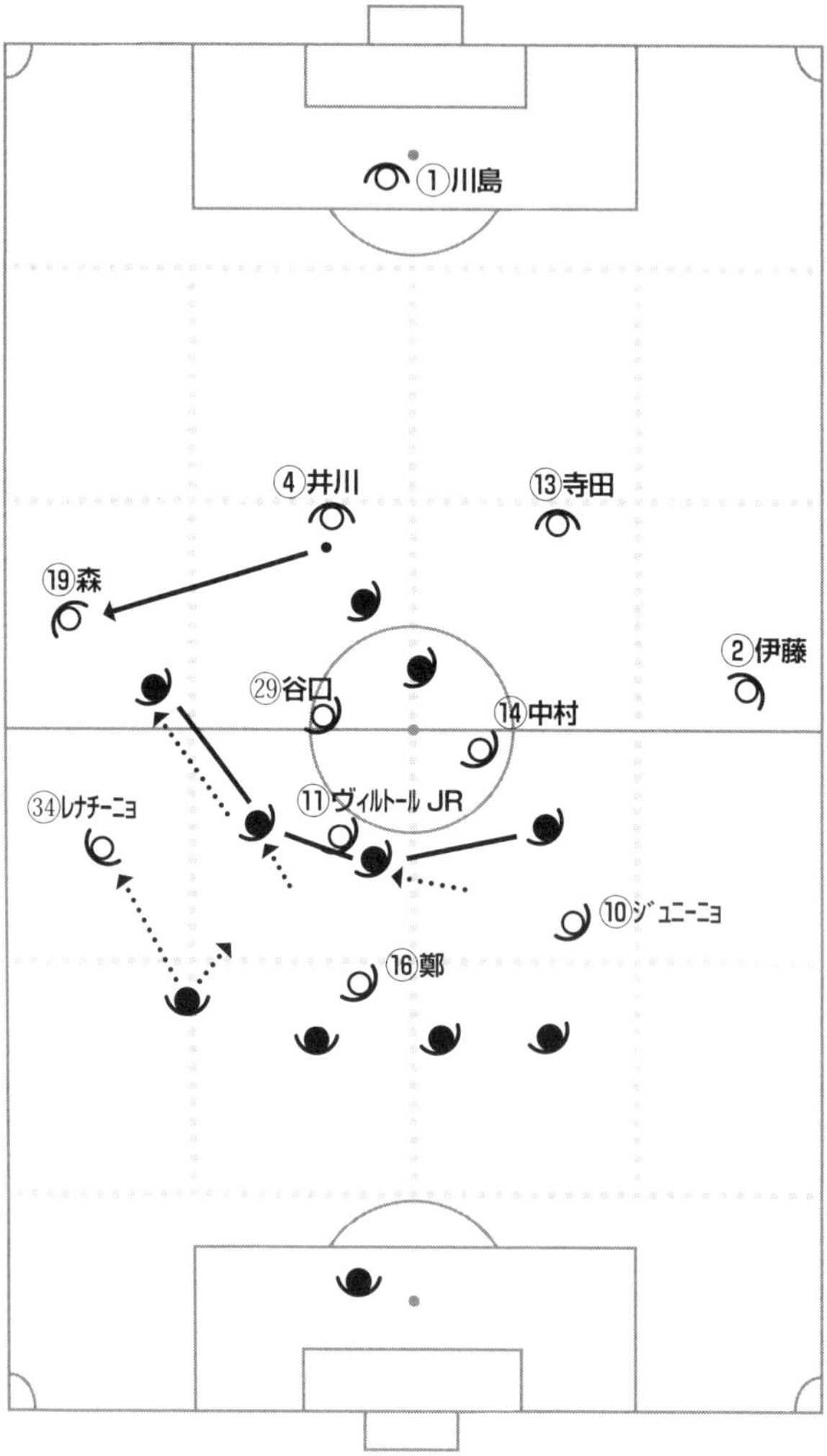

メモ1

中村がプレイメイカー／攻撃の起点&アクセント
→マークの徹底・自由を与えない！
クロスへの対応重要：(外) 2対1でストップ＋立ち位置／(中) 3＋1、逆SBは鄭へのクロス／ロングボール：90分間、集中してチャレンジ&カバー
ダイレクトプレーが最大の武器←攻撃中の準備／バランス、マークの確認・徹底
『コンパクト』：ブロック→カウンタープレイ

メモ2

相手が攻撃に出てきたスペースを突く
相手のバランスの悪さをシンプルに効果的に突く
攻守の切り替えを強調
攻守が切り替わった局面で簡単にボールを失わない

← ボールの動き
←…… 人の動き
……… パスコース

ビルディングアップ vs 川崎：4-2-3-1／4-2-4

図は4－2－3－1／4－2－4の川崎に対する4－4－2のビルドアップの例。

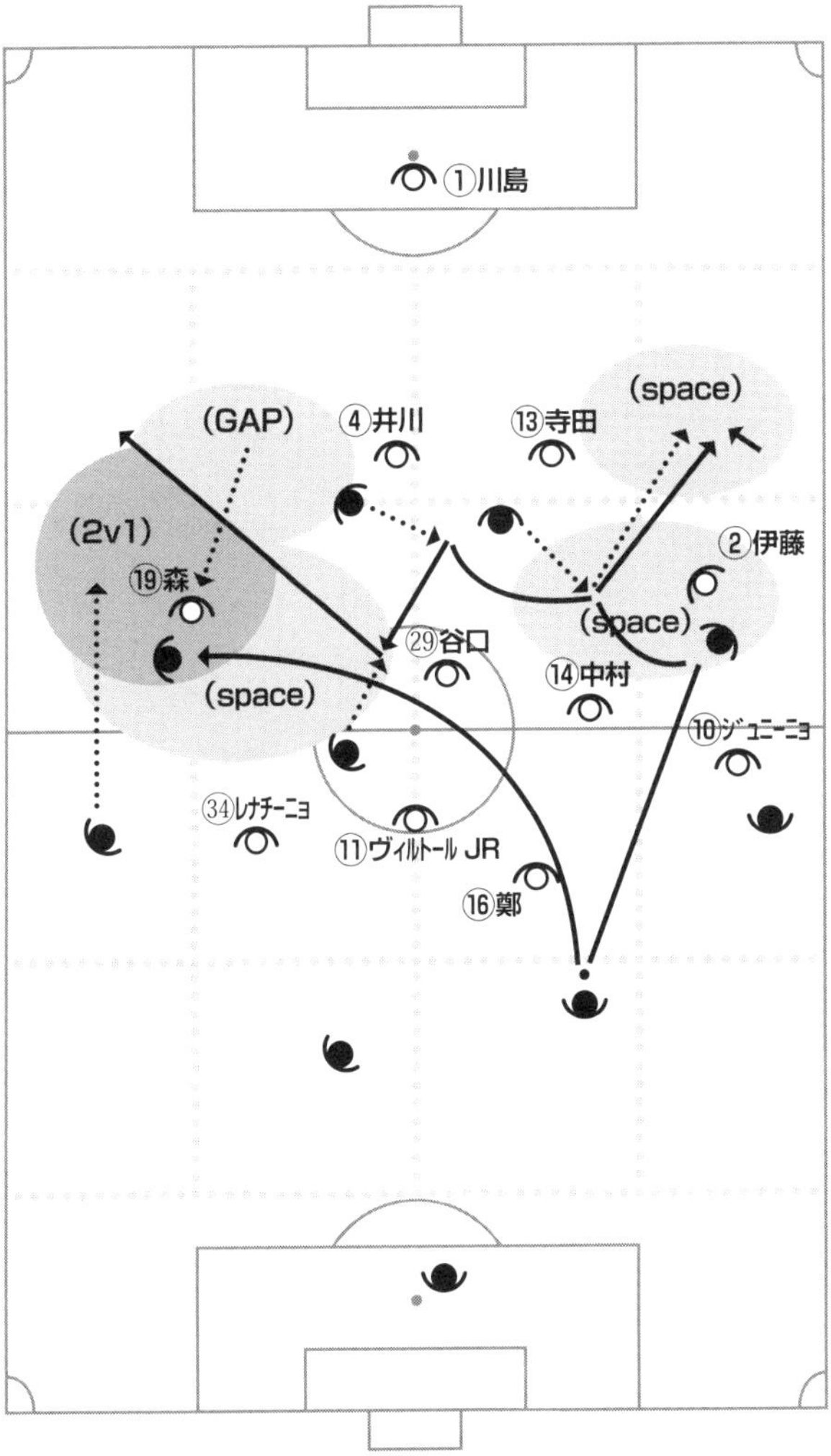

メモ1

4- 2- 3- 1というよりは4- 2 - 4。ボランチの両脇に大きなスペース有り。ワイドＭＦがうまく活用、スペースで受ければ相手ＳＢが早めに出てくるのでその裏を２トップが突ける。もしくはそこにＳＢがオーバーラップして絡めばの２対１で仕掛けられる。

メモ2

アタッキングパターンも活用できる。敵は２人のボランチが横ずれして対応するが４人のＦＷは守備をしないので揺さぶるスペースも十分にある。そこから「ポイント・ポケット・Ｄ」に働きかけると有効。

ボールの動き
人の動き
パスコース

オーガナイズディフェンス vs 鹿島：4- 2- 2- 2

図は4- 2- 2- 2の鹿島に対する4－4－2のオーガナイズディフェンスの例。

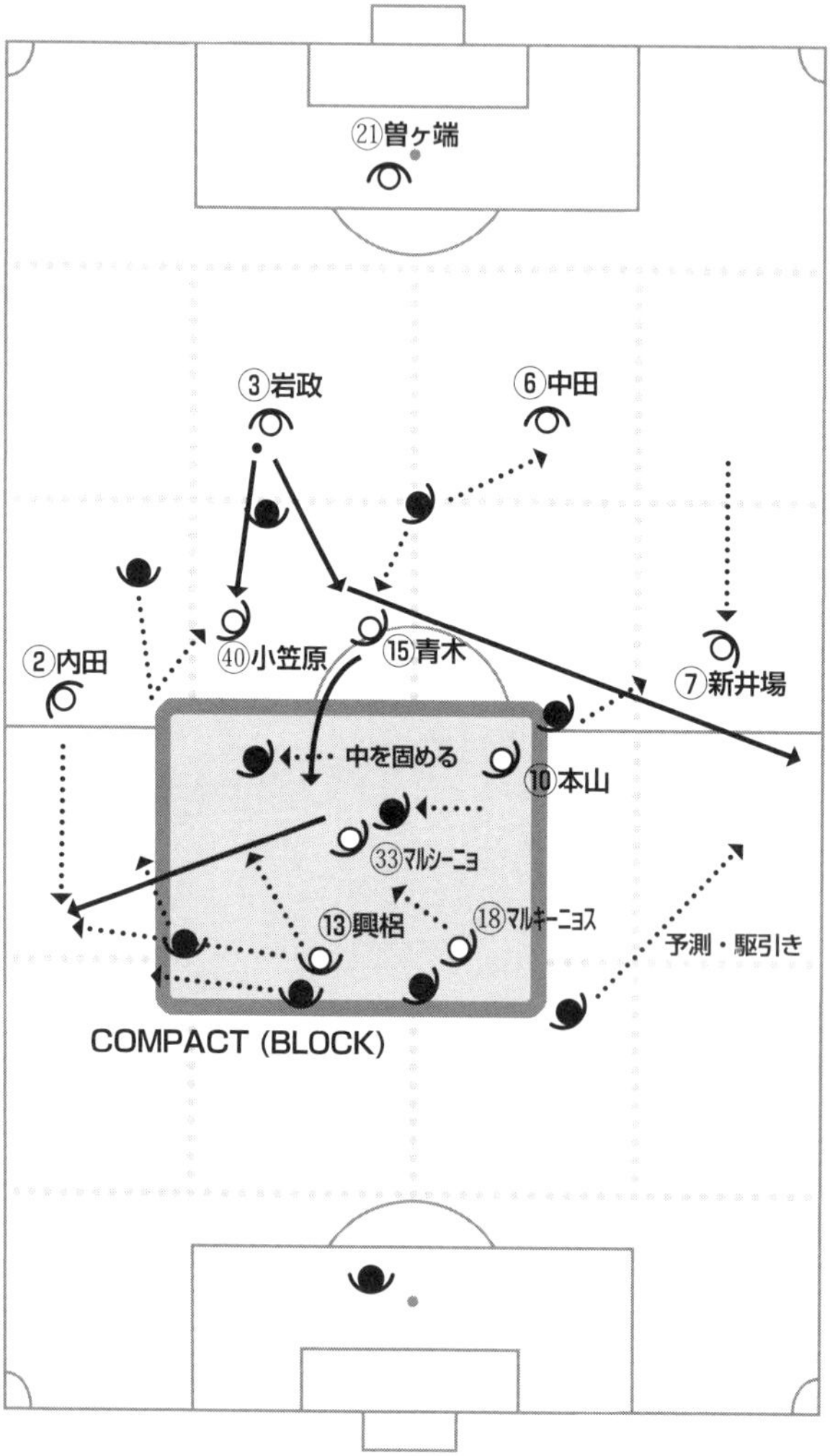

メモ1

ＳＢがかなり上がり、その代わりに小笠原が引いてくることが多い。青木がディフェンシブＭＦで小笠原はリンクマン。野沢はトップ下っぽい動きで、本山は左サイドでプレーすることが多いが野沢の自由な飛出しに合わせてバランスをとるポジションをとる。我々の第一線、第二線は展開力のあるＭＦに自由にボールが入らないように門を閉じ、コンパクトな陣形を形成することが重要！　マルキーニョス、田代の２トップは一発でフィニッシュまで行く力を秘めているので１対１にしておかず、くっつくＤＦで常に２対１を作り対応する。

メモ2

さらに、外のスペースへは２トップが流れてＳＢからのストレートボールを受けようとするので、ＳＢが対応し、ワイドＭＦはサンドイッチにいく形でプレッシング。中盤の配置、２トップのランニングなど清水に似たところあり。

メモ3

基本的にはボールを奪った瞬間のダイレクトプレイが持ち味のチーム。攻撃時の準備が特に重要。攻撃中に、２トップと野沢のチェックを怠らない！　攻撃中の野沢のマーク、飛出しに注意を払う！　最終ラインが２対２になってもマンツーマン気味にチェックしておく！

ビルディングアップ vs 鹿島：4- 2- 2- 2

図は4- 2- 2- 2の鹿島に対する4－4－2のビルディングアップの例。

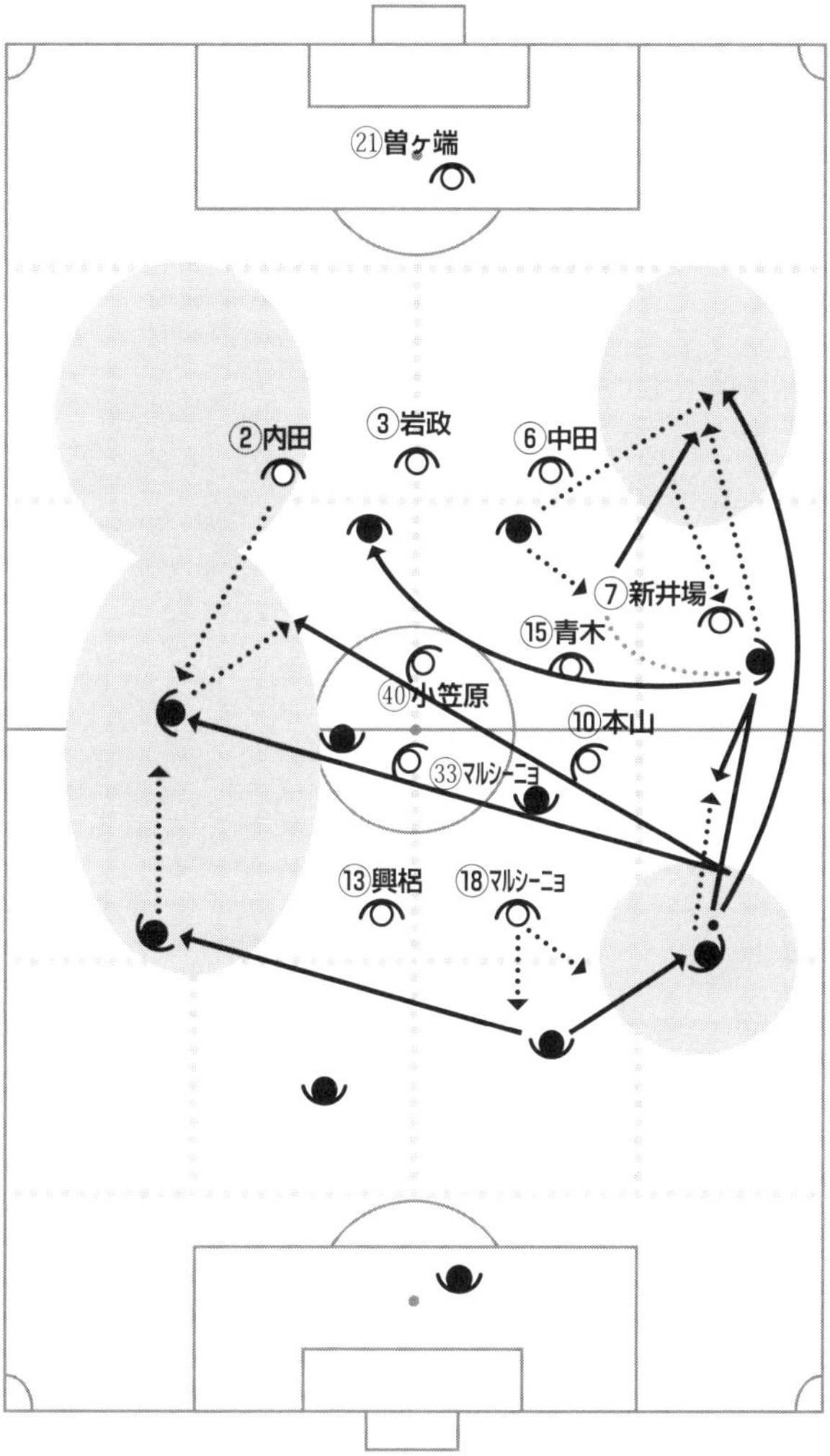

メモ1

ビルドアップの拠点は少し内側のＳＢ。中盤がＢＯＸ(ダイアモンド)タイプなので、極端に片側に寄り、逆サイドに大きなスペースができる。サイドチェンジが非常に効果的！　一方、ワイドＭＦが比較的フリー、かつそこには早めにＳＢが対応に出てくるのでＳＢの裏のスペースをランニングで突ける。

メモ2

流れの中では、バランスの悪さを激しいプレッシングで解決しようとするのでシンプルで素早いパス回しによって相手のプレッシングを回避することと、素早いサイドチェンジが非常に有効！

↓

声での周囲のサポート、ノーリスクとのバランス重要！

メモ3

■強い気持ち
■辛抱／我慢
■意思統一
■団結心

← ボールの動き
←…… 人の動き
…… パスコース

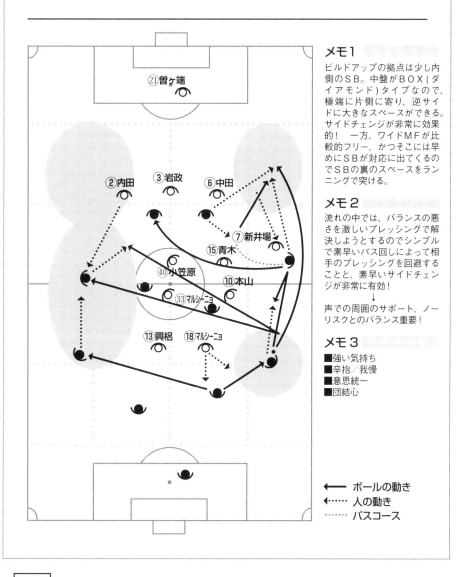

オーガナイズディフェンス　vs G大阪：4- 2- 2- 2

図は4- 2- 2- 2のG大阪に対する4－4－2のオーガナイズディフェンスの例。

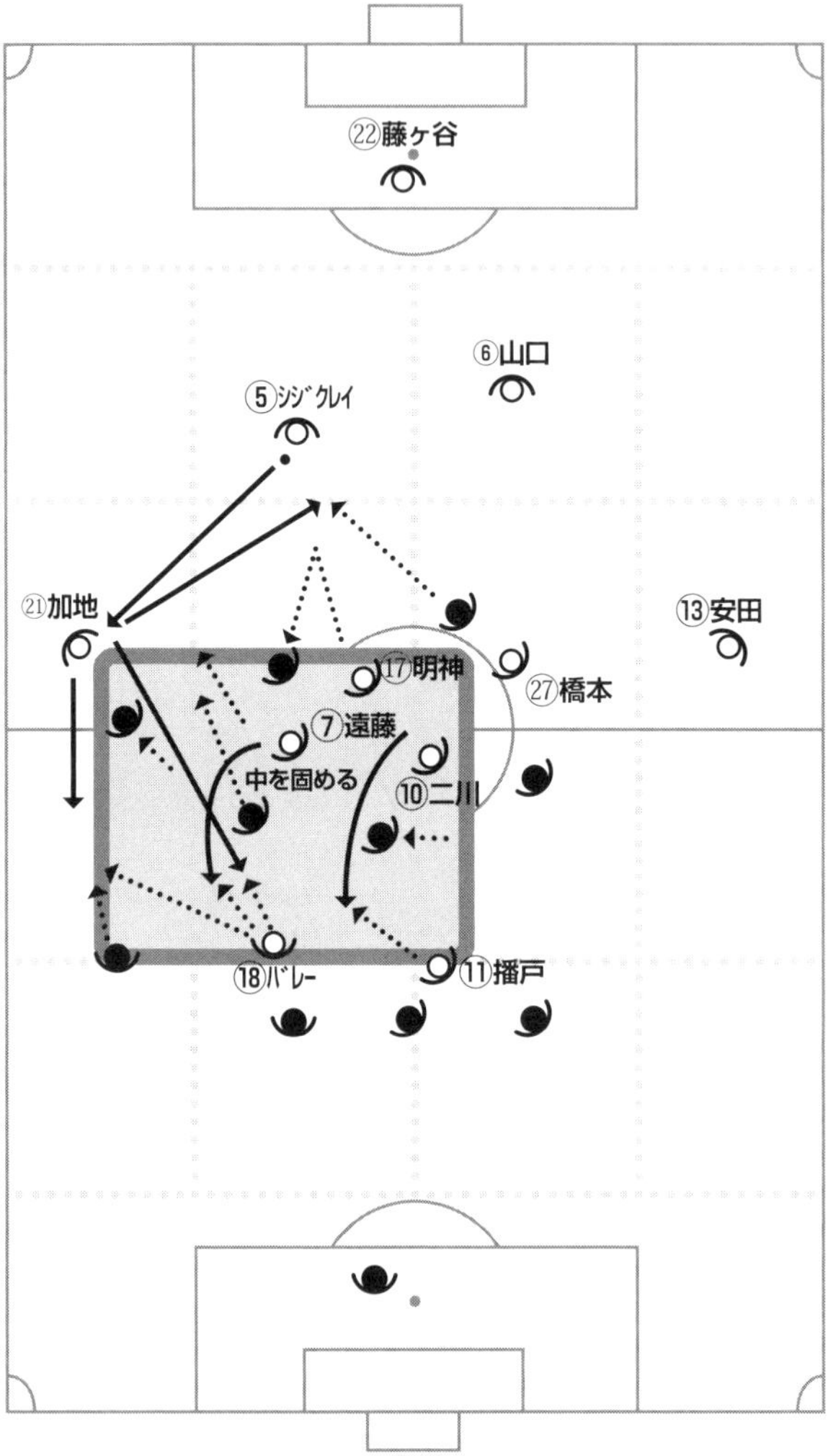

メモ1

相手はワイドMFがいないため、SBがかなり張って、上がったポジションを取る。ワイドMFは外に敵がいないので中のMF、特に遠藤、二川を切ったコースからプレッシング。遠藤、二川はなんとか受けて細かいテクニックを使って2トップに当てようとする。同様に明神、橋本のボランチもCBからボールを受けてフリックなどで遠藤、二川に通そうとするので、まずは第一線、第二線の門を閉じて通さないようにする。

メモ2

遠藤は意図的にSBの近くまでボールを受けに行き、ボランチをマークに誘き出すことにより2トップへのパスコースを作ったりするので、ボランチは深追いせずFWに任せ、2トップへボールを通させないという、第二線の任務を優先したポジションを取ることが重要。

メモ3

さらに、外のスペースへは2トップが流れてSBからのストレートボールを受けようとするので、SBが対応し、ワイドMFはサンドイッチにいく形でプレッシング。

ボールの動き
人の動き
パスコース

ビルディングアップ　vs G大阪：4- 2- 2- 2

図は4- 2- 2- 2のG大阪に対する4－4－2のビルディングアップの例。

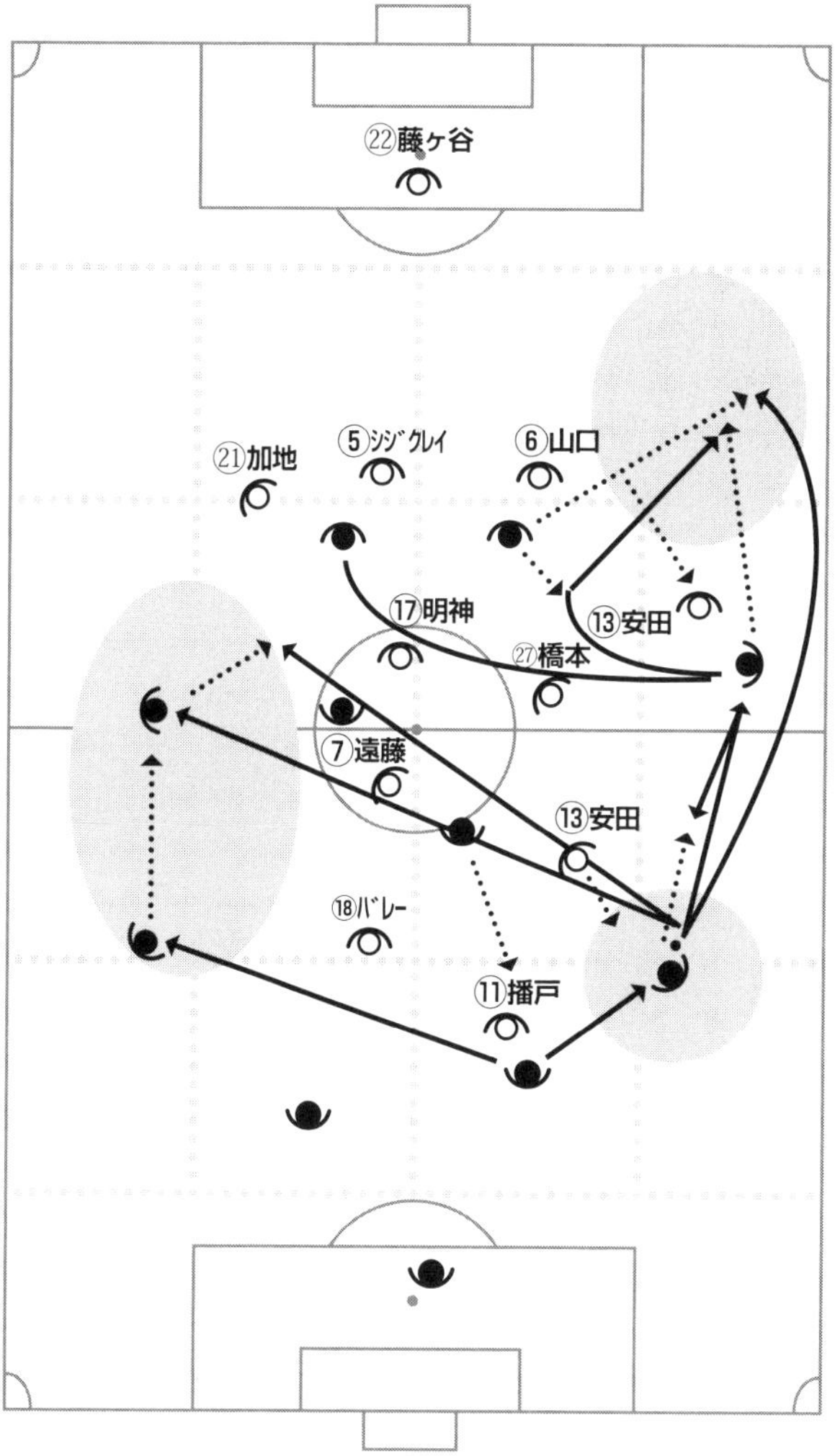

メモ1

ビルドアップの拠点は少し内側のＳＢ。中盤がＢＯＸタイプなので極端に片側に寄ることで逆サイドに大きなスペースができる。一方、ワイドＭＦが比較的フリー、かつそこには早めにＳＢが対応に出てくるのでＳＢの裏のスペースをランニングで突ける。

ボールの動き
人の動き
パスコース

オーガナイズディフェンス vs G大阪：3- 4- 1- 2

図は3- 4- 1- 2のG大阪に対する4－4－2のオーガナイズディフェンスの例。

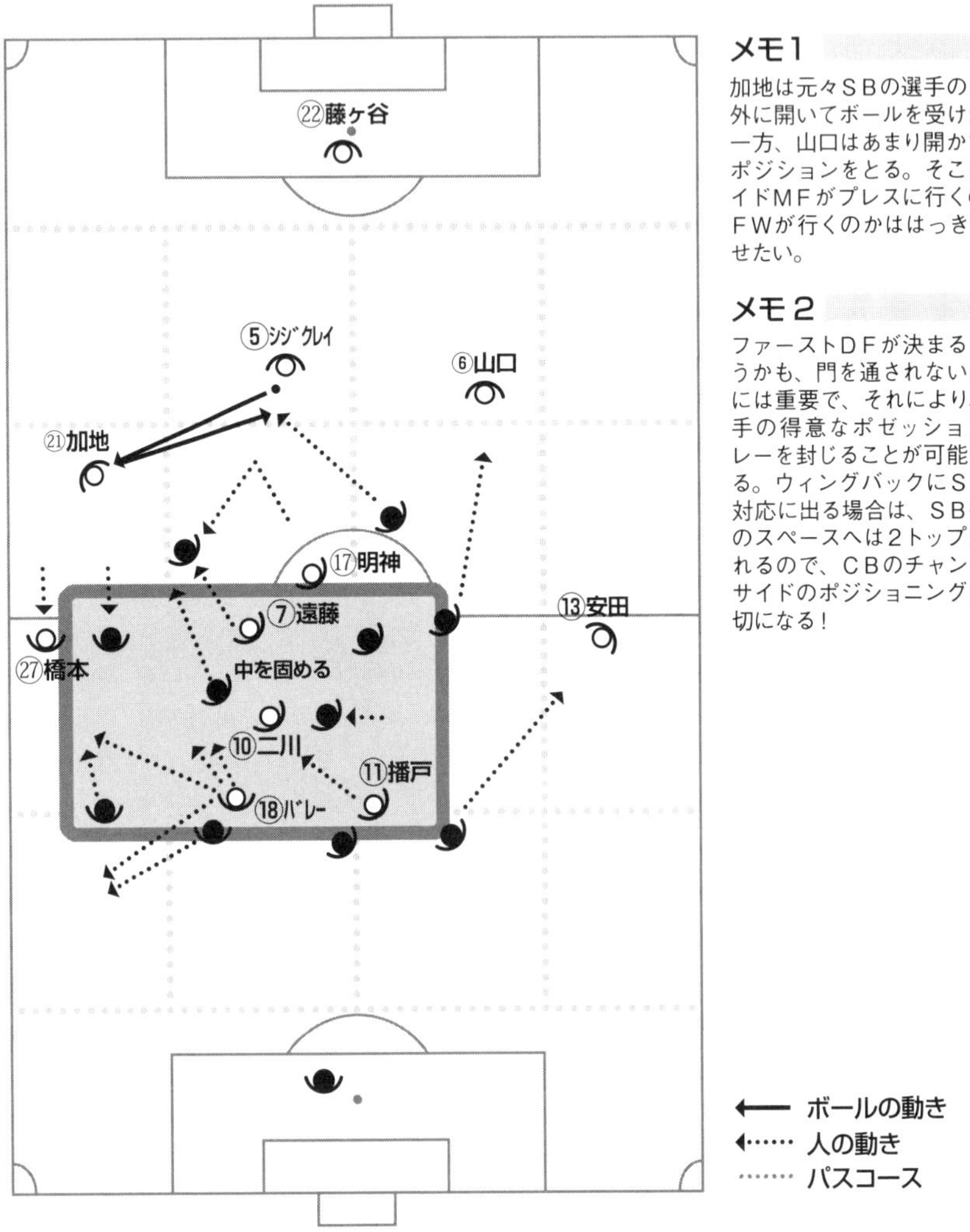

メモ1

加地は元々ＳＢの選手のため、外に開いてボールを受けがち。一方、山口はあまり開かすにポジションをとる。そこにワイドＭＦがプレスに行くのか、ＦＷが行くのかははっきりさせたい。

メモ2

ファーストＤＦが決まるかどうかも、門を通されないためには重要で、それにより、相手の得意なポゼッションプレーを封じることが可能になる。ウィングバックにＳＢが対応に出る場合は、ＳＢの裏のスペースへは2トップが流れるので、ＣＢのチャンネルサイドのポジショニングが大切になる！

ビルディングアップ vs G大阪：3- 4- 1- 2

図は3- 4- 1- 2のG大阪に対する4－4－2のビルディングアップの例。

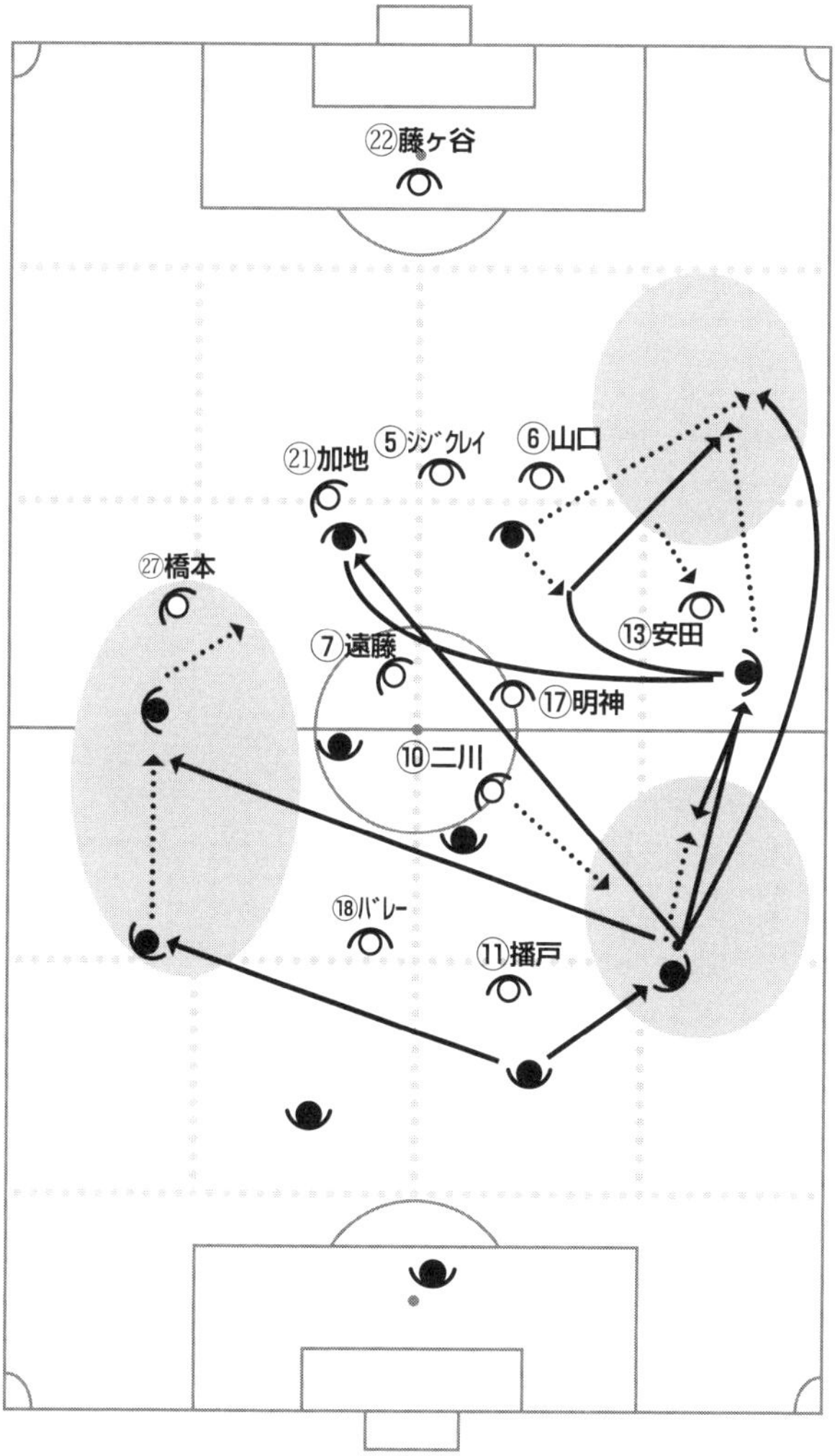

メモ1

ビルドアップの拠点はＳＢ。サイドチェンジ、一つ飛ばしたパスでＳＢを活かす！ ボールを奪った瞬間の、またはウィングバックがワイドＭＦに出てきたときの3バックの横のスペースをランニングで突ける！

メモ２

どこかにスペース有り！ 落ち着いてシンプルにパスを回す。そのためには素早いサポート、３人目の動き、相手のバランスの悪さを突く！ 自由さ、ポジションチェンジを使いスペースを作る、見つける、使う！

メモ３

３トップにして前からプレッシャーをかける形も。（4- 2- 3- 1)。
ＳＢが空く！ ＳＢを起点にハーフコートオフェンス、またはサイドチェンジによる突破を狙う！ しかし、我々の武器であるカウンタープレイも大切にする！ そのためにもコンパクトな陣形でブロックを作り、守備の意識を失わないことも重要！ 敵３バックへの1対1での仕掛けも重要！

ボールの動き
人の動き
パスコース

オーガナイズディフェンス vs FC東京：4-3-3

図は4-3-3のFC東京に対する4－4－2のオーガナイズディフェンスの例。

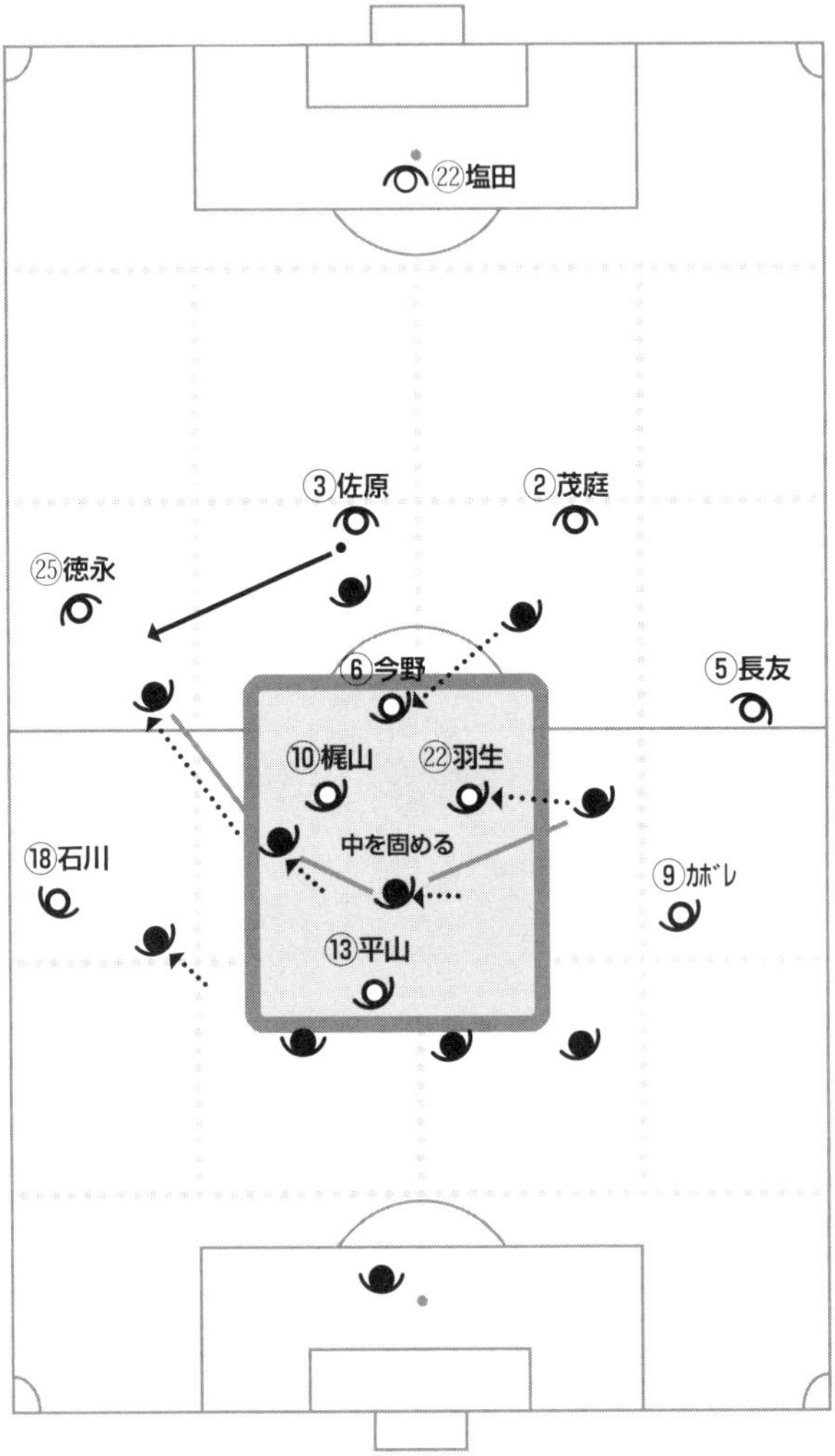

メモ1

最大の武器はカボレのカウンタープレイ→ファーストDFの質、攻撃時の準備：マークの確認、コミュニケーション

平山／カボレの頭→クロスを上げさせない！ 中はマークの徹底！ ウィングを活用させないために今野をマーク

メモ2

切替えの瞬間、敵は脆弱な守備態勢→最大のチャンス！

←― ボールの動き
←…… 人の動き
…… パスコース

ビルディングアップ vs FC東京：4- 3- 3

図は4- 3- 3のFC東京に対する4－4－2のビルディングアップの例。

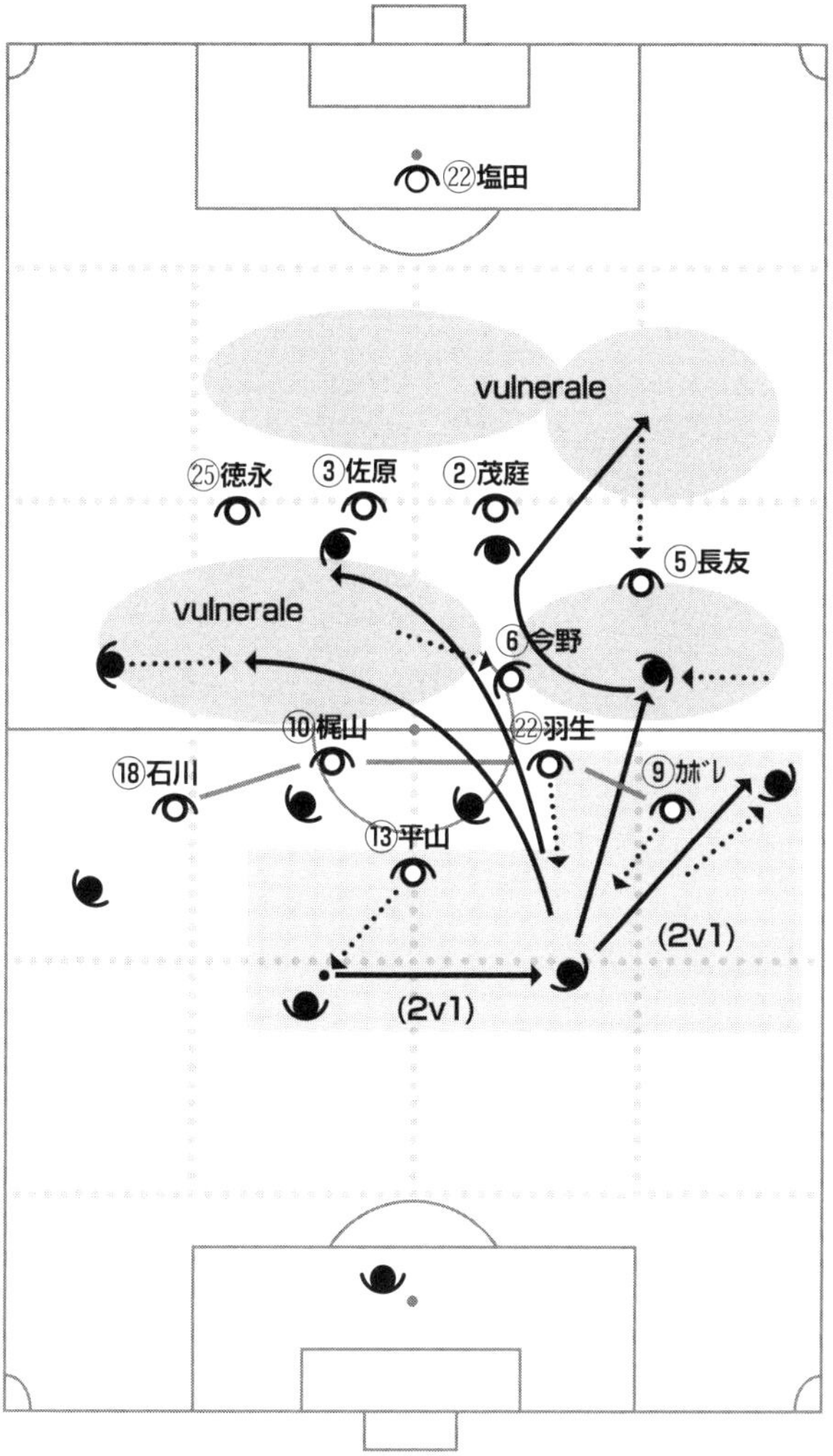

メモ1

4- 1- 4- 1はフォアチェックをしやすいシステム！　1トップがどちらかのCBにプレスをかけ、逆のCBにパスが出ると反対側のトップ下がプレスをかけてくる。一つ飛ばしたSBへのパスにはワイドMFが待ち構えたようにプレスをかけてくるのでDFラインの4人すべてにプレスをかけやすい陣形。味方ボランチに繋ごうとしても前線の5人で強烈にプレッシャーをかけてボールを奪い、そのままの勢いでカウンターアタックに繋げようとする。

メモ2

しかし、CBとトップ下の距離は比較的あるので、中央でCBと1トップで2対1を作り、トップ下からアプローチをかけられる前に1ボランチの両脇のスペースを狙う。そこには両ワイドMFが中に入って来て受けても良いし、SBが一杯に広がり、敵ワイドMFを広げれば、ワイドMFへのパスコースもできる。とにかく、4人の前線のMFのラインに引っかからないように一つ飛ばすことが重要！

ボールの動き
人の動き
パスコース

8人ブロックから9人ブロックへ① vs ウィング攻撃（FC東京：4-3-3）

4-3-3でウィングを持ったチームに対して、敵ボランチをフリーにしてオープンに展開されることは、ウィングを持つチームの特徴・強みを発揮させることになる（左ページに続く）。

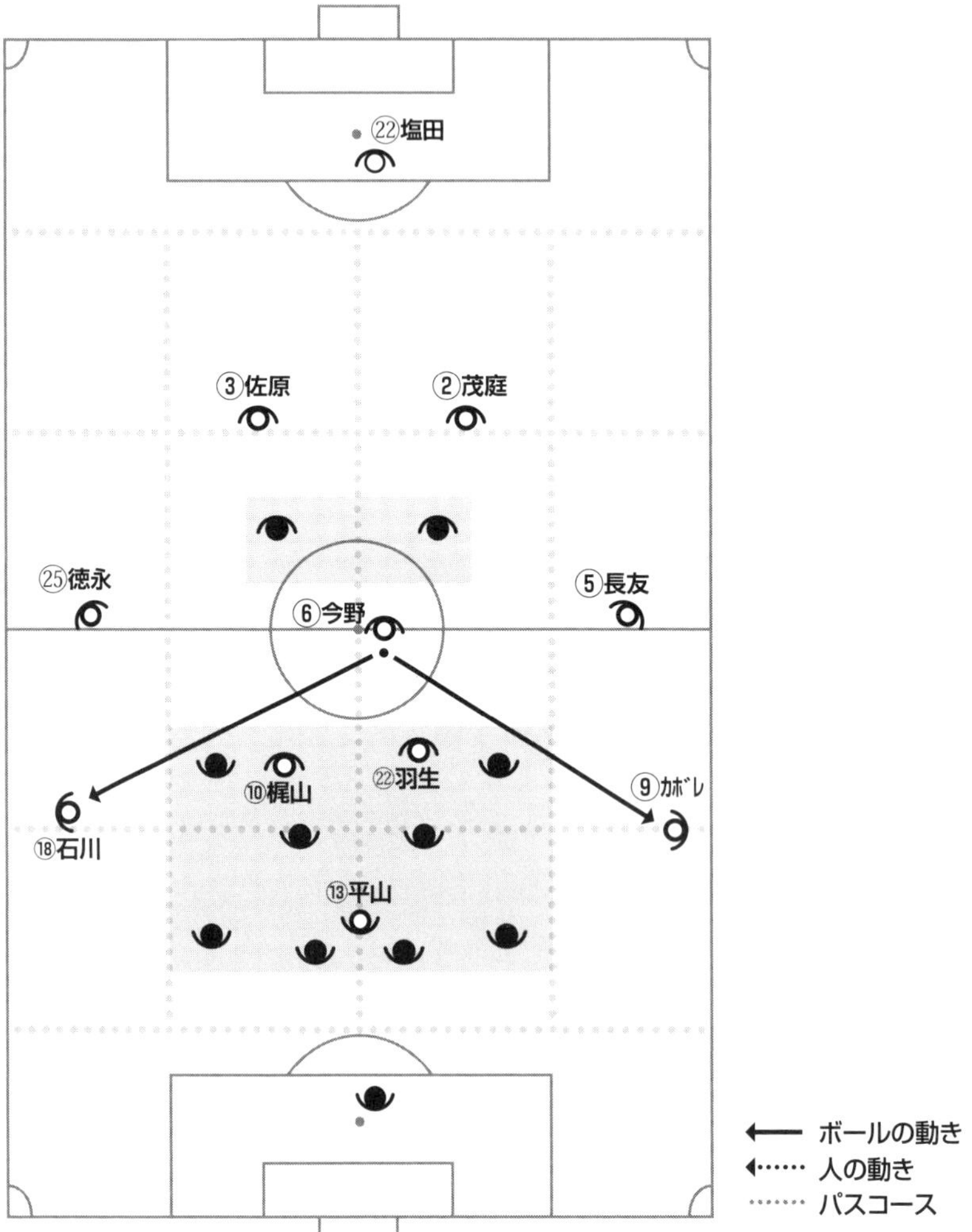

8人ブロックから9人ブロックへ② vs ウィング攻撃（FC東京：4- 3- 3）

2トップのうち1人がボランチを牽制することが重要になる。逆サイドのMFにも逆サイドのワイドMFが中に絞って閉じ込めてしまうディフェンスをする。そのポジションはボールを奪ったとき、一気にカウンタープレイに移行できる。ある意味、下がってきたFWよりもワイドMFの方が速くカウンタープレイに移行できる可能性もあり、その意味ではシステムも4- 4- 2というより4- 2- 3- 1(4- 5 - 1)的でもある。1トップのFWは奪ったボールのターゲットとなり得るためにもボールサイドへの位置取りに注意を払っておく。SBはフリーな敵ボランチがウィングへのパスを選択するようだったら、早めにスタートしてウィングのマークに行き、敵ボランチのパスを牽制する。

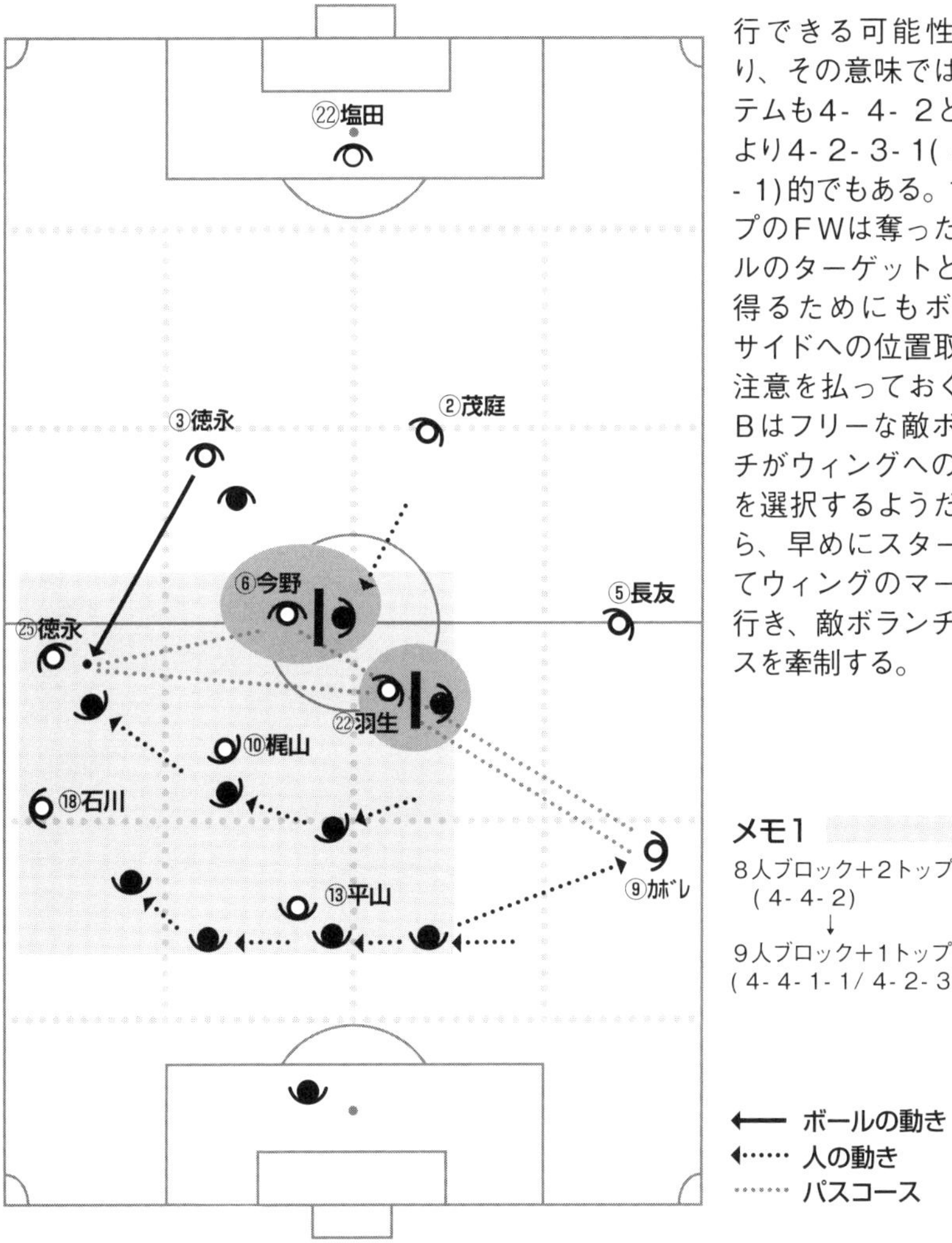

メモ1

8人ブロック＋2トップ
(4- 4- 2)
↓
9人ブロック＋1トップ
(4- 4- 1- 1/ 4- 2- 3- 1)

オーガナイズディフェンス① vs 横浜M：3- 4- 3

図は3- 4- 3の横浜Mに対する4－4－2のオーガナイズディフェンス①の例。

どうプレッシングをスタートするべきか？ →ディレイ→プレッシング

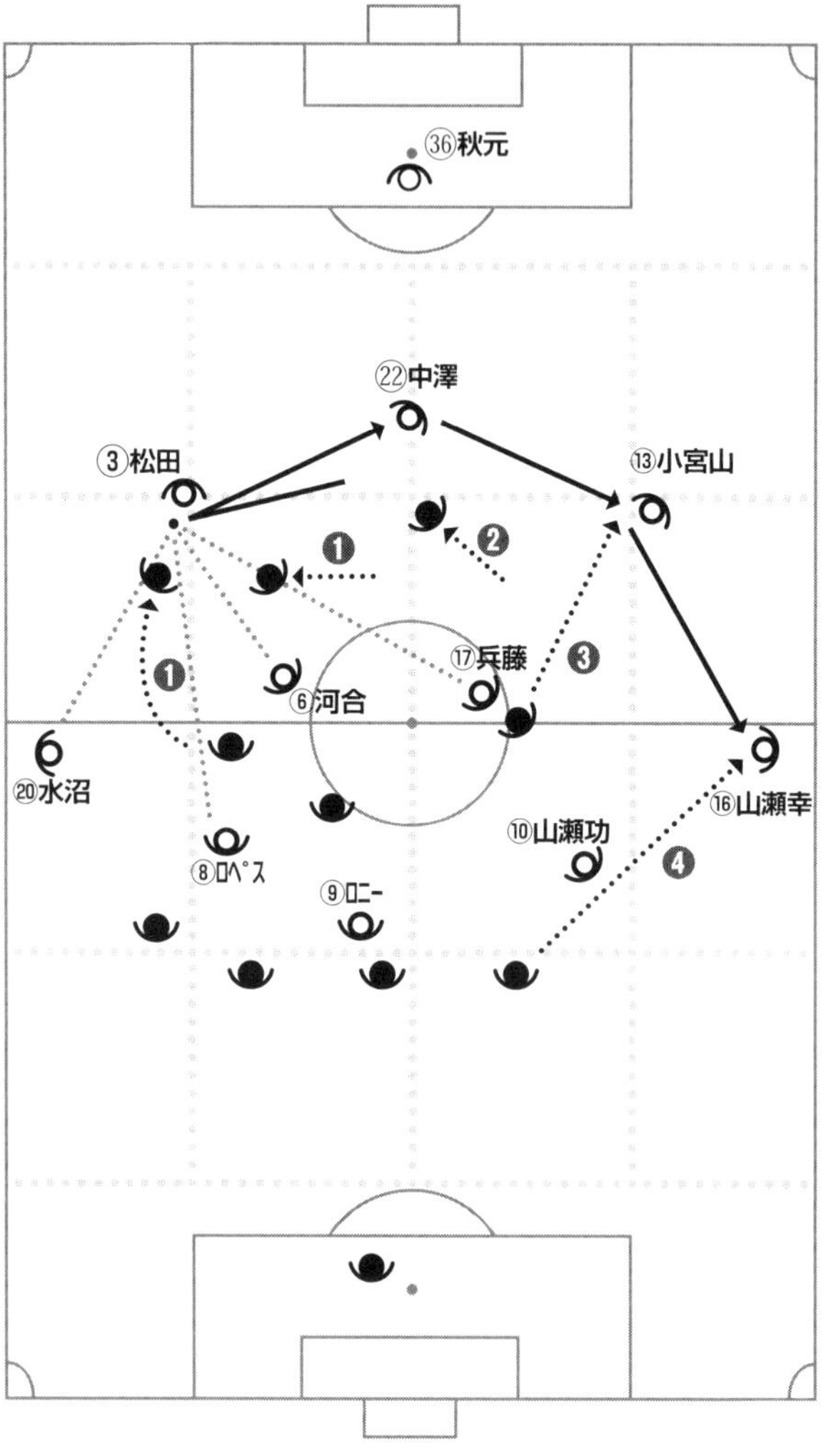

メモ1

2トップの②の狙いを持った動きによって、何度もサイドチェンジをされ、揺さぶられることを防げる！ さらには逆ワイドMFの予測を伴った③の動きも重要！ あまり最初の時点から絞りすぎると難しい。ボール周辺の雲行きを見て判断すること。突破のパスを通された場合は無条件に守備のポジションを取る！

メモ2

大島、ロニー、坂田の2トップは一発でフィニッシュまで行く力を秘めているので1対1にしておかず、くっつくDFで常に2対1を作り対応する。ボールを奪った瞬間のダイレクトプレイも持ち味のチーム。攻撃時の準備！ 攻撃中に、ロニー／大島と山瀬功／ロペスのチェックを怠らない！
最終ラインが2対2になってもマンツーマン気味にチェックしておく！

←― ボールの動き
←…… 人の動き
…… パスコース

オーガナイズディフェンス② vs 横浜M：3- 4- 3

図は3- 4- 3の横浜Mに対する4－4－2のオーガナイズディフェンス②の例。

どうプレッシングをスタートするべきか？
→CFのプレッシング→1／4プレス（クォータープレス）

メモ1

2トップの①と②の動きがほぼ同時に行なわれれば網を張った、明確な狙いを持ったプレッシングになる！

メモ2

メンタル：乗り切れない状態の相手にプレッシャーをかけ続ける。相手は個の力はあるし必死、だがそれ故の焦りを利用しつつ、我々は彼ら以上に強い気持ちで戦う。主導権、団結心(協力＋要求＋意思統一)、積極性、ハードワーク、ディシプリン：必死さ、プレーに集中する姿勢、覚悟、ミスを恐れない、手を抜かない、全力を尽くす、自分との闘いに勝つ（克己心）、90分間のメンタルコントロール！
我慢比べ→いかなる状況でも必ずチャンスは来る！→ものにしろ！　自分たちのサッカーをやりきる！　駆けつけたサポーターには勝つ姿、戦う姿を見てもらわなければならない！　一心不乱に自分たちのサッカーを続ける！

ビルディングアップ① vs 横浜M：3- 4- 3（5- 2- 3）

図は3- 4- 3（5- 2- 3）の横浜Mに対する4−4−2のビルディングアップ①の例。

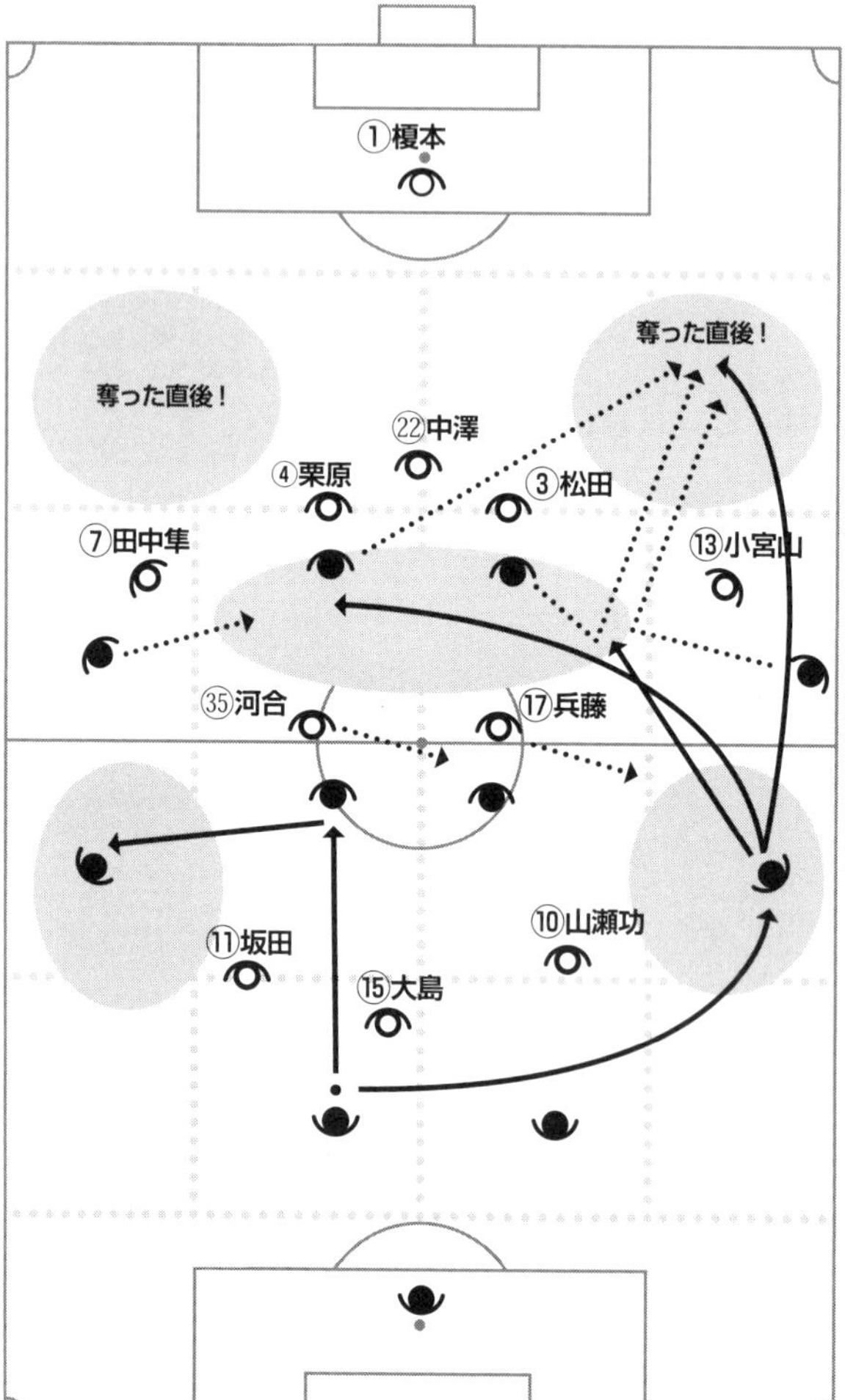

メモ1

敵3トップが均等に配置している場合、ワイドMFが敵ウィングバックを押し下げて5バックにし、SBの前にスペースを作り活用する。相手はゾーン的に守るが、バックラインは4対3なのでボランチも使いながら慌てずに2対1を作り、最終的にはSBがフリーで

ハーフウェイラインを越えるようにビルドアップする。敵3トップが中央寄りでSBにウィングバックがついてきたら場合は、CBから直接、ワイドMFへパス。その時、2トップはあまり広がらず、敵3バックを中へ寄せておくポジションを取る。

メモ2

奪った直後：3バックの外！ ワイドMFの飛出し／ウィングバックを出し抜く

オーガナイズDF時：バイタルエリアが空く！／SBが起点になれる！ アタッキングパターンの活用

リトリート（3トップが守備をしない）時：揺さぶり→ポイント・ポケット・D

ボールの動き

人の動き

パスコース

ビルディングアップ② vs 横浜M：3- 4- 3（5- 2- 3）

図は3- 4- 3（5- 2- 3）の横浜Mに対する4－4－2のビルディングアップ②の例。

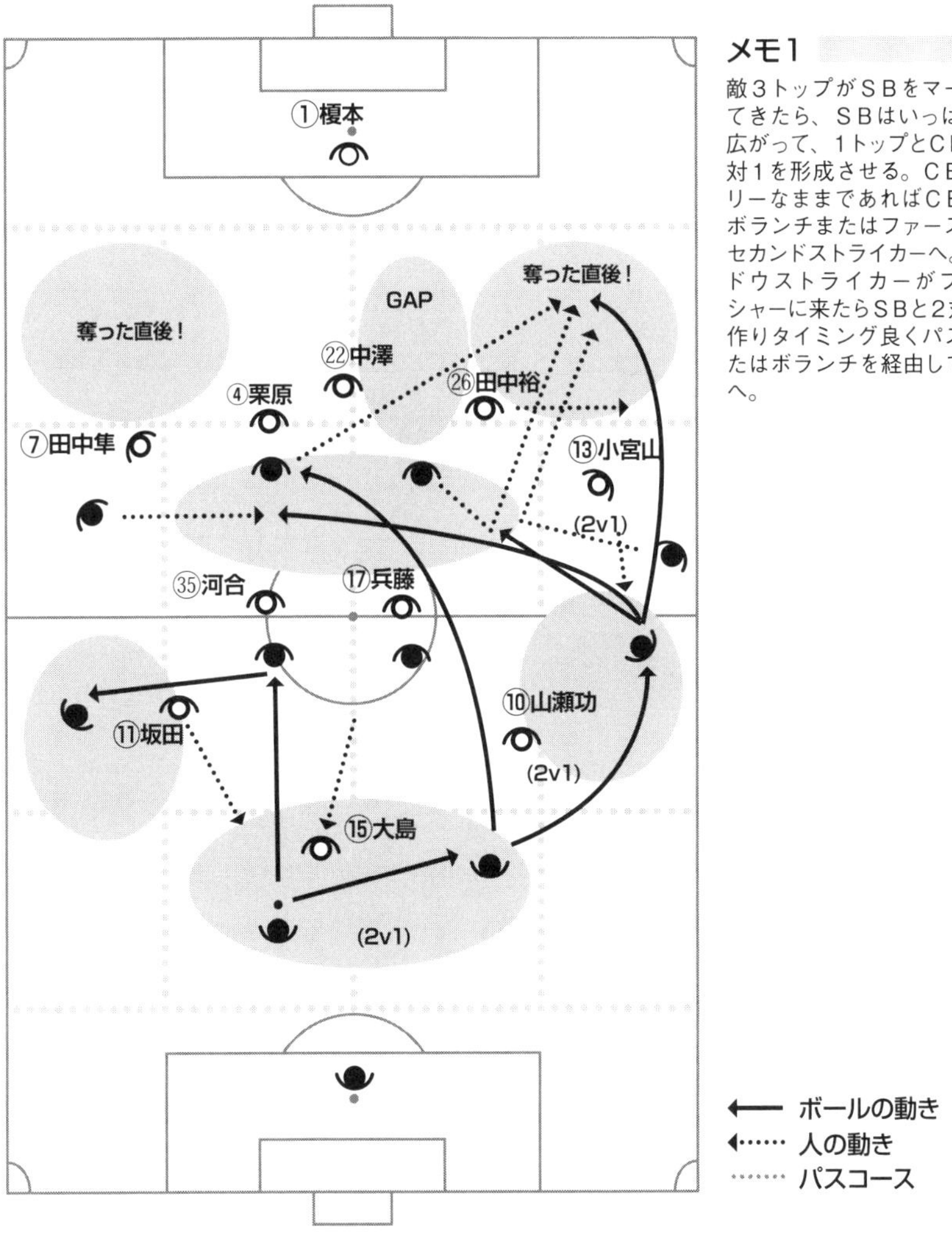

メモ1

敵3トップがSBをマークしてきたら、SBはいっぱいに広がって、1トップとCBで2対1を形成させる。CBがフリーなままであればCBからボランチまたはファースト／セカンドストライカーへ。シャドウストライカーがプレッシャーに来たらSBと2対1を作りタイミング良くパス。またはボランチを経由してSBへ。

オーガナイズディフェンス① vs 名古屋：3- 1- 4- 2

図は3-1-4-2の名古屋に対する4－4－2のオーガナイズディフェンス①の例。

どうプレッシングをスタートするべきか？　→ディレイ→プレッシング

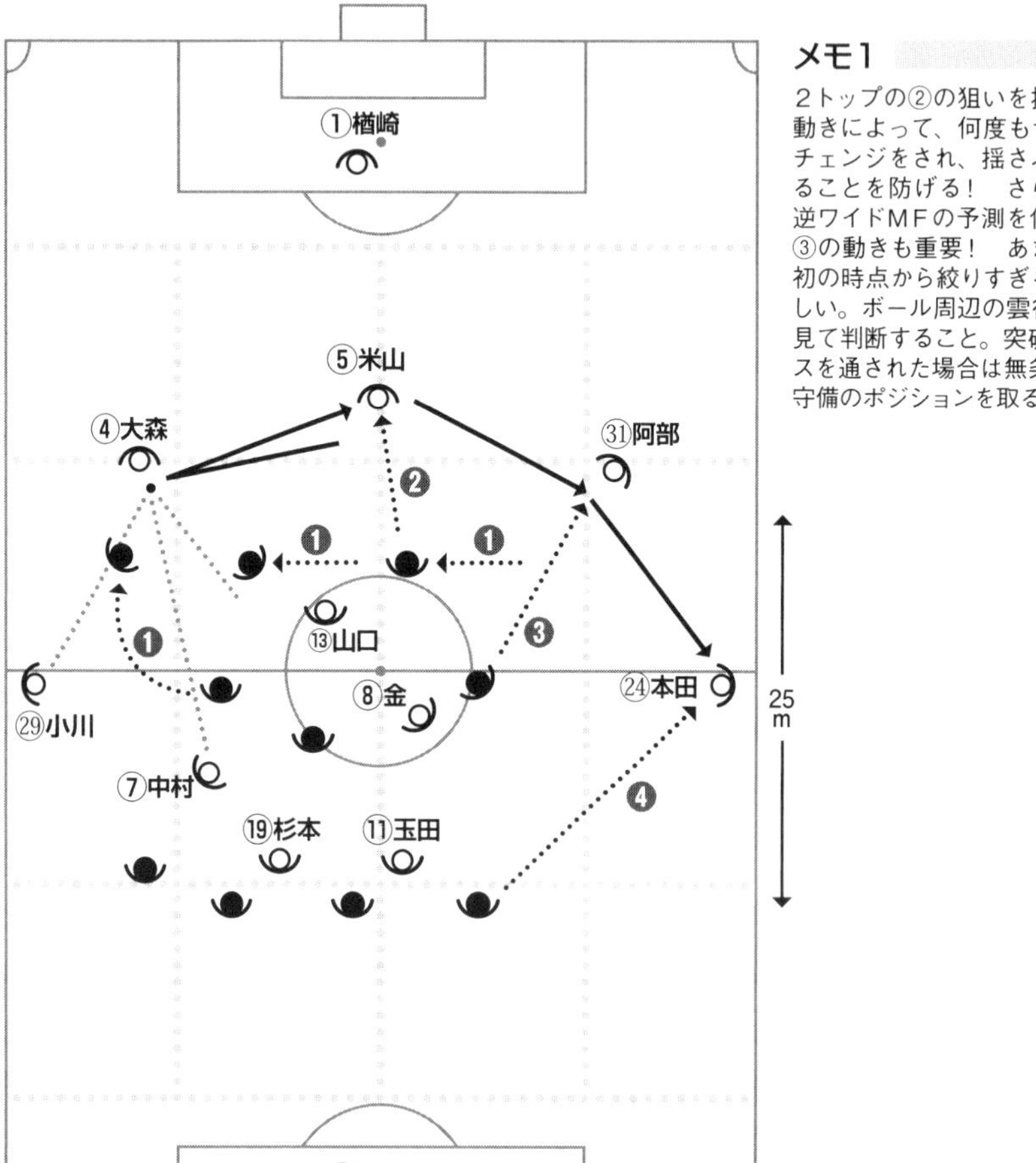

メモ1

2トップの②の狙いを持った動きによって、何度もサイドチェンジをされ、揺さぶられることを防げる！　さらには逆ワイドMFの予測を伴った③の動きも重要！　あまり最初の時点から絞りすぎると難しい。ボール周辺の雲行きを見て判断すること。突破のパスを通された場合は無条件に守備のポジションを取る！

オーガナイズディフェンス② vs 名古屋：3- 1- 4- 2

図は3-1-4-2の名古屋に対する4－4－2のオーガナイズディフェンス②の例。

どうプレッシングをスタートするべきか？
→CFのプレッシング→1／4プレス（クォータープレス）

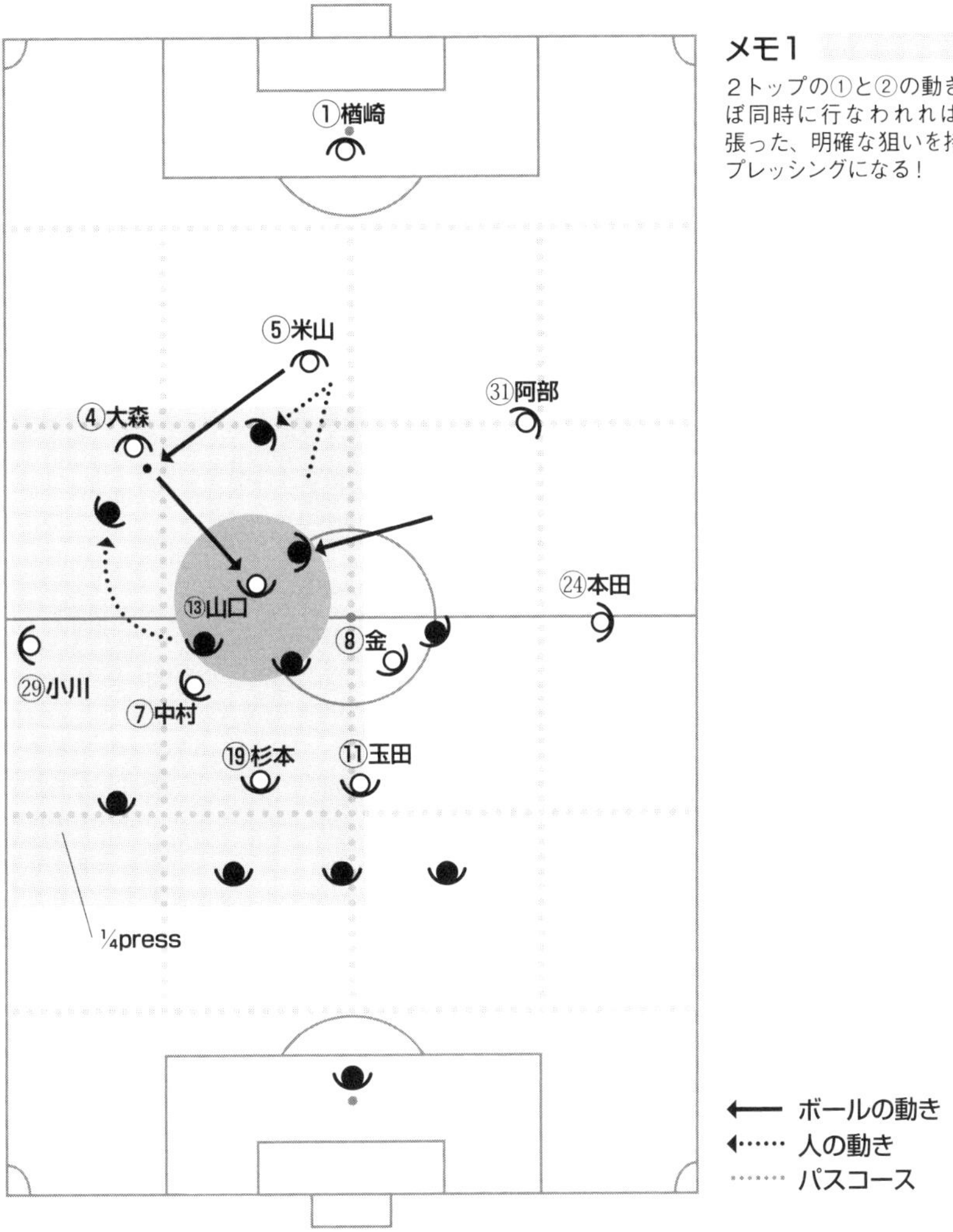

メモ1
2トップの①と②の動きがほぼ同時に行なわれれば網を張った、明確な狙いを持ったプレッシングになる！

松田浩
まつだ・ひろし

1960年9月2日、長崎県長崎市出身。筑波大学を経て日本リーグ2部のマツダSCに入団すると１部昇格などを経験。その後神戸でプレーしていた95年に現役を引退した。ヴィッセル神戸でコーチとして指導キャリアをスタートし、02年にアビスパ福岡の監督に就任すると恩師スチュワート・バクスター仕込みの4-4-2のゾーンディフェンスをベースにしたチーム作りで05年に福岡をJ1へ昇格させた。翌06年には神戸の指揮官として2年連続で指揮したチームをJ1昇格に導く偉業を達成した。その後09年からJリーグ参入間もない栃木SCを率いると11年にFC東京と激しい首位攻防を演じるなどJ1昇格まであと一歩に迫るまでにチーム力を引き上げた。現在は日本サッカー協会の技術委員および指導者養成インストラクターとして活動するが、松田がプロの監督時代に繰り広げた緻密なゾーンディフェンスに惚れ込み現場復帰を望むファンの声が絶えない。守備の文化が浸透していないと言われる日本サッカー界において確固たる守備戦術を駆使できる希少な指導者であり、守備を語らせれば右に出る者はいない守備マイスターとして認められる存在である。

鈴木康浩
すずき・やすひろ

1978年11月5日、栃木県宇都宮市出身。法政大学を卒業後、作家事務所を経て独立。栃木の取材をベースに日本サッカーをプロヴィンチャ目線で切り取って発信する活動を展開中。クラブ経営、セカンドキャリアなどが現在のホットなテーマ。『フットボール批評』『フットボールサミット』『エルゴラッソ』などに寄稿。2015年12月にWEB『栃木フットボールマガジン』を創刊予定。

デザイン　ゴトウアキヒロ（フライングダッチマン）
DTP　アワーズ
編集協力　佐藤英美
編集　森 哲也（カンゼン）

サッカー守備戦術の教科書
超ゾーンディフェンス論

発行日　2015年12月25日　初版
2024年7月11日　第5刷　発行

著　者　松田 浩／鈴木 康浩
発行人　坪井 義哉
発行所　株式会社カンゼン
〒101-0021
東京都千代田区外神田2-7-1 開花ビル
TEL 03（5295）7723
FAX 03（5295）7725
http://www.kanzen.jp/
郵便為替 00150-7-130339
印刷・製本　株式会社シナノ

万一、落丁、乱丁などがありましたら、お取り替え致します。
本書の写真、記事、データの無断転載、複写、放映は、著作権の侵害となり、禁じております。

© Hiroshi Matsuda 2015 © Yasuhiro Suzuki 2015
ISBN 978-4-86255-332-4
Printed in Japan
定価はカバーに表示してあります。

ご意見、ご感想に関しましては、kanso@kanzen.jp までEメールにてお寄せ下さい。お待ちしております。

株式会社カンゼンは『JFAこころのプロジェクト』支援企業です。

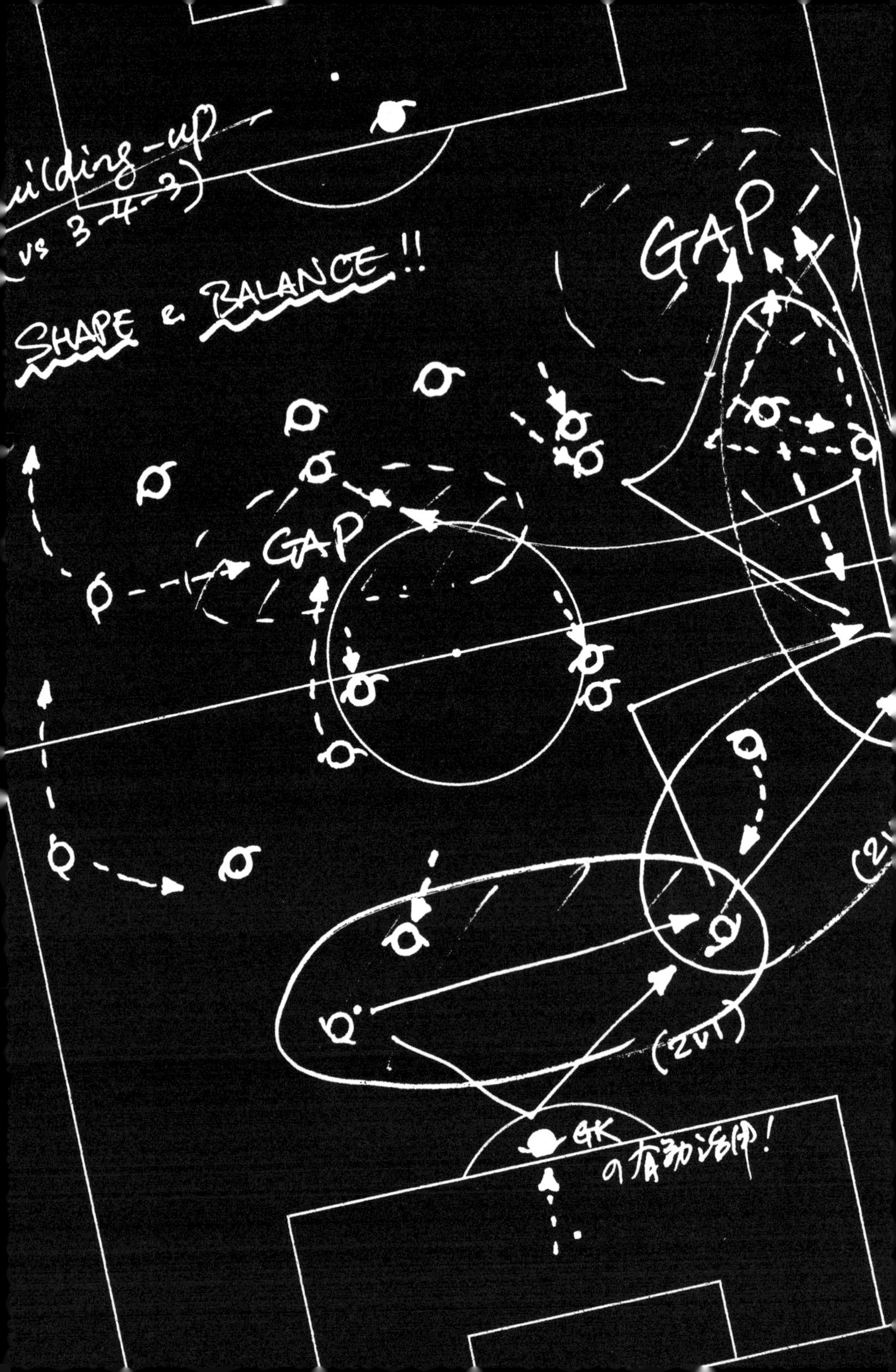
uilding-up
(vs 3-4-3)
SHAPE & BALANCE!!
GAP
GAP
(2v1)
GK
の有効活用!